CHEFS-D'ŒUVRE DES LITTÉRATURES ANCIENNES

ŒUVRES COMPLÈTES
DE VIRGILE

TRADUITES EN FRANÇAIS

PAR

TH. CABARET-DUPATY

ANCIEN PROFESSEUR DE L'UNIVERSITÉ

PARIS
LIBRAIRIE HACHETTE ET Cie
79, BOULEVARD SAINT-GERMAIN, 79

ŒUVRES COMPLÈTES

DE VIRGILE

COULOMMIERS

Imprimerie PAUL BRODARD.

ŒUVRES COMPLÈTES
DE VIRGILE

TRADUITES EN FRANÇAIS

PAR

TH. CABARET-DUPATY

ANCIEN PROFESSEUR DE L'UNIVERSITÉ

PARIS
LIBRAIRIE HACHETTE ET Cie
79, BOULEVARD SAINT-GERMAIN, 79

1897

Tous droits réservés

NOTICE SUR VIRGILE.

Virgile naquit l'an 70 avant Jésus-Christ, dans un village nommé Andès, près de Mantoue, sous le consulat du grand Pompée et de Licinius Crassus. Son père, utilisant les faibles produits d'un modeste enclos, ne négligea rien pour l'éducation de son fils. Virgile reçut à Crémone les premiers bienfaits d'une éducation libérale. Il atteignait sa seizième année, quand il quitta cette ville pour aller à Milan, où il prit la robe virile, le jour même de la mort de Lucrèce : comme si les Muses eussent voulu montrer dans leur jeune favori le poëte qui entrait en possession de l'héritage d'un beau génie!

De Milan il se dirigea vers Naples, qui conservait, avec la pureté du langage harmonieux des Grecs, toutes leurs traditions et le goût des lettres et des sciences. C'est là que, se préparant à la poésie, le successeur naissant de Théocrite, d'Hésiode et d'Homère appliqua les forces de son esprit à l'étude assidue de la physique, de l'histoire naturelle, des mathématiques, et de toutes les connaissances que l'on possédait à cette époque.

Après la bataille de Philippes, il se rendit à Rome. Présenté à Mécène par Pollion, et à Auguste par Mécène, il obtint la restitution de ses biens que lui avait ravis la violence d'un centurion. Cet acte de générosité est consacré dans sa première églogue, où, en remerciant Octave comme un dieu tutélaire, il plaide avec une si vive éloquence la cause des propriétaires dépossédés. Les *Bucoliques* coûtèrent à Virgile trois ans de travail.

Cet ouvrage d'une extrême délicatesse fit voir ce que dès lors on pouvait attendre d'un poëte qui savait si bien allier les grâces naturelles avec l'harmonie et la perfection du langage.

La longue durée des guerres civiles avait presque dépeuplé les campagnes. Une grande partie des terres de l'Italie avaient été partagées entre les soldats, qui s'étaient occupés trop longtemps à y porter le ravage pour avoir appris à les cultiver. Il fallait donc ranimer parmi les Romains leur premier amour de l'agriculture. Mécène, qui mettait toute sa gloire à augmenter celle du Souverain son ami, engagea Virgile à se charger de cette entreprise. Le poëte employa sept ans à la composition des *Géorgiques*. On y reconnaît partout les vues du ministre d'Auguste, mais particulièrement dans le bel éloge de la vie champêtre, où Virgile semble avoir réuni toute la force et toutes les grâces de la poésie pour rappeler les Romains au goût de leurs aïeux.

Tout atteste que, en polissant ses *Géorgiques*, le poëte pensait à l'*Énéide*, à laquelle il préludait dans une foule de passages dignes de la poésie épique. Dix ans lui suffirent à peine pour composer la moitié de ce dernier ouvrage. Durant le cours de son travail, il fut vivement sollicité par Auguste, qui brûlait d'entendre quelque chose du poëme. L'auteur s'en défendit longtemps. Vaincu enfin par les plus vives instances, il récita au monarque le second, le quatrième et le sixième livre. Nous ne pouvons que conjecturer l'enthousiasme d'Auguste et de toute sa cour à cette lecture. Mais la tradition nous a révélé l'effet que produisit l'épisode de la mort du jeune Marcellus sur le cœur de sa mère Octavie. Revenue d'un long évanouissement, après avoir entendu le touchant éloge de son fils, elle ordonna qu'on remît à Virgile dix grands sesterces pour chacun des vers de ce passage.

Virgile acheva en quatre ans les six derniers livres de l'*Énéide*. Mais il y reconnaissait lui-même des imperfections qu'il voulait faire disparaître. Résolu de les effacer en mettant la dernière main à son ouvrage, il partit pour Athènes. C'est à l'occasion de ce voyage qu'Horace adressa au vaisseau qui portait son ami une ode célèbre. Auguste, qui revenait de l'Orient, rencontra Virgile dans Athènes, et l'accueillit avec sa bonté ordinaire. Le poëte devait revenir à Rome avec l'empereur. Mais, saisi en route d'une indisposition subite, à peine put-il aborder à Brindes; et ce fut là qu'il mourut après quelques jours de maladie, dans la cinquante-deuxième année de son âge. Ses restes transportés à Naples, où il avait longtemps mené la vie la plus agréable pour un poëte, furent déposés sur le chemin de Pouzzoles, dans un tombeau sur lequel on lisait son épitaphe. Elle renferme en deux vers le lieu de sa naissance, celui de sa mort, celui de sa sépulture, et le nombre de ses poëmes :

*Mantua me genuit; Calabri rapuere; tenet nunc
Parthenope. Cecini pascua, rura, duces.*

On sait que cet illustre poëte avait ordonné par testament qu'on brûlât son *Énéide*, comme un ouvrage inachevé. Tucca et Varius, qui étaient présents, lui déclarèrent qu'Auguste ne le permettrait pas. Alors le cygne de Mantoue leur légua son poëme, à condition qu'ils n'y ajouteraient rien, et qu'ils se borneraient à en retrancher quelques vers imparfaits.

Virgile fut le premier parmi les Romains qui introduisit trois genres de poésie empruntés de trois fameux poëtes grecs. Supérieur à Hésiode dans le poëme géorgique, il cède la palme à Théocrite dans le poëme pastoral, et à Homère dans le poëme épique. La maturité du goût, un jugement sûr et éclairé le distinguent de Théocrite. Dans Virgile la nature est franche et naïve, comme dans l'auteur grec qu'il a pris pour modèle, mais sans jamais avoir de rudesse ni de grossièreté. Les mœurs de ses bergers sont un peu plus polies, sans être moins naturelles. Il choisit ses détails avec plus de soin, et ses tableaux ont ce degré de perfection qui ne se rencontre que dans certains siècles.

Les *Géorgiques* avaient, outre l'intérêt fondamental du poëme didactique, un but d'utilité réelle. Le sujet était heureux, et nul ne pouvait se prêter davantage à tous les ornements de la poésie. Il était également intéressant, puisqu'il donnait lieu à la peinture d'une foule d'idées morales, telles que la paix, l'innocence, le bonheur de la vie champêtre. Il n'y avait rien d'abstrait ; tout était physique ; les préceptes eux-mêmes étaient en images, et les descriptions se rattachaient aux préceptes. En résumé, les *Géorgiques*, offrant l'alliance la plus heureuse de la poésie avec les règles, ont toute la perfection que peut avoir un ouvrage écrit par le plus grand poëte de Rome, dans l'âge où l'imagination est la plus vive, le jugement le plus formé, et où les facultés de l'esprit se trouvent développées par le plus haut degré de civilisation.

Si l'on compare d'une manière générale l'*Énéide* et l'*Iliade*, on reconnaîtra qu'Homère est doué d'un plus grand génie, mais que Virgile a plus d'élégance et de perfection dans les détails. L'imagination du premier est plus riche et plus féconde: celle du second est plus sage et plus correcte. Si Virgile a moins d'élévation, de verve et de feu, il brille par la délicatesse et la sensibilité. Les siècles passés n'ont pas encore décidé auquel des deux poëtes on doit donner la préférence. En attendant que ce procès soit jugé, on peut s'en tenir au sentiment de Quintilien. « Il y a, dit-il, dans Homère, plus de génie et de naturel ; dans Virgile, plus d'art et de travail. L'un l'emporte incontestablement par la grandeur et la sublimité ; l'autre compense peut-être ce qui lui manque de ce côté-là par une régularité qui se soutient partout également. On doit d'ailleurs considérer que Virgile n'a pu mettre la dernière main à son poëme, qui eût été sans doute beaucoup plus parfait, quoique, tel qu'il est, il jouisse de la plus haute estime. »

Terminons en disant que, malgré les défauts de l'*Énéide*, ce qui reste de mérite à Virgile suffit pour justifier le titre de prince des poëtes latins qu'il reçut de son siècle, et l'admiration qu'il a obtenue de tous les âges suivants. La perfection continue de son style est telle, qu'il ne semble pas donné à l'homme d'aller plus loin. Il est à la fois le charme et le désespoir de tous ceux qui aiment et cultivent la poésie. S'il n'a pas égalé Homère pour l'invention, la richesse et l'ensemble de l'œuvre, il l'a surpassé par la singulière beauté des épisodes et par son excellent goût dans tous les détails. Ne nous plaignons donc pas de la nature, qui jamais n'accorde tout à un seul. Admirons plutôt, dans l'étonnante variété de ses dons, cette inépuisable fécondité qui promet toujours au génie de nouveaux aliments, à la gloire de nouveaux titres, et à l'âme de nouveaux plaisirs.

LES
BUCOLIQUES

LES
BUCOLIQUES.

PREMIÈRE ÉGLOGUE.

MÉLIBÉE ET TITYRE.

MÉLIBÉE. Heureux Tityre, assis sous l'épais ombrage de ce hêtre, tu joues des airs champêtres sur tes légers pipeaux ; nous, exilés du pays de nos pères, nous quittons ses douces campagnes ; nous fuyons notre patrie ! et toi, Tityre, tranquille sous ce feuillage, tu apprends aux forêts à redire le nom de la belle Amaryllis.

TITYRE. O Mélibée ! c'est un dieu qui m'a procuré ce loisir. Oui, il sera toujours un dieu pour moi ; son autel sera souvent arrosé du sang d'un agneau de ma bergerie. Si tu vois mes génisses errer en liberté, si moi-même je joue ce qu'il me plaît sur ma flûte rustique, c'est lui qui me l'a permis.

MÉLIBÉE. Ton bonheur ne me rend pas jaloux. J'en suis plutôt surpris à l'aspect du trouble affreux qui agite partout nos campagnes. Moi-même, tout faible que je suis, j'emmène au loin mes chèvres ; encore ai-je bien de la peine

Tityre, à conduire celle-ci. Là, parmi ces coudriers épais, elle vient de mettre bas, et de laisser, hélas! sur une roche nue, deux petits, l'espoir de mon troupeau. Aveugle que j'étais! souvent, je m'en souviens, des chênes frappés de la foudre m'avaient annoncé ce malheur; souvent, du creux d'un chêne, une sinistre corneille me l'avait prédit. Mais enfin, ce dieu, quel est-il? Apprends-le-moi, Tityre.

TITYRE. La ville qu'on appelle Rome, ô Mélibée, je la croyais (tant j'étais simple!) pareille à la ville voisine, où nous avons coutume, nous autres bergers, de conduire nos agneaux. En voyant les jeunes chiens ressembler à leurs pères, et les chevreaux à leurs mères, je comparais les petites choses aux grandes. Mais Rome élève autant sa tête parmi les autres villes que les cyprès parmi les viornes flexibles.

MÉLIBÉE. Et quel motif si puissant te conduisait à Rome?

TITYRE. La liberté, qui sourit enfin à mes vieux jours lorsque ma barbe blanche tombait sous le tranchant de l'acier. Oui, elle m'a souri; elle est venue combler ma longue attente, depuis que mon cœur n'est plus à Galatée et qu'Amaryllis le possède. Car, je l'avouerai, tant que Galatée me tenait sous sa loi, je ne pouvais ni espérer de m'affranchir, ni songer à faire des épargnes. En vain de nombreuses victimes sortaient de mes étables; en vain je pressais mon plus pur laitage pour une ville ingrate : jamais je ne revenais au logis les mains pleines.

MÉLIBÉE. Je ne m'étonne plus, Amaryllis, si, dans ta douleur, tu invoquais les dieux, si tu laissais pendre aux arbres les fruits mûrs. Tityre était absent. Ces pins, Tityre, ces vergers, ces fontaines, tout te rappelait en ces lieux.

TITYRE. Que faire? je ne pouvais autrement sortir d'esclavage, ni trouver ailleurs des dieux aussi propices. C'est là que je l'ai vu, ô Mélibée, ce jeune héros pour qui, douze fois, chaque année, l'encens fume sur nos autels. C'est là que, exauçant ma prière, il me dit : « Bergers, faites paître vos génisses comme auparavant; favorisez leur reproduction. »

MÉLIBÉE. Heureux vieillard! ainsi tu conserves tes champs. Ils suffisent à tes vœux, quoique le sol offre partout un stérile gravier, et qu'un marais couvre tes prés d'un jonc limoneux. Ici du moins tes brebis pleines n'auront point à souffrir d'un nouveau pâturage; et, devenues mères, elles seront à l'abri de la contagion d'un troupeau voisin. Heureux vieillard! ici, près de ces fleuves connus et de ces fontaines sacrées, tu goûteras la fraîcheur de l'ombrage. Tantôt, sur la haie qui borde ton domaine, les abeilles de l'Hybla viendront butiner le saule en fleur, et t'inviter au sommeil par leur léger murmure; tantôt, du pied de cette roche élevée, le chant de l'émondeur s'élancera dans les airs, tandis que, sur la cime d'un ormeau, tes ramiers chéris ne cesseront d'unir leurs roucoulements aux gémissements plaintifs de la tourterelle.

TITYRE. Aussi verra-t-on les cerfs agiles paître dans les airs, et les eaux abandonner les poissons sur le rivage; aussi, exilés tous deux, et tous deux échangeant leur patrie, le Parthe boira-t-il les eaux de la Saône, et le Germain celles du Tigre, avant que son image s'efface de mon cœur.

MÉLIBÉE. Et nous, nous irons, les uns dans la brûlante Afrique, les autres dans la Scythie ou dans la Crète, sur les bords de l'Oaxe rapide, ou chez les Bretons, séparés du reste de l'univers. Ne pourrai-je donc jamais, après un long exil, contempler avec transport les champs de ma patrie, et le toit de ma pauvre chaumière, cachée derrière cette poignée d'épis qui formaient mon royaume? Un soldat inhumain possédera ces superbes guérets! Un barbare recueillera ces moissons! Voilà donc où la discorde a conduit nos malheureux citoyens! Voilà pour qui nous avons ensemencé nos terres! Va maintenant, Mélibée, greffer tes poiriers et aligner tes jeunes ceps. Allez, mes chèvres, allez, troupeau jadis heureux. Non, étendu dans une grotte de verdure, je ne vous verrai plus de loin suspendues aux flancs d'une roche buissonneuse. Désormais plus de chants. Je ne vous conduirai plus aux lieux où vous broutiez le saule amer et le cytise en fleur.

TITYRE. Tu pourrais cependant passer ici la nuit sur un vert feuillage. Nous avons des fruits mûrs, des châtaignes cuites et un laitage abondant. Déjà les toits des hameaux fument au loin, et du haut des monts l'ombre s'allonge dans la plaine.

DEUXIÈME ÉGLOGUE.

ALEXIS.

ALEXIS. Le berger Corydon brûlait pour le bel Alexis, les délices de son maître, et n'avait nul espoir. Son unique consolation était de se rendre chaque jour sous l'épais ombrage des hêtres, et là, seul, il adressait inutilement aux monts et aux bois ces naïves plaintes :

O cruel Alexis! tu dédaignes mes chants! tu es pour moi sans pitié! A la fin tu me feras mourir. Voici l'heure où les troupeaux cherchent la fraîcheur de l'ombre; où le vert lézard se cache dans les buissons; où, pour ranimer les moissonneurs accablés par les feux du jour, Thestylis broie l'ail et le serpolet odorants; et moi, pour m'attacher à tes pas, je brave l'ardeur du soleil, et je mêle ma voix à celle des cigales qui font retentir les arbres de leurs chants. O qu'il eût mieux valu supporter les cruels caprices d'Amaryllis et ses superbes dédains! Qu'il eût mieux valu préférer Ménalque, quoiqu'il soit brun, tandis que tu es blond! O bel enfant, ne te fie pas trop à ton éclat. On laisse tomber le blanc troëne, et l'on cueille le noir vaciet.

Tu me méprises, Alexis, sans t'informer qui je suis, sans chercher à savoir combien je suis riche en laitage et en troupeaux. Je possède mille brebis qui errent sur les montagnes de la Sicile. En été, comme en hiver, j'ai toujours du lait nouveau. Je chante les airs que chantait sur l'Aracynthe le thébain Amphion, quand il rappelait ses troupeaux.

Et puis je ne suis pas si laid. L'autre jour, sur le rivage, je me suis vu, quand la mer était immobile ; et, si l'image est fidèle, je ne craindrais pas Daphnis, en te prenant pour juge.

Oh ! viens seulement habiter avec moi ces campagnes que tu dédaignes et vivre sous nos humbles chaumières ; viens percer les cerfs de tes flèches, et conduire mes jeunes chevreaux avec une verte houlette ! Nous imiterons ensemble dans les forêts les airs du dieu Pan. C'est Pan qui le premier apprit à joindre avec la cire plusieurs chalumeaux. Pan protége les brebis et les bergers. Ne rougis pas de presser mes pipeaux sous tes lèvres. Pour en savoir autant, que ne faisait pas Amyntas !

Je possède une flûte composée de sept tuyaux d'inégale longueur, que je reçus autrefois de Damète. En mourant il me dit : « Sois-en le second maître. » Ainsi parla Damète, et Amyntas en fut sottement jaloux. J'ai aussi deux chevreuils tachetés de blanc, que j'ai saisis, non sans danger, dans le fond d'un ravin ; chaque jour ils épuisent les deux mamelles d'une brebis : c'est pour toi que je les garde. Depuis longtemps Thestylis me les demande avec instance ; et elle les obtiendra, puisque tu dédaignes mes présents.

Viens, ô bel enfant ! Vois les nymphes t'apporter leurs corbeilles pleines de lis. Vois la blanche naïade cueillir pour toi la pâle violette et le pavot superbe, joindre le narcisse à l'aneth parfumé, unir le romarin à d'autres plantes odoriférantes, et relever le sombre velouté du vaciet par l'éclat vermeil du souci. Moi-même je cueillerai les fruits que blanchit un duvet léger et les châtaignes que mon Amaryllis aimait. J'y ajouterai des prunes dorées, également dignes de te plaire ; et vous, myrtes et lauriers, je vous réunirai pour que vous confondiez vos doux parfums.

Que tu es simple, Corydon ! Alexis ne fait nul cas de tes présents ; et, quand tu voudrais être aussi généreux qu'Iolas, Iolas ne te le céderait point. Malheureux ! hélas ! qu'ai-je fait ? Dans mon délire, j'ai déchaîné l'autan sur les fleurs, j'ai lancé les sangliers dans une claire fontaine.

Insensé, pourquoi me fuir? Le Troyen Paris et les dieux eux-mêmes ont habité les forêts. Laissons Pallas résider dans la ville qu'elle a fondée; pour nous, faisons nos délices des bois. La farouche lionne suit la trace du loup, le loup celle de la chèvre; la chèvre folâtre recherche le cytise en fleur, et moi je te poursuis, ô Alexis! Chacun cède au penchant qui l'entraîne.

Regarde: les bœufs ramenent la charrue suspendue à leur joug; le soleil, à son déclin, double la longueur des ombres; et l'amour me brûle encore. Qui peut mettre un terme à l'amour? Ah! Corydon, Corydon, quelle folie s'est emparée de toi? Ta vigne languit à demi taillée sur l'ormeau qui l'ombrage. Que ne travailles-tu plutôt à quelque ouvrage utile? Tresse en corbeilles le jonc et le flexible osier. Si Alexis te dédaigne, tu trouveras un autre Alexis.

TROISIÈME ÉGLOGUE.

MÉNALQUE, DAMÈTE, PALÉMON.

MÉNALQUE. Dis-moi, Damète, à qui est ce troupeau? Est-ce à Mélibée?

DAMÈTE. Non; il est à Égon, qui me l'a confié depuis peu.

MÉNALQUE. O troupeau toujours malheureux! tandis que son maître courtise Nééra, et craint qu'elle ne me préfère à lui, ce gardien mercenaire trait les brebis deux fois par heure, épuisant ainsi les mères et dérobant le lait aux agneaux.

DAMÈTE. Souviens-toi pourtant qu'on ne fait pas ces reproches à des gens de cœur. Nous savons aussi qui te..... les boucs te regardaient de travers.... et dans quel antre sacré..... Mais les nymphes trop faciles se contentèrent d'en rire.

MÉNALQUE. Ce fut sans doute lorsqu'elles me virent, avec une serpe cruelle, couper les arbustes et les jeunes vignes de Mycon?

DAMÈTE. Ou lorsqu'ici, près de ces vieux hêtres, tu brisas l'arc et les flèches de Daphnis. Jaloux de voir qu'on les eût donnés à ce jeune berger, tu serais mort, méchant Ménalque, si tu n'avais trouvé le moyen de lui nuire.

MÉNALQUE. Que feront donc les maîtres, si des valets fripons ont tant d'audace? Mais moi, ne t'ai-je pas vu, scélérat, enlever furtivement un chevreau à Damon, malgré les aboiements redoublés de Lycisca? et, lorsque je criais : « Où s'enfuit ce voleur? Tityre, rassemble ton troupeau, » toi, tu te cachais derrière les roseaux.

DAMÈTE. Pourquoi aussi, vaincu au combat de la flûte, Damon ne me livrait-il pas le chevreau que j'avais gagné sur lui? Ce chevreau-là m'appartenait. Damon en convenait lui-même devant moi; mais il ne pouvait, disait-il, me le livrer.

MÉNALQUE. Toi, vainqueur de Damon! As-tu seulement jamais possédé des pipeaux unis avec de la cire? N'avais-tu pas coutume, pauvre ignorant, de fatiguer les carrefours des misérables airs de ton aigre chalumeau?

DAMÈTE. Eh bien! veux-tu que nous fassions tous deux l'essai de nos talents? Tu vois cette génisse ; garde-toi de la dédaigner; car on la trait deux fois par jour, et elle nourrit deux petits. Elle sera mon gage; et toi, quel est le tien?

MÉNALQUE. Je n'oserais, dans ce défi, rien risquer de mon troupeau ; car j'ai à la maison un père avare et une injuste marâtre. Deux fois par jour ils comptent mes brebis, et mon père compte aussi mes chevreaux. Mais je te proposerai, puisque tu veux faire une folie, un gage (tu en conviendras) bien supérieur au tien : ce sont deux coupes de hêtre, chef-d'œuvre du divin Alcimédon. Un pampre flexible, délicatement ciselé, en couronne les bords et entrelace ses grappes de lierre. Au milieu sont deux figures, Conon et... comment se nomme l'autre, qui a mesuré le monde avec son compas, qui a fixé les époques de la moisson et du labour? Je n'ai pas encore approché ces coupes de mes lèvres, et je les garde avec soin.

DAMÈTE. Le même Alcimédon m'a fait aussi deux coupes dont il a garni les anses d'une souple branche d'acanthe. Au milieu, on voit Orphée et les forêts qui le suivent. Je ne les ai pas encore approchées de mes lèvres, et je les garde avec soin. Mais, auprès de ma génisse, tes coupes ne méritent pas qu'on les vante.

MÉNALQUE. Tu ne m'échapperas pas aujourd'hui. J'accepte toutes tes conditions. Prenons seulement pour juge ce berger qui vient. Ah! c'est Palémon. Je t'apprendrai à ne plus défier jamais personne au chant.

DAMÈTE. Eh bien! montre ton savoir. Moi, je ne me ferai pas attendre. Je ne crains personne. Seulement, voisin Palémon, prête-nous une oreille attentive. La chose en vaut la peine.

PALÉMON. Chantez, puisque nous sommes assis sur l'herbe tendre. Maintenant les champs ont repris leur fécondité, les arbres leur feuillage, les forêts leur parure: maintenant l'année brille dans toute sa beauté. Commence, Damète; toi, Ménalque, tu répondras. Vous chanterez tour à tour : le dialogue plaît aux Muses.

DAMÈTE. Muses, commençons par Jupiter : tout est plein de sa divinité. Il protége nos campagnes; il sourit à mes chants.

MÉNALQUE. Et moi je suis aimé d'Apollon. Il a toujours chez moi les dons qu'il chérit, le laurier et l'hyacinthe au pourpre velouté.

DAMÈTE. La folâtre Galatée me jette une pomme et s'enfuit vers les saules; mais, avant de s'y cacher, elle veut qu'on l'aperçoive.

MÉNALQUE. Mon Amyntas vient de lui-même s'offrir à moi, et mes chiens le connaissent déjà aussi bien que Délie.

DAMÈTE. J'ai pour celle que j'aime un cadeau tout prêt; car j'ai remarqué un lieu élevé où des ramiers ont fait leur nid.

MÉNALQUE. Tout ce que j'ai pu faire, c'est d'envoyer à mon jeune ami dix pommes d'or cueillies sur un oranger sauvage. Demain je lui en enverrai dix autres.

DAMÈTE. O combien de fois Galatée m'a dit de douces choses! Zéphyrs, portez-en une partie aux oreilles des dieux.

MÉNALQUE. Que me sert, Amyntas, de n'être pas l'objet de tes mépris, si, tandis que tu poursuis les sangliers, moi je garde les toiles?

DAMÈTE. Iolas, envoie-moi Phyllis : c'est le jour de ma naissance. Tu viendras toi-même, quand j'immolerai une brebis pour la moisson.

TROISIÈME ÉGLOGUE.

Ménalque. J'aime Phyllis plus que toutes les autres ; car elle a pleuré à mon départ, et m'a répété longtemps : « Adieu, bel Iolas, adieu ! »

Damète. Le loup est funeste aux bergeries, la pluie aux épis mûrs, le vent aux vergers, et à moi le courroux d'Amaryllis.

Ménalque. L'eau plaît aux guérets, l'arbousier aux chevreaux sevrés, le saule flexible aux brebis mères, et moi le seul Amyntas.

Damète. Pollion aime mes chants, quoique rustiques. Muses, nourrissez une génisse pour le lecteur de vos vers.

Ménalque. Pollion fait aussi des vers admirables. Nourrissez pour lui un taureau qui déjà menace de la corne, et dont les pieds fassent voler la poussière.

Damète. Que celui qui t'aime, Pollion, parvienne où il se réjouit de te voir parvenu ! Que pour lui coulent des ruisseaux de miel ! que pour lui les buissons produisent l'amome !

Ménalque. Que celui qui ne hait point Bavius aime tes vers, ô Mévius ! Qu'il aille atteler des renards et traire des boucs !

Damète. Jeunes bergers, qui cueillez des fleurs et d'humbles fraises, fuyez. Un affreux serpent est caché sous l'herbe.

Ménalque. Prenez garde, ô mes brebis, de trop avancer. La rive n'est pas sûre : le bélier lui-même sèche encore sa toison.

Damète. Tityre, éloigne mes chèvres du fleuve. Moi-même, quand il en sera temps, je les laverai toutes à la fontaine.

Ménalque. Jeunes bergers, rassemblez vos brebis à l'ombre. Si la chaleur vient, comme l'autre jour, à tarir leur lait, nos mains presseront vainement leurs mamelles.

Damète. Hélas ! que mes taureaux sont maigres dans ce gras pâturage ! L'amour consume également le berger et le troupeau.

Ménalque. Mes brebis n'ont presque plus que les os :

et, certes, ce n'est pas l'amour qui les tourmente. Je ne sais quel mauvais œil fascine mes agneaux.

DAMÈTE. Devine (et tu seras pour moi le grand Apollon) en quel endroit le ciel n'a pas plus de trois coudées.

MÉNALQUE. Devine en quelle contrée naissent des fleurs qui portent des noms de rois, et Phyllis est à toi seul.

PALÉMON. Il ne m'appartient pas de prononcer entre vous dans un si grand débat. Vous méritez tous deux la génisse, vous et tout berger qui redoutera les douceurs ou éprouvera les amertumes de l'amour. Jeunes bergers, il est temps de fermer les canaux : les prairies sont assez abreuvées.

QUATRIÈME ÉGLOGUE.

POLLION.

Muses de Sicile, élevons un peu nos chants. Tout le monde n'aime pas les arbustes et les humbles bruyères. Si nous chantons les forêts, que les forêts soient dignes d'un consul.

Ils sont enfin arrivés les derniers temps prédits par la sibylle de Cumes. Les grands siècles vont renaître. Avec la vierge Astrée reparaît enfin le règne de Saturne. Une race nouvelle descend du haut des cieux.

Cet enfant, dont la naissance doit clore le siècle de fer et rouvrir l'âge d'or au monde entier, chaste Lucine, daigne le protéger. Enfin règne ton frère Apollon. C'est sous ton consulat, Pollion, que brillera l'aurore de cet âge glorieux, et que les grands mois commenceront leur cours; c'est sous tes auspices que s'effaceront les dernières traces de nos crimes, et que l'univers sera délivré d'une longue terreur. Fils des dieux, cet enfant verra dans sa famille les héros mêlés avec les dieux; lui-même aura place au milieu d'eux, et il gouvernera le monde pacifié par les vertus de son père.

Divin enfant, la terre, féconde sans culture, t'offrira pour prémices le lierre entrelacé au baccar, et la colocase unie à la gracieuse acanthe. Les chèvres retourneront d'elles-mêmes au bercail, les mamelles gonflées de lait, et les troupeaux ne craindront plus les terribles lions Les plus belles fleurs s'épanouiront d'elles-mêmes autour de ton berceau. Désormais plus de serpents, plus de plantes vénéneuses; partout naîtront les parfums d'Assyrie.

Dès que tu pourras lire les exploits des héros et les hauts faits de ton père, dès que tu pourras sentir le prix de la vertu, tu verras les champs se couvrir peu à peu d'épis dorés, les raisins vermeils pendre aux incultes buissons, et les vieux chênes distiller un miel pur.

Cependant quelques vestiges de l'ancienne perversité forceront les mortels à lancer des vaisseaux à la mer, à entourer les villes de remparts et à déchirer le sein de la terre. Un autre Argo, dirigé par un autre Tiphys, portera l'élite des héros. Il y aura aussi d'autres guerres, et le grand Achille marchera de nouveau contre Ilion.

Mais, quand tu seras enfin parvenu à l'âge mûr, le nautonier abandonnera les flots, et les navires n'échangeront plus leurs richesses. Toute terre produira tout. Le champ ne souffrira plus la herse, ni la vigne le tranchant de la serpe, et le robuste laboureur affranchira du joug ses taureaux. La laine n'apprendra plus à se teindre de diverses couleurs. Le bélier, au milieu des pâturages, étalera sur sa toison tantôt la pourpre éclatante, tantôt le safran doré, et le vermillon deviendra la parure naturelle de l'agneau paissant dans la prairie.

« Filez ce siècle fortuné, ont dit à leurs fuseaux les Parques d'accord par l'ordre immuable du Destin. »

Les temps approchent. Monte aux honneurs suprêmes, enfant chéri des dieux, noble rejeton de Jupiter! Vois le monde se balancer sur son axe; vois la terre, la mer, les vastes cieux, la nature entière tressaillir dans l'attente de cet heureux siècle.

Ah! puissé-je prolonger assez ma vie et conserver assez de force pour chanter tes exploits! Ma lyre ne le cédera ni à Orphée, ni à Linus, fussent-ils inspirés, l'un par sa mère Calliope, l'autre par le bel Apollon, son père. Pan me défiât-il lui-même, en prenant l'Arcadie pour juge, Pan lui-même, au jugement de l'Arcadie, s'avouera vaincu.

Commence, jeune enfant, à reconnaître ta mère à son sourire. Ta mère, pendant dix mois, a souffert de longs ennuis. Commence, jeune enfant. Celui à qui ses parents n'ont pas souri ne fut jamais trouvé digne de partager la table d'un dieu, ni le lit d'une déesse.

CINQUIÈME ÉGLOGUE.

MÉNALQUE, MOPSUS.

MÉNALQUE. Puisque nous voici réunis tous deux, et que nous savons, toi, Mopsus, enfler le chalumeau léger, et moi chanter des vers, pourquoi ne pas nous asseoir sous ces ormeaux et ces coudriers qui confondent leur ombrage ?

MOPSUS. Tu es l'aîné, Ménalque; je dois t'obéir. Reposons-nous à l'ombre de ces arbres dont les zéphyrs agitent le mobile feuillage, ou plutôt dans cette grotte dont une vigne sauvage tapisse l'intérieur de ses grappes éparses.

MÉNALQUE. Sur nos montagnes, Amyntas seul oserait te disputer le prix du chant.

MOPSUS. Eh! n'essayerait-il pas de l'emporter sur Apollon lui-même?

MÉNALQUE. Commence, Mopsus. Chante-nous les amours de Phyllis, ou l'éloge d'Alcon, ou la querelle de Codrus. Tityre fera paître nos chevreaux.

MOPSUS. Non, j'aime mieux te réciter les vers que je gravai l'autre jour sur la verte écorce d'un hêtre. Je les chantais et les traçais tour à tour. Qu'Amyntas s'avise ensuite de lutter avec moi.

MÉNALQUE. Autant le saule flexible le cède au pâle olivier, et l'humble lavande à la rose vermeille, autant, à mon avis, tu l'emportes sur Amyntas.

CINQUIÈME ÉGLOGUE.

Mopsus. Mais c'est assez, berger : nous voici dans la grotte.

Daphnis n'était plus. Les nymphes pleuraient son cruel destin. Coudriers, et vous, fleuves, vous fûtes témoins de la douleur des nymphes, lorsqu'une mère, serrant dans ses bras les déplorables restes de son fils, accusait de barbarie les astres et les dieux. O Daphnis! en ces jours de deuil, nul berger ne mena ses taureaux vers les fraîches fontaines; nulle brebis n'effleura l'eau des fleuves ni l'herbe des prés. O Daphnis! les forêts et les monts sauvages attestent que les lions eux-mêmes gémirent de ton trépas!... Daphnis nous apprit à soumettre les tigres au joug, à former des danses en l'honneur de Bacchus, et à enlacer les thyrses flexibles d'un tendre feuillage. Comme la vigne embellit l'ormeau, le raisin la vigne, le taureau un troupeau de bœufs, les moissons une riche campagne; ainsi, Daphnis, tu fus la gloire des tiens. Depuis que tu nous as été ravi, Palès et Apollon lui-même ont déserté nos campagnes. Dans les sillons, auxquels nous avons tant de fois confié nos plus beaux grains, s'élèvent la funeste ivraie et l'avoine stérile. A la place de la douce violette et du narcisse pourpré, croissent le chardon et la ronce épineuse. Pasteurs, jonchez la terre de feuilles; couvrez les fontaines d'ombrages. Daphnis réclame ces honneurs. Construisez-lui un tombeau, et gravez-y ces vers : « Je fus Daphnis, habitant des bois, d'où mon nom s'est élevé jusqu'aux cieux : gardien d'un beau troupeau, encore plus beau moi-même. »

MÉNALQUE. Divin poëte, tes chants sont pour moi ce qu'est pour le voyageur fatigué le sommeil sur un lit de gazon, ce qu'est, en été, la source vive où l'on se désaltère. Tu égales ton maître pour la flûte et le chant. Heureux berger, tu seras un autre Daphnis. Cependant, je vais à mon tour te chanter, comme je pourrai, quelques vers où j'élève jusqu'au ciel ton cher Daphnis; oui, j'élèverai Daphnis jusqu'au ciel. Comme toi, je fus cher à Daphnis.

Mopsus. Quel don pourrait m'être plus précieux? Ce

berger méritait bien cet honneur, et depuis longtemps Stimicon m'a vanté tes vers.

MÉNALQUE. Brillant de lumière, Daphnis contemple avec ravissement l'Olympe, son nouveau séjour. Il voit sous ses pieds les astres et les nuages. Aussi la plus vive allégresse anime nos bois et nos campagnes. Le dieu Pan, les bergers et les jeunes dryades applaudissent à son bonheur. L'agneau n'a plus à redouter les embûches du loup, ni les cerfs les toiles du chasseur : le bon Daphnis aime la paix. Les monts, couronnés de verdure, poussent des cris de joie jusqu'aux cieux. L'écho même des rochers et des bois répète: « C'est un dieu, Ménalque, c'est un dieu ! » O Daphnis! sois-nous favorable et protége les tiens. Voici quatre autels, deux pour toi, et deux pour Apollon. Tous les ans, je t'offrirai deux coupes écumantes de lait nouveau, deux cratères d'huile d'olive ; et, des flots de vin égayant nos banquets, en hiver, près du feu, en été, sous l'ombrage, j'épancherai de nos coupes le vin de Chio, pareil à un nouveau nectar. Damète et le Crétois Égon feront entendre leurs chants, pendant qu'Alphésibée imitera les danses des Satyres. Tels sont les hommages que nous te rendrons en tout temps, soit aux fêtes solennelles des nymphes, soit lorsque nous purifierons nos champs. Tant que le sanglier se plaira sur les montagnes et le poisson dans les eaux, tant que l'abeille se nourrira de thym et la cigale de rosée, ton nom, ta gloire et tes vertus vivront parmi nous. Comme à Bacchus et à Cérès, les laboureurs t'adresseront des vœux tous les ans, et tu exauceras leurs vœux.

MOPSUS. Quels dons assez magnifiques puis-je t'offrir pour de tels accents ? Non, jamais le souffle naissant de l'Auster, ni le murmure des flots qui battent le rivage, ni le bruit d'un ruisseau roulant à travers les vallées sur un lit de cailloux, n'eurent pour moi autant de charmes.

MÉNALQUE. Je veux d'abord te donner cette flûte légère. C'est elle qui chanta : *Corydon brûlait pour le bel Alexis*; et encore : *A qui est ce troupeau ? Est-ce à Mélibée ?*

CINQUIÈME ÉGLOGUE.

Mopsus. Et toi, Ménalque, accepte cette belle houlette, garnie d'airain et dont les nœuds sont réguliers. Antigène, tout aimable qu'il était alors, me la demanda bien souvent, sans pouvoir l'obtenir.

SIXIEME ÉGLOGUE.

SILÈNE.

Ma muse a daigné la première imiter le poëte de Syracuse, et n'a point rougi d'habiter les forêts. J'allais chanter les rois et les combats, lorsque Apollon, me tirant par l'oreille, me dit : « Tityre, un berger doit se borner à faire paître ses brebis, et à fredonner de simples chansons. » Je vais donc, ô Varus, [car assez d'autres s'empresseront de célébrer ta gloire et de retracer nos guerres funestes,] je vais jouer un air champêtre sur mes légers pipeaux. J'obéis à un dieu. Toutefois, si quelqu'un trouve du charme à lire mes vers, ô Varus ! il entendra nos bruyères et nos bois répéter tes louanges. Est-il un poëme plus agréable pour Apollon que celui qui porte en tête le nom de Varus ?

Muses, poursuivez. Deux jeunes bergers, Chromis et Mnasyle, virent dans une grotte Silène endormi, les veines gonflées, comme toujours, du vin qu'il avait bu la veille. Sa couronne de fleurs gisait à quelques pas de lui, et sa lourde coupe était suspendue à sa ceinture par une anse tout usée. Ils se jettent sur lui, car plus d'une fois il les avait trompés par l'espoir d'une chanson, et l'enchaînent avec ses propres guirlandes. Églé se joint à eux et les encourage, Églé, la plus belle des naïades; et, au moment où Silène ouvre les yeux, elle lui rougit le front et les tempes avec des mûres. Lui, riant de leur malice : « A quoi bon ces liens ? dit-il; enfants, dégagez-moi : c'est assez d'avoir

SIXIÈME ÉGLOGUE.

pu me surprendre. Voici les chants que vous désirez. Les chants seront pour vous; quant à Églé, je lui réserve un autre salaire. » Aussitôt il commence. Alors vous eussiez vu les Faunes et les bêtes sauvages se mouvoir en cadence, et les vieux chênes balancer leur tête. Le Parnasse était moins émerveillé de la lyre d'Apollon, et les accords d'Orphée ravissaient moins le Rhodope et l'Ismare.

Il chante comment les principes de la terre, de l'air, de l'eau et du feu étaient confondus dans le vide immense; comment de ces premiers éléments sortirent tous les êtres, et s'arrondit le monde jeune encore; comment la terre se durcit, renferma la mer dans ses limites, et revêtit peu à peu des formes diverses. Il peint l'étonnement des humains à l'aspect des premiers feux du soleil, les nuages montant dans les airs pour retomber en pluie, les forêts commençant à s'élever, et les animaux, peu nombreux encore, errant sur des monts inconnus.

Puis il rappelle les pierres jetées par Pyrrha, le règne de Saturne, les vautours du Caucase et le larcin de Prométhée. Il dit encore près de quelle fontaine les matelots avaient laissé Hylas, qu'ils redemandaient à grands cris; et les échos du rivage répétaient : « Hylas! Hylas! » Il compatit à l'amour de Pasiphaé pour un taureau blanc : trop heureuse, si jamais il n'eût existé de troupeaux! Ah! fille infortunée, quel délire s'est emparé de toi? Si les filles de Prétus remplirent les campagnes de faux mugissements, du moins aucune d'elles n'osa s'abandonner à ces monstrueuses unions, quoiqu'elles eussent souvent redouté le joug pour leur tête, et cru sentir des cornes sur leur front. Ah! fille infortunée, tu erres maintenant sur les montagnes; et lui, étalant ses flancs d'albâtre sur la molle hyacinthe, il rumine l'herbe tendre à l'ombre d'une yeuse, ou poursuit quelque génisse dans un grand troupeau. « Nymphes de Crète, fermez, fermez toutes les issues de ces bois! Peut-être découvrirai-je les traces de mon taureau vagabond; peut-être, séduit par la fraîcheur de la verdure, ou s'égarant à la suite d'un troupeau, est-il attiré par quelque génisse vers les étables de Gortyne. »

Ensuite, Silène chante la jeune fille que charmèrent les pommes des Hespérides ; il couvre d'écorce les sœurs de Phaéton, et les transforme en grands peupliers. Il représente Gallus errant sur les bords du Permesse, une des neuf sœurs le conduisant sur les sommets d'Aonie, et toute la cour d'Apollon se levant en son honneur ; le berger Linus, couronné de fleurs et d'ache amère, lui disant dans le langage des dieux : « Reçois des Muses ce chalumeau qu'elles donnèrent jadis au vieillard d'Ascra, et dont les accords faisaient descendre les vieux ormes des montagnes. Qu'ils te servent à chanter l'origine de la forêt de Grynée, afin qu'il n'y ait point de bois sacré dont Apollon se glorifie davantage. » Dirai-je comment il chanta Scylla, fille de Nisus, dont les flancs étaient, dit-on, ceints de monstres aboyants ; Scylla, entraînant les vaisseaux d'Ulysse dans ses gouffres profonds, et sa meute effroyable déchirant les matelots épouvantés ? Dirai-je comment il raconta la métamorphose de Térée ; quels mets et quels présents lui offrit Philomèle ; sa fuite précipitée à travers les déserts, et sous quelle forme cet infortuné, avant son départ, voltigea au-dessus de son palais ?

Tous ces chants qu'Apollon fit entendre jadis au bienheureux Eurotas, et que ce fleuve apprit aux lauriers de ses rives, Silène les redit, et les échos des vallons les renvoyèrent au ciel jusqu'à l'heure où Vesper, invitant les bergers à rassembler et à compter leurs brebis, s'avança dans l'Olympe qui le vit briller à regret.

SEPTIÈME ÉGLOGUE.

MÉLIBÉE, CORYDON, THYRSIS.

MÉLIBÉE. Un jour Daphnis était assis sous le feuillage murmurant d'un chêne. Corydon et Thyrsis avaient réuni leurs troupeaux, Thyrsis ses brebis, Corydon ses chèvres chargées de lait; tous deux dans la fleur de l'âge, Arcadiens tous deux, également habiles à chanter et prêts à se répondre.

Tandis que je garantissais du froid mes jeunes myrtes, le chef de mon troupeau, le bouc, s'était égaré. J'aperçois Daphnis. A peine m'a-t-il vu lui-même : « Accours ici, Mélibée, me dit-il, ton bouc et tes chevreaux sont en sûreté. Si tu as du loisir, repose-toi sous cet ombrage. Tes bœufs, en traversant la prairie, viendront d'eux-mêmes s'abreuver en ce lieu. Ici, de flexibles roseaux bordent les verdoyantes rives du Mincius; et, sous ce chêne sacré, bourdonne un essaim d'abeilles. »

Que faire? je n'avais ni Alcippe ni Phyllis pour renfermer dans la bergerie mes agneaux nouvellement sevrés, et il y avait un grand défi entre Corydon et Thyrsis. Je sacrifiai mes occupations à leurs jeux. Ils se mirent donc à chanter tour à tour (c'est ainsi que les Muses aimaient à les entendre). Corydon commença et Thyrsis répondit.

CORYDON. Nymphes de l'Hélicon, objet de mon amour, inspirez-moi, comme à mon cher Codrus, des vers qui égalent presque ceux d'Apollon; ou, si cette faveur n'est pas accordée à tous, je suspendrai ma flûte harmonieuse à ce pin sacré.

THYRSIS. Bergers d'Arcadie, couronnez de lierre un poëte naissant, et que Codrus en crève de dépit; ou, s'il m'accable de louanges, ceignez ma tête de baccar pour que sa langue perfide ne nuise pas au poëte futur.

CORYDON. Le petit Mycon te consacre, ô Diane! cette superbe hure de sanglier et ce bois d'un vieux cerf. Si ma chasse est toujours aussi heureuse, je t'élèverai une statue de marbre, les jambes ornées d'un cothurne de pourpre.

THYRSIS. Priape, je ne t'offre chaque année qu'un vase de lait et des gâteaux; cela suffit : tu ne gardes qu'un petit verger. Jusqu'à présent, je ne t'ai élevé qu'une statue de marbre, selon mes moyens; mais, si mes brebis repeuplent mon troupeau, tu seras d'or.

CORYDON. Charmante Galatée, plus douce à mon cœur que le thym de l'Hybla, plus blanche que le cygne, plus belle que le lierre, dès que mes taureaux rassasiés regagneront l'étable, viens, si ton Corydon te plaît encore.

THYRSIS. Et moi, je veux te paraître plus amer que l'herbe de Sardaigne, plus piquant que le houx, plus vil que l'algue du rivage, si ce jour ne me semble pas plus long qu'une année entière. Allons, mes bœufs, rentrez, n'avez-vous pas honte de paître si longtemps?

CORYDON. Fontaines que la mousse décore, gazon si doux pour le sommeil, et toi, vert arbousier qui les couvres de ton léger feuillage, préservez mon troupeau des ardeurs du solstice. Voici déjà l'été brûlant; déjà les bourgeons se gonflent sur la vigne féconde.

THYRSIS. Ici nous avons un foyer, des torches de résine, un grand feu, et des portes toujours noircies par la fumée. On s'y inquiète aussi peu du souffle glacial de Borée que le loup du nombre des brebis, et que le torrent de ses rives.

CORYDON. Ici s'élèvent le genévrier et le châtaignier aux bogues épineuses. Les arbres jonchent partout la terre de leurs fruits. Maintenant tout rit à nos yeux. Mais si le bel

SEPTIÈME ÉGLOGUE.

Alexis quittait nos montagnes, on verrait les fleuves même tarir.

THYRSIS. Nos champs sont desséchés, l'herbe languit et meurt sous un ciel de feu; Bacchus refuse à nos coteaux l'ombre du pampre. Mais que ma Phyllis revienne, et nos bois vont reverdir, et Jupiter inondera nos campagnes d'une pluie féconde.

CORYDON. Le peuplier est cher à Hercule, la vigne à Bacchus, le myrte à la belle Vénus, le laurier à Apollon. Mais Phyllis aime les coudriers; et, tant que Phyllis les aimera, les coudriers ne le céderont ni au myrte de Vénus, ni au laurier d'Apollon.

THYRSIS. Le frêne étale sa beauté dans les forêts, le pin dans les jardins, le peuplier au bord des fleuves, le sapin sur les hautes montagnes. Mais, si tu venais me voir plus souvent, beau Lycidas, le frêne dans les forêts et le pin dans les jardins pâliraient devant toi.

MÉLIBÉE. Tels furent, je m'en souviens, les chants de ces bergers. Thyrsis disputa vainement la victoire. Depuis lors, Corydon est toujours pour moi Corydon.

HUITIEME ÉGLOGUE.

DAMON, ALPHÉSIBÉE.

Je vais redire les chants des bergers Damon et Alphésibée. Charmée de les entendre, la génisse oublia l'herbe des prés, les lynx en furent ravis d'admiration, et les fleuves émus suspendirent leurs cours. Je vais redire les chants de Damon et d'Alphésibée.

O toi qui déjà franchis les rochers du Timave, ou qui côtoies les rivages de la mer d'Illyrie, ne viendra-t-il jamais le jour où je pourrai célébrer tes exploits, où je pourrai faire connaître au monde entier tes vers, les seuls dignes du cothurne de Sophocle? Premier objet de mes chants, tu en seras aussi le dernier. Accepte ces vers composés par ton ordre, et permets que ce lierre s'entrelace sur ton front avec les lauriers de la victoire.

Les froides ombres de la nuit avaient à peine quitté les cieux, et la rosée, si agréable aux troupeaux, brillait sur l'herbe tendre, lorsque Damon, appuyé sur sa houlette d'olivier, commença ainsi :

DAMON. Parais, étoile du matin, et ramène la douce lumière, tandis que, indignement trahi par la perfide Nisa, j'exhale mes plaintes, et que, à l'heure de ma mort, j'invoque les dieux qu'attesta vainement mon amour.

O ma flûte, redis avec moi les accents du Ménale.

Le Ménale a toujours des bois harmonieux et des arbres parlants; il entend toujours les amours des bergers Pan, et qui le premier sut donner une voix aux roseaux.

O ma flûte, redis avec moi les accents du Ménale.

Nisa épouse Mopsus. Bel avenir pour les amants! On verra désormais les griffons s'unir aux cavales, et les daims timides se désaltérer avec les chiens. Mopsus, prépare des torches nouvelles. On t'amène l'épouse. Mari, jette des noix : c'est pour toi que Vesper abandonne l'Œta.

O ma flûte, redis avec moi les accents du Ménale.

Il est digne de toi cet époux, de toi qui nous méprises tous, qui hais ma flûte et mes chèvres, mes sourcils hérissés, ma longue barbe, et qui crois les dieux indifférents aux actions des mortels.

O ma flûte, redis avec moi les accents du Ménale.

Tu n'étais qu'une enfant, quand je te vis dans nos vergers cueillir avec ta mère des pommes humides de rosée. Je vous servais de guide. J'entrais alors dans ma douzième année. Déjà ma main pouvait atteindre le bout des branches. A ton aspect, je fus perdu : un fatal délire égara ma raison !

O ma flûte, redis avec moi les accents du Ménale.

Maintenant, je connais l'Amour. Né sur les sauvages rochers de l'Ismare ou du Rhodope, ou chez les Garamantes, aux extrémités de la terre, cet enfant n'est ni de notre espèce, ni de notre sang.

O ma flûte, redis avec moi les accents du Ménale.

C'est le cruel Amour qui apprit à une mère à souiller ses mains du sang de ses enfants. O mère, toi aussi tu fus cruelle. Mais fut-elle plus impitoyable, ou l'Amour plus inhumain? Sans doute l'Amour fut barbare, mais tu fus aussi bien cruelle.

O ma flûte, redis avec moi les accents du Ménale.

Que désormais on voie le loup fuir devant les brebis, les chênes porter des pommes d'or, les narcisses fleurir sur les aunes, les bruyères distiller l'ambre onctueux, les hiboux rivaliser avec les cygnes, Tityre devenir un Orphée, un Orphée dans les forêts, un Arion parmi les dauphins.

O ma flûte, redis avec moi les accents du Ménale.

Que la terre se change en une vaste mer. Adieu, forêts. Du haut d'une roche escarpée, je vais me précipiter dans les flots. Nisa, reçois cette dernière preuve de mon amour.

Cesse, ô ma flûte, cesse de redire les accents du Ménale.

Ainsi chanta Damon. Muses, apprenez-nous ce que répondit Alphésibée. Car je ne saurais tout redire.

ALPHÉSIBÉE. Amaryllis, apporte l'onde lustrale; entoure cet autel de bandelettes; brûle l'encens mâle et la grasse verveine. Je veux essayer, par un sacrifice magique, d'égarer la raison de mon amant. Il ne manque plus ici que les formules.

Ramenez, ô mes enchantements, ramenez Daphnis en ces lieux!

Les enchantements peuvent détacher la lune du ciel. C'est par les enchantements que Circé transforma les compagnons d'Ulysse. A la voix de l'enchanteur, le funeste serpent expire dans les prairies.

Ramenez, ô mes enchantements, ramenez Daphnis de la ville en ces lieux.

Je commence par enlacer ton image de ces trois bandelettes de trois couleurs différentes, et je la promène trois fois autour de cet autel. Le nombre impair plaît aux dieux.

Ramenez, ô mes enchantements, ramenez Daphnis de la ville en ces lieux.

Amaryllis, serre de trois nœuds ces bandelettes de trois couleurs. Amaryllis, serre-les à l'instant, et dis : « Je serre les nœuds de Vénus. »

Ramenez, ô mes enchantements, ramenez Daphnis de la ville en ces lieux.

Le même feu durcit cette argile et fait fondre cette cire. Puisse mon amour exercer ce double empire sur Daphnis! Répands la farine sacrée et embrase avec le bitume ces branches de laurier. Le cruel Daphnis me brûle, et moi, dans ce laurier, je brûle Daphnis.

Ramenez, ô mes enchantements, ramenez Daphnis de la ville en ces lieux.

Que Daphnis soit épris d'amour comme la génisse, qui, lasse de chercher un jeune taureau dans les bois, dans les forêts profondes, tombe haletante sur la verdure, au bord d'un ruisseau, sans songer que la nuit la rappelle à l'étable. Puisse-t-il aimer ainsi, et me trouver insensible à ses maux !

Ramenez, ô mes enchantements, ramenez Daphnis de la ville en ces lieux.

Ces dépouilles que naguère m'a laissées le perfide, ces gages précieux de sa tendresse, je les enfouis sous le seuil même de cette porte. Terre, je te les confie. Ces gages doivent me rendre Daphnis.

Ramenez, ô mes enchantements, ramenez Daphnis de la ville en ces lieux.

Ces herbes vénéneuses, cueillies dans le Pont, je les tiens de Mœris : elles abondent dans le Pont. J'ai vu souvent Mœris, grâce à leurs vertus, se transformer en loup et s'enfoncer dans les bois ; souvent je l'ai vu évoquer les mânes du fond de leurs tombeaux, ou transporter les épis d'un champ dans d'autres guérets.

Ramenez, ô mes enchantements, ramenez Daphnis de la ville en ces lieux.

Emporte ces cendres, Amaryllis, et jette-les par-dessus ta tête dans le ruisseau, sans regarder derrière toi. C'est avec ce dernier charme que je veux attaquer Daphnis. Ce cruel se rit des sortilèges et des dieux.

Ramenez, ô mes enchantements, ramenez Daphnis de la ville en ces lieux.

Regarde : tandis que je tarde à enlever ces cendres, elles ont d'elles-mêmes enveloppé l'autel de flammes tremblantes. Qu'heureux soit le présage ! Mais qu'entends-je ? Hylax aboie sur le seuil. Le croirai-je ? ou est-ce une illusion de l'amour ?

Cessez, ô mes enchantements, cessez ; Daphnis revient de la ville en ces lieux.

NEUVIÈME ÉGLOGUE.

LYCIDAS, MŒRIS.

LYCIDAS. Où vas-tu, Mœris? est-ce à la ville?

MŒRIS. O Lycidas! n'avons-nous tant vécu que pour voir (ce que nous étions bien loin de craindre) un étranger s'emparer de notre humble domaine, et dire : « Ceci est à moi. Retirez-vous, anciens colons. » Maintenant, abattus, désolés, jouets du Sort qui bouleverse tout, il nous faut encore envoyer ces chevreaux au ravisseur. Puisse ce don lui être funeste!

LYCIDAS. On m'avait dit pourtant que, depuis l'endroit où ces coteaux commencent à s'abaisser et à descendre vers la plaine par une pente douce, jusqu'au fleuve et jusqu'à ce vieux hêtre dont la cime est brisée, votre Ménalque avait conservé tous ses biens pour prix de ses vers.

MŒRIS. On te l'avait dit, et le bruit en avait couru. Mais nos vers, Lycidas, sont aussi impuissants au milieu du tumulte des armes, que les colombes d'Épire, quand l'aigle les poursuit; et si, du creux d'un chêne, la sinistre corneille ne m'eût averti de couper court à de nouveaux procès, ni ton cher Mœris, ni Ménalque lui-même, ne vivraient plus.

LYCIDAS. Hélas! peut-on concevoir un tel forfait? Quoi! Ménalque, on a failli nous ravir avec toi les consolations que tu nous apportais! Qui donc aurait chanté les nymphes, la terre émaillée de fleurs, et les fontaines ombragées de verts feuillages? Qui aurait dit ces vers que je te dérobai en secret l'autre jour, lorsque tu te rendais auprès de notre chère Amaryllis : « Tityre, jusqu'à mon retour (je ne vais pas loin), fais paître mes chèvres; ensuite, mène-les à la fontaine, et, en les conduisant, Tityre, prends garde de rencontrer le bouc : il frappe de la corne. »

MOERIS. Ou plutôt ces vers qu'il chantait en l'honneur de Varus, avant de les avoir achevés : « O Varus! que Mantoue nous reste, Mantoue, hélas! trop voisine de l'infortunée Crémone, et nos cygnes dans leurs chants sublimes porteront ta gloire jusqu'aux cieux. »

LYCIDAS. Puissent tes essaims éviter les ifs de Corse! Puissent tes génisses, repues de cytise, avoir les mamelles gonflées de lait! Commence, si tu sais quelques vers nouveaux. Moi aussi, les Muses m'ont fait poëte; je compose aussi des vers. Nos bergers me disent inspiré, mais je n'ose les croire; car je n'ai rien fait encore qui me semble digne de Varus et de Cinna. Je suis comme l'oison dont les cris discordants se mêlent aux chants mélodieux des cygnes.

MOERIS. Pour répondre à tes désirs, je cherche à me rappeler, si je puis, certains vers qui ne sont pas sans mérite : « Viens, ô Galatée! pourquoi jouer ainsi dans l'onde? Ici brille le printemps; ici, les bords du ruisseau sont émaillés de mille fleurs ; ici le blanc peuplier domine ma grotte, et la vigne l'ombrage de ses flexibles rameaux. Viens, et laisse les flots battre follement le rivage. »

LYCIDAS. Et ces vers que je t'ai entendu chanter seul pendant une belle nuit! J'ai retenu l'air; mais les paroles m'ont échappé.

MOERIS. « Pourquoi, Daphnis, contempler le lever des anciennes étoiles? Vois s'avancer l'astre de César, petit-fils de Vénus, cet astre heureux qui doit féconder nos guérets et dorer le raisin sur nos fertiles coteaux. Greffe tes poiriers, Daphnis; tes arrière-neveux en recueilleront les fruits. »

Mais le temps emporte tout, jusqu'à la mémoire. Je me souviens que, bien jeune encore, je passais les journées entières à chanter. Aujourd'hui, j'ai oublié tous ces airs. La voix aussi me manque. Les loups m'ont vu les premiers. Mais Ménalque te redira souvent ces chansons.

LYCIDAS. Tes prétextes ne font qu'irriter mes désirs. Regarde : pour t'écouter, la mer est calme et silencieuse; les vents ne font pas entendre le plus léger murmure. Nous voici à la moitié du chemin : on commence à découvrir le tombeau de Bianor. Vois-tu ces arbres dont les émondeurs élaguent le feuillage? c'est ici, Mœris, qu'il nous faut chanter. Dépose ici tes chevreaux, nous serons encore assez tôt à la ville; ou, si tu crains qu'avec la nuit la pluie ne nous surprenne, marchons en chantant : la route nous fatiguera moins. Pour que nous puissions cheminer ainsi, je vais me charger de ton fardeau.

MŒRIS. Berger, n'insiste pas. L'heure nous presse; avançons. Nous chanterons plus à propos quand Ménalque sera de retour.

DIXIÈME ÉGLOGUE.

GALLUS.

Aréthuse, daigne encore sourire à mes derniers efforts. Inspire-moi quelques vers en l'honneur de mon cher Gallus, mais des vers que lise aussi Lycoris. Qui pourrait refuser des vers à Gallus? Ainsi puisse ton limpide cristal, en traversant les flots de Sicile, ne se mêler jamais à l'onde amère! Commence : chantons les amoureux tourments de Gallus, tandis que mes chèvres broutent les tendres arbrisseaux. Tout prête ici l'oreille à nos chants; les forêts y répondent.

Dans quel bois, dans quelle retraite étiez-vous, jeunes naïades, lorsque Gallus périssait consumé d'un indigne amour? Car alors ni les sommets du Parnasse, ni ceux du Pinde, ni la fontaine Aganippe ne vous retenaient. Gallus fut également pleuré des lauriers et des bruyères. En le voyant languir au pied d'une roche solitaire, le Ménale, couronné de pins, et les fraîches cimes du Lycée, répandirent aussi des pleurs. Ses brebis se tenaient immobiles autour de lui; les brebis ne sont pas insensibles à nos peines; et toi, divin poëte, ne rougis pas de conduire un troupeau. Le bel Adonis lui-même menait paître ses brebis le long des fleuves.

Les bergers accoururent vers lui; ensuite vinrent les pesants bouviers. Puis arriva Ménalque, tout humide de la glandée d'hiver. Tous lui demandèrent : « Pourquoi ce fol amour? » Apollon vint et lui dit : « Gallus, quel est ton dé lire ? Ta chère Lycoris suit un autre amant à travers les frimas et le tumulte des armes. »

Silvain se présenta aussi, le front ceint d'une couronne champêtre, agitant de grands lis et des férules en fleurs. Le dieu de l'Arcadie, Pan vint à son tour. Nous le vîmes nous-mêmes, le visage rougi d'hièble et de carmin. « Quand finiront tes regrets ? dit-il. L'Amour est insensible à de telles douleurs. Le cruel Amour ne se rassasie pas plus de larmes que les prés d'eaux vives, les abeilles de cytise et les chèvres de feuillage. »

Mais lui, toujours triste : « Du moins, dit-il, Arcadiens, vous chanterez mes tourments sur vos montagnes. Seuls vous savez chanter. Oh ! que ma cendre reposera mollement, si un jour vos flûtes redisent mes amours ! Plût aux dieux que j'eusse été l'un de vous, ou gardien de vos troupeaux, ou vendangeur de vos grappes vermeilles ! Quel qu'eût été l'objet de ma flamme, Phyllis, Amyntas ou tout autre (qu'importe, en effet, qu'Amyntas soit brun ? la violette et le vaciet ne sont-ils pas noirs ?), il reposerait avec moi parmi les saules à l'ombre des pampres flexibles. Phyllis m'eût tressé des guirlandes, Amyntas m'eût chanté des airs. C'est ici, Lycoris, qu'on trouve de fraîches fontaines, de tendres prairies, de riants bosquets ; c'est ici que j'eusse voulu passer tous mes jours avec toi. Mais maintenant un fol amour te retient sous les drapeaux de Mars, au milieu des armes et des ennemis. Loin de ta patrie (hélas ! que n'en-je puis douter ?) tu braves, seule et sans moi, cruelle, les neiges des Alpes et les frimas du Rhin ! Ah ! puisse le froid t'épargner ! Puissent les durs glaçons ne pas blesser tes pieds délicats !

« Je m'éloignerai, je chanterai sur les pipeaux du pasteur de Sicile les vers que fit pour moi le poëte de Chalcis. Oui, j'aime mieux ensevelir mes chagrins dans les forêts, dans les repaires des bêtes sauvages, et graver mes amours sur les tendres arbrisseaux. Ils croîtront ; avec eux vous croîtrez, mes amours.

« Cependant je parcourrai le Ménale avec les nymphes, ou je poursuivrai les sangliers fougueux. Les rigueurs de l'hiver ne m'empêcheront pas d'entourer de ma monte ces forêts du Parthénius. Déjà même je crois franchir les rochers et les bois retentissants. Rival du Parthe, je me plais à lancer la flèche de Cydon, comme si je pouvais guérir ainsi le mal qui me dévore, comme si l'Amour savait s'attendrir aux peines des mortels ! Les nymphes des bois et les chansons que j'aimais, tout m'importune. Adieu, forêts, adieu ! Tous mes efforts ne sauraient vaincre l'Amour ; non, quand au sein des hivers, je boirais les eaux glacées de l'Hèbre, quand j'affronterais les neiges et les pluies de la Thrace, quand, dans la saison où l'écorce meurt desséchée sur l'ormeau, je ferais paître les troupeaux d'Éthiopie sous les feux du Cancer. L'Amour triomphe de tout ; il faut aussi que je cède à l'Amour. »

Muses, c'est assez pour votre poëte d'avoir chanté ces vers, tandis que, assis sur le gazon, il tressait en corbeilles le jonc flexible. C'est vous qui rehausserez ces vers aux yeux de Gallus, de Gallus pour qui ma tendresse s'accroît chaque jour autant que l'aune s'élance dans les airs au retour du printemps.

Levons-nous. L'ombre est toujours funeste aux chanteurs, surtout celle du genévrier. L'ombre nuit aussi aux moissons. Rentrez, mes chèvres ; vous êtes rassasiées Voici l'étoile du soir ; rentrez.

ns
GÉORGIQUES

LES
GÉORGIQUES.

LIVRE PREMIER.

Mécène, je vais chanter l'art de fertiliser les guérets. Je dirai dans quelle saison il faut ouvrir la terre et marier la vigne à l'ormeau, quels soins réclament les bœufs, comment se conservent les troupeaux, et quelle science exige l'industrieuse abeille.

Brillants flambeaux du monde, vous qui dirigez au ciel la marche de l'année; Bacchus, et toi, bienfaisante Cérès; si, grâce à vous, la terre échangea les glands de l'Épire contre de riches épis, et mêla le jus de la vigne à l'eau des fontaines; et vous, divinités protectrices des campagnes, venez, Faunes; venez aussi, jeunes Dryades; ce sont vos présents que je chante. Et toi, dont le trident redoutable fit jaillir du sol le coursier frémissant, Neptune; et toi, qui habites les forêts, toi, dont les trois cents taureaux blancs paissent dans les fertiles prairies de Cée; et toi, Pan, qui gardes nos brebis, si ton Ménale te plaît toujours, dieu de Tégée, quitte les verts ombrages du Lycée qui t'ont vu naître, et prête-moi ton appui. Minerve, qui nous donnas l'olivier;

enfant, qui inventas la charrue; Silvain, qui portes un jeune cyprès; venez tous, dieux et déesses qui veillez sur nos champs, qui nourrissez les plantes nouvelles, nées sans semences, et qui, du haut du ciel, arrosez nos moissons de pluies fécondes.

Et toi, surtout, qui dois un jour t'asseoir dans le conseil des dieux, César, soit que, le front ceint du myrte maternel, tu visites nos villes et gouvernes la terre, et que tu passes aux yeux de l'univers pour le père des fruits et le maître des saisons; soit que, dieu de la vaste mer, tu reçoives seul les hommages des matelots; que Thulé, aux extrémités du monde, reconnaisse tes lois, et que Téthys achète, au prix de toutes ses ondes, l'honneur de t'avoir pour gendre; soit que, nouvel astre d'été, tu te places entre la Vierge et le Scorpion qui la poursuit; déjà devant toi le Scorpion replie ses pinces brûlantes et te cède un large espace dans les cieux. Quel que soit l'empire qui t'est réservé (car les enfers n'oseraient t'espérer pour roi, et tu ne saurais pousser jusque-là le désir de régner, malgré l'enthousiasme de la Grèce pour ses Champs Élysées, et l'indifférence de Proserpine aux instances de sa mère), soutiens mes pas dans la carrière et souris à mon audace; prends avec moi pitié du laboureur égaré dans sa route; sois mon guide, et accoutume-toi, dès à présent, à recevoir les vœux des mortels.

Au retour du printemps, quand la neige se fond sur les montagnes, et la glèbe s'amollit au souffle du zéphyr, que le taureau commence à ouvrir profondément la terre, et que le soc reluise dans le sillon. Un champ ne peut combler les vœux de l'avide laboureur, s'il n'a deux fois subi l'influence du soleil et du froid. C'est alors que le poids de la récolte fait ployer ses greniers.

Mais, avant d'enfoncer le soc dans une terre inconnue, étudiez les vents et la nature du climat, les traditions locales, les propriétés du sol, les productions que chaque pays donne ou refuse. Ici le blé prospère, là le raisin; ailleurs, sans aucun travail, les arbres se couvrent de fruits et les prés de verdure. Le Tmole nous envoie son safran, l'Inde son ivoire, la molle Arabie son encens, tandis que les Chalybes nus nous donnent le fer, le Pont la puissante castorée, et l'Épire, ses cavales victorieuses aux jeux olympiques.

Telles sont les lois et les conditions éternelles que la nature imposa, dès le principe, à chaque contrée, lorsque Deucalion jeta sur la terre dépeuplée ces pierres qui produisirent des hommes durs comme elles. Si donc vous avez un terrain gras, que, dès les premiers mois de l'année, des taureaux vigoureux le retournent, et que le soleil d'été l'échauffe et le féconde de ses feux. Mais, si le sol est maigre, il suffira que, au lever de l'Arcture, la charrue en effleure la surface. Autrement l'herbe étouffera les riantes moissons, ou le sable stérile perdra le peu d'humidité qu'il renferme.

Laissez aussi dormir votre champ après la moisson, et qu'une année de repos lui rende sa fermeté ; ou bien, l'année suivante, semez-y le froment, après avoir tiré une récolte de ces bons légumes à la gousse tremblante, de vesce légère ou d'amers lupins à la tige bruyante et fragile. Mais écartez le lin, l'avoine et le pavot soporifique : ils brûlent et dessèchent le sol. Cependant la terre supporte aisément cette culture de deux ans l'un, pourvu qu'on répare l'épuisement du sol en le saturant d'un riche engrais, ou en y répandant une cendre féconde. C'est ainsi que la terre repose en changeant de produits, et que, sans labour, elle ne cesse pas d'être libérale.

Souvent aussi il est bon de brûler un champ stérile, et de livrer le chaume léger aux flammes petillantes, soit que le feu communique à la terre une vertu secrète et des sucs nourriciers ; soit qu'il la purifie et en enlève toute humidité superflue ; soit qu'il dilate les pores et les canaux mystérieux qui portent la sève aux plantes nouvelles ; soit plutôt qu'il durcisse le sol, en resserre les veines trop ouvertes, et le rende impénétrable aux pluies, à la brûlante ardeur du soleil et au souffle glacé du nord.

On aide beaucoup à la fécondité du sol en brisant les glèbes avec la herse et en y traînant la claie d'osier. La blonde Cérès sourit à ce travail du haut des cieux. Elle aime aussi qu'on rompe en sens inverse les mottes soulevées en creusant le sillon, qu'on tourmente la terre sans relâche, et qu'on lui commande en maître.

Laboureurs, demandez au ciel des étés humides et des hivers sereins. Un hiver sec féconde les champs et donne une récolte abondante. C'est alors que la Mysie s'enorgueillit de ses belles cultures, et que le Gargare admire la richesse de ses moissons.

Que dirai-je de celui qui, aussitôt après les semailles, brise mal à propos les mottes grasses qui couvrent son champ et y introduit ensuite l'eau d'un fleuve par des canaux? Puis, lorsque l'herbe meurt, desséchée par un soleil brûlant, le voyez-vous amener du sommet d'un coteau l'onde qui, tombant le long des rochers avec un doux murmure, va rafraîchir les campagnes altérées? Que dirai-je de celui qui, pour empêcher les tiges de ployer sous le poids des épis, livre à ses troupeaux l'abondance excessive de ses blés encore en herbe dès qu'ils ont atteint la hauteur du sillon? ou de celui qui détourne l'eau dormante dont sa terre est humectée, surtout dans ces mois pluvieux où les rivières débordées recouvrent tout de limon, et forment ces mares profondes qui entretiennent l'humidité du sol?

Cependant, malgré tous les efforts des hommes et des bœufs pour remuer la terre, craignez encore l'oie vorace, la grue du Strymon, la chicorée amère et l'ombre des bois. Jupiter lui-même a voulu que la culture des champs fût difficile; il en a fait le premier un art nécessaire en y excitant les mortels par l'aiguillon du besoin, et en bannissant de son empire la lâche indolence.

Avant Jupiter, personne ne cultivait les champs. Il n'était pas même permis de partager ni de limiter le sol. On recueillait en commun, et, sans y être forcée, la terre prodiguait librement tout d'elle-même. Ce fut Jupiter qui arma les noirs serpents de leur pernicieux venin, qui donna au loup l'instinct de la rapine, souleva les mers, dépouilla de leur miel les feuilles des arbres, nous déroba le feu, et arrêta les ruisseaux de vin qui couraient partout, afin que le génie de l'homme inventât peu à peu tous les arts, tirât l'épi du sillon, et fît jaillir l'étincelle des veines du caillou. Alors, pour la première fois, les barques flottèrent sur les ondes; le nocher compta les étoiles et distingua par leur nom les Pléiades, les Hyades et l'Ourse brillante, fille de Lycaon. Alors on apprit à tendre des piéges aux bêtes sauvages, à tromper les oiseaux avec de la glu, et à cerner avec une meute les vastes forêts. L'un jeta son épervier dans un large fleuve; l'autre traîna dans la mer ses humides filets. Alors on assouplit le fer, et l'on entendit grincer la scie; car on n'avait d'abord que des coins pour fendre le bois. Alors naquirent les arts. Tout céda au travail opiniâtre et à la pressante nécessité.

Ce fut Cérès qui, la première apprit aux hommes à labourer la terre, lorsque les arbouses et les glands commencèrent à leur manquer dans les bois sacrés, et que Dodone leur refusa des aliments. Bientôt le blé eut ses fléaux. La funeste nielle rongea le chaume; le chardon inutile hérissa les guérets; les moissons périrent sous une forêt d'herbes épineuses, la bardane, le tribule, et, au milieu des plus beaux champs, s'élevèrent la nuisible ivraie et l'avoine stérile. Si votre herse ne tourmente pas constamment la terre, si un bruyant épouvantail n'écarte pas les oiseaux, si votre faux n'élague pas un épais feuillage, si enfin vous ne demandez pas la pluie au ciel, c'est en vain hélas! que vous contemplerez les riches moissons d'autrui; vous serez réduit, pour assouvir votre faim, à secouer les chênes des forêts.

Parlons maintenant des instruments nécessaires au robuste laboureur, et sans lesquels il ne peut ni semer, ni faire lever le grain. C'est d'abord le soc et le bois recourbé de la lourde charrue, les chariots massifs de la déesse d'Éleusis, les herses, les traîneaux et les pesants râteaux; puis les simples corbeilles d'osier qu'inventa Célée, les claies d'arbousier et le van mystique, consacré à Bacchus. Tels sont les instruments que vous aurez soin de vous procurer longtemps d'avance, si vous aspirez à la gloire d'exceller dans cet art divin.

D'abord choisissez dans les forêts un jeune ormeau et

courbez-le avec effort pour lui donner la forme de la charrue. Du côté de la racine adaptez-y un timon de huit pieds, et fixez le soc entre les deux oreillons. Le léger tilleul et le hêtre altier vous fourniront le joug et le manche qui sert à diriger la charrue par derrière, quand vous aurez fait durcir ces bois en les suspendant à la fumée de votre foyer.

Je puis vous rappeler une foule de préceptes anciens, si vous daignez me suivre, s'il ne vous répugne pas d'entrer dans ces minces détails. Avant tout, l'aire doit être aplanie sous un grand cylindre, retournée à la main et faite d'un ciment compacte, de peur que l'herbe n'y croisse ou que le sol ne s'entr'ouvre et ne se réduise en poussière. Sans cette précaution, que d'animaux nuisibles viendraient contrarier vos travaux! souvent le mulot établit sa demeure et construit son grenier sous votre aire, ou la taupe aveugle y creuse son réduit; le crapaud s'y cache dans un trou, et, avec lui, toutes ces bêtes hideuses que la terre enfante. Un monceau de blé devient la proie du charançon ou de la fourmi qui redoute les privations de la vieillesse.

Observez l'amandier en pleine floraison et courbant vers la terre ses rameaux odorants. S'il abonde en fleurs, c'est pour les blés un heureux présage, et de grandes chaleurs amèneront de riches moissons. Mais, si l'arbre n'étale qu'un épais feuillage, le fléau battra vainement une paille stérile.

J'ai vu beaucoup de laboureurs détremper leurs semences dans de l'eau de nitre et du marc d'huile pour grossir le grain dans son enveloppe trompeuse, et l'amollir plus promptement par l'action d'un feu modéré. Mais ces semences, choisies et préparées avec tant de soin, je les ai vues dégénérer, si, chaque année, une main attentive ne triait les grains les plus beaux. Ainsi tout décline, tout dépérit: telle est la loi du Destin. De même un nocher qui lutte à force de rames contre le courant d'un fleuve, s'il suspend un moment ses efforts, est aussitôt entraîné par la rapidité de l'eau.

Le laboureur doit également observer la constellation de

l'Arcture, le lever des Chevreaux et le Dragon étincelant, avec la même attention que les matelots qui, pour regagner leur patrie à travers des mers orageuses, affrontent l'Hellespont et le détroit d'Abydos.

Quand la Balance rend égales les heures du jour et de la nuit, quand la lumière et les ténèbres se partagent le monde, laboureurs, exercez vos taureaux, et semez l'orge jusqu'aux pluies qui annoncent le rigoureux hiver. C'est aussi le moment de semer le lin et le pavot, cher à Cérès. Ne quittez point la charrue, tant que la terre est sèche, et que les nuages restent suspendus dans les airs.

C'est au printemps qu'on sème les fèves. La terre, devenue friable, reçoit aussi le trèfle et le millet qui réclame sa culture annuelle, lorsque le brillant Taureau aux cornes d'or rouvre l'année, et que Sirius s'efface devant l'éclat de ses rayons.

Mais si c'est pour le froment et les robustes gerbes de l'épeautre que vous travaillez la terre, si vous ne voulez qu'une riche moisson d'épis, avant d'ensemencer vos sillons, attendez que les Pléiades se couchent à l'aurore, et que la brillante couronne d'Ariane disparaisse à l'horizon. Ne forcez pas la terre à recevoir de trop bonne heure les espérances de l'année. Beaucoup de gens commencent les semailles avant le coucher de Maïa; mais de stériles épis trompent leur attente.

Voulez-vous semer la vesce, l'humble faséole, et abaisser vos soins jusqu'à la lentille de Péluse? le coucher du Bouvier sera pour vous un guide infaillible. Commencez alors, et poursuivez jusqu'au milieu de l'hiver.

C'est pour régler ces travaux que l'astre brillant du jour a divisé en douze constellations le cercle qu'il décrit dans les cieux. Cinq zones en embrassent le contour. L'une est toujours ardente, toujours brûlée des feux du soleil. Autour d'elle, à droite et à gauche, s'étendent les deux zones extrêmes, couvertes de glaces et inondées de pluies. Entre ces dernières et celle du milieu, il en est deux autres que les malheureux mortels doivent à la bonté des dieux.

C'est en les traversant obliquement que le soleil parcourt les signes du zodiaque.

Vers la Scythie et les monts Riphées, la terre s'élève; elle s'abaisse et descend au sud de la Libye. L'un des pôles est toujours au-dessus de nos têtes; le Styx et les mânes voient l'autre au-dessous d'eux. Au pôle nord, le Dragon, comme un fleuve immense, embrasse de ses replis sinueux les deux Ourses qui craignent de se baigner dans l'Océan. Au pôle opposé règne, dit-on, le profond silence d'une nuit éternelle, et les ténèbres sont encore obscurcies par la nuit qui couvre la terre; ou bien l'Aurore, en nous quittant, ramène chez eux le jour; et, quand les coursiers du Soleil commencent à nous envoyer leur brûlante haleine, l'astre brillant de Vénus allume pour eux son flambeau.

Ainsi, malgré l'incertitude du ciel, nous pouvons connaître d'avance les saisons, distinguer le temps propre aux semailles et à la moisson, savoir quand il faut fendre avec la rame une mer perfide, équiper une flotte, et abattre le pin dans les forêts. Ce n'est pas en vain non plus que nous observons le lever et le coucher des astres, et les quatre saisons diverses qui partagent également l'année.

Le laboureur est-il retenu par les pluies de l'hiver, il peut faire à loisir bien des ouvrages qu'il lui faudrait hâter pendant les beaux jours. Il remet sur l'enclume le soc émoussé de sa charrue; il creuse une nacelle; il marque ses troupeaux ou mesure ses grains. D'autres affilent des pieux et des fourches à double dent, ou préparent l'osier d'Amérie pour lier la vigne flexible. C'est le moment de tresser des corbeilles avec de souples baguettes, de griller le grain au feu, ou de le broyer sous la meule. Même aux jours de fête, il est des travaux permis par les lois divines et humaines. On peut, sans scrupule, détourner le cours d'un ruisseau, entourer ses moissons d'une haie, tendre des piéges aux oiseaux, brûler des ronces et plonger ses brebis dans une eau salutaire. Souvent le villageois presse la marche lente de son âne, dont les flancs sont chargés d'huile ou de fruits grossiers ; et, à son retour de la ville, il rapporte une meule ou un gâteau de poix.

La Lune elle-même, dans son cours inégal, amène des jours propices aux travaux champêtres. Redoutez le cinquième : il vit naître le pâle Orcus et les Euménides. C'est alors que la Terre, dans un horrible enfantement, engendra Cée, Japet, le cruel Typhoée, et ces géants qui se liguèrent pour s'emparer des cieux. Trois fois ils s'efforcèrent d'élever Ossa sur Pélion, et de rouler sur Ossa l'Olympe, couronné de forêts ; trois fois Jupiter, d'un coup de foudre, renversa les monts qu'ils avaient entassés. Le septième jour est, après le dixième, le meilleur pour planter la vigne, pour dompter les jeunes taureaux et pour tisser la toile. Le neuvième est favorable aux esclaves fugitifs et funeste aux voleurs.

Il est aussi plusieurs ouvrages qui s'accommodent mieux de la fraîcheur des nuits ou de la rosée que répand l'aurore au lever du soleil. La nuit, on coupe plus aisément le chaume et l'herbe aride des prairies ; la nuit, la terre s'imprègne d'humidité.

Quelques laboureurs veillent, pendant l'hiver, à la lueur d'une lampe, et taillent le bois résineux en forme d'épis, tandis que, charmant par des chansons les ennuis du travail, leurs femmes promènent à travers les fils de la toile la navette bruyante, ou font bouillir sur le feu le doux jus de la vigne, et écument avec un rameau la liqueur qui frémit dans l'airain.

Mais c'est en plein été qu'il faut couper les épis dorés ; c'est en plein été qu'il faut broyer sur l'aire les grains mûris par le soleil.

Labourez et semez sans tunique. L'hiver force les laboureurs au repos. C'est ordinairement dans cette saison qu'ils jouissent du fruit de leurs travaux, et qu'ils se convient mutuellement à de gais festins. L'hiver les invite au plaisir et dissipe leurs peines. Ainsi, quand un navire, chargé de riches marchandises, touche enfin au port, les matelots joyeux couronnent leur poupe de fleurs. Cependant, c'est alors qu'on recueille les glands, l'olive, les baies rouges du myrte et celles du laurier. C'est alors qu'on tend des pièges aux grues et des toiles aux cerfs, qu'on poursuit les lièvres, et qu'on abat les daims avec la fronde des îles Baléares, lorsqu'une neige épaisse couvre la terre, et que les fleuves charrient des glaçons.

Parlerai je des constellations qui amènent les tempêtes de l'automne? Dirai-je les soins que doit prendre le laboureur, lorsque les jours sont plus courts et l'été plus doux, ou lorsque le printemps pluvieux touche à sa fin, que les guérets sont hérissés d'épis, et que les blés se gonflent de lait sur leur tige verdoyante? Souvent, au moment même où le maître introduisait les moissonneurs au milieu de ses épis dorés, et commençait à lier l'orge en faisceaux, j'ai vu les vents se livrer d'horribles combats, déraciner, lancer dans les airs la moisson mûre, et emporter au loin, dans de noirs tourbillons, le chaume léger et la paille volante. Souvent aussi s'amassent au ciel des torrents de pluie, et dans leurs flancs obscurs, les nuages amoncelés recèlent un affreux orage. Le ciel se fond en eau, et un effroyable déluge inonde les riantes campagnes que les bœufs avaient fécondées. Les fossés se remplissent; les fleuves débordent avec fracas, et la plaine se couvre de flots écumants. Du sein de cette nuit épaisse, Jupiter lance la foudre de sa main étincelante. La terre tremble jusqu'en ses fondements; les animaux s'enfuient, et partout les mortels se prosternent de frayeur. Le dieu, de ses traits enflammés, frappe ou l'Athos, ou le Rhodope, ou les monts Cérauniens. Le vent croît, la pluie redouble; l'ouragan fait mugir les bois et les rivages. Pour prévenir ces maux, observez le cours des mois et des astres; voyez dans quel signe se retire la froide étoile de Saturne et dans quel cercle Mercure fait sa révolution.

Avant tout, honorez les dieux; et, chaque année, lorsque l'hiver touche à sa fin, et que le printemps ramène les beaux jours, offrez sur le vert gazon un sacrifice à la puissante Cérès. C'est alors que les agneaux sont gras, que le vin est doux, que le sommeil est agréable, et l'ombrage épais sur les montagnes. Que toute la jeunesse des champs adore avec vous Cérès. Préparez en son honneur des libations de vin, de lait et de miel; promenez trois fois la victime propitiatoire autour des moissons nouvelles; que tous les compagnons de vos travaux, réunis en chœur, lui forment un cortége triomphal, et invoquent à grands cris la protection de la déesse. Que personne ne livre ses blés à la faucille avant que, le front ceint d'une couronne de chêne, il n'ait honoré Cérès par des danses et des chants rustiques.

Pour que nous puissions connaître à des indices certains la chaleur, la pluie et les vents, précurseurs du froid, Jupiter a réglé lui-même ce que la lune annoncerait tous les mois, sous quels signes cesseraient les autans, et quels pronostics, souvent répétés, avertiraient le laboureur de tenir ses troupeaux près des étables.

Les vents sont-ils prêts à s'élever? Aussitôt la mer s'agite et commence à enfler ses vagues; un bruit sec retentit sur les montagnes, un mugissement sourd ébranle au loin les rivages, et les forêts font entendre un long murmure. Déjà l'onde n'épargne guère les flancs des navires, lorsque, du sein des flots, les plongeons se hâtent de regagner à grands cris la terre, lorsque les foulques se jouent sur le sable, et que le héron quitte ses marais pour se perdre dans les nues. Souvent, à l'approche de la tempête, vous verrez des étoiles tomber du ciel, et laisser après elles, dans les ombres de la nuit, une longue traînée de lumière. Souvent aussi vous verrez des pailles et des feuilles voltiger dans l'air, ou des plumes flotter en se jouant à la surface de l'eau.

Mais si la foudre éclate dans les contrées orageuses du nord, s'il tonne dans les régions de l'Eurus et du Zéphir, tout est inondé, campagnes et fossés, et les matelots se hâtent de replier leurs voiles humides. Jamais l'orage n'a surpris les moins prévoyants. Dès qu'il s'élève du fond des vallées, les grues s'enfuient au plus haut des cieux; la génisse lève la tête vers le ciel et aspire l'air par ses larges naseaux; l'hirondelle voltige autour des lacs en poussant un cri aigu, et les grenouilles, dans leurs marais, répètent leur éternelle plainte. Souvent aussi la fourmi transporte, par un étroit sentier, ses œufs hors de sa demeure; l'arc immense d'Iris boit les eaux de la mer, et des légions de corbeaux, quittant les pâturages, font retentir les airs du battement de leurs ailes. On voit encore les divers oiseaux de mer, et ceux des bords du lac Asia qui paissent les doux herbages du Caystre, tantôt arroser à l'envi leurs ailes, tantôt s'exposer au milieu des flots, tantôt en parcourir la surface, et ne pouvoir se rassasier du plaisir de se baigner dans l'onde. C'est alors que la sinistre corneille appelle l'orage à grands cris en se promenant seule sur le sable du rivage. Les jeunes filles elles-mêmes, en tournant le soir leurs fuseaux, s'attendent au mauvais temps lorsque l'huile pétille dans leur lampe, et que la mèche forme de légers champignons.

Après la pluie, on peut prévoir à des signes aussi certains le retour du soleil et des beaux jours. Alors les étoiles ne semblent pas briller d'un pâle éclat, ni la lune emprunter sa lumière à l'astre du jour; on ne voit point de nuages courir dans les cieux comme des flocons de laine, ni les alcyons, chers à Téthys, étaler leurs ailes sur le rivage, aux tièdes rayons du soleil, et les porcs immondes ne songent plus à délier les gerbes pour les jeter au vent. Mais les brouillards s'abaissent et s'étendent sur la plaine. C'est en vain qu'observant du haut d'un toit le coucher du soleil, le hibou fait entendre son triste chant du soir. Nisus plane dans l'air des cieux, et Scylla est punie pour avoir coupé le fatal cheveu de son père. Partout où Scylla s'enfuit d'une aile rapide, son implacable ennemi, Nisus la poursuit à grand bruit dans l'espace; et, partout où Nisus précipite son vol, Scylla, plus prompte encore, échappe à ses atteintes. Alors les corbeaux tirent de leur gosier trois ou quatre cris éclatants. Souvent même on les voit, transportés d'une joie extraordinaire, folâtrer dans le feuillage des arbres les plus élevés où ils ont établi leurs nids. Ils aiment, après un orage, à revoir leur jeune couvée et leur douce retraite.

n'est pas que je leur attribue un instinct prophétique, et que je prétende qu'ils tiennent du Destin une intelligence supérieure. Mais, quand les nuées qui annonçaient un orage ont changé de direction, quand l'humide haleine des vents a épaissi ou dilaté l'air, les êtres animés éprouvent des impressions différentes, et sont diversement affectés, selon que le ciel est pur ou chargé de nuages. Voilà pourquoi les oiseaux font retentir les campagnes de leurs chants, les troupeaux bondissent de joie, et les corbeaux poussent des cris d'allégresse.

Si vous observez la marche rapide du soleil et les phases de la lune, jamais vous ne vous tromperez sur le temps du lendemain, et vous ne vous laisserez pas séduire au perfide éclat d'une belle nuit. Quand la lune commence à réparer sa lumière, si son pâle croissant se perd dans un ciel obscur, de grandes pluies menacent les laboureurs et les matelots Mais si son front se colore d'une pudeur virginale, comptez sur le vent : le vent rougit toujours la blonde Phébé. Si e quatrième jour (c'est le présage le plus certain), son arc est pur et nettement dessiné dans le ciel, ce jour entier, et tous les jours suivants, jusqu'à la fin du mois, se passeront sans pluie et sans vent; et, sauvés du naufrage, les matelots acquitteront au port les vœux adressés à Glaucus, à Panopée et à Mélicerte.

Le soleil aussi, soit qu'il se lève, soit qu'il se plonge dans l'onde, vous offre des présages; ceux qu'il donne à son lever et à son coucher ne trompent jamais. Son disque naissant est-il parsemé de taches, et se dérobe-t-il à demi sous un nuage, redoutez la pluie. Du haut des airs va fondre l'autan, funeste aux vergers, aux moissons et aux troupeaux. Au point du jour, ses rayons épars s'échappent-ils à travers de sombres nuages, ou bien l'Aurore se lève-t-elle pâle de la couche dorée de Tithon, le pampre, hélas! ne défendra guère vos raisins déjà mûrs contre l'horrible grêle qui rebondit avec fracas sur les toits.

C'est surtout, lorsque, parvenu au terme de sa carrière, le soleil va quitter l'Olympe, qu'il est utile de l'observer

Car souvent alors on voit des nuances diverses colorer son front. Est-il sombre, il annonce la pluie; est-il pourpre, le vent. Mais si le rouge et le noir se confondent, la pluie et le vent exerceront de cruels ravages. Qu'on ne m'engage pas, cette nuit-là, à me lancer en mer, ni à détacher le câble qui retient ma barque au rivage. Mais si, lorsque le soleil nous rend ou nous retire le jour, son disque brille dans tout son éclat, ne vous effrayez ni des nuages, ni de l'aquilon qui agite bruyamment les forêts. Enfin il vous apprendra quel temps doit amener l'étoile du soir, quel vent fera régner la sérénité dans l'air, et ce que méditent les humides autans. Qui oserait accuser le soleil d'imposture? Souvent il nous révèle lui-même les perfides complots qui nous menacent, et les guerres sourdes qui sont sur le point d'éclater.

Quand César expira, le soleil, partageant la douleur de Rome, couvrit d'un nuage de sang son front lumineux, et menaça d'une nuit éternelle ce siècle parricide. Hélas! en ce temps déplorable, tout annonçait nos malheurs, et la terre, et la mer, et les sinistres hurlements des chiens, et les cris affreux des oiseaux funèbres. Combien de fois ne vîmes-nous pas l'Etna briser ses fournaises, s'élancer en bouillonnant dans le champ des Cyclopes, rouler des tourbillons de flammes, et vomir de ses entrailles des rochers fondus! La Germanie entendit de toutes parts un bruit d'armes retentir dans les airs, et les Alpes ressentirent des tremblements inconnus. Quelquefois aussi le silence des bois sacrés fut troublé par des voix lamentables. De pâles fantômes apparurent à l'entrée de la nuit sous des formes hideuses, et, par un prodige inouï, les animaux parlèrent. La terre s'entr'ouvrit, les fleuves s'arrêtèrent; l'ivoire ému versa des larmes dans les temples, et l'airain se couvrit de sueur. Le roi des fleuves, l'Éridan déborda, entraînant les forêts dans ses vagues furieuses, et roulant à travers les campagnes les étables avec leurs troupeaux.

Alors les entrailles des victimes n'offrirent que des signes menaçants; le sang coula des fontaines, et nos cités retentirent, pendant la nuit, des hurlements des loups. Jamais la foudre ne tomba plus fréquemment par un ciel serein, et jamais ne brillèrent plus de sinistres comètes.

Aussi les plaines de Philippes virent pour la seconde fois les Romains aux prises avec les Romains, et les dieux laissèrent la Thessalie et les champs de l'Hémus s'engraisser deux fois de notre sang. Un jour, dans ces fatales plaines, le laboureur, en remuant la terre, rencontrera sous le soc des dards rongés par la rouille, heurtera de sa pesante herse les casques vides des guerriers, et dans ces tombeaux entr'ouverts contemplera d'un œil étonné la grandeur prodigieuse de leurs ossements.

Dieux de ma patrie, divinités nationales, Romulus, et toi, auguste Vesta, qui protégez le Tibre et le palais des Césars, n'empêchez pas du moins ce jeune héros de relever les ruines de l'empire. Le sang romain n'a que trop expié les parjures de la race de Laomédon. Depuis longtemps, César, le ciel nous envie ta présence, et se plaint de ce que tu t'inquiètes encore des triomphes que te décernent les mortels. Sur la terre, en effet, tous les droits sont confondus; la guerre est déchaînée de toutes parts; le crime revêt mille formes diverses; la charrue est sans honneur, les champs languissent sans culture, et la faux est convertie en un glaive homicide. Ici l'Euphrate, là le Danube, s'apprêtent à nous combattre. Les villes voisines, au mépris de la foi des traités, s'arment les unes contre les autres, et l'impitoyable Mars souffle ses fureurs dans tout l'univers. Ainsi, une fois élancés de la barrière, les quadriges dévorent l'espace. Leur guide fait de vains efforts pour les retenir; il est emporté par ses coursiers, et le char n'écoute plus les rênes.

LIVRE SECOND.

J'ai chanté jusqu'ici la culture des champs et le cours des astres. C'est toi maintenant, Bacchus, que je vais chanter, et avec toi les arbres des forêts, et l'olivier si lent à croître. Viens, dieu de la vigne, ici tout est plein de tes bienfaits. C'est en ton honneur que l'automne a couronné ces coteaux de pampres verdoyants, et que la vendange écume à pleins bords. Viens, dieu de la vigne, mets bas tes cothurnes, et rougis avec moi tes jambes nues dans les flots d'un vin nouveau.

Et toi, Mécène, qui fais ma gloire, et à qui je dois la plus grande partie de ma renommée, viens parcourir avec moi la carrière que tu m'as ouverte, et déploie tes voiles sur cette mer immense. Je ne prétends pas tout embrasser dans mes vers; non, quand j'aurais cent langues, cent bouches et une voix de fer. Viens côtoyer le rivage, sans perdre de vue la terre. Je ne veux ni te retenir par de vaines fictions, ni t'égarer dans un long préambule.

La nature agit diversement dans la production des arbres. Les uns, sans le secours de l'homme, viennent d'eux-mêmes dans les champs, ou couvrent au loin les bords sinueux des fleuves, comme le souple osier, le flexible genêt, le peuplier et le saule au vert et pâle feuillage. Les autres proviennent d'une semence confiée à la terre, tels que le haut châtaignier, le grand chêne, consacré à Jupiter, et l'yeuse dont la Grèce révérait les oracles. D'autres voient se multiplier à leur pied d'innombrables rejetons, comme le cerisier, l'orme, et même le laurier du Parnasse, qui abrite sa tige naissante sous le vaste ombrage de son père. Telle est la voie primitive de la nature. Ainsi se développent les forêts, les vergers et les bois sacrés.

Mais l'expérience a découvert d'autres moyens. Tantôt on détache des rejetons d'un jeune arbre, et on les dépose dans les sillons; tantôt on enfouit dans un champ la souche même, ou des rameaux fendus en quatre et aiguisés en forme de pieux. D'autres espèces attendent, pour se reproduire, que leurs branches, courbées en arcs, soient plantées vivantes dans le sol natal. D'autres se passent de racines, et l'émondeur n'hésite pas à confier à la terre la pointe seule des boutures. Mais un prodige plus étonnant encore, c'est de voir d'un tronc sec et dépouillé de branches naître un rejeton d'olivier. Souvent aussi, on voit les rameaux d'un arbre se changer sans péril en ceux d'un autre arbre, le poirier greffé porter des pommes, et la prune rougir sur le cornouiller.

Apprenez donc, habitants des campagnes, la culture propre à chaque espèce, et sachez adoucir l'âpreté des fruits sauvages. Que vos terres ne restent point oisives. J'aime à voir l'Ismare tapissé de vignes, et le Taburne couronné d'oliviers. Les arbres qui s'élèvent d'eux-mêmes dans les airs sont, il est vrai, stériles, mais beaux et vigoureux, parce qu'ils puisent dans le sol une force naturelle. Cependant, si on les greffe, ou si on les transplante dans un sol ameubli, ils dépouillent leur caractère sauvage, et, à force de culture, ils se prêtent à toutes les combinaisons de l'art. Vous n'obtiendrez pas moins de ces rejetons stériles qui sortent du pied d'un arbre, si vous les alignez dans un champ découvert. Maintenant, étouffés par l'épais ombrage de leur père, ils croissent sans porter de fruits, ou les fruits sont desséchés dans leur germe.

L'arbre qui naît d'une semence confiée à la terre pousse lentement, et ne donnera de l'ombre qu'à nos arrière-neveux. Ses fruits dégénèrent et perdent leur première saveur. Les mauvais raisins que produit ainsi la vigne sont la pâture des oiseaux. Tous ces arbres, en effet, exigent des soins ; tous doivent être alignés en bonne terre, et amendés à force de travail.

L'olivier vient mieux de tronçons enfouis, la vigne de provins, le myrte d'une souche entière. C'est de surgeons que naissent le dur coudrier, le frêne superbe, l'arbre touffu qui fournit à Hercule des couronnes, le chêne, consacré à Jupiter, le palmier qui s'élance dans les airs, et le sapin destiné à braver les flots orageux. On ente le noyer franc sur l'arbousier, le stérile platane se transforme en pommier vigoureux, le hêtre se couronne des fleurs blanches du châtaignier, le frêne de celles du poirier, et les porcs broient les glands au pied des ormes.

Il y a deux manières d'enter les arbres, la greffe et l'écusson. Pour écussonner, on choisit l'endroit où les bourgeons sortent du milieu de l'écorce en rompant leurs tissus légers ; on pratique dans le nœud même une petite fente, et l'on y enferme un bouton étranger qui se nourrit de la sève de l'arbre. Pour greffer, on coupe un tronc sans nœuds, et, à l'aide de coins, on y fait une incision profonde où l'on insère des rejetons fertiles. Bientôt l'arbre grandit, élève vers le ciel ses branches fécondes, et voit avec étonnement un feuillage nouveau, et des fruits qui ne sont pas les siens.

Il faut aussi distinguer les différentes espèces d'ormes, de saules, de lotos et de cyprès. Toutes les olives ne présentent pas non plus la même forme : les unes sont rondes, les autres oblongues ; d'autres, amères, sont bonnes à broyer. On remarquait une pareille variété dans les vergers d'Alcinoüs. La même tige ne produit pas la poire de Crustumium, celle de Syrie et l'énorme volème. La grappe qui pend à nos vignes n'est pas celle qu'on cueille aux ceps de Lesbos. On ne confond pas les raisins blancs de Thasos et ceux de Maréotis. Ceux-ci veulent un sol gras, ceux-là un terrain léger. Le psithia donne un bon vin cuit ; le lagéos, aux grains menus, enchaîne quelquefois la langue et fait chanceler les pas des buveurs. Il est des raisins pourpres, il en est de précoces. Comment te célébrer dignement, vin de Rhétie !

Garde-toi néanmoins de le disputer aux celliers de Falerne. Pour la force, on préfère les vignes d'Aminée auxquelles le cèdent le Tmole et le Phanée lui-même, ce roi des vignobles. N'oublions pas la petite vigne d'Argos, qui n'a point d'égale pour l'abondance et la durée. Je ne te passerai pas non plus sous silence, vin de Rhodes, délices de nos desserts et des dieux qu'on y invoque, ni toi, Bumaste aux énormes raisins. Mais ce serait une chose impossible et une peine inutile que d'énumérer tous les vins et d'en désigner toutes les espèces. Autant vaudrait prétendre compter les grains de sable que le zéphir soulève dans les plaines de la Libye, ou les flots qui se brisent sur les rivages de la mer ionienne, quand le fougueux Eurus fond sur les navires.

Tout sol ne convient pas à toutes les productions. Le saule naît le long des fleuves, l'aune dans les marais fangeux, le frêne stérile sur les montagnes pierreuses; le myrte prospère au bord des eaux; la vigne aime les coteaux découverts, l'if préfère l'aquilon et le froid.

Promenez vos regards jusqu'aux extrémités du monde soumis à la culture, dans les régions de l'Aurore qu'habitent les Arabes, et chez les Gélons peints de mille couleurs : chaque arbre a sa patrie. L'Inde seule produit le noir ébène; la Sabée seule voit croître l'arbre qui donne l'encens. Vous parlerai-je de ce bois odorant qui distille le baume, des baies de l'acanthe au feuillage toujours vert, de ces forêts de l'Éthiopie que blanchit un tendre duvet, de ces fines toisons que les Sères détachent des arbres, et de ces bois sacrés que l'Inde voit s'élever sur les bords de l'Océan, aux limites de l'univers ? Nulle flèche n'en peut dépasser la hauteur, quoique pourtant les Indiens ne soient pas des archers vulgaires.

La Médie produit ce fruit salutaire dont le suc piquant et la saveur persistante sont le remède le plus efficace pour chasser des veines les noirs poisons qu'y ont versé de cruelles marâtres en prononçant des paroles funestes. L'arbre est grand et ressemble beaucoup au laurier. Ce serait le laurier lui-même, si l'odeur qu'il exhale au loin n'était différente.

Sa feuille résiste à tous les vents, et sa fleur adhère fortement à la tige. Les Mèdes s'en servent pour parfumer leur haleine et pour soulager les vieillards asthmatiques.

Mais ni les riches forêts de la Médie, ni les belles rives du Gange, ni l'Hermus qui roule un sable d'or, ni la Bactriane, ni l'Inde, ni la fertile Panchaïe avec tout son encens, n'ont rien de comparable à l'Italie. Jamais, sans doute, ses champs ne furent labourés par des taureaux au souffle de feu; jamais on n'y sema les dents d'un horrible dragon, et jamais une moisson de guerriers armés de casques et de lances n'en hérissa les guérets. Mais elle abonde en blé; le Massique l'enrichit de ses dons; elle est couverte d'oliviers et de superbes troupeaux. Ici le coursier belliqueux s'élance fièrement dans la plaine; là, le Clitumne voit une multitude de taureaux blancs, les plus nobles des victimes, baignés souvent dans ses ondes sacrées, précéder jusqu'aux temples des dieux nos pompes triomphales. Ici règne un printemps éternel, et l'été brille dans des mois qui ne sont pas les siens. Deux fois les brebis sont mères, deux fois les arbres se couvrent de fruits. On ne rencontre ni le tigre féroce, ni le lion terrible. Nul poison ne trompe une imprudente main, et aucun serpent couvert d'écailles ne traîne ses immenses anneaux sur le sol, ou ne les dresse en énorme spirale.

Ajoutez à ces avantages tant de villes magnifiques, tant de merveilleux travaux, tant de forts élevés sur des rocs escarpés, et ces fleuves qui coulent sous nos antiques remparts. Parlerai-je de la mer Adriatique et de la mer de Toscane qui baignent nos rivages; de ces lacs immenses du Larius, le plus grand de tous, et de toi, Bénacus, dont les vagues se soulèvent et mugissent comme celles de l'Océan? Rappellerai-je ces ports, cette digue qui emprisonne les eaux du Lucrin, et que la mer indignée vient battre en frémissant? C'est là qu'on entend le bruit lointain de l'onde refoulée du port de Jules, et que les flots tyrrhéniens vont se précipiter dans l'Averne.

L'Italie renferme encore dans son sein des veines d'

cuivre et d'argent; ses rivières ont roulé des flots d'or. Elle a produit d'indomptables guerriers, les Marses, les Sabins, les Liguriens endurcis à la fatigue, les Volsques armés de javelots; elle a enfanté les Décius, les Marius, les illustres Camilles, les intrépides Scipions, et toi, grand César, qui, vainqueur aux extrémités de l'Asie, repousses en ce moment l'Indien qui tremble devant toi. Salut, terre de Saturne, terre féconde en moissons et en guerriers ! c'est pour toi que, osant puiser aux sources sacrées du Permesse, je chante un art honoré et cultivé par nos ancêtres, et que je fais entendre dans nos cités les vers du poëte d'Ascra.

Maintenant distinguons la nature des terrains, leur force, leur couleur et les productions qui leur sont propres. Les terres ingrates et les collines maigres, entremêlées d'argile et de cailloux, et hérissées de buissons, aiment à se couvrir des rejetons vivaces de l'arbre consacré à Pallas. On les reconnaît au grand nombre d'oliviers sauvages qui croissent dans ces mêmes lieux, et à leurs fruits amers qui jonchent le sol de toutes parts. Mais le terrain gras et imprégné de sucs humides, le champ dont l'herbe épaisse annonce l'heureuse fécondité (comme ces vallons qu'on voit souvent au pied d'un coteau, arrosés par les eaux qui tombent du haut des rochers et entraînent un riche limon), s'il est exposé au midi, s'il nourrit la fougère, ennemie de la charrue, vous donnera des ceps vigoureux, chargés de grappes nombreuses; et vous recueillerez ce délicieux nectar que nous versons dans des coupes d'or en l'honneur des dieux, lorsque, au son de la flûte d'ivoire d'un gras Étrurien, nous offrons sur leurs autels, dans de larges bassins, les entrailles fumantes des victimes.

Aimez-vous mieux élever de jeunes taureaux, des brebis et des chèvres, le fléau des guérets? Allez dans les bois et les pâturages lointains de la fertile Tarente, ou dans des campagnes pareilles à celles qu'a perdues l'infortunée Mantoue, sur les bords verdoyants d'un fleuve peuplé de cygnes aussi blancs que la neige. Là, ni les claires fontaines ni le vert gazon ne manqueront aux troupeaux; et ce qu'ils brouteront dans les plus longs jours, la fraîche rosée le fera renaître dans les plus courtes nuits.

Une terre noire, grasse sous le soc et naturellement friable (qualités que nous cherchons à obtenir par le labour), est excellente pour le froment. Aucun autre champ ne verra les bœufs ramener à pas lents plus de chariots au logis. Tel est encore le sol où le laboureur irrité a porté le fer, abattant des bois longtemps inutiles, et arrachant avec leurs racines les antiques demeures des oiseaux. Ceux-ci abandonnent leurs nids, il est vrai, et s'envolent dans les airs ; mais ce terrain neuf acquiert du prix sous le soc de la charrue. Le stérile gravier qui couvre la pente d'un coteau fournit à peine aux abeilles quelques humbles tiges de lavande et de romarin. N'attendez rien du tuf rude au toucher, ni de la craie minée par de noirs serpents ; c'est là, dit-on, qu'ils cherchent une douce nourriture et un sûr abri.

La terre qui exhale des vapeurs comme de légers nuages, qui pompe et renvoie tour à tour l'humidité, qui se revêt sans cesse d'un vert gazon et qui ne rouille jamais le fer, mariera heureusement la vigne à l'ormeau, sera féconde en oliviers, et vous la trouverez aussi propre au labour qu'à la nourriture des troupeaux. Telles sont les riches campagnes de Capoue, les plaines voisines du Vésuve, et les champs qu'arrose le Clain dont les débordements font déserter Acerra.

Je vais maintenant vous apprendre à quels signes vous pourrez reconnaître si un terrain est fort ou léger. Celui-ci convient à la vigne, celui-là au froment. Cherchez d'abord un endroit propice où vous creuserez une fosse profonde. Ensuite vous y remettrez toute la terre, et vous en aplanirez la surface sous vos pieds. Si la fosse n'est pas remplie, ce sera un sol léger, propre à la vigne et aux pâturages ; mais si la terre ne peut rentrer dans la fosse sans déborder, votre sol est fort. Comptez sur des mottes épaisses qui retarderont le soc, et labourez votre champ avec des taureaux vigoureux.

Quant à la terre salée, amère, qu'aucun soin n'adoucit

où le blé ne croît point, où la vigne dépérit et les fruits dégénèrent, voici le moyen de la reconnaître : Détachez de vos plafonds enfumés des paniers d'un tissu serré et des tamis de pressoir; remplissez-les de cette mauvaise terre humectée d'eau douce, et foulez-la sous vos pieds. L'eau se fraiera un passage, et de grosses gouttes couleront à travers l'osier. La saveur de cette eau vous fournira une preuve infaillible : son amertume révoltante fera faire la grimace à quiconque l'aura goûtée.

On reconnaît aussi une terre grasse lorsque, en la pétrissant, au lieu de se réduire en poussière, elle s'attache aux mains comme la poix. La hauteur des herbes annonce un sol humide et trop fécond. Ah! craignez cet excès d'abondance; prenez garde que vos premiers épis n'étalent une richesse trompeuse. On juge au poids seul si un terrain est lourd ou léger. On a bientôt vu s'il est noir ou de toute autre couleur. Mais le froid meurtrier d'une terre est difficile à connaître. Il n'y a que les pins, les ifs nuisibles et le lierre noir qui signalent quelquefois ce défaut.

Ces observations faites, préparez longtemps d'avance la terre qui doit recevoir les généreux plants de la vigne : entrecoupez les coteaux de fossés; puis retournez les glèbes et livrez-les au souffle de l'aquilon. Les terrains friables sont les meilleurs. Cette qualité, ils la doivent aux vents, aux frimas, et au robuste vigneron qui les remue en tous sens. Les cultivateurs dont la prévoyance songe à tout, choisissent, pour former leur pépinière et disposer leurs plants, un terrain semblable, pour que les jeunes ceps, brusquement arrachés du sol natal, ne s'aperçoivent point qu'ils ont changé de mère. Ils vont même jusqu'à marquer sur l'écorce l'exposition de chacun d'eux, le côté qui recevait la chaleur du midi, celui qui était tourné vers le nord, afin de leur rendre les mêmes aspects : tant les premières habitudes ont de force!

Examinez d'abord s'il vaut mieux planter la vigne sur les coteaux ou dans la plaine. Si vous choisissez une grasse campagne, serrez les lignes de vos plants : quoique pressés, ils n'en seront pas moins féconds. Préférez-vous un sol montueux et le penchant d'une colline, donnez-leur plus d'espace, et que vos ceps, parfaitement alignés, laissent entre eux des intervalles égaux. Telle, aux approches d'un grand combat, une armée déploie ses cohortes et se range dans la plaine. Les fronts de bataille sont en ligne, et la terre ondoie sous l'airain étincelant. L'horrible mêlée n'est pas encore engagée, et Mars erre incertain entre les deux camps. Observez la même symétrie, non pour repaître les yeux d'un vain spectacle, mais afin que la terre partage également ses sucs à tous vos ceps, et que leurs rameaux puissent s'étendre en liberté.

Peut-être demanderez-vous quelle doit être la profondeur des fosses. Pour moi, je confierais volontiers la vigne à un léger sillon. Mais l'arbre, plus élevé, doit être enfoncé bien avant dans la terre, le chêne surtout, dont la tête va se perdre dans les nues, tandis que ses racines touchent aux enfers. Aussi, rien ne l'ébranle, ni les tempêtes, ni les vents, ni les pluies; il demeure immobile, voit passer de nombreuses générations, et sa durée triomphe des siècles. Il étend au loin ses rameaux, comme autant de bras vigoureux, et seul il suffit pour répandre une ombre immense.

Que vos vignobles ne regardent point le soleil couchant. Bannissez-en le coudrier. N'allez pas non plus, pour former vos plants, chercher l'extrémité des surgeons ou les branches supérieures : tant l'arbre a d'amour pour la terre. Craignez de déchirer les rejetons avec un fer émoussé, et ne mêlez point dans vos plants l'olivier sauvage. Car souvent des bergers imprudents laissent tomber une étincelle, qui, d'abord cachée sous l'écorce onctueuse, s'empare du tronc; puis, s'élançant jusqu'au feuillage, produit dans l'air un horrible fracas. Bientôt le feu vainqueur court de branche en branche, attaqua la cime et la dévore. Les flammes enveloppent le bois tout entier, et roulent dans les airs de noirs tourbillons d'une épaisse fumée, surtout si un ouragan fond sur la forêt, et chasse devant lui l'incendie. Dès lors, plus de ceps; ils ne peuvent renaître ni de leur souche, ni de leur bois taillé, ni pousser des rejetons aussi vigoureux. Le funèbre olivier aux feuilles amères survit seul à ce désastre.

N'allez pas non plus, sur l'avis d'un savant agronome, remuer une terre que durcit le souffle de Borée. L'hiver alors ferme le sein des campagnes, et la gelée ne permet pas aux semences de pousser des racines dans le sol. La meilleure saison pour planter la vigne, c'est quand le printemps vermeil nous ramène l'ennemi des serpents, l'oiseau aux blanches ailes; ou encore vers les premiers froids de l'automne, lorsque le char brûlant du soleil n'a pas encore atteint l'hiver, et que les chaleurs sont passées.

Oui, le printemps rend aux bois leur verte parure; c'est au printemps que la terre se dilate, et demande les germes qu'elle doit faire éclore. Alors, le puissant dieu de l'air descend en pluies fécondes dans le sein de son heureuse épouse, et donne, en s'unissant à son vaste corps, la vie à toute la nature. Alors les bocages retentissent du chant mélodieux des oiseaux; alors les troupeaux reprennent leurs amours. La Terre enfante; les campagnes ouvrent leur sein à la tiède haleine des zéphirs; partout circule une abondante sève. Les plantes se confient sans crainte aux rayons d'un soleil nouveau; la vigne ne redoute plus les impétueux autans, ni les pluies qu'amène le fougueux aquilon; mais elle montre ses bourgeons et déploie tout son feuillage.

Tels furent sans doute les jours qui éclairèrent le monde à sa naissance; telle fut leur température habituelle. Oui, c'était le printemps, le printemps que fêtait l'univers, et l'Eurus retenait son souffle glacé, quand pour la première fois les animaux virent la lumière, quand les hommes au cœur de bronze sortirent du sein de la terre, quand les bêtes sauvages peuplèrent les forêts et les astres brillèrent au ciel. Les productions naissantes ne pourraient supporter l'excès de la chaleur ou du froid, s'il n'y avait un doux intervalle entre ces deux extrêmes, et si une saison plus tempérée ne laissait respirer le monde.

Quels que soient les arbustes que vous plantiez, ne leur épargnez pas l'engrais, et n'oubliez pas de les couvrir d'une couche épaisse de terre, où d'y enfouir des pierres spongieuses et des débris de coquillages, afin de laisser un libre passage à l'air et aux eaux, et de permettre aux jeunes ceps de s'élancer avec vigueur. Il y a même des vignerons qui les chargent de pierres et d'énormes tessons : c'est un rempart contre les averses et contre la canicule lorsqu'elle fend les campagnes.

Vos ceps sont-ils plantés, il vous reste à ramener souvent la terre autour du pied et à la remuer avec les lourds hoyaux, ou à labourer profondément le sol, et à promener entre les plants vos taureaux vigoureux. Puis, attachez aux ceps des roseaux, des baguettes sans écorce, des échalas de frêne, des bâtons fourchus, où la vigne, trouvant un appui, s'accoutumera à braver les vents et à monter d'étage en étage jusqu'à la cime des ormeaux.

Lorsque le jeune cep commence à pousser ses premières feuilles, ménagez sa faiblesse ; et même, lorsque sa tige féconde s'élance hardiment dans les airs, n'y portez pas encore la serpe ; bornez-vous à en éclaircir le feuillage avec la main. Plus tard, quand ses pousses vigoureuses, enlacées autour des ormeaux, auront atteint une certaine hauteur, élaguez ses branches et sa verte chevelure. Alors il ne redoute plus le fer : exercez sur lui un rigoureux empire, réprimez l'essor de ses jets vagabonds.

Entourez votre plant d'une haie et écartez-en les troupeaux, surtout quand les feuilles encore tendres ne peuvent supporter aucun outrage. Car, outre la rigueur des hivers et les ardeurs des étés, les buffles sauvages et les chevreuils avides ne cessent alors de maltraiter la vigne ; les brebis et les génisses la dévorent. Les frimas qui blanchissent les plaines, le soleil qui darde ses feux sur les rochers arides, lui sont moins funestes que le venin de leur dent meurtrière, que leurs morsures imprimées sur ses rameaux.

C'est pour expier ce crime qu'on immole un bouc sur tous les autels de Bacchus. De là ces jeux antiques célébrés sur le théâtre, et ces prix proposés au génie dans les bourgs et les carrefours par les enfants de Thésée, qui, égayés par le vin, sautaient au milieu des prairies sur des outres frottées d'huile. Les laboureurs d'Ausonie, fils des exilés de Troie, imitent aussi ces jeux en récitant des vers rustiques au milieu de ris effrénés. Le visage couvert de masques hideux, faits d'écorce, ils t'invoquent, Bacchus, dans leurs chants d'allégresse, et suspendent en ton honneur au sommet des pins tes mobiles images. Dès lors tous les vignobles se chargent de fruits ; partout où le dieu a tourné son noble visage, coteaux et vallées sont comblés de ses dons. Offrons donc à Bacchus nos hommages solennels ; chantons-lui les hymnes de nos pères, et, sur des bassins, présentons-lui des gâteaux. Que le bouc sacré soit conduit par la corne au pied de ses autels, et que des broches de coudrier fassent rôtir les entrailles de la victime.

La vigne exige encore d'autres soins, et pour elle on n'a jamais assez fait. Trois ou quatre fois l'an, il faut retourner la terre, sans cesse briser les mottes avec le revers du hoyau et dégager le plant de son feuillage. Le laboureur parcourt un cercle de travaux que ramène successivement le cours de l'année. Lors même que la vigne a vu tomber ses dernières feuilles, et que le souffle glacé de l'aquilon a dépouillé les bois de leur parure, l'infatigable vigneron étend vers l'année suivante ses soins prévoyants, et, armé du fer de Saturne, il émonde la vigne et la façonne à son gré. Soyez donc le premier à fouir la terre, le premier à brûler les sarments inutiles, le premier à rentrer vos échalas au logis ; mais vendangez le dernier. Deux fois le pampre surcharge la vigne ; deux fois les herbes l'embarrassent et l'étouffent : tâche doublement pénible. Laissez aux autres les vastes domaines ; contentez-vous d'en cultiver un petit. Ayez soin encore de couper dans les forêts le houx épineux, les roseaux sur le bord des fleuves et l'osier qui vient sans culture. Enfin les vignes sont liées, enfin les sarments laissent reposer la serpe, et le vigneron fatigué chante en façonnant ses derniers ceps. Cependant il faut encore tourmenter la terre, la réduire en poudre, et craindre les injures de l'air pour les raisins déjà mûrs.

L'olivier, au contraire, n'exige point de culture. Dès qu'il a pris racine dans le sol et affronté le grand air, il n'attend rien ni de la serpe, ni de la herse. Il suffit de le déchausser avec le hoyau pour que la terre lui fournisse la séve suffisante, et un simple labour lui fait produire des fruits abondants. Nourrissez donc le fertile olivier, symbole de la paix.

Il en est de même des arbres fruitiers. Dès qu'ils sentent leur tronc affermi, et qu'ils ont acquis la force nécessaire, ils s'élancent rapidement d'eux-mêmes dans les airs, sans avoir besoin de notre aide. Ainsi les bois se chargent naturellement de fruits ; les buissons incultes se couvrent de baies rouges ; le cytise est la pâture des troupeaux ; les pins nous fournissent le bois qui alimente nos foyers et les flambeaux qui nous éclairent pendant la nuit. Et l'homme hésiterait à planter des arbres et à les cultiver !

Mais, sans parler des grands arbres, le saule et l'humble genêt offrent du feuillage aux troupeaux, de l'ombre aux bergers, des baies aux moissons et des sucs aux abeilles. J'aime à voir le Cytore ondoyer sous ses buis ; j'aime à contempler les forêts de pins de Narycie, et ces campagnes qui ne doivent rien ni à la herse, ni au travail de l'homme. Il n'est pas jusqu'aux forêts stériles du Caucase qui, sans cesse battues et brisées par les vents fougueux, ne nous fassent part de leurs produits divers. Nous en tirons des pins pour les vaisseaux, des cèdres et des cyprès pour nos demeures. C'est avec leur bois que les laboureurs façonnent des roues à rayons ou des roues pleines pour les chariots, et des carènes de navires. Le saule nous donne ses rameaux flexibles, l'orme son feuillage ; le myrte et le cornouiller, chers à Bellone, nous fournissent de solides javelots ; l'if se courbe en arc dans l'Iturée. Le bois lisse du tilleul et le buis, docile au tour, cèdent au fer aigu qui les creuse et prennent des formes variées. L'aune léger, lancé sur le Pô, en suit les rapides courants ; enfin les abeilles cachent leurs essaims sous l'écorce et dans les flancs pourris des chênes. Les dons de Bacchus ont-ils rien de comparable à ces trésors ? Que dis-je? Bacchus a causé des crimes; c'est lui qui fit périr les centaures furieux, Rhétus, Pholus, et Hylée qui menaçait les Lapithes d'un énorme cratère.

Trop heureux l'habitant des campagnes, s'il connaissait son bonheur! Loin des guerres civiles, la terre, justement libérale, lui prodigue d'elle-même une nourriture facile. Sans doute il n'habite pas un palais somptueux dont les superbes portiques sont inondés, le matin, de flots d'adulateurs; il ne s'extasie point devant des lambris incrustés d'écailles, devant des tapis chamarrés d'or et des vases de Corinthe; la pourpre de Tyr n'altère pas la blancheur de ses laines, et la canelle ne dénature point la pureté de son huile. Mais le repos, le calme, une vie exempte de mécomptes et riche en mille biens, du loisir au sein des vastes campagnes, des grottes, des lacs d'eau vive, de fraîches vallées, les mugissements des bœufs et le doux sommeil sous l'ombrage, voilà ses trésors. C'est aux champs qu'on trouve les bocages et les retraites des bêtes fauves, une jeunesse sobre et laborieuse, le culte des dieux et le respect de la vieillesse; c'est là que la Justice, en quittant la terre, laissa la trace de ses derniers pas.

O vous, mes plus chères délices, vous dont je porte les insignes sacrés en témoignage de mon profond amour, Muses, daignez me recevoir, et m'enseigner la marche des corps célestes, les causes des éclipses diverses du soleil et de la lune; pourquoi la terre tremble; quel pouvoir soulève les flots, brise leurs barrières et les refoule ensuite sur eux-mêmes; pourquoi les soleils d'hiver se hâtent de se plonger dans l'Océan, et quel obstacle retarde, en été, le retour de la nuit. Mais si mon sang glacé m'empêche de pénétrer ces mystères de la nature, que du moins je chérisse les campagnes et les ruisseaux coulant dans les vallées! que j'aime les fleuves et les forêts, sans prétendre à la gloire! Ah! où sont les champs qu'arrose le Sperchius, et le Taygète foulé en cadence par les vierges de Sparte? Qui me transportera dans les frais vallons de l'Hémus, et me couvrira de l'ombre épaisse des bois?

Heureux celui qui a pu remonter aux principes des choses, et fouler à ses pieds les vaines terreurs, l'inexorable Destin et le bruit de l'avide Achéron ! Heureux aussi celui qui connaît les divinités champêtres, Pan, le vieux Silvain et les nymphes ! Rien ne trouble la paix de son cœur, ni les faisceaux que donne le peuple, ni la pourpre des rois, ni la discorde armant des frères perfides, ni le Dace descendant de l'Ister conjuré, ni les triomphes de Rome, ni la chute des empires. L'indigence ou la richesse ne l'émeut ni de pitié ni d'envie. Content de cueillir les fruits que ses arbres et ses champs ont produits d'eux-mêmes, il ne s'embarrasse ni de la rigueur des lois, ni des clameurs insensées du barreau, ni du dépôt des archives publiques.

D'autres, la rame en main, tourmentent des mers dangereuses, s'élancent aux combats, pénètrent dans les cours et les palais des rois. Le conquérant détruit les cités et massacre de malheureux citoyens pour boire dans une pierre précieuse et dormir sur la pourpre de Tyr. L'avare ensevelit ses richesses, et couve ses trésors enfouis. L'orateur à la tribune, le poëte au théâtre, s'enivrent des applaudissements redoublés des grands et du peuple. Des frères se plaisent à tremper leurs mains dans le sang de leurs frères, abandonnent pour l'exil le doux foyer de leurs aïeux, et vont sous un autre ciel chercher une nouvelle patrie.

Le laboureur fend la terre avec sa charrue. Ce travail amène ceux de toute l'année. C'est par là qu'il nourrit sa patrie, ses petits enfants, ses bœufs, et ses jeunes taureaux qui l'ont bien mérité. Nul repos pour lui, que l'année n'ait surchargé ses arbres de fruits, multiplié ses troupeaux, couvert ses sillons d'épis, et fait ployer ses greniers.

Quand l'hiver est venu, il broie sous le pressoir l'olive de Sicyone ; ses porcs rentrent, rassasiés de glands ; les forêts lui livrent leurs fruits ; l'automne lui fournit ses productions diverses, et la vendange mûrit sur ses coteaux qu'échauffe le soleil. Cependant, suspendus à son cou, ses enfants chéris se disputent ses caresses. Sa maison suit les lois de la pudeur ; ses vaches laissent pendre leurs mamelles gonflées de lait, et, sur la verte prairie, ses robustes chevreaux luttent en se heurtant le front. Lui-même il a ses jours de fête. Couché sur l'herbe, autour du feu et d'un cratère, avec ses compagnons, il t'invoque, ô Bacchus! en t'offrant des libations. Puis, choisissant un orme pour but, il propose à ses bergers le prix du javelot, ou les engage à dépouiller leurs membres vigoureux pour s'exercer à une lutte champêtre.

Telle fut la vie des vieux Sabins; ainsi vécurent Romulus et Rémus. C'est ainsi que s'est accrue la vaillante Étrurie, que Rome est devenue la merveille du monde, et, seule, a renfermé sept collines dans son enceinte. Même avant le règne de Jupiter, avant qu'une race impie se nourrît de la chair des taureaux égorgés, Saturne, dans l'âge d'or, menait cette vie sur la terre. On n'avait pas encore entendu le son des trompettes, ni forgé les glaives sur l'enclume bruyante.

Mais nous avons fourni une immense carrière. Il est temps de dételer nos coursiers haletants.

LIVRE TROISIÈME.

Toi, aussi, auguste Palès, et toi, divin pasteur de l'Amphryse, et vous, bois et fleuves du Lycée, vous serez l'objet de mes chants. Tous les sujets qui pouvaient charmer les esprits oisifs sont épuisés. Qui ne connaît l'impitoyable Eurysthée et les autels de l'infâme Busiris? Qui n'a point chanté le jeune Hylas, et Délos, chère à Latone, et Hippodamie, et Pélops, célèbre par son épaule d'ivoire et par son adresse à dompter les coursiers? Je veux, par une route nouvelle, m'élancer au-dessus de la terre, et faire voler de bouche en bouche mon nom immortel.

C'est moi qui, le premier, si ma vie est assez longue, ferai descendre les Muses du sommet de l'Hélicon pour les conduire avec moi dans ma patrie; le premier, ô Mantoue, je te rapporterai les palmes d'Idumée. J'élèverai un temple de marbre dans les vertes campagnes où le superbe Mincius promène lentement son onde sinueuse, et abrite ses rives sous de flexibles roseaux. Au milieu de ce temple je placerai César qui en sera le dieu. Moi-même, dans l'appareil du triomphe, et tout resplendissant de la pourpre de Tyr, je lancerai en son honneur cent quadriges sur les bords du fleuve. La Grèce entière, abandonnant pour ces jeux l'Alphée et les bois sacrés de Molorchus, y viendra disputer le prix de la course et du ceste. Le front ceint d'olivier, je porterai les présents au temple. D'avance je me plais à y conduire la pompe solennelle, et à voir les taureaux immolés. La scène m'étale ses spectacles divers, et les Bretons lèvent la toile où figure leur défaite. Sur les portes du temple, je représenterai en or et en ivoire les combats livrés aux Gangarides, les armes victorieuses de Quirinus, le Nil enflant ses ondes majestueuses sous le poids de ses flottes guerrières, et les colonnes élevées avec l'airain des vaisseaux ennemis. J'y ajouterai les villes de l'Asie soumises à notre empire, le Niphate vaincu, le Parthe cherchant en vain son salut dans les flèches qu'il lance en fuyant, les trophées conquis dans deux contrées diverses, et, d'un rivage à l'autre de l'Océan, les nations devenues la matière d'un double triomphe. Là le marbre de Paros fera revivre la race d'Assaracus, et cette suite de héros descendus de Jupiter, et Tros leur père, et le dieu du Cynthe, fondateur de Troie. L'odieuse Envie y frémira d'épouvante à l'aspect des Furies, du redoutable Cocyte, des serpents d'Ixion, de son énorme roue, et de l'insurmontable rocher de Sisyphe.

Cependant entrons dans les bocages des Dryades et dans leurs forêts encore vierges. Accomplissons, Mécène, la rude tâche dont tu m'as chargé. Sans toi, mon esprit n'entreprend rien de grand. Suis-moi donc sans retard. J'entends le Cithéron qui nous appelle à grands cris, et les chiens du Taygète, et les coursiers que dompte Épidaure : les échos des bois répondent à ces bruyantes clameurs. Bientôt pourtant j'essaierai de chanter les belliqueux exploits de César, et de faire vivre son nom durant un aussi grand nombre d'années qu'il s'en est écoulé depuis la naissance de Tithon.

Soit qu'on élève des chevaux pour obtenir les palmes olympiques, soit qu'on nourrisse de vigoureux taureaux pour le labour, il faut, avant tout, bien choisir les mères. Une belle génisse est celle qui a le regard farouche, la tête grosse, le cou épais, et dont le fanon pend depuis le menton jusqu'aux genoux. Ses flancs s'étendent sans mesure. Tout en elle est grand, même le pied ; ses cornes sont recourbées et ses oreilles velues. J'aime aussi qu'elle soit tachetée de blanc, qu'elle se refuse au joug, qu'elle menace quelquefois de la corne, qu'elle ait la face du taureau, et que haute de taille, elle balaie de sa queue la trace de ses pas.

Les génisses s'accouplent et mettent bas après quatre ans; elles s'arrêtent avant dix. A tout autre âge, elles ne sont propres ni à la reproduction ni au labour. Tandis qu'elles sont dans toute la force de la jeunesse, déliez les mâles : secondez vous-même leurs instincts, et repeuplez vos étables par une génération nouvelle. Hélas! les plus beaux jours de notre vie s'envolent les premiers. Bientôt accourent les maladies, la triste vieillesse, les souffrances et l'inexorable mort. Vous aurez toujours quelques mères à réformer. Remplacez-les toujours; et, pour n'avoir pas de pertes à regretter, prenez les devants, et choisissez tous les ans des rejetons propres à perpétuer le troupeau.

Procédez de même dans le choix des chevaux. Ceux que vous destinez à multiplier leur espèce, exigent, dès le plus bas âge, les plus grands soins. Le poulain de bonne race s'avance fièrement dans la plaine, et plie ses jarrets avec grâce. Toujours à la tête du troupeau, il brave les fleuves menaçants et passe un pont inconnu. Il ne s'effraie pas d'un vain bruit. Son encolure est haute, sa tête effilée, son ventre court, sa croupe arrondie. Ses muscles ressortent avec énergie sur son poitrail. La couleur la plus belle est le bai-brun et le gris pommelé; la moins estimée est le blanc pâle et l'alezan clair. Un bruit d'armes a-t-il retenti au loin, le bouillant coursier ne peut rester en place; il dresse les oreilles; ses membres frémissent; il hennit, et de ses naseaux s'échappe un souffle de feu; les flots de son épaisse crinière retombent sur son épaule droite; son épine se double sur son dos; il creuse la terre, et la fait résonner sous son pied vigoureux. Tel fut Cyllare, que dompta Pollux d'Amyclée; tels furent les coursiers qu'ont célébrés les poëtes grecs, ceux de Mars et du grand Achille; tel aussi, à l'arrivée de son épouse, Saturne s'enfuit d'un bond rapide, en secouant sa crinière empruntée, et remplit le Pélion de ses hennissements aigus.

Quand l'étalon languit, accablé par la maladie ou affaibli par l'âge, chassez-le de la ferme, et soyez sans pitié pour sa honteuse vieillesse. L'amour n'échauffe plus ses sens, et il se consume en efforts stériles. S'il se hasarde dans cette lutte, son impuissante ardeur s'éteint, comme un grand feu de paille dépourvu d'aliments. Observez donc, avant tout, sa vigueur et son âge; puis, quelles sont ses autres qualités, quelle est sa race, s'il est sensible à la gloire de vaincre et à la honte d'être vaincu.

Voyez-vous comme ces chars, entraînés par leur rapide essor, s'élancent hors de la barrière et dévorent la plaine? Voyez-vous comme ces jeunes rivaux tressaillent d'espérance, comme la crainte fait battre et agite leurs cœurs? Penchés en avant, ils pressent du fouet leurs coursiers, et leur lâchent les rênes. L'essieu vole et s'enflamme. Ils semblent tantôt se baisser, tantôt se dresser dans l'espace et monter dans les airs. Point de trêve, point de relâche. Ils soulèvent un nuage de poussière. Les vainqueurs sont humectés de l'écume et de l'haleine de ceux qui les suivent. Tant ils aiment la gloire! tant ils brûlent de vaincre!

Érichthon est le premier qui ait osé atteler quatre chevaux de front, et se tenir en vainqueur sur un char rapide. Montés sur des coursiers, les Lapithes les façonnèrent au frein et aux voltes; ils leur apprirent à bondir et à galoper fièrement sous un cavalier armé. Pour la course des chars, comme pour le manége, les maîtres de l'art veulent un cheval jeune, ardent et agile, eût-il cent fois poursuivi l'ennemi en déroute, eût-il pour patrie l'Épire ou la belliqueuse Mycènes, fût-il né du trident même de Neptune.

Ces observations faites, lorsque approche la saison des amours, mettez tout votre zèle et tous vos soins à engraisser l'animal dont vous avez fait choix pour guider et perpétuer le troupeau. Coupez pour lui l'herbe fleurie, servez-lui de l'eau et du grain, de peur qu'il ne succombe à sa douce fatigue, et que la faiblesse du père ne se reproduise dans ses rejetons. Au contraire, amaigrissez à dessein les femelles; et, quand la volupté qu'elles ont déjà connue les sollicite à s'accoupler, retranchez-leur le feuillage, éloignez-les des fontaines. Souvent même, fatiguez-les au soleil par une course forcée, lorsque l'aire gémit sous les coups redoublés des fléaux, et que la paille légère s'envole au souffle du zéphir. Vous empêcherez ainsi qu'un excès d'embonpoint n'obstrue chez elles les voies de la reproduction et n'en paralyse les germes; leur sein les absorbera avec plus d'ardeur et en conservera mieux le dépôt.

A leur tour, les mères réclament les soins que l'on donnait aux pères. Au bout de quelques mois, quand elles sont chargées de leurs fruits, ne permettez plus qu'elles traînent de lourds chariots, qu'elles franchissent les routes d'un bond, qu'elles galopent dans les prairies, ni traversent à la nage des fleuves rapides. Laissez-les paître dans des bois solitaires, près d'un ruisseau qui coule à pleins bords, dont les rives soient tapissées de mousse et de verdure, où des grottes leur offrent un abri et des rochers une ombre salutaire.

Près des bois sacrés qu'arrose le Silare et des vertes yeuses de l'Alburne, voltige un insecte dont le nom romain est *asile*, et que les Grecs appellent *œstron*: insecte violent, dont le bourdonnement aigu remplit d'effroi et fait fuir dans les forêts de grands troupeaux de bœufs. L'air, les bois, les rives desséchées du Tanagre retentissent de mugissements furieux. C'est ce monstre que suscita jadis l'horrible vengeance de Junon pour faire périr la fille d'Inachus. Comme les feux du midi redoublent sa rage, garantissez de ce fléau les femelles pleines, et faites paître vos troupeaux à l'heure où le soleil se lève, ou quand les astres ramènent la nuit.

Dès qu'elles auront mis bas, reportez tous vos soins sur leurs petits. On commence par les marquer d'un fer rouge pour distinguer leur race et leur emploi, selon qu'on les choisit pour la reproduction, ou qu'on les réserve pour les autels des dieux, ou qu'on les destine à sillonner la terre et à briser les glèbes qui hérissent la plaine. Le reste du troupeau ira paître dans de vertes prairies.

Façonnez et domptez de bonne heure les taureaux que vous voulez dresser aux habitudes et aux travaux champêtres, tandis que leur âge est docile et leur caractère traitable. D'abord suspendez à leur cou un cercle d'osier qui flotte librement. Quand leur indépendance se sera pliée à ce joug, réunissez par leurs colliers deux taureaux pareils, et forcez-les à marcher d'un pas égal. Faites-leur souvent traîner des chariots vides qui impriment à peine leur trace sur la poussière. Plus tard, l'essieu de hêtre criera sous un lourd fardeau, et un timon d'airain traînera des roues pesantes. Cependant ne bornez pas la nourriture de vos taureaux indomptés au simple fourrage, aux maigres feuilles de saule et aux herbes des marais: cueillez encore pour eux la tige des blés verts. N'allez pas, comme nos pères, garder pour vous le lait dont vos vaches rempliront les vases. Leurs tendres nourrissons doivent seuls épuiser leurs mamelles.

Préférez-vous les combats? voulez-vous briller parmi les fiers escadrons ou faire voler un char sur les bords de l'Alphée, dans le bois sacré de Jupiter? Accoutumez d'abord le cheval à la vue des armes et des guerriers, aux accents du clairon, au grincement des roues et au cliquetis des freins. Que, chaque jour, il soit plus sensible aux éloges flatteurs de son maître, et frémisse de plaisir au bruit de sa main caressante. Qu'il s'enhardisse à toutes ces choses, dès qu'il est sevré, et que, faible encore, craintif et sans expérience, il présente déjà sa tête à un léger licou. Mais, au bout de trois ans, quand sera venu le quatrième été, qu'il commence à décrire des voltes, à frapper la terre en cadence et à plier tour à tour ses flexibles jarrets. Que cet exercice soit pour lui un travail. Puis, qu'il défie les vents à la course, et que, volant dans la plaine, comme s'il était sans frein, il touche à peine la terre de ses pieds. Tel, des régions hyperboréennes, le fougueux aquilon s'élance et disperse les nuages arides et les frimas de la Scythie. Son haleine fait frémir mollement les moissons ondoyantes; la cime des forêts gémit, et les flots pressés s'allongent sur le rivage; l'aquilon vole, et, dans sa course rapide, effleure la terre et les mers.

Ainsi dressé, ce cheval franchira la borne de la vaste carrière olympique, tout ruisselant de sueur, et la bouche rougie d'une sanglante écume, ou, docile au frein, il fera voler les chars légers des Belges. Ce n'est qu'après l'avoir dompté que vous lui donnerez une nourriture forte et abondante. Autrement il montrerait une humeur intraitable, et, même sous votre main, il se révolterait contre le fouet, et refuserait d'obéir au mors.

Mais, soit qu'on élève des bœufs, soit qu'on dresse des chevaux, le plus sûr moyen d'entretenir leurs forces, c'est de les dérober à l'influence secrète de l'amour. Voilà pourquoi on relègue les taureaux dans des pâturages lointains et solitaires, derrière une montagne, au delà d'un large fleuve, ou bien on les tient enfermés dans l'étable près d'une ample nourriture. Car la vue de la génisse les mine et les consume insensiblement, et leur fait oublier les bois et les herbages. Souvent même le doux empire de ses charmes anime au combat deux superbes rivaux. Tandis que la belle génisse paît dans la vaste forêt de Sila, ils se heurtent avec fureur, et se couvrent de blessures : un sang noir inonde leurs flancs. Front contre front, ils entrechoquent leurs cornes en poussant d'horribles mugissements qui font retentir les bois et les cieux. Désormais ils ne peuvent plus habiter ensemble. Le vaincu disparaît du pâturage, et s'exile sur une plage étrangère, tout meurtri des coups d'un orgueilleux vainqueur, pleurant sa honte et ses amours perdues sans vengeance ; puis les yeux tournés vers sa demeure, il abandonne l'empire où régnaient ses aïeux. Alors il s'applique uniquement à réparer ses forces. Il passe les nuits, couché sur des rochers nus ; il se nourrit de feuilles sauvages et de plantes épineuses. Il s'essaie, il s'exerce à porter des coups furieux en luttant contre des arbres ; il frappe l'air, et prélude au combat en faisant voler la poussière. Dès qu'il a recouvré ses forces et repris sa vigueur, il se met en marche, et se précipite sur son ennemi qui l'avait oublié. Tels, au milieu de l'Océan, les flots commencent à blanchir au loin ; les vagues s'amoncellent, retentissent avec un bruit affreux à travers les rochers en roulant vers la terre, puis s'élèvent à la hauteur des falaises et retombent de tout leur poids. L'onde bouillonne, et, du fond de ses abîmes, soulève un sable noir.

Oui, tous les êtres qui peuplent la terre, les hommes, les animaux domestiques ou sauvages, les habitants de l'air et des eaux s'abandonnent aux transports et aux ardeurs de l'amour; l'amour exerce sur tous le même empire. Jamais la lionne, oubliant ses petits, ne parcourt les campagnes avec plus de fureur; jamais les ours affreux ne répandent plus le carnage et la mort dans les forêts. Alors, le sanglier devient féroce, le tigre sanguinaire. Alors, malheur à ceux qui errent dans les déserts de la Libye!

Voyez-vous les chevaux frissonner de tous leurs membres, quand l'air seulement leur apporte une odeur bien connue? Rien ne peut alors les arrêter, ni le frein, ni le fouet, ni les rochers, ni les ravins, ni les fleuves qui entraînent dans leurs eaux des quartiers de montagnes. Le sanglier lui-même bondit, aiguise ses défenses, laboure la terre de ses pieds, frotte ses flancs contre les arbres et les endurcit aux coups.

Que n'ose point un jeune homme quand les feux de l'amour circulent dans ses veines? La nuit, bravant les ténèbres et l'heure avancée, il traverse à la nage une mer orageuse. En vain la foudre gronde sur sa tête, en vain les vagues se brisent avec fracas contre les rochers. Rien ne l'arrête, ni la voix de ses malheureux parents, ni le désespoir de son amante qu'une mort cruelle peut enlever après lui.

Que dirai-je des lynx, consacrés à Bacchus, des loups et des chiens si ardents, et des cerfs qui, malgré leur timidité, se livrent des combats? Mais rien n'égale les transports des cavales. Vénus elle-même leur inspira cette fureur à l'époque où les cavales de Potnies dévorèrent les membres de Glaucus. L'amour les entraîne au delà du Gargare, au delà des flots bruyants de l'Ascagne; elles franchissent les monts et traversent les fleuves. A peine les feux de l'amour ont-ils allumé leur sang, au printemps surtout (car c'est au printemps que cette chaleur se réveille), elles gagnent la cime des rochers, et, la bouche tournée vers le zéphir, elles en recueillent la douce haleine; et souvent, ô prodige! fécondées par le vent même, sans aucun accouplement, elles s'enfuient à travers les rochers escarpés et les vallées profondes, non du côté où naît l'Eurus, ni vers les portes du jour, mais vers les régions où Borée, l'Aquilon et le sombre Auster, attristent le ciel par des pluies glaciales. C'est alors qu'elles distillent ce poison que les bergers appellent hippomane, l'hippomane que souvent de cruelles marâtres mêlent à des herbes en prononçant des paroles funestes.

Mais tandis que, séduit par mon sujet, je le parcours dans tous ses détails, le temps fuit et s'envole sans retour.

Quittons les grands troupeaux. Il me reste à parler des brebis à la riche toison et des chèvres aux longs poils: nouveau travail, nouvel honneur pour vous, robustes habitants des campagnes. Je sais combien il est difficile d'ennoblir ces humbles sujets et de les orner des fleurs de la poésie. Mais un doux penchant m'entraîne sur les cimes désertes du Parnasse; j'aime à gravir ces sommets où nul chemin frayé avant moi ne conduit par une pente facile à la fontaine de Castalie. C'est maintenant, auguste Palès, qu'il faut élever la voix.

D'abord nourrissez vos brebis d'herbages dans leurs chaudes étables jusqu'à ce que le printemps ramène les feuilles nouvelles. Étendez sur le sol une couche épaisse de paille et de fougère, de peur que le froid ne saisisse leurs corps délicats, et ne leur communique la gale et la goutte. Donnez aussi à vos chèvres des branches d'arbousier et de l'eau fraîche. Que leur étable, à l'abri des vents, reçoive au midi le soleil d'hiver jusqu'à ce que le Verseau, sur son déclin, attriste de ses pluies froides les derniers jours de l'année.

Les chèvres exigent autant de soins que les brebis; et ne sont pas d'un moindre rapport. Si elles ne donnent pas ces toisons imprégnées de la pourpre de Tyr que Milet vend si haut prix, elles multiplient davantage, et offrent un lait abondant. Plus vous épuiserez leurs mamelles, plus la douce liqueur ruissellera dans des vases écumants. Ce n'est pas tout : on coupe la barbe blanche et les longs poils des boucs de Libye pour l'usage des armées et l'habillement des pauvres matelots. Les chèvres paissent dans les bois et sur les cimes du Lycée, où elles broutent les ronces et les buissons qui croissent sur les hauteurs. Elles ne manquent jamais de revenir d'elles-mêmes au bercail, accompagnées de leurs chevreaux, et peuvent à peine franchir le seuil avec leurs mamelles gonflées de lait. Mettez d'autant plus de zèle à les préserver du froid et des vents glacés qu'elles réclament moins les soins de l'homme. Prodiguez-leur les herbes et le feuillage, et, durant tout l'hiver, ouvrez-leur vos greniers.

Mais lorsque, rappelé par les zéphirs, le joyeux printemps invitera vos brebis et vos chèvres à errer dans les bois et dans les prairies, conduisez-les dans de fraîches campagnes, au lever de l'étoile du matin, quand le jour vient d'éclore, quand le gazon est encore blanchi par les frimas, quand la rosée, si agréable aux troupeaux, brille sur l'herbe tendre. Puis, dès que la quatrième heure du jour aura excité leur soif, et que la plaintive cigale assourdira les forêts de son chant, menez-les aux citernes ou aux étangs boire l'eau qui court dans des canaux en bois. A midi, cherchez-leur un abri dans une sombre vallée où de vieux chênes étendent leurs vastes rameaux, ou dans un bocage que l'yeuse obscurcisse de son ombre sacrée. Faites-les boire et paître une seconde fois au coucher du soleil, quand Vesper rafraîchit l'air embrasé, quand la lune ranime la verdure des bois par une douce rosée, quand l'alcyon chante sur les rivages et le rossignol dans les buissons.

Parlerai-je des pâtres de la Libye, de leurs pâturages et de leurs tentes éparses? Là souvent leurs troupeaux paissent jour et nuit, durant un mois entier, et s'enfoncent dans de vastes déserts sans trouver aucun abri : tant la plaine s'étend au loin! Le berger africain emmène tout avec lui, sa tente, sa famille, ses armes, son chien d'Amyclée et son carquois de Crète. Tel, l'intrépide Romain marche, sans être incommodé du poids énorme de ses armes, et, avant d'être attendu, plante ses pavillons en face de l'ennemi.

Il n'en est pas ainsi chez les Scythes, sur les bords du

Palus-Méotide, aux lieux où le fangeux Ister roule un sable jaunâtre, où le Rhodope s'allonge et se replie vers le pôle. Là les troupeaux restent renfermés dans les étables. On ne voit ni herbe dans les champs, ni feuilles sur les arbres. La terre disparaît au loin sous des monceaux de neige et d'épais frimas qui s'élèvent jusqu'à sept coudées. Toujours l'hiver, toujours le souffle glacé du nord. Le soleil ne dissipe jamais les brouillards, soit que son char monte au plus haut des airs, soit qu'il se précipite dans l'Océan rougi de ses feux. La glace enchaîne tout à coup le cours des fleuves, et l'onde supporte bientôt des roues garnies de fer. Où voguaient des navires, maintenant roulent des chars. Partout l'airain éclate; les vêtements se raidissent sur le corps; la hache fend le vin; les lacs se transforment en un bloc de glace, et la barbe se hérisse de glaçons. Cependant la neige ne cesse d'obscurcir le ciel. Les brebis périssent; les bœufs, malgré leur force, s'arrêtent enveloppés par les frimas, et les cerfs, se serrant les uns contre les autres, tombent sous des couches nouvelles, et montrent à peine la pointe de leur bois. Ce n'est point avec une meute de chiens ni avec des toiles que le Scythe les chasse, ni en les effrayant avec des plumes rouges. Mais, tandis qu'ils s'efforcent d'écarter avec leur poitrail la montagne de neige qui obstrue le passage, il les abat de près avec le fer, les égorge, malgré leurs hurlements affreux, et les emporte avec de grands cris de joie.

Les habitants de ces contrées vivent dans des souterrains qu'ils creusent eux-mêmes, et y coulent des jours tranquilles. Ils entassent des chênes et des ormes, les roulent dans leurs foyers et les livrent aux flammes. Ils passent les nuits à jouer, et se plaisent à boire, en guise de vin, une liqueur fermentée faite de fruits acides. Ainsi vivent sous les glaces de l'Ourse ces peuplades sauvages sans cesse battues des vents du Riphée, et vêtues seulement de la dépouille des bêtes fauves.

Voulez-vous avoir de belles laines, éloignez vos brebis des arbustes épineux, de la bardane et du chardon; évitez les gras pâturages, et choisissez toujours des troupeaux dont la toison soit blanche et douce. Si votre bélier, fût-il éclatant de blancheur, a le palais chargé de salive et la langue noire en dessous, rejetez-le de peur que la toison des agneaux ne porte une marque de la même couleur, et cherchez-lui un successeur dans tout le troupeau. C'est à la faveur d'une blanche toison, s'il en faut croire la renommée, que Pan, dieu d'Arcadie, te séduisit, ô Phébé, en t'appelant au fond des bois ; et tu daignas répondre à son appel.

Préférez-vous le laitage ? garnissez vous-même vos étables de cytise, de lotos et d'herbes salées. Vos chèvres se désaltéreront davantage, leurs mamelles seront plus gonflées, et le sel donnera au lait une saveur plus exquise.

Beaucoup de gens, pour écarter des mères les chevreaux déjà forts, hérissent leur bouche de pointes de fer. Le lait qu'on a tiré le matin et pendant le jour, on le fait épaissir pendant la nuit. Celui qu'on a tiré le soir, au coucher du soleil, le berger va, dès le point du jour, le porter à la ville dans des corbeilles d'osier, ou bien il l'assaisonne d'un peu de sel, et le garde pour l'hiver.

Que les chiens ne soient pas le dernier objet de vos soins. Nourrissez du petit-lait le plus gras le chien léger de Sparte et le dogue ardent de l'Épire. Avec de tels gardiens, vous n'aurez jamais à craindre ni les voleurs de nuit ni les attaques des loups, ni les surprises des infatigables Ibères. Souvent aussi, avec eux, vous forcerez à la course les onagres timides, et vous poursuivrez les lièvres et les daims ; souvent, à l'aide de leurs aboiements, vous débusquerez le sanglier de sa bauge sauvage, ou, pressant de vos cris un grand cerf à travers les montagnes, vous le pousserez dans vos filets.

N'oubliez pas de purifier vos étables en y brûlant du bois de cèdre, et d'en chasser les funestes reptiles par l'odeur du galbanum. Souvent, sous la crèche immobile, la perfide vipère se cache loin du jour qu'elle redoute. Souvent la couleuvre, amie des sombres retraites, et fléau terrible des bœufs qu'elle infecte de son venin, se ménage un abri sous le sol. Bergers, armez-vous de pierres, armez-vous de bâtons, et, tandis qu'elle se dresse menaçante et gonfle son cou en sifflant, abattez-la. Elle fuit et cache aussitôt sa tête tremblante au fond de son réduit; mais le milieu de son corps et l'extrémité de sa queue sont brisés, et traînent lentement leurs derniers anneaux.

Il existe aussi dans les pâturages de la Calabre un serpent non moins dangereux. La tête levée, il déroule en replis ondoyants son corps couvert d'écailles, et un long ventre marqué de grandes taches. Tant que l'eau des sources alimente les ruisseaux, tant que les terres sont détrempées par les pluies du printemps et par l'humide Auster, il habite les étangs, et, fixé sur leurs rives, il assouvit sa faim cruelle en dévorant les poissons et les grenouilles. Mais, quand les étangs sont desséchés, quand les ardeurs du soleil entr'ouvrent la terre, il s'élance dans la plaine, et, roulant des yeux enflammés, il désole les campagnes, rendu furieux par la chaleur et par la soif qui le consume. Me préservent les dieux de me livrer en plein air au doux sommeil, ou de m'étendre sur l'herbe à l'ombre d'un bois, lorsqu'il s'avance, fier de sa peau nouvelle et brillant de jeunesse, et que, laissant dans sa retraite ses petits ou ses œufs, il se dresse au soleil et darde son triple aiguillon.

Je vais aussi vous apprendre les causes et les symptômes des maladies qui affligent les troupeaux. La gale hideuse attaque les brebis lorsque qu'une pluie froide ou une forte gelée a pénétré leurs chairs jusqu'au vif, ou lorsque, après la tonte, on ne lave pas la sueur dont elles sont trempées, et que les ronces ont déchiré leur corps. Les bergers baignent alors tout le troupeau dans l'eau douce des rivières, et plongent dans l'endroit le plus profond le bélier qui suit le courant; ou bien, après la tonte, on leur frotte le corps avec un mélange de marc d'huile amer, d'écume d'argent, de fleur de soufre, de poix de l'Ida, de cire grasse et visqueuse, d'ognon marin, d'hellébore fétide et de bitume noir.

Mais le remède le plus efficace, c'est d'ouvrir l'abcès avec le fer. Le mal s'augmente et s'envenime en demeurant caché, tant que le berger refuse d'y appliquer une main secourable, et se contente, sans agir, d'implorer l'assistance des dieux. Je dis plus : lorsque le mal a pénétré jusqu'à la moelle des os, et y cause une douleur violente, lorsqu'une fièvre brûlante consume vos brebis, il faut éteindre ce feu dévorant en ouvrant sous le pied de l'animal une veine d'où jaillisse le sang. Telle est la méthode des Bisaltes et des infatigables Gélons, lorsque, fuyant sur le Rhodope et dans les déserts des Gètes, ils boivent du lait épaissi avec du sang de cheval.

Si vous voyez une de vos brebis se tenir souvent à l'écart sous l'ombrage, brouter nonchalamment la pointe des herbes, marcher la dernière, tomber en paissant au milieu de la prairie, et revenir, la nuit, toute seule, au bercail, armez-vous du fer, et coupez aussitôt le mal dans sa racine, avant qu'une funeste contagion gagne le bétail imprudent. L'ouragan, qui déchaîne les tempêtes, s'abat moins fréquemment sur la mer que les épidémies sur les troupeaux. Encore si elles se bornaient à quelques victimes ! Mais elles attaquent tout à coup les bergeries entières, et détruisent à la fois agneaux, brebis et béliers. Pour en juger, il suffit de visiter les sommets des Alpes, les fermes placées sur les coteaux de la Norique, et les champs de l'Iapidie qu'arrose le Timave. Ces lieux où régnaient les bergers, n'offrent plus, même après tant d'années, que des pâturages déserts et de vastes solitudes.

Là jadis un air pestilentiel, s'embrasant de tous les feux de l'automne, répandit une affreuse contagion qui fit périr les bêtes sauvages et les animaux domestiques, corrompit l'eau des lacs et empoisonna les pâturages. La mort se présentait sous plus d'une forme. D'abord une chaleur brûlante, circulant dans les veines de l'animal, desséchait tous ses membres ; puis une liqueur âcre, épanchée en abondance, minait peu à peu et dissolvait ses os. Souvent, au pied des autels, la victime dévouée aux dieux tombait mourante, tandis qu'on parait sa tête de bandelettes de laine, et prévenait ainsi la main trop lente du sacrificateur ; ou, si le prêtre avait eu le temps de l'immoler, ses entrailles ne brûlaient point sur l'autel, et le devin consulté n'en pouvait tirer aucun présage. A peine le fer sacré était teint du sang; quelques gouttes seulement rougissaient l'arène. Les jeunes taureaux mouraient çà et là au milieu de riants pâturages, ou exhalaient leur douce vie près d'une crèche remplie d'herbages. La rage s'emparait des chiens caressants, et les accès d'une toux violente étouffaient les pourceaux.

On voyait aussi succomber le malheureux coursier, autrefois vainqueur, oubliant la gloire et la prairie. Il se détournait des fontaines, frappait sans cesse la terre de son pied, et baissait les oreilles. Une sueur intermittente et froide glaçait ses membres, aux approches de la mort; sa peau rude se desséchait et résistait au toucher. Tels étaient, dans les premiers jours, les symptômes de la maladie. Mais, si elle s'accroissait dans son cours, les yeux étaient ardents, la respiration haletante et parfois entrecoupée de gémissements; de longs sanglots faisaient palpiter les flancs de l'animal; un sang noir coulait de ses naseaux; sa langue devenait épaisse et obstruait son gosier. On essaya d'abord avec succès, à l'aide d'une corne, d'introduire du vin dans sa bouche. Mais ce remède, qui avait paru le seul salutaire, ne faisait que hâter sa mort. En reprenant des forces, il entrait en fureur, et, dans son affreuse agonie (dieux! préservez-nous de ce délire, et frappez-en nos ennemis!), il mettait lui-même son corps en lambeaux par de cruelles morsures.

Le taureau, fumant sous le joug, tombait soudain, vomissait un sang mêlé d'écume, et poussait un dernier gémissement. Le laboureur, accablé de tristesse, dételait l'autre taureau affligé de la mort de son frère, et abandonnait la charrue au milieu du sillon commencé. Ni l'épais ombrage des forêts, ni les tendres pâturages, ni l'onde qui, plus pure que le cristal, roulait dans la plaine sur un lit de cailloux, rien ne pouvait ranimer l'animal languissant; ses flancs étaient creux; une morne stupeur éteignait son regard, et sa tête appesantie penchait vers la terre. Quel fruit retirait-il de ses travaux et de ses services? Que lui servait d'avoir tracé de pénibles sillons? Et cependant ce n'étaient ni les vins de

Massique, ni les mets somptueux qui l'enlevaient. Le feuillage et l'herbe étaient sa nourriture; son breuvage, une source limpide, une eau courante, et jamais les soucis n'avaient troublé son sommeil.

Ce fut alors, dit-on, que, dans ces contrées, on chercha vainement des génisses pour les fêtes de Junon, et que des buffles d'inégale grandeur conduisirent au temple de la déesse le char et ses offrandes. On vit donc les hommes réduits à déchirer péniblement la terre avec le hoyau, à enfouir les semences avec leurs ongles, et à traîner, le cou tendu sous le joug, des chars bruyants sur la cime des montagnes.

Le loup ne venait plus, la nuit, rôder autour des bergeries pour surprendre les troupeaux : la violence du fléau avait dompté sa faim. Les daims timides et les cerfs craintifs erraient parmi les chiens autour des demeures. Tous les poissons, tous les hôtes de l'immense océan, étaient rejetés par les flots sur le rivage, comme autant de corps naufragés ; les phoques cherchaient dans les fleuves un asile nouveau. La vipère ne trouvait plus dans sa ténébreuse retraite un abri contre la mort, et l'hydre effrayée expirait en dressant ses écailles. L'air était funeste aux oiseaux mêmes : ils tombaient frappés jusqu'au sein des nues.

C'est en vain qu'on changeait de pâturages : les remèdes se tournaient en poison ; et les maîtres de la science, Chiron, fils de Phillyre, et Mélampus, fils d'Amithaon, cédaient à la force du mal. Échappée des ténèbres du Styx, la pâle Tisiphone déchaînait sa rage à la clarté des cieux ; elle faisait marcher devant elle les maladies et la terreur, et levait plus haut, de jour en jour, sa tête avide de carnage. Les rives desséchées des fleuves et les coteaux retentissaient sans cesse du bêlement des brebis et du mugissement des bœufs. L'impitoyable Furie entassait les funérailles, et, dans les étables même elle amoncelait les cadavres décomposés par une affreuse corruption avant qu'on les enfouît dans des fosses profondes ; car leur peau n'était d'aucun usage, et leur chair ne pouvait être ni purifiée par l'eau, ni attendrie par le feu. Il était même impossible de tondre les toisons rongées par la maladie, et de toucher aux tissus formés de ces dépouilles immondes. Quelqu'un essayait-il de s'en revêtir, son corps se couvrait de pustules brûlantes ; une sueur impure ruisselait de ses membres infects, et il ne tardait pas à périr consumé par le feu sacré.

LIVRE QUATRIÈME.

Maintenant je vais chanter le miel, cette rosée de l'air, ce doux présent des cieux. Mécène, jette encore un regard sur cette partie de mon ouvrage. J'exposerai à tes yeux le merveilleux spectacle de petits insectes, leurs rois magnanimes, leurs mœurs, leurs goûts, leur population, leurs combats. Dans ce mince sujet ma tâche est difficile ; mais elle me couvrira de gloire, si une divinité jalouse ne s'y oppose point, et si Apollon daigne me sourire.

Choisissez d'abord pour vos abeilles une demeure inaccessible au vent ; car le vent les empêche de porter leur butin à la ruche. Que les brebis et les folâtres chevreaux ne bondissent pas sur les fleurs ; que la génisse errante ne vienne pas secouer la rosée, ni fouler l'herbe naissante. Éloignez de leur asile les lézards gris à la peau mouchetée, les guêpiers, et, entre autres oiseaux, Progné, dont la poitrine garde encore l'empreinte de ses mains sanglantes. Car ces animaux ravagent tout aux environs, saisissent les abeilles au vol, et en font à leur barbare couvée un délicieux festin.

Que vos ruches soient entourées de claires fontaines, d'étangs bordés d'une mousse verdoyante et d'un petit ruisseau fuyant à travers la prairie. Qu'un palmier ou un grand olivier sauvage couvre de son ombre l'entrée de leur demeure. Ainsi, lorsque, au printemps, les nouveaux rois conduiront les premiers essaims, et que les jeunes abeilles prendront leurs ébats hors de la ruche, la rive voisine les invitera à s'abriter contre la chaleur, et l'arbre les retiendra sous son feuillage hospitalier. Que l'eau dorme ou qu'elle coule, jetez en travers des branches de saule et de grosses pierres, comme autant de ponts où elles puissent se poser, et déployer leurs ailes au soleil d'été, si le vent les a surprises et dispersées ou précipitées dans l'onde. Que, près de là, fleurisse le vert romarin, l'odorant serpolet, la sarriette plus odorante encore, et que la violette s'y désaltère dans l'eau courante.

Les ruches, formées d'écorces creuses ou tissues d'un flexible osier, doivent avoir une étroite ouverture; car, en hiver, le froid durcit le miel, et la chaleur le fond en été. Ces deux extrêmes sont également à craindre pour les abeilles. Aussi n'est-ce pas sans raison qu'elles s'empressent d'enduire de cire les moindres fentes, et d'en garnir les bords avec le suc des fleurs; c'est aussi dans ce but qu'elles tiennent en réserve une gomme plus visqueuse que la glu et que la poix du mont Ida. Souvent même, dit-on, elles s'établissent dans des retraites souterraines. On a trouvé des essaims logés dans les cavités des pierres ponces et dans le tronc d'un arbre miné par les ans. Ne laissez pas toutefois d'enduire de terre grasse leurs frêles habitations et couvrez-les de quelques feuilles. Ne souffrez point d'ifs dans le voisinage. N'y faites pas rougir d'écrevisses sur le feu. Craignez les marais profonds, les émanations fétides des bourbiers, et ces rochers sonores où l'écho répond à la voix.

Dès que les rayons dorés du soleil ont relégué l'hiver sous la terre, et rendu au ciel la splendeur du printemps, les abeilles parcourent les champs et les bois, butinent sur les fleurs les plus belles et rasent légèrement la surface des eaux. Alors, transportées de joie, elles soignent tendrement leur famille, façonnent avec art la cire nouvelle, et composent leurs gâteaux de miel. Dans un beau jour de printemps, quand vous verrez un essaim, échappé de sa ruche, s'élever dans les plaines de l'air, et flotter au gré des vents, comme un nuage obscur, suivez-le des yeux. Il va toujours chercher une onde pure et un abri de feuillage. Répandez dans ce lieu les fleurs qu'aiment les abeilles, la mélisse broyée et la cérinthe commune. Faites-y retentir aussi l'airain et les cymbales de la Mère des dieux. L'essaim s'arrêtera de lui-même dans cette demeure parfumée, et de lui-même reprendra ses habitudes dans ce nouvel asile.

Mais, si les abeilles volent au combat (car souvent de terribles discordes éclatent entre deux rois), on peut prévoir de loin l'acharnement et l'ardeur guerrière des partis. On croit entendre le bruit guerrier de l'airain qui excite les plus lentes, et leurs bourdonnements imitent les sons bruyants de la trompette. Puis, elles se rassemblent en tumulte, agitent leurs ailes, aiguisent leurs dards avec leurs trompes, assouplissent leurs membres, et, se rangeant en bataillons serrés autour de la tente royale, elles provoquent à grands cris l'ennemi au combat. Dès que brille un jour pur et serein, elles s'élancent de leur camp. La bataille s'engage ; l'air retentit de leur choc. Elles se confondent en un vaste tourbillon, et tombent aussi pressées que la grêle ou les glands d'un chêne qu'on secoue.

Au milieu des bataillons, les deux rois, remarquables par l'éclat de leurs ailes, déploient un grand courage dans un faible corps, et s'acharnent à combattre, jusqu'à ce que le terrible vainqueur ait forcé l'un ou l'autre parti à prendre la fuite. Pour apaiser cette fureur guerrière et cette lutte furieuse, il suffit de jeter un peu de poussière.

Mais, lorsque vous aurez retiré les deux rois de la mêlée, mettez à mort le moins vaillant, comme un parasite inutile : que le vainqueur règne seul désormais. Vous le reconnaîtrez (car il y a deux espèces) à sa robe parsemée de taches dorées, à sa belle tête et à ses brillantes écailles ; l'autre est hideux et lourd, et traîne sans grâce un large ventre. Ainsi que les rois, les sujets ont un aspect différent. Il est des abeilles qui ont un air poudreux, comme le voyageur qui vient de traverser une épaisse poussière, et qui rejette de son gosier sec une salive terreuse. Les autres reluisent étincelantes d'or, et sont mouchetées de taches régulières. Voilà la bonne race, celle qui, dans la saison, vous donnera un miel plus exquis encore par sa pureté que par sa douceur, et propre à corriger l'âpreté du vin.

Voyez-vous vos essaims voltiger sans but, se jouer dans l'air, oublier leurs rayons, et abandonner leur demeure oisive? Empêchez-les de se livrer à leur humeur volage. Rien n'est plus facile. Arrachez les ailes aux rois. Les rois restant tranquilles, nul sujet n'osera ni s'élever dans les airs, ni s'avancer au combat. Que vos jardins, parfumés de safran, les invitent à s'arrêter; et que le dieu de Lampsaque, Priape, qui écarte les voleurs et les oiseaux, les protège de sa faux de saule. Si vos abeilles vous sont chères, allez vous-même sur les hautes montagnes cueillir le thym et chercher de jeunes pins pour en entourer leur demeure; qu'un dur travail exerce votre main. Plantez vous-même ces fertiles rejetons, et arrosez-les d'une eau salutaire.

Pour moi, si, parvenu déjà au terme de ma course, je n'ayais hâte de plier mes voiles et de tourner ma proue vers le rivage, peut-être chanterais-je l'art d'embellir les jardins, et de cultiver les rosiers de Pestum qui fleurissent deux fois l'an. Je peindrais la chicorée que réjouit une eau limpide, l'ache couronnant les rives de sa verdure, et le tortueux concombre dont les flancs s'arrondissent sur l'herbe. Je n'oublierais ni le narcisse, lent à s'épanouir, ni l'acanthe flexible, ni le lierre pâle, ni le myrte, ami des ruisseaux.

Au pied des superbes remparts de Tarente, aux lieux où le noir Galèse arrose des moissons dorées, je me souviens d'avoir vu un vieillard de Cilicie, possesseur de quelques arpents d'un terrain abandonné, qui n'était propre ni au labour, ni à l'entretien des troupeaux, ni à la culture de la vigne. Toutefois, il était parvenu à récolter çà et là quelques légumes, au milieu des broussailles, des lis, de la verveine et des pavots. Avec ce revenu, il se croyait l'égal des rois. Lorsque, à la nuit close, il rentrait au logis, il chargeait sa table de mets qu'il n'avait point achetés. Il était le premier à cueillir la rose au printemps et les fruits en automne. Quand la rigueur de l'hiver faisait fendre les rochers et enchaînait dans ses glaces le cours des fleuves, déjà il émondait les rameaux de la flexible acanthe, accusant la paresse du printemps et la lenteur des zéphirs. Aussi était-il le premier à voir ses essaims se multiplier, et ses rayons distiller sous ses mains un miel écumant. Partout s'élevaient chez lui le tilleul et le pin, et chaque fleur dont son verger se parait au printemps lui donnait un fruit mûr en automne. Il avait encore aligné des ormes de belle taille, des poiriers vigoureux, des pruniers sauvages, chargés de fruits précoces, et des platanes qui prêtaient déjà leur ombre aux buveurs. Mais, resserré dans les bornes étroites de mon sujet, j'abandonne les jardins, et je laisse à d'autres le soin de les chanter.

Je vais parler maintenant des instincts merveilleux que Jupiter accorda lui-même aux abeilles pour les soins qu'il en reçut, lorsque, attirées par les sons bruyants que faisaient retentir les cymbales des Corybantes, elles nourrirent le roi du ciel dans l'antre du Dicté.

Seules, elles élèvent leur progéniture en commun, habitent une cité commune, et sont soumises à des lois; seules elles ont une patrie et une demeure fixe. Prévoyant les besoins de l'hiver, elles travaillent en été, et mettent en commun les trésors qu'elles amassent. Les unes, chargées des subsistances, vont butiner dans la campagne; les autres, occupées au logis, donnent pour base première aux rayons les pleurs du narcisse et le suc visqueux des arbres, puis y étendent une cire compacte. D'autres nourrissent les jeunes essaims, l'espoir de la nation; d'autres distillent un miel pur, et tapissent les alvéoles d'un liquide nectar. La fonction de quelques autres est de garder les portes. Elles observent tour à tour les signes précurseurs de la pluie et du vent; elles dégagent de leurs fardeaux celles qui arrivent, ou se forment en bataillon pour repousser de la ruche les frelons paresseux. Toute la ruche travaille avec ardeur, et le miel exhale les parfums du thym. Ainsi, quand les cyclopes se hâtent de forger la foudre avec des métaux qu'amollit la flamme, les uns, à l'aide de soufflets, pompent et refoulent l'air, d'autres plongent dans l'onde l'airain frémissant : l'Etna gémit du bruit des enclumes. Les bras se lèvent avec effort, et retombent en cadence sur le fer que retourne la pince mordante. Tel est, si l'on peut comparer les petites choses aux grandes, le vif penchant qui porte les abeilles à s'enrichir, chacune dans son emploi. Les plus âgées veillent aux soins de l'intérieur; elles consolident les rayons et en façonnent l'ingénieux édifice. Les jeunes butinent çà et là sur l'arbousier, le saule vert, le romarin, le safran doré, le tilleul onctueux, la sombre hyacinthe; et, à la nuit close, elles rentrent, fatiguées de leurs courses, les pattes chargées de thym.

Le temps du travail et du repos est le même pour toutes les abeilles. Le matin, sans nul délai, elles s'élancent hors de la ruche; et, quand l'étoile du soir les invite à quitter enfin les prairies, elles regagnent leur asile et réparent leurs forces. Un grand bourdonnement se fait alors entendre autour des portes. Puis, dès qu'elles ont pris place dans leurs cellules, le silence règne toute la nuit, et un sommeil bienfaisant délasse leurs membres fatigués.

Quand la pluie menace, elles ne s'éloignent pas de la ruche; et, quand le vent se lève, elles ne se hasardent point dans l'air. Mais, à l'abri des remparts de leur cité, elles vont puiser de l'eau dans le voisinage, ou ne tentent que de courtes excursions. Souvent elles emportent dans leur vol de petits cailloux qui leur permettent de se balancer dans les airs, comme des nacelles que le lest maintient sur les flots agités.

Ce qui vous paraîtra surtout merveilleux chez les abeilles, c'est qu'elles ne s'accouplent pas, qu'elles ne s'énervent point dans les plaisirs de l'amour, et qu'elles engendrent sans effort. Elles recueillent simplement avec leurs trompes des germes éclos sur les feuilles et les herbes les plus suaves. C'est là qu'elles retrouvent un roi et de nouveaux citoyens pour qui elles réparent leurs palais et leurs royaumes de cire.

Souvent, dans leurs courses errantes, elles se brisent les ailes contre des pierres, et succombent volontairement sous un trop lourd fardeau : tant elles aiment les fleurs! tant elles sont fières de produire le miel! Aussi, quoique leur vie ait des bornes étroites (elle ne va guère au delà du septième été), leur race est immortelle; la fortune de leur famille se maintient durant un grand nombre d'années, et se perpétue de génération en génération.

Je dirai plus. Ni l'Égypte, ni la vaste Lydie, ni les Parthes, ni les Mèdes n'ont autant de vénération pour leur souverain. Tant que le roi des abeilles est vivant, un même esprit les anime. Est-il mort, tout pacte est rompu : elles pillent les magasins et brisent les rayons. Le roi préside à leurs travaux ; il est l'objet de leur admiration ; elles l'entourent avec un murmure flatteur, et lui forment une cour nombreuse. Souvent même elles le portent sur leurs ailes, le couvrent de leurs corps dans les combats, et, bravant les blessures, s'exposent pour lui à une mort glorieuse.

Frappés de ce merveilleux dévouement, des philosophes ont pensé que les abeilles avaient reçu quelque parcelle de l'intelligence divine et comme une émanation du ciel. Dieu, disent-ils, remplit l'univers, les abîmes de la mer et l'immensité des cieux. C'est de lui que l'homme et tous les animaux domestiques ou sauvages empruntent en naissant le souffle qui les anime. C'est à lui que retournent tous les êtres, après leur dissolution. Ils ne meurent point ; mais, toujours vivants, ils s'envolent aux cieux pour aller prendre place parmi les étoiles.

Voulez-vous ouvrir la ruche devenue trop étroite et enlever le dépôt des abeilles? Remplissez votre bouche d'eau, et présentez-leur un tison fumant. Deux fois leurs rayons se remplissent ; deux fois on récolte le miel, d'abord, dès que la pléiade Taygète montre son beau front à la terre, et repousse d'un pied dédaigneux les flots de l'Océan ; ensuite, lorsque, fuyant les regards des Poissons pluvieux, elle se replonge tristement au sein de l'onde glacée.

Rien n'égale la colère des abeilles. Elles se vengent des offenses par une piqûre venimeuse, et, s'attachant aux veines de leur ennemi, elles lui font une blessure secrète, et laissent dans la plaie leur aiguillon avec leur vie.

Si vous craignez pour vos abeilles les rigueurs de l'hiver; si, prenant en pitié leur désespoir et leur détresse, vous songez à leur avenir, n'hésitez point à parfumer leur ruche de thym, et à retrancher les cires inutiles. Car souvent le lézard ronge furtivement leurs rayons; le cloporte y cherche un asile contre le jour qu'il fuit; le frelon parasite dévore leur miel; le sauvage crabron se rit de leur impuissance à lui résister; les teignes funestes s'introduisent dans leur retraite, et l'araignée, odieuse à Minerve, suspend à la porte ses souples filets.

Plus les abeilles verront leur trésor épuisé, plus elles travailleront avec ardeur à réparer les pertes de l'État appauvri, à remplir leurs magasins et à garnir leurs greniers du suc des fleurs.

Si vos abeilles (puisque leur vie est sujette aux mêmes accidents que la nôtre) viennent à tomber malades, vous le reconnaîtrez bientôt à des signes certains. A l'instant elles changent de couleur, et une horrible maigreur les défigure. Elles emportent de la ruche les corps de leurs compagnes mortes, et mènent le deuil des funérailles. Tantôt elles se suspendent, enchaînées par les pattes, au seuil de la porte; tantôt elles restent immobiles au fond de leurs cellules, abattues par la faim et engourdies par le froid. On entend un bruit plus fort, un bourdonnement prolongé. Ainsi murmure l'aquilon glacé dans les bois; ainsi frémit la mer agitée pendant le reflux; ainsi gronde au fond du cratère le feu d'un volcan.

C'est alors qu'il faut parfumer la ruche de galbanum, y introduire du miel dans des tubes de roseau pour exciter les abeilles, et les inviter à ranimer leurs forces par cet aliment qu'elles aiment. Il sera bon d'y joindre de la noix de galle pilée, des roses sèches, du vin épaissi au feu, des raisins séchés au soleil, du thym de l'Hymette et l'odorante centaurée. Il croît aussi dans les prés une plante que les laboureurs nomment *amelle*, et qu'on trouve aisément; car de sa tige unique part une multitude de branches. La fleur est couleur d'or, mais la corolle brille du sombre éclat de la violette. Souvent on en tresse des festons pour les autels des dieux. La saveur en est âcre. Les bergers la recueillent dans les prairies déjà fauchées sur les rives sinueuses du Mella. Faites bouillir les racines de cette plante dans un vin parfumé, et placez à l'entrée de la ruche des corbeilles pleines de cet aliment.

Mais, si l'espèce entière venait tout à coup à s'éteindre, sans qu'il vous restât aucun moyen de la renouveler, il est temps de vous expliquer la mémorable découverte d'un berger d'Arcadie, et de vous apprendre comment, du sang corrompu des taureaux immolés, on a plus d'une fois vu naître des abeilles. Je vais remonter à la source de cette tradition, et vous la raconter dans tous ses détails.

Aux lieux où le Nil couvre la terre de ses débordements féconds, et voit l'heureux habitant de Canope parcourir les campagnes sur des barques peintes, dans les contrées où ce fleuve, descendu de la noire Éthiopie, baigne les confins de la Parthie, fertilise de son noir limon les plaines verdoyantes de l'Egypte, et va se précipiter à la mer par sept embouchures, tout le pays voit dans cette invention une ressource assurée contre la perte des abeilles.

On choisit d'abord un emplacement étroit et tout juste pour cet usage. On l'enferme de murs surmontés d'une toiture de tuiles. On y perce quatre fenêtres, recevant obliquement le jour et tournées aux quatre vents. Là on amène un jeune taureau de deux ans, dont les cornes commencent à se courber sur son front. Malgré sa vive résistance, on lui comprime la bouche et les narines pour étouffer sa respiration. Ensuite, quand on l'a fait périr, on lui meurtrit les chairs à force de coups, sans entamer la peau. On le laisse ainsi dans l'enclos, étendu sur un lit de feuillage, de thym et de romarin fraîchement cueilli. Cette opération se fait quand les zéphirs commencent à soulever les flots, avant que les fleurs nouvelles émaillent les prairies, et que l'hirondelle babillarde suspende son nid aux poutres de nos toits. Cependant les humeurs fermentent dans les flancs amollis de l'animal. O prodige! on en voit sortir des insectes, d'abord sans pattes, qui agitent bientôt leurs ailes bruyantes, et prennent enfin leur essor dans les airs, comme ces gouttes de pluie qu'épanche un orage d'été, ou comme ces flèches que lancent les Parthes, quand ils engagent le combat. Muses, quel Dieu fut l'inventeur de cet art? Quel mortel l'a mis le premier en pratique?

Le berger Aristée, après avoir vu, dit-on, ses abeilles emportées par la maladie et par la faim, fuyait les vallons qu'arrose le Pénée. Il s'arrêta tristement à la source sacrée du fleuve, et là, s'adressant à sa mère, il exhala ainsi ses plaintes : « O Cyrène! ô ma mère, qui habitez au fond de ces eaux, pourquoi m'avoir fait naître du noble sang des dieux (si toutefois, comme vous le prétendez, Apollon est mon père), puisque je suis en butte à la haine des Destins? Qu'est devenu votre amour pour moi? Pourquoi me promettre le ciel? Que dis-je? Le seul bien qui faisait la gloire de ma vie mortelle, ce fruit de tant de peines, que m'avaient acquis la culture des champs et les soins de mes troupeaux, le voilà perdu; et vous êtes ma mère. Achevez : arrachez de vos mains mes arbres fertiles; portez dans mes étables la flamme ennemie; détruisez mes moissons, ravagez mes guérets, abattez mes vignes sous la cognée, puisque l'honneur de votre fils touche si peu votre âme. »

Cyrène, du fond de son humide séjour, entend confusément le son de sa voix. Autour d'elle, les nymphes étaient occupées à filer la laine de Milet, teinte de l'azur des mers. C'étaient Drymo, Xantho, Ligée, Phyllodoce, dont les beaux cheveux flottaient sur leur cou d'albâtre; Nésée, Spio, Thalie et Cymodoce; Cydippe, vierge encore, et la blonde Lycorias qui venait d'éprouver pour la première fois les douleurs de Lucine; Clio et Béroé, sa sœur, toutes deux filles de l'Océan, toutes deux ornées d'une ceinture d'or et vêtues de peaux nuancées de diverses couleurs; Éphyre, Opis, Déiopée, fille d'Asius, et l'agile Aréthuse qui avait enfin déposé son carquois.

Au milieu d'elles, Clymène leur racontait les précautions

inutiles de Vulcain, les ruses de Mars et ses doux larcins, et, depuis le Chaos, les innombrables amours des dieux. Charmées de ses récits, les nymphes faisaient tourner leurs légers fuseaux, quand la voix plaintive d'Aristée vint frapper une seconde fois les oreilles de sa mère. Toutes ses compagnes restèrent immobiles d'étonnement sur leurs siéges de cristal. Mais, plus prompte que ses sœurs, Aréthuse, pour voir d'où partait ce bruit, éleva sa tête blonde à la surface de l'eau, et s'écria de loin : « Cyrène, ô ma sœur, de pareils gémissements ne t'ont pas alarmée en vain. Aristée lui-même, l'objet de ta tendresse, est là, tout en pleurs, sur les bords du fleuve, et, dans son désespoir, il t'accuse de cruauté. — Mon fils ! répond Cyrène, saisie d'un nouvel effroi; amenez-moi mon fils; il a droit d'entrer dans le palais des dieux. » Elle dit, et ordonne au Pénée de s'écarter pour livrer au jeune homme un libre passage. L'onde aussitôt, se repliant en forme de montagne, enveloppe Aristée, le reçoit dans son vaste sein, et le porte jusqu'au fond du fleuve.

Il s'avance, il admire la demeure de sa mère et son humide empire, et les lacs renfermés dans des grottes, et les bois retentissants. Étonné du mouvement de tant d'eaux courantes, il contemple tous les fleuves qui coulent dans les entrailles de la terre pour arroser des contrées diverses, le Phase, le Lycus, et la source profonde d'où s'élance l'Énipée, le Tibre majestueux, l'Anio paisible, l'Hypanis se brisant avec fracas sur des rochers, le Caïcus qui baigne la Mysie, et l'Éridan au front de taureau, armé de cornes d'or, le plus impétueux des fleuves, qui, après avoir traversé de fertiles campagnes, se jette dans une mer orageuse.

Dès que Aristée est arrivé sous la voûte de rocailles qu'habite la déesse, et que Cyrène a connu le vain sujet de ses pleurs, les nymphes épanchent sur ses mains une eau pure, et lui présentent pour les sécher de fins tissus de lin. D'autres couvrent les tables de mets, remplissent les coupes, et font brûler des parfums sur les autels. « Prends, dit alors Cyrène, une coupe de vin de Méonie, et faisons des libations à l'Océan. » Aussitôt elle invoque elle-même l'Océan, père de la nature, et les nymphes ses sœurs, qui habitent cent forêts et cent fleuves. Trois fois elle verse le nectar sur le brasier, trois fois la flamme brillante s'élance jusqu'à la voûte. Rassurée par ce présage, Cyrène commence en ces termes :

« Dans la mer de Carpathos habite le devin Protée qui parcourt ces vastes plaines sur un char attelé de deux coursiers marins. En ce moment, il regagne les ports de l'Émathie et Pallène, sa patrie. Nous, et le vieux Nérée lui-même, nous respectons ce devin ; car il embrasse à la fois le présent, le passé, l'avenir. Ainsi l'a voulu Neptune dont il fait paître, au fond des mers, les monstrueux troupeaux et les phoques hideux. Il te faudra, mon fils, d'abord l'enchaîner pour qu'il te révèle la cause de ton malheur, et qu'il t'en enseigne le remède. Car, si tu n'uses de violence, il ne te donnera aucun avis, et tes prières ne sauraient le fléchir. Emploie donc la force, et presse-le dans de rudes étreintes ; c'est l'unique moyen de rendre ses artifices inutiles. Moi-même, quand le soleil, au milieu de sa course, dardera tous ses feux, à l'heure où les herbes sont altérées, où les troupeaux goûtent la fraîcheur de l'ombre, je te conduirai dans la retraite où le vieillard fatigué se retire en sortant des eaux. Il te sera facile de t'emparer de lui pendant son sommeil. Mais, dès que tu l'auras saisi et chargé de liens, il prendra, pour se jouer de toi, mille formes effrayantes. Il deviendra soudain horrible sanglier, tigre féroce, dragon couvert d'écailles, lion terrible ; tour à tour flamme pétillante et léger ruisseau, il glissera entre tes mains et s'échappera de ses chaînes. Mais, plus il prendra de formes diverses, plus, mon fils, tu le tiendras étroitement serré, jusqu'à ce qu'il devienne, après ses métamorphoses, tel qu'il était quand le sommeil commençait à fermer ses yeux. »

Elle dit, et répand sur son fils une essence d'ambroisie dont elle parfume tout son corps. Aussitôt une suave odeur s'exhale de son élégante chevelure, et ses membres prennent une vigueur nouvelle.

Dans le flanc d'une montagne, minée par les vagues, s'ouvre une grotte immense où l'onde, refoulée par le vent, s'amoncelle et se partage en deux courants. C'était autrefois une rade sûre pour les matelots surpris par la tempête. C'est dans cet antre, à l'abri de l'énorme rocher, que Protée se retire. Cyrène y place son fils, le dos tourné à la lumière, et se tient à l'écart, enveloppée d'un nuage.

Déjà l'ardent Sirius, dont l'Inde est dévorée, embrasait la voûte des cieux; déjà le soleil, au milieu de sa carrière, desséchait l'herbe des prairies, et de ses feux brûlants échauffait jusqu'au fond de leur lit le limon des rivières. Alors Protée, quittant le sein des flots, regagnait sa grotte. Il marche : autour de lui les humides habitants de l'onde bondissent et font jaillir au loin une rosée amère. Les phoques s'endorment çà et là sur le rivage; et lui, tel qu'on voit un berger sur les montagnes, lorsque l'étoile du soir ramène les jeunes taureaux des pâturages, et que le bêlement des agneaux excite l'avidité des loups, il s'assied au milieu d'eux sur un rocher, et compte son troupeau.

Aristée, profitant de l'occasion favorable pour s'emparer du vieillard, lui laisse à peine le temps d'étendre ses membres fatigués : il s'élance en poussant un grand cri, le saisit et l'enchaîne. Protée déploie toutes les ressources de son art : il prend mille formes merveilleuses, se change en feu, en bête féroce, en onde fugitive. Mais, dès qu'il voit toutes ses ruses impuissantes, il cède, reprend sa forme première, et, parlant enfin d'une voix humaine : « Jeune téméraire, dit-il, qui donc t'a conseillé de pénétrer dans ma demeure? Que me veux-tu? — Tu le sais, oui, tu le sais, répond Aristée. Nul ne peut t'abuser. Cesse toi-même de vouloir me tromper. C'est pour obéir aux ordres des dieux que je suis venu chercher ici un remède à mon infortune. » A ces mots, le devin, faisant un violent effort, lance sur Aristée un regard enflammé de courroux, et, frémissant de rage, révèle en ces mots les secrets du Destin :

« La vengeance d'un dieu te poursuit : tu expies un grand forfait. Le malheureux Orphée, pour te punir de lui avoir ravi son épouse, t'inflige ce châtiment, qui, grâce aux Destins, n'égale pas encore ton crime. Un jour, pour échapper à ta poursuite, elle fuyait à pas précipités le long du fleuve ; et l'imprudente ne vit pas à ses pieds, dans les hautes herbes de la rive, un énorme serpent qui lui donna la mort. Les Dryades, ses compagnes, remplirent les montagnes de leurs cris ; les sommets du Rhodope la pleurèrent ; les cimes du Pangée, la terre de Rhésus, consacrée à Mars, les Gètes, l'Hèbre et les champs d'Orithye gémirent sur son trépas. Pour lui, consolant sa douleur par les accords de sa lyre, il se tenait sur la rive solitaire, et là, tendre épouse, il te chantait au lever de l'aurore, et te chantait encore au déclin du jour.

« Il osa pénétrer jusqu'aux portes du Ténare, dans les sombres demeures de Pluton, et, traversant ces bois où règne une ténébreuse horreur, il aborda les Mânes et leur roi formidable, et ces divinités que les pleurs des humains n'ont jamais attendries. Il chantait, et, touchés de ses doux accords, les ombres légères, les pâles fantômes accouraient du fond de l'Érèbe, aussi nombreux que ces oiseaux qui se rassemblent par milliers dans les forêts, lorsque le soir ou une pluie d'orage les chasse des montagnes. C'étaient des mères, des époux, des héros magnanimes, moissonnés par le trépas, des enfants, de jeunes vierges, des fils à la fleur de l'âge, placés sur le bûcher aux yeux de leurs parents; victimes que le sombre marais du Cocyte, bordé d'affreux roseaux, environne de ses eaux dormantes, et que le Styx enferme neuf fois des replis de son onde. Ses chants émurent l'enfer lui-même et le Tartare, ce profond séjour de la Mort, et les cruelles Euménides aux cheveux entrelacés de noirs serpents; Cerbère retint sa triste voix dans ses gueules béantes, et le vent cessa de faire tourner la roue d'Ixion.

« Enfin Orphée revenait des enfers après avoir échappé à tous les périls, et Eurydice, rendue à ses vœux, remontait au séjour de la lumière en suivant son époux (ainsi l'avait ordonné Proserpine), quand un délire soudain s'empara de l'aveugle amant : faute bien pardonnable, si l'enfer savait

pardonner. Presque aux portes du jour, il s'arrête, hélas!
il oublie sa promesse, et, vaincu par l'amour, il tourne la
tête pour regarder sa chère Eurydice. Au même instant
s'évanouit le fruit de tant de peines; le pacte conclu avec
l'impitoyable tyran est rompu, et trois fois l'Averne retentit avec fracas.

« Ah! malheureuse, s'écrie-t-elle; qui donc me perd et te
perd ainsi que moi, cher Orphée? Quelle fureur barbare!
Déjà les cruels Destins me rappellent, et le sommeil ferme
mes yeux pour jamais! Adieu. L'éternelle nuit m'enveloppe
et m'entraîne, sans que je puisse te presser de mes mains
défaillantes : hélas! je ne suis plus à toi. » Elle dit, et disparaît à ses yeux comme une légère vapeur qui se dissipe
dans les airs. Orphée veut en vain la saisir et lui parler encore; il n'embrasse qu'une ombre; il ne la revoit plus, et
le nocher des enfers lui défend de repasser l'onde qui les
sépare. Que faire? où porter ses pas après s'être vu deux
fois ravir son épouse? Par quels pleurs, par quels accents
fléchir les divinités infernales? Déjà l'ombre d'Eurydice
passait dans la barque fatale.

« Orphée, dit-on, pleura sept mois entiers son malheur
sur les bords déserts du Strymon, au pied d'une roche
escarpée, et fit retentir de ses gémissements les antres
glacés de la Thrace. Sa voix adoucissait les tigres, et les
chênes accouraient à ses magiques accords. Telle, à l'ombre
d'un peuplier, la plaintive Philomèle déplore la perte de
ses petits, qu'un laboureur inhumain a surpris et enlevés
de leur nid, lorsqu'ils n'avaient pas encore de plumes. Elle
passe la nuit à gémir, et, perchée sur la branche, elle
recommence sans cesse son chant de douleur, et remplit de
ses tristes accents tous les lieux d'alentour.

« Ni l'amour, ni l'hymen ne purent toucher son cœur.
Seul, il errait à travers les glaces des régions hyperboréennes, sur les bords neigeux du Tanaïs, et dans les plaines
du Riphée, couvertes d'éternels frimas, pleurant Eurydice
et l'inutile bienfait de Pluton. Irritées de ses dédains, les
femmes de la Thrace le mirent en pièces, au milieu des mys-

tères sacrés et des orgies nocturnes de Bacchus, et dispersèrent ses membres dans les champs. Sa tête, séparée de son cou d'albâtre, fut jetée dans l'Hèbre. Mais, tandis qu'elle roulait emportée par l'onde rapide, sa langue glacée redisait encore d'une voix mourante : « Eurydice ! ah ! malheureuse Eurydice ! » et l'écho des rives répétait : « Eurydice ! »

A ces mots, Protée se replonge dans la mer, et fait tournoyer au-dessus de sa tête l'onde écumante. Mais Cyrène n'abandonne point Aristée ; elle s'empresse de calmer ses craintes : « Mon fils, dit-elle, bannis de ton cœur les chagrins qui t'accablent. Tu connais la cause de tes malheurs : les nymphes avec lesquelles Eurydice dansait dans les bois sacrés ont fait périr tes abeilles. Va donc en suppliant leur porter des offrandes ; implore ta grâce et adresse-leur des vœux ; tes hommages fléchiront aisément leur courroux. Mais apprends d'abord comment tu dois les invoquer. Choisis, sur les sommets verdoyants du Lycée où paissent tes troupeaux, quatre taureaux superbes et autant de génisses dont la tête n'ait pas encore porté le joug. Élève quatre autels près du temple des nymphes ; enfonce dans la gorge de ces victimes le couteau sacré, et abandonne leurs corps dans le bois sacré. Puis, quand la neuvième aurore se lèvera à l'horizon, tu offriras aux mânes d'Orphée des pavots, symbole de l'oubli ; tu apaiseras Eurydice en sacrifiant une génisse, et, après avoir immolé une brebis noire, tu rentreras dans le bois. »

Docile aux ordres de sa mère, Aristée se rend aussitôt dans le temple, élève quatre autels, immole quatre taureaux superbes et autant de génisses dont la tête n'a pas encore porté le joug. Puis, quand la neuvième aurore s'est levée à l'horizon, il offre un sacrifice aux mânes d'Orphée et retourne dans le bois. Tout à coup, ô prodige incroyable ! des entrailles corrompues des victimes, à travers les flancs qu'elles déchirent, on voit s'élancer en bourdonnant des milliers d'abeilles qui se répandent dans les airs comme un nuage immense, se reposent sur la cime d'un arbre, et restent suspendues en grappes à ses flexibles rameaux.

C'est ainsi que je chantais la culture des champs, l'éducation des troupeaux et l'entretien des vergers, tandis que le grand César foudroyait les rives de l'Euphrate, imposait des lois aux peuples heureux de se soumettre à son empire, et se frayait un chemin vers l'Olympe. En ce temps-là, sous le beau ciel de ma chère Parthénope, je me livrais aux travaux d'un loisir obscur, moi, Virgile, qui osai, dans ma jeunesse, répéter les accents des bergers, et te chanter, ô Tityre, sous le feuillage épais d'un hêtre.

ÉNÉIDE

ÉNÉIDE.

LIVRE PREMIER.

Je chante le héros qui, banni de Troie par les Destins, aborda le premier en Italie sur le territoire de Lavinium. Longtemps il fut en butte, et sur la terre et sur les flots, au courroux des dieux qu'excitait l'implacable haine de la cruelle Junon ; longtemps aussi il eut à souffrir les maux de la guerre avant de fonder une ville et de transporter ses pénates dans le Latium, berceau du peuple latin, de la puissance albaine et de la superbe Rome.

Muse, dis-moi pour quelle offense la reine des dieux fit essuyer tant de fatigues et courir tant de périls à ce héros, fameux par sa piété. Tant de fiel entre-t-il dans l'âme des immortels ?

En face de l'Italie et loin des bouches du Tibre, s'élevait Carthage, colonie de Tyr, ville antique et puissante où dominait l'esprit guerrier. Junon la préférait, dit-on, au reste de la terre, à Samos elle-même. Là étaient ses armes et son char. Déjà même elle songe à lui donner l'empire du monde, si les Destins secondent ses efforts et ses vœux

Mais elle sait qu'une race, issue du sang troyen, doit renverser un jour les remparts de Carthage, et enfanter, pour la ruine de la Libye, un peuple-roi, fier de ses triomphes. Tel est l'arrêt des Destins. A cette crainte, et au souvenir de la guerre qu'elle avait jadis soutenue devant Troie pour ses chers Argiens, elle joint des motifs de haine et de cruels ressentiments qui ne sont pas encore effacés de sa mémoire : elle garde profondément gravés dans son cœur le jugement de Paris, l'injure faite à sa beauté, son aversion pour les Troyens, l'enlèvement de Ganymède et les honneurs qu'il a usurpés. Aigrie par tant d'outrages, elle repoussait loin du Latium et livrait à la merci des flots les Troyens, échappés aux Grecs et à l'impitoyable Achille; et, jouets du Destin, ils erraient depuis plusieurs années sur toutes les mers. Tant il fallut d'efforts pour fonder la puissance romaine !

A peine les Troyens, quittant les côtes de la Sicile, déployaient avec joie leurs voiles en pleine mer, et de leurs proues d'airain fendaient l'onde écumante, que Junon, conservant au fond du cœur son éternelle blessure, se dit à elle-même : « Moi, renoncer à mon projet et m'avouer vaincue ! Ne pourrai-je donc éloigner de l'Italie le chef des Troyens? Oui, les Destins s'y opposent.... Eh ! quoi, Pallas, pour châtier la faute et l'égarement du seul Ajax, fils d'Oïlée, a bien pu brûler la flotte des Grecs et les engloutir dans les flots ! Elle-même, lançant du haut des nues le feu rapide de Jupiter, dispersa leurs vaisseaux, bouleversa les mers, saisit dans un tourbillon le coupable vomissant des flammes de son sein foudroyé, et le cloua sur la pointe d'un rocher ! Et moi, qui marche l'égale du souverain des dieux, moi, la sœur et l'épouse de Jupiter, c'est avec un seul peuple que je lutte depuis tant d'années ! Qui voudra désormais adorer Junon, et apporter en suppliant des offrandes sur ses autels ? »

La déesse, roulant ces pensées dans son cœur irrité, vole en Éolie, séjour des orages où grondent les aquilons furieux. C'est là que, roi de cet empire, Éole maîtrise et tient enhaînés dans de vastes prisons les vents tumultueux et les tempêtes bruyantes. Ses sujets indignés frémissent autour de leur barrière en faisant retentir la montagne d'un horrible fracas. Le sceptre en main, Éole en occupe le sommet, modère la fougue des vents et dompte leur fureur. Autrement, emportés par leur rapide essor, la mer, la terre et les cieux rouleraient dans l'espace. Mais, pour prévenir ce désordre, le puissant Jupiter enferma les vents dans de profondes cavernes sur lesquelles il entassa d'énormes montagnes, et leur donna un roi qui, docile à sa volonté sût, par son ordre, leur serrer ou leur lâcher les rênes. C'est à lui que Junon suppliante s'adresse en ces termes :

« Éole, toi que le père des dieux et le maître des hommes a chargé d'apaiser et de soulever les flots, une race que je hais navigue sur la mer Tyrrhénienne, portant en Italie Ilion et ses pénates vaincus. Déchaîne les vents ; submerge, engloutis les vaisseaux des Troyens, ou disperse-les, et couvre la mer de leurs cadavres épars. J'ai quatorze nymphes éblouissantes d'attraits. Déïopée est la plus belle. Pour prix d'un tel service, je l'unirai à toi par un lien indissoluble, afin qu'elle te consacre sa vie et te rende père de superbes enfants. »

« Reine, lui répond Éole, c'est à vous d'exprimer vos désirs, et à moi d'accomplir vos ordres. Je vous dois tout mon pouvoir ; je vous dois mon sceptre et la faveur de Jupiter ; c'est vous qui me faites asseoir à la table des dieux, et c'est par vous que je commande aux vents et aux tempêtes. »

Il dit, et, du revers de sa lance, il perce le flanc de la montagne. Soudain les vents, rangés en bataille, s'élancent par cette issue, et se déchaînent en tourbillons furieux. L'Autan, l'Eurus, et l'Africus fécond en tempêtes, fondent ensemble sur la mer, la bouleversent jusqu'en ses abîmes, et roulent d'énormes vagues contre ses rivages. Le cri des matelots se mêle au sifflement des câbles. Tout à coup les nuages dérobent le ciel et le jour aux yeux des Troyens ; une profonde nuit s'étend sur les eaux ; la foudre gronde ; mille éclairs sillonnent les nues ; et tout présente la mort aux yeux des matelots.

Énée frissonne à cette vue. Il gémit, et, levant ses mains au ciel : « Heureux, s'écrie-t-il, trois fois heureux ceux qui sont morts au pied des murs de Troie, sous les yeux de leurs parents ! O le plus vaillant des Grecs, fils de Tydée, que n'ai-je péri sous tes coups dans les plaines d'Ilion, dans ces lieux où le terrible Hector tomba sous la lance d'Achille, où expira le grand Sarpédon, où le Simoïs engloutit et roula dans ses ondes tant de boucliers, tant de casques et les corps de tant de héros ! »

Tandis qu'il parle ainsi, l'Aquilon siffle, frappe de front sa voile, et soulève la mer jusqu'aux cieux. Les rames se brisent, la proue se détourne, et présente aux vagues le flanc du navire. Les flots s'élèvent et s'amoncellent comme des montagnes. Des malheureux demeurent suspendus à leur cime ; d'autres voient la terre au fond de l'abîme qui s'entr'ouvre. Le sable bouillonne avec fureur. Trois vaisseaux sont emportés par le Notus et jetés contre des rochers à fleur d'eau, qu'en Italie on nomme *les Autels*, et qui présentent un dos immense. L'Eurus (ô douloureux spectacle !) en lance trois autres de la haute mer sur des bas-fonds et sur des syrtes, les brise contre des écueils, et les ensevelit dans le sable. Le navire qui portait les Lyciens et le fidèle Oronte est assailli, sous les yeux même d'Énée, par une énorme lame qui s'abat sur la poupe. Le pilote chancelle, tombe et roule, la tête en avant, dans les flots. Le navire tourne trois fois sur lui-même, et disparaît englouti par un rapide tourbillon. On aperçoit quelques naufragés nageant sur le vaste abîme, et avec eux flottent des armes, des planches et les trésors de Troie. Déjà le puissant navire d'Ilionée, celui que monte le vaillant Achate, et ceux qui portent Abas et le vieil Aléthès ont succombé à la tempête. Leurs flancs entr'ouverts laissent de toutes parts entrer l'onde ennemie.

Cependant, au mugissement affreux de la mer, Neptune s'aperçoit que les vents sont déchaînés, et que son empire est bouleversé jusque dans ses abîmes. Vivement ému, il lève son front calme au-dessus des vagues, et, promenant ses regards au loin, il voit les vaisseaux d'Énée dispersés sur la mer, et les Troyens accablés par la tempête et par les torrents qui tombent du ciel. Il reconnaît les artifices et le courroux de Junon. Il appelle l'Eurus et le Zéphyre, et leur parle ainsi : « Est-ce donc votre origine qui vous inspire une pareille audace? Quoi! sans mon ordre, vous osez troubler le ciel et la terre, et bouleverser ainsi les vagues? Je devrais..... mais j'aime mieux calmer l'agitation des flots. Désormais un tel attentat entraînerait un autre châtiment. Hâtez-vous de fuir, et dites à votre roi que ce n'est pas à lui, mais à moi, que le Sort a donné l'empire de la mer et le redoutable trident. Il possède les immenses cavernes qui vous servent d'asile. Qu'il y tienne sa cour, et règne sur la prison qui vous renferme. »

Il dit, et à l'instant il apaise le courroux de la mer, dissipe les nuages amoncelés et ramène le soleil. Cymothoé et Triton, unissant leurs efforts, dégagent les vaisseaux de la pointe des rochers. Le dieu lui-même les soulève avec son trident, leur ouvre un passage à travers les vastes syrtes, aplanit les ondes, et des roues légères de son char effleure la surface des flots. Ainsi, quand une émeute s'élève dans une grande cité, la populace se livre à son emportement; les brandons et les pierres volent de toutes parts, et la fureur arme tous les bras. Mais qu'en ce moment paraisse un homme imposant par son caractère et par ses vertus, tout se tait, et chacun s'empresse de l'écouter. Sa voix maîtrise les esprits et subjugue les cœurs. Ainsi tombe tout le bruit des vagues, dès que le dieu, jetant un regard sur l'onde, et portant la sérénité devant lui, lance ses coursiers et fait voler son char sur la plaine liquide.

Épuisés de fatigue, les Troyens s'efforcent de gagner le plus prochain rivage, et se dirigent vers les côtes de la Libye. Là, dans une baie profonde, est une île dont les flancs prolongés forment un port. La mer y vient briser ses ondes qui refluent en deux courants. De chaque côté s'élèvent d'énormes rochers qui menacent le ciel. A leur pied les flots dorment en silence. Leur cime est couronnée d'un bois sombre dont le tremblant feuillage répand une mystérieuse horreur. Au fond, sous une voûte de roches, une grotte où coulent des eaux douces, offre des siéges taillés dans la pierre vive : c'est la demeure des nymphes. Là nul câble n'attache, nulle ancre ne retient les vaisseaux fatigués par la tempête. C'est là qu'Énée se réfugie avec sept vaisseaux, seul débris de sa flotte. Impatients de toucher la terre, les Troyens s'emparent du rivage tant désiré, et reposent sur le sable leurs corps ruisselant de l'onde amère. D'abord Achate fait jaillir l'étincelle des veines d'un caillou, la reçoit sur des feuilles sèches, et l'entoure de branches arides qui bientôt jettent des flammes. Puis, malgré leur fatigue, les Troyens retirent des vaisseaux les grains humides et les instruments de Cérès. Ils font griller le blé sauvé du naufrage, et se préparent à le broyer sous la pierre.

Cependant Énée gravit un rocher, et promène ses regards sur toute l'étendue des flots pour voir s'il découvrira quelque galère phrygienne, celle d'Anthée, battue par la tempête, celle de Capys, ou les armes qui s'élèvent sur celle de Caïcus. Il n'aperçoit pas une voile ; mais il voit trois cerfs errants sur la plage. Ils sont suivis par d'autres qui paissent en long troupeau dans la vallée. Il s'arrête, saisit son arc et ses flèches rapides que porte le fidèle Achate ; et d'abord il abat les chefs dont les têtes élevées portent une haute ramure. Puis il relance la troupe entière et la disperse dans l'épaisseur des bois, et ne cesse de la poursuivre, que ses flèches victorieuses n'aient étendu sept grandes victimes, nombre égal à celui des vaisseaux. Alors il regagne le port, partage son butin à tous ses compagnons, leur distribue le vin dont le généreux Aceste avait chargé les vaisseaux troyens au départ de la Sicile, et console ainsi leurs cœurs attristés :

« Compagnons, vous qui, depuis longtemps, avez souffert des maux plus cruels (car nous n'avons pas oublié nos anciennes infortunes), les dieux mettront aussi un terme à cette épreuve. Vous avez affronté la rage de Scylla et ses rochers mugissants; vous avez échappé aux antres des Cyclopes. Rappelez votre courage et relevez vos esprits abattus. Un jour peut-être ces souvenirs auront pour nous des charmes. Tous ces périls, tous ces hasards nous conduisent au Latium où les Destins nous montrent de paisibles demeures. Là doit ressusciter l'empire de Troie. Armez-vous donc de constance, et réservez-vous pour des jours heureux. »

Ainsi parlait Énée, en proie à de cruels soucis. L'espoir brillait sur son front, mais son âme concentrait une profonde douleur. Ses compagnons se livrent aux apprêts de leur repas. Ils dépouillent les cerfs et en mettent à nu les entrailles. Les uns découpent les pièces et enfoncent des broches dans les chairs palpitantes; d'autres disposent sur le rivage des vases d'airain qu'ils entourent de flammes. Bientôt les aliments raniment leurs forces; et, couchés sur l'herbe, ils se rassasient d'une exquise venaison qu'ils arrosent d'un vin vieux.

Lorsque ce repas a calmé leur faim, et que les tables sont enlevées, ils déplorent dans de longs entretiens la perte de leurs compagnons. Partagés entre l'espoir et la crainte, ils se demandent s'ils vivent encore, ou si, parvenus au terme de leurs souffrances, ils n'entendent plus la voix qui les appelle? Énée surtout plaint en secret le malheur d'Amycus et du bouillant Oronte; la cruelle destinée de Lycus, et le vaillant Gyas, et le brave Cloanthe.

Ils avaient cessé de parler, quand Jupiter, contemplant du haut des cieux la mer et ses rivages, la terre et les peuples qui la couvrent, s'arrêta au sommet de l'Olympe, et fixa ses regards sur le royaume de Libye. Tandis que ce spectacle occupe sa pensée, la belle Vénus, les yeux baignés de larmes, l'aborde avec tristesse, et lui parle en ces termes : « O vous dont les décrets éternels règlent les destinées des hommes et des dieux, vous dont la foudre épouvante le monde, qu'a donc fait mon fils Énée, quel crime ont donc commis les Troyens pour se voir, après tant de désastres, fermer l'univers à cause de l'Italie? Et, cependant, c'est du sang de Teucer qu'un jour, dans la suite des temps, doivent naître les Romains dont la domination absolue s'étendra sur la terre et sur les flots. Vous l'aviez promis, ô mon père! Qui vous a fait changer de résolution? Cette espérance me consolait de la chute de Troie et de ses tristes ruines. J'opposais à ses destins propices des destins contraires. Mais aujourd'hui, le même Sort poursuit encore les Troyens après tant de revers. Quel terme, dieu puissant, assignez-vous à ses malheurs? Anténor, échappé aux Grecs, a pu pénétrer dans le golfe d'Illyrie, traverser sans péril les terres des Liburniens, et franchir les sources du Timave qui, par neuf bouches à la fois, sort en mugissant de la montagne, comme une mer impétueuse, et inonde les campagnes de ses flots retentissants. Il y a fondé Padoue pour les descendants de Teucer; il a donné son nom à sa colonie, et suspendu en trophée les armes d'Ilion. Maintenant il se repose au sein de la paix. Et nous, vos enfants, nous à qui furent promises les demeures célestes (ô douleur!), nous perdons notre flotte, et, victimes de la vengeance d'une déesse, nous sommes repoussés loin des rivages de l'Italie! Est-ce là le prix de la piété? Est-ce ainsi que vous relevez notre empire? »

Le roi des hommes et des dieux, avec ce doux sourire qui calme l'air et apaise les tempêtes, effleure d'un baiser les lèvres de sa fille, et lui adresse ces paroles : « Rassure-toi, Cythérée : les destins de ton peuple sont immuables. Tu verras la ville de Lavinium qui t'est promise, et tu élèveras jusqu'au ciel le magnanime Énée. Rien n'est changé dans ma résolution. Mais, puisque de tels soucis t'agitent, je vais dévoiler à tes yeux tous les secrets de l'avenir. Énée soutiendra une grande guerre en Italie. Il domptera des peuples belliqueux, donnera des lois et des remparts à ses guerriers, jusqu'à ce que trois étés l'aient vu régner sur le Latium, et que trois hivers se soient écoulés depuis la soumission des Rutules. Son fils Ascagne, qui maintenant porte le nom d'Iule (il s'appelait Ilus tant que subsista le royaume d'Ilion), remplira de son règne une période de trente années, transportera le siége du pouvoir de Lavinium à Albe-la-longue, dont il jettera les solides fondements. Là dominera, durant trois siècles, la postérité d'Hector, jusqu'à ce que la prêtresse Ilia, mêlant le sang des rois au sang de Mars, donne le jour à deux enfants jumeaux. Fier de porter la dépouille d'une louve, sa nourrice, Romulus héritera du sceptre, bâtira la ville de Mars, et donnera son nom aux Romains. Je n'assigne à leur pouvoir ni terme ni limite : je leur accorde un empire sans fin. L'implacable Junon elle-même, qui fatigue aujourd'hui de ses craintes, et la mer, et la terre, et les cieux, prendra des sentiments plus doux, et protégera avec moi les Romains, arbitres du monde. Telle est ma volonté. Un temps viendra, dans le cours des âges, où la maison d'Assaracus asservira Phthie et l'illustre Mycène, et régnera sur les Argiens. Troyen par sa noble origine, César étendra son empire jusqu'à l'Océan et sa gloire jusqu'aux astres. C'est du grand nom d'Iule qu'il tirera le sien. Toi-même un jour, libre d'inquiétudes, tu recevras dans l'Olympe ce héros chargé des dépouilles de l'Orient, et les mortels lui adresseront aussi leurs vœux. Alors, déposant les armes, les peuples dépouilleront leur barbarie. La bonne foi, Vesta, Rémus et son frère Quirinus, gouverneront le monde. Les redoutables portes de la guerre seront étroitement fermées par des chaînes de fer, et, assise dans le temple de la Paix sur un faisceau d'armes homicides, les mains liées derrière le dos par cent nœuds d'airain, la Discorde impie frémira de rage, la bouche teinte de sang. »

Il dit, et, du haut de l'Olympe, il envoie le fils de Maïa sur le rivage de l'Afrique pour disposer la nouvelle Carthage à bien accueillir les Troyens; car il craint que Didon, ignorant l'ordre du Destin, ne leur ferme son empire. Porté sur ses ailes rapides, Mercure fend les plaines de l'air, et arrive bientôt en Libye. Il remplit son message, et, dociles à sa voix, les Tyriens quittent leur humeur sauvage. La reine surtout prend pour les Troyens des sentiments pacifiques et bienveillants.

Cependant Énée, durant la nuit, roule mille pensées diverses. Aux premiers rayons du jour, il veut aller lui-même visiter le pays, reconnaître sur quel rivage les vents l'ont jeté, s'assurer si ces lieux incultes sont la demeure des hommes ou des bêtes féroces, et en faire à ses compagnons un fidèle rapport. Il cache sa flotte dans l'enfoncement d'un bois, au pied d'un rocher creux que des arbres enveloppent de leur ombre impénétrable. Puis il se met en marche, accompagné du seul Achate, et brandissant deux javelots armés d'un large fer.

Soudain, au milieu de la forêt, sa mère se présente à lui. Son air, son port, ses armes, tout annonce une vierge de Sparte, ou bien encore Harpalyce de Thrace fatiguant ses coursiers, et devançant l'Eurus dans sa course rapide. Sur son épaule est suspendu l'arc léger des chasseurs; ses cheveux flottent au gré du vent, et, sur son genou découvert, un nœud relève les plis de sa robe ondoyante. « Jeunes guerriers, dit-elle, auriez-vous vu par hasard une de mes sœurs parée d'un carquois, couverte de la peau tachetée d'un lynx, errer ici, ou poursuivre à grands cris un sanglier écumant? » Ainsi parle Vénus, et son fils lui répond : « Nous n'avons vu ni entendu aucune de vos compagnes, ô vierge!... Quel nom vous donner? car ces traits, ces accents ne sont point d'une mortelle. O déesse (oui, vous l'êtes), sœur d'Apollon ou fille d'une nymphe, qui que vous soyez, montrez-vous propice, et allégez nos peines. Apprenez-nous sous quel ciel et sur quels bords nous sommes jetés. Nous errons dans ces lieux où les vents et les flots nous ont poussés, sans savoir en quel pays nous sommes, ni quels peuples l'habitent. Nous immolerons en votre honneur plus d'une victime sur vos autels. »

« Je ne mérite pas un pareil hommage, dit Vénus. Le carquois que je porte et le cothurne de pourpre qui chausse mes pieds sont la parure des filles de Sidon. Vous voyez ici un royaume phénicien, des Tyriens et une ville bâtie par les descendants d'Agénor ; mais le territoire appartient aux Libyens, peuple indomptable à la guerre. Cet empire obéit à Didon qui, pour fuir son frère, s'est exilée de Tyr. Le récit de ses malheurs exigerait un long récit. Je ne ferai qu'en effleurer l'histoire.

« Didon eut pour époux Sichée, le plus riche des Phéniciens, et l'infortunée brûlait pour lui du plus tendre amour. Il l'avait reçue vierge des mains de son père sous les premiers auspices de l'hymen. Mais son frère Pygmalion, le plus scélérat des hommes, occupait le trône de Tyr. La discorde les divise. Le tyran, aveuglé par la soif de l'or, surprend Sichée, et l'égorge en secret au pied des autels, sans s'inquiéter des amours de sa sœur. Longtemps il cacha son crime, et, par mille impostures, le perfide abusa d'un vain espoir cette amante désolée. Mais un songe lui offrit l'image de son époux privé de sépulture. Sichée, le front couvert d'une affreuse pâleur, lui montre l'autel sanglant, son sein percé d'un glaive, et lui dévoile le ténébreux attentat commis dans son palais. Il lui conseille de partir aussitôt et de s'exiler. Pour l'aider dans sa fuite, il lui découvre des trésors inconnus, un amas d'or et d'argent depuis longtemps enfoui dans la terre. Saisie d'effroi, Didon se prépare à fuir et cherche des compagnons. Autour d'elle se rassemblent tous ceux qu'une haine mortelle ou de vives terreurs animent contre le tyran. Des vaisseaux se trouvaient prêts à mettre à la voile. On s'en empare ; on les charge d'or, et l'on emporte sur mer les trésors de l'avare Pygmalion. Une femme a tout conduit. Arrivés aux lieux où bientôt vous verrez s'élever de superbes remparts et la citadelle naissante de la nouvelle Carthage, ils achetèrent tout le terrain que pourrait embrasser la dépouille d'un taureau; ce qui fit donner à la forteresse le nom de *Byrsa*.... Mais vous, enfin, qui êtes-vous? d'où venez-vous ? où portez-vous vos pas ? »

A ces questions Énée pousse un profond soupir et répond en ces termes : « O déesse, si je remontais à l'origine de nos malheurs, si vous aviez le loisir d'en écouter l'histoire, avant la fin de mon récit la nuit aurait couvert le ciel de ses voiles. Partis de l'antique Troie (peut-être ce nom a-t-il frappé vos oreilles), nous errions de mers en mers, quand la tempête nous jeta sur les côtes d'Afrique. Je suis le pieux Énée, qui emporte avec moi sur ma flotte mes pénates arrachés à l'ennemi. Ma renommée s'élève jusqu'aux astres. Je cherche l'Italie, patrie de mes aïeux qui sont issus du grand Jupiter. Je voguais avec vingt navires sur la mer de Phrygie, où guidé par la déesse qui m'a donné le jour, je suivais le cours de mes destinées. A peine m'en reste-t-il sept, maltraités par les vents et les flots. Moi-même, inconnu, manquant de tout, je parcours ces déserts, repoussé de l'Europe et de l'Asie. »

Vénus ne peut entendre plus longtemps le récit douloureux de son fils. Elle l'interrompt en ces termes : « Qui que vous soyez, les dieux sans doute ne vous voient pas avec colère, puisqu'ils vous ont conduit à Carthage. Poursuivez votre route, et rendez-vous au palais de la reine. Je vous annonce que vos compagnons sont de retour, et que des vents favorables ont mis votre flotte à l'abri du danger, si toutefois mes parents ne m'ont pas vainement enseigné l'art des augures. Voyez ces douze cygnes heureux de voler ensemble. L'oiseau de Jupiter, fondant du haut des nues, les dispersait dans les plaines de l'air. Maintenant, rangés en une longue file, ils semblent descendre déjà sur la terre, ou choisir des yeux l'endroit où ils vont se poser. Ils expriment la joie de se voir réunis en battant des ailes, et obcurcissent le ciel qu'ils font retentir de leurs chants. Ainsi vos navires et vos compagnons sont déjà dans le port, ou y entrent à pleines voiles. Hâtez-vous donc, et suivez le chemin qui vous conduit. »

Elle se détourne, à ces mots, et son cou brille d'un éclat vermeil; ses cheveux parfumés d'ambroisie exhalent une odeur divine ; sa robe retombe à ses pieds, et sa démarche révèle une déesse. Énée a reconnu sa mère ; et, tandis qu'elle fuit : « Cruelle, s'écrie-t-il, pourquoi, vous aussi, abusez-vous tant de fois votre fils par une apparence trompeuse? Pourquoi ne puis-je presser votre main, vous entendre et vous parler sans déguisement? » En se plaignant ainsi, il se dirige vers Carthage. Tandis qu'il s'avance avec Achate, Vénus épaissit l'air qui les environne, et les enveloppe d'un nuage obscur, afin que personne ne puisse ni les voir, ni les toucher, ni retarder leur marche, ni s'informer des motifs de leur arrivée. Puis, s'élevant dans les airs, la déesse retourne à Paphos, et regagne avec joie sa demeure chérie, où, dans le temple qui lui est consacré, l'encens brûle sur cent autels parfumés de fraîches guirlandes.

Cependant les deux guerriers s'avancent d'un pas rapide dans le sentier qui les guide. Déjà ils gravissent le coteau qui domine Carthage, et d'où l'on découvre ses remparts. Énée admire ces immenses édifices qui remplacent des cabanes; il admire les portes, les rues et le bruit de la cité. Les Tyriens pressent leurs travaux avec ardeur. Les uns tracent les murs, construisent la citadelle, et roulent des pierres à force de bras; d'autres choisissent l'emplacement de leur maison et l'entourent d'un fossé. Ici on crée des tribunaux, des magistrats, un sénat auguste; là on creuse un port; là on jette les fondements d'un grand amphithéâtre, et l'on taille dans le roc de hautes colonnes pour décorer la scène future. Telles, au retour du printemps, les abeilles, répandues dans les campagnes fleuries, déploient leur activité aux rayons du soleil. Celles-ci conduisent hors de la ruche les jeunes essaims; celles-là épaississent le miel et remplissent les cellules de ce doux nectar. Les unes reçoivent les fardeaux de celles qui arrivent; les autres, rangées en bataille, écartent de leur asile les frelons paresseux. Chacune s'empresse à l'ouvrage, et le miel exhale les parfums du thym. « Heureux le peuple qui voit déjà ses murs s'élever! » s'écrie Énée, en contemplant le faîte des édifices de Carthage. A la faveur du nuage qui le couvre (ô prodige!) il s'avance au milieu des Tyriens, et se mêle à la foule, sans être aperçu.

Au centre de la ville était un bois sacré qui répandait au loin son ombrage. C'est là que s'arrêtèrent d'abord les Phéniciens, battus par les vents et les flots; c'est là qu'ils découvrirent, en creusant la terre, le signe indiqué par la puissante Junon, la tête d'un cheval ardent, présage des nombreuses victoires et de l'éternelle abondance réservées à cette nation. Là Didon faisait élever à la reine des dieux un temple immense, orné des plus riches offrandes et plein de sa divinité. Le seuil auquel on montait par des degrés, était d'airain ; l'airain unissait les jambages, et sur leurs gonds criaient des portes d'airain. Ce lieu saint présente à Énée un spectacle nouveau qui, pour la première fois, calme ses craintes ; il ose, pour la première fois, se livrer à l'espoir du salut et mieux augurer de son avenir. Tandis qu'il parcourt les beautés de ce vaste temple, en attendant la reine ; tandis qu'il admire la fortune de Carthage, l'habileté des artistes et leurs œuvres superbes, il voit représentés, dans l'ordre des temps, les combats d'Ilion, et cette guerre dont la renommée a déjà parcouru l'univers ; il reconnaît Agamemnon, Priam, et Achille, si redoutable à tous les deux. Il s'arrête, et, les yeux baignés de larmes : « Achate, dit-il, quel lieu, quelle contrée n'a point retenti de nos malheurs? Voilà Priam : ici même le mérite a sa récompense ; il est des pleurs pour l'infortune, et le cœur est sensible aux misères humaines. Rassure-toi : notre renommée fera notre salut. »

Il dit, et, tandis qu'il se repaît de ces vaines peintures, il gémit, et les larmes inondent son visage. Car il voyait les combats livrés autour d'Ilion ; ici, les Grecs poursuivis par les Troyens ; là, les Troyens que pressait du haut de son char Achille à la brillante aigrette. Non loin de là, il reconnaît en pleurant les blancs pavillons de Rhésus surpris par Diomède dans son premier sommeil. Le vainqueur, couvert de sang, semait partout le carnage. Il emmenait dans son camp les ardents coursiers de Rhésus, avant qu'ils eussent goûté les pâturages de Troie et bu les eaux du Xanthe. D'un autre côté, Troïle fuyait désarmé, Troïle, malheureux enfant engagé dans une lutte inégale contre Achille. Ses chevaux l'emportent, et son corps renversé reste suspendu au char vide dont il tient encore les rênes. Sa tête et ses cheveux traînent sur le sol, et le fer de sa lance sillonne la poussière. Ailleurs on voyait les Troyennes s'avancer, les cheveux épars, vers le temple de l'impitoyable Pallas. Tristes et suppliantes, elles présentaient à la déesse le voile sacré en se frappant le sein. Mais Pallas, toujours inflexible, tenait ses regards fixés sur la terre. Après avoir traîné trois fois Hector autour des murs d'Ilion, Achille vendait à prix d'or son corps inanimé. A la vue des dépouilles, du char, du corps sanglant de son ami, et de Priam tendant au vainqueur ses mains désarmées, Énée laisse échapper un profond gémissement. Il se retrouve aussi lui-même dans la mêlée avec les chefs des Grecs ; il reconnaît les troupes venues de l'Orient et les armes du noir Memnon. A la tête des Amazones armées de boucliers en forme de croissant, la terrible Penthésilée, le sein nu et pressé sous les nœuds d'un baudrier d'or, déploie son ardeur au milieu des bataillons, et, femme, elle ose affronter des guerriers.

Tandis que le prince troyen, ravi d'admiration, ne pouvait détacher ses regards de ces tableaux qu'il contemplait, la belle Didon s'avançait vers le temple, suivie d'un nombreux cortége de jeunes Tyriens. Telle, sur les rives de l'Eurotas ou sur les hauteurs du Cynthe, Diane conduit des chœurs de danse. Mille Oréades, accourues sur ses pas, se rangent à ses côtés. La déesse porte un carquois sur l'épaule, et, dans sa marche, elle dépasse de sa tête les nymphes qui l'accompagnent. Le cœur de Latone en ressent une secrète joie. Telle était Didon ; telle, d'un air satisfait, elle se montrait au milieu de son peuple, hâtant les travaux de son règne futur. A la porte du sanctuaire, sous la voûte du temple, entourée de ses gardes, elle s'assied sur un trône élevé. Là elle rendait la justice, donnait des lois à son peuple, et partageait également les travaux ou les tirait au sort, quand tout à coup Énée voit s'avancer, au milieu d'une foule immense, Anthée, Sergeste, le brave Cloanthe et les autres Troyens qu'une affreuse tempête avait dispersés sur les ondes, et jetés au loin sur d'autres rivages. A leur aspect, saisis d'étonnement, Énée et Achate tressaillent de joie et de crainte. Ils brûlent de serrer la main de leurs compagnons; mais cette aventure étrange jette le trouble dans leur âme. Ils se contiennent donc, et du sein du nuage qui les couvre, ils attendent pour savoir quel a été le sort de leurs amis, sur quel rivage ils ont laissé leur flotte, et quel motif les amène. C'étaient des députés choisis de tous les vaisseaux qui venaient implorer la protection de la reine, et se rendaient au temple en poussant des cris.

Lorsqu'ils furent introduits et libres de s'expliquer, le plus âgé de tous, Ilionée, s'exprima ainsi avec calme : « O reine, à qui Jupiter a permis de fonder une ville nouvelle, et de soumettre à de justes lois des peuples indomptés, de malheureux Troyens, que la tempête a poursuivis sur toutes les mers, implorent votre appui. Éloignez de nos vaisseaux des flammes criminelles. Épargnez un peuple pieux, et daignez considérer de près nos infortunes. Nous ne venons point ravager vos demeures, piller vos richesses et les emporter sur les mers. Cette violence est loin de nos cœurs, et une telle audace siérait mal à des vaincus. Il est une contrée fertile que les Grecs nomment Hespérie, terre antique et célèbre par la gloire des armes. Ses premiers habitants furent les Œnotriens. Ensuite leurs descendants l'appelèrent, dit-on, Italie, du nom de leur chef. C'est là que se dirigeait notre course, lorsque l'orageux Orion soulevant tout à coup les flots, nous jeta sur des écueils cachés, et l'impétueux autan, après une affreuse tempête, nous dispersa sur les flots et sur des rochers sauvages. Un petit nombre des nôtres a pu toucher vos bords. Mais quels hommes les habitent ? quel pays barbare autorise de telles coutumes? On nous interdit le rivage ; on s'arme contre nous, et l'on nous défend de nous arrêter sur cette terre. Si vous méprisez l'humanité et les armes des mortels, redoutez au moins les dieux qui châtient le crime et récompensent la vertu.

« Nous avions pour roi Énée, le plus juste, le plus pieux des mortels, le plus grand par sa valeur et par ses exploits. Si les Destins nous ont conservé ce héros, s'il jouit de la lumière et n'a pas encore succombé à un cruel trépas, vous ne vous repentirez point de l'avoir prévenu par vos bienfaits. Nous avons dans la Sicile des villes amies, des champs fertiles, et pour allié un roi illustre, Aceste, issu du sang troyen. Permettez-nous de retirer sur le rivage notre flotte maltraitée par la tempête, de la réparer avec le bois de vos forêts, et de façonner des rames. Si, après avoir recouvré notre chef et nos compagnons, il nous est donné de nous diriger vers l'Italie, nous voguerons avec joie vers l'Italie et le Latium. Mais, si tout est perdu, si la mer de Libye, généreux père des Troyens, t'a enseveli dans ses abîmes, s'il nous faut aussi désespérer de revoir Iule, puissions-nous du moins regagner les côtes de Sicile, le séjour hospitalier d'où nous sommes partis, et retrouver le roi Aceste ! » Ainsi parle Ilionée, et tous les Troyens font entendre un murmure flatteur.

Didon, les yeux baissés, répond en peu de mots : « Troyens, rassurez-vous ; bannissez vos alarmes. Une dure nécessité et les intérêts de mon empire naissant me forcent d'agir avec cette rigueur, et de garder au loin mes frontières. Qui ne connaît les Troyens et leur ville fameuse, leurs exploits, leurs guerriers et l'incendie allumé par une guerre terrible ? Les Tyriens ne sont pas si barbares, et le soleil n'attelle pas ses coursiers si loin de Carthage. Soit que vous désiriez vous rendre dans la grande Hespérie et dans les champs de Saturne, soit que vous préfériez retourner en Sicile, dans le royaume d'Aceste, j'assurerai votre départ, et je vous aiderai de mes trésors. Si vous aimez mieux vous fixer avec moi dans mon royaume, la ville que je fonde est la vôtre. Amenez vos vaisseaux sur le rivage. Troyens et Tyriens seront égaux à mes yeux. Plût au ciel que, poussé sur nos bords par les mêmes vents, votre roi lui-même, Énée, fût au milieu de nous ! Je vais envoyer, le long de ces côtes, des courriers fidèles qui iront, jusqu'aux extrémités de la Libye, s'informer s'il n'erre pas dans des forêts ou dans des villes où la tempête l'aura jeté. »

Encouragés par ces paroles, Énée et le vaillant Achate brûlaient depuis longtemps de percer le nuage. « Fils de Vénus, dit Achate, quelle pensée occupe maintenant votre esprit? Tout est sauvé, vous le voyez. Vous avez retrouvé votre flotte et vos compagnons. Le seul qui nous manque, nous l'avons vu nous-mêmes s'engloutir au milieu des flots. Tout d'ailleurs répond aux prédictions de votre mère. » Comme il achevait ces mots, le nuage qui les enveloppait s'entr'ouvre et s'évapore dans l'air. Énée paraît tout resplendissant de clarté avec les traits et la taille d'un dieu; sa mère elle-même lui avait donné une belle chevelure, le vif éclat de la jeunesse, et avait animé ses yeux d'un charme divin. Tel brille l'ivoire sous une main savante; tel, enchâssé dans l'or, rayonne l'argent ou le marbre de Paros.

Énée alors s'adressant à la reine, devant tout un peuple surpris par sa présence soudaine : « Voici, dit-il, celui que vous cherchez, le troyen Énée, sauvé des flots de la Libye. O vous, qui seule prenez pitié des affreux malheurs d'Ilion, vous qui recueillez les tristes restes échappés aux Grecs, manquant de tout, épuisés par tous les fléaux de la terre et des mers, et qui nous offrez une patrie dans vos murs et dans vos demeures! généreuse Didon, reconnaître dignement un tel bienfait, dépasse notre pouvoir et celui de tous les descendants de Dardanus dispersés dans l'univers. Si le ciel s'intéresse à la vertu, si la justice existe sur la terre, que les dieux et le témoignage de votre cœur soient votre digne récompense! Grande reine, quel siècle heureux vous a vue naître? Quels parents illustres vous ont donné le jour? Tant que les fleuves se rendront à la mer, tant que les ombres parcourront les flancs des montagnes, tant que les astres brilleront aux cieux, en quelque contrée que les Destins m'appellent, votre gloire, votre nom, vos bienfaits seront toujours gravés dans mon cœur. » Il dit, et présente une main à son cher Ilionée, l'autre à Séreste, puis à tous, au vaillant Gyas et au brave Cloanthe.

Frappée d'abord de l'aspect imprévu du héros, et touchée bientôt de tant d'infortunes, Didon lui parle en ces termes : « Fils d'une déesse, quelle fatalité vous poursuit à travers tant de périls? Quelle puissance ennemie vous a jeté sur ces rivages barbares? Êtes-vous donc cet Énée, fils du

Troyen Anchise, que la belle Vénus mit au jour sur les bords du Simoïs? Je me souviens que Teucer vint autrefois à Tyr. Chassé de sa patrie et cherchant de nouveaux États, il implora le secours de Bélus, mon père. Bélus ravageait alors l'opulente Chypre, et la tenait sous ses lois. Dès ce temps-là, je connus les malheurs de Troie, votre nom et les rois de la Grèce. Quoique ennemi des Troyens, Teucer lui-même les vantait beaucoup, et prétendait descendre de leur antique race. Hâtez-vous donc, jeunes guerriers, d'entrer dans mon palais. Moi-même, longtemps le jouet d'une semblable destinée, ce n'est qu'après bien des traverses que j'ai pu enfin me fixer ici. Mes malheurs m'ont appris à secourir les malheureux. »

A ces mots, elle conduit Énée dans son palais, et ordonne en même temps des sacrifices dans les temples des dieux. Elle envoie aux Troyens restés sur le rivage vingt taureaux, cent porcs énormes, cent agneaux gras avec leurs mères, et les joyeux dons de Bacchus.

Cependant, l'intérieur du palais est décoré avec une magnificence royale, et le festin s'apprête dans de vastes appartements. On déroule de riches tapis de pourpre, chefs-d'œuvre de l'art. Les tables resplendissent de grands vases d'or et d'argent où sont gravés les hauts faits des aïeux de la reine, qui, par une suite innombrable de héros, se rattachent au berceau de ce peuple.

Énée, dont l'amour paternel remplit l'âme tout entière, envoie vers les vaisseaux le diligent Achate pour instruire de ces nouvelles et amener à Carthage Ascagne, Ascagne, l'unique objet de sa tendre sollicitude. En même temps, il lui ordonne d'apporter en présent les richesses échappées à la ruine d'Ilion, un manteau chamarré d'or et de broderies, un voile entouré de feuilles d'acanthe, merveilleuse parure qu'Hélène avait reçue de Léda, sa mère, et qu'elle avait emportée de Mycènes quand elle vint à Pergame contracter un coupable hymen; le sceptre que portait jadis Ilioné, l'aînée des filles de Priam; son collier de perles et son diadème étincelant d'or et de pierreries. Empressé d'obéir, Achate se dirige vers les vaisseaux.

Cependant Vénus médite de nouveaux projets et de nouvelles ruses. Elle veut que, changeant de traits, Cupidon vienne à la place de l'aimable Ascagne; qu'en offrant les présents d'Énée, il embrase la reine de ses fureurs, et glisse dans ses veines tous les feux de l'amour; car elle craint l'inconstance de la cour et la perfidie des Tyriens. Elle redoute l'implacable Junon, et son inquiétude redouble aux approches de la nuit. Elle s'adresse donc en ces termes à l'Amour: « Mon fils, toi qui fais ma force et toute ma puissance, toi qui te ris des traits brûlants dont Jupiter frappa Typhoée, c'est à toi que j'ai recours, c'est ton pouvoir que j'implore. Ton frère Énée, en butte à la haine injuste de Junon, erre de rivage en rivage, tu le sais, et souvent tu as pris part à ma douleur. La reine de Carthage, Didon, le retient et le captive par de séduisantes promesses. J'appréhende l'hospitalité de Junon qui, dans un tel moment, ne restera point oisive. Je songe à prévenir Didon par mes ruses et à l'enflammer, afin qu'aucune divinité ne change son cœur, et qu'elle ressente pour Énée une tendresse égale à la mienne. Voici comment tu pourras réussir. Le royal enfant, objet de ma vive sollicitude, va, par ordre de son père, porter à Carthage des dons précieux qu'ont épargnés le naufrage et l'incendie de Troie. Je l'endormirai d'un profond sommeil et le déposerai dans une retraite sacrée, sur les hauteurs d'Idalie ou de Cythère, afin qu'il ne puisse ni soupçonner mon stratagème, ni le traverser. Emprunte les traits d'Ascagne pour une nuit seulement. Tu le connais : enfant comme lui, prends son visage; et lorsque, au milieu d'un splendide banquet et des fumées d'un nectar enivrant, Didon, transportée de joie, te recevra sur ses genoux, lorsque, te prenant dans ses bras, elle te couvrira de ses doux baisers, souffle dans son âme tes feux secrets et tes poisons trompeurs. »

L'Amour obéit à la voix de sa mère chérie; il dépose ses ailes et se plaît à imiter la démarche d'Iule. Vénus plonge

Ascagne dans un paisible sommeil, et l'emporte endormi sur son sein au fond des bois sacrés d'Idalie, où la suave marjolaine l'enveloppe de ses fleurs et de son doux ombrage.

Messager docile, l'Amour portait à Carthage les dons royaux, et marchait gaiement sous la conduite d'Achate. Il arrive, et déjà, sur un lit d'or paré de magnifiques draperies, la reine avait pris place au milieu du banquet; déjà, Énée et les Troyens réunis s'étendaient sur des lits de pourpre. Des esclaves leur versent de l'eau sur les mains, leur présentent de fins tissus, et tirent des corbeilles les dons de Cérès. Au dedans du palais, cinquante femmes rangées en ordre dressent le festin et entretiennent la flamme dans les foyers. Cent autres et autant de serviteurs du même âge chargent les tables de mets et disposent les coupes. De leur côté, les Tyriens se rendent en foule dans la joyeuse salle du banquet, et sont invités à se ranger sur des lits ornés de broderies. Ils admirent les présents d'Énée, ils admirent Iule, le vif incarnat du dieu, la feinte douceur de son langage, le manteau et le voile bordés de feuilles d'acanthe d'or. Didon surtout, la malheureuse Didon, vouée aux fureurs de Vénus, ne peut rassasier son cœur. Elle s'enflamme en regardant le faux Iule, également émue par l'aspect de l'enfant et par les dons qu'il lui offre. L'Amour se suspend au cou d'Énée qu'il embrasse, et, dès qu'il a satisfait la vive tendresse d'un père abusé, il se présente à la reine. Elle attache sur lui ses yeux et son âme tout entière. Quelquefois, elle le presse contre son sein, et ne sait pas, l'infortunée, quel dieu redoutable repose sur ses genoux. Mais lui, fidèle aux leçons de sa mère, efface peu à peu le souvenir de Sichée, et cherche à surprendre par une flamme nouvelle un cœur que depuis longtemps ne faisait plus battre l'amour.

Le repas fini et les tables enlevées, on apporte de larges cratères et l'on se range à l'entour : des cris de joie s'élèvent et retentissent sous les vastes lambris. On suspend aux plafonds dorés des lustres étincelants dont la clarté triomphe

de la nuit. La reine se fait apporter la coupe enrichie d'or
de pierreries dont se servaient Bélus et tous ses descendan[ts]
Elle la remplit de vin, et, au milieu du plus profond s[i]-
lence : « Jupiter, dit-elle (car c'est toi, dit-on, qui présid[e]
à l'hospitalité), fais que ce jour soit heureux pour les Tyrie[ns]
et pour les guerriers venus d'Ilion, et que nos derniers n[e]-
veux en conservent la mémoire! Que Bacchus, père [de]
l'allégresse, et la bienfaisante Junon nous soient favorable[s];
et vous Tyriens, unissez-vous à moi pour célébrer cet[te]
fête. » Elle dit, et répand sur la table les prémices de [la]
liqueur; elle effleure de ses lèvres les bords de la coupe,
la remet ensuite à Bitias en l'invitant à boire. Bitias, sa[ns]
hésiter, prend la coupe écumante et la vide d'un seul tra[it.]
Les autres chefs imitent son exemple. Alors, Iopas à la bel[le]
chevelure fait entendre sur sa lyre dorée les airs qu'[il]
apprit du grand Atlas. Il chante le cours de la lune et le[s]
éclipses du soleil, l'origine des hommes et des animaux, l[a]
cause des orages et de la foudre, l'Arcture, les Hyades plu[s]
vieuses et les deux Ourses; il dit pourquoi les soleils d'hi[-]
ver se hâtent de se plonger dans l'Océan, et pourquoi le[s]
nuits d'été sont si tardives. Les Tyriens et les Troyen[s]
applaudissent de concert.

 Cependant la malheureuse Didon prolongeait la nuit pa[r]
divers entretiens, et s'enivrait à longs traits du poison de
l'amour. Elle adressait mille questions à Énée sur Priam e[t]
sur Hector. Elle demandait tantôt avec quelles armes étai[t]
venu le fils de l'Aurore, tantôt quels étaient les chevaux de
Diomède, quelle était la taille d'Achille. « Mais plutôt,
mon cher hôte, lui dit-elle, racontez-nous, dès leur origine, les embûches des Grecs, les malheurs des Troyens,
et vos longs voyages; car déjà le septième été vous voi[t]
errer sur toutes les terres et sur toutes les mers. »

LIVRE DEUXIÈME.

Tous firent silence et prêtèrent une oreille attentive. Alors Énée, du lit élevé où il était assis, commença en ces termes :

« Reine, c'est renouveler une inexprimable douleur que de m'inviter à vous raconter comment les Grecs ont renversé Troie et son déplorable empire : affreuse calamité dont je fus le témoin, et à laquelle j'ai pris une grande part. A ce récit, quel Myrmidon, quel Dolope, quel soldat du cruel Ulysse pourrait retenir ses larmes ? Bientôt l'humide nuit va quitter les cieux, et les astres sur leur déclin nous invitent au sommeil. Mais, puisque vous êtes si curieuse de connaître nos malheurs et d'entendre l'histoire abrégée des derniers moments de Troie, quoique mon cœur frémisse et recule à ce triste souvenir, je vais vous satisfaire.

« Épuisés par la guerre et repoussés par les Destins, les chefs de la Grèce, après tant d'années, construisent, à l'aide de la divine Pallas, un cheval aussi haut qu'une montagne, et en revêtent les flancs de sapin. Ils feignent que c'est un vœu pour leur retour, et le bruit s'en répand au loin. Ils renferment en secret, dans les ténébreuses cavités du colosse, des guerriers d'élite désignés par le sort, et remplissent de soldats armés ses immenses profondeurs.

« En face de Troie est Ténédos, île fameuse et puissante sous l'empire de Priam, mais aujourd'hui simple rade, abri peu sûr pour les vaisseaux. C'est là que les Grecs abordent et se cachent dans un endroit solitaire. Nous croyons qu'ils sont partis et que le vent les a reportés vers Mycènes. Troie entière s'affranchit alors d'un long deuil. Les portes s'ouvrent; on se plaît à sortir, à visiter le camp des Grecs, à parcourir ces lieux abandonnés et ce rivage désert. « Ici campaient les Dolopes; là s'élevait la tente du redoutable Achille; ici se tenait la flotte, là combattaient les armées. » Plusieurs regardent avec étonnement le don fatal fait à la chaste Minerve, et admirent ce cheval monstrueux. Thymète le premier, soit qu'il nous trahît, soit que telle fût la destinée de Troie, nous conseille de l'introduire dans nos murs et de le placer dans la citadelle. Mais Capys et les plus sages veulent qu'on précipite dans la mer ou qu'on livre aux flammes cette offrande insidieuse et suspecte, ou du moins qu'on perce les flancs du colosse et qu'on en sonde les profondeurs. La multitude incertaine se partage en avis contraires.

« Soudain, à la tête d'une foule nombreuse, Laocoon accourt furieux du haut de la citadelle, et de loin il s'écrie: « O malheureux citoyens, quel est votre délire? Croyez-vous au départ des Grecs? Pensez-vous que leurs dons puissent être exempts de perfidie? Est-ce ainsi que vous connaissez Ulysse? Ou cette machine renferme des Grecs, ou elle a été construite pour renverser nos murs, pour épier nos demeures, ou elle cache un autre piége. Troyens, méfiez-vous de ce cheval. Quoi qu'il en soit, je crains les Grecs jusque dans leurs présents. » Il dit, et d'un bras vigoureux, lance une énorme javeline dans les flancs recourbés du colosse. Elle s'y fixe en tremblant, et ses cavernes ébranlées retentissent d'un sourd gémissement. Ah! sans l'arrêt des dieux, sans notre aveuglement, son exemple nous eût déterminés à ouvrir avec le fer la retraite des Grecs. O Troie, tu serais encore debout! et toi, palais superbe de Priam, tu subsisterais encore!

« Cependant un jeune homme, les mains liées derrière le dos, est traîné à grands cris vers le roi par des bergers phrygiens. Cet inconnu s'était remis de lui-même à leur discrétion pour disposer son stratagème et livrer Troie aux

Grecs. Plein d'audace, il était prêt à tout, ou à triompher par la ruse, ou à succomber à une mort certaine. Les Troyens, empressés de le voir, accourent de toutes parts autour de lui et se plaisent à l'insulter. Apprenez maintenant la fourberie des Grecs, et, par le crime d'un seul, connaissez-les tous.

« Dès qu'il fut arrivé en notre présence, interdit et sans armes, et qu'il eut promené ses regards sur les Troyens qui l'entouraient : « Hélas ! s'écria-t-il, quelle terre, quelle mer peut m'offrir un refuge ? et quel espoir me reste-t-il encore dans mon malheur ? Je n'ai plus d'asile chez les Grecs, et, pour comble de maux, les Troyens irrités demandent mon supplice et ma mort. » Ces plaintes calment nos esprits et modèrent notre emportement. Nous l'invitons à parler, à nous dire qui il est, ce qu'il sait, et quels droits il peut avoir à notre confiance. Alors, déposant ses craintes, il s'exprime en ces termes :

« Grand roi, vous saurez tout, et, quoi qu'il en puisse être, je vais vous dire la vérité. D'abord, je ne vous cacherai point que je suis Grec ; et, si la Fortune a rendu Sinon malheureux, ses rigueurs n'en feront jamais un fourbe ni un imposteur. Peut-être avez-vous entendu parler de Palamède, ce descendant de Bélus dont la renommée a publié la gloire. Faussement accusé de trahison, il fut condamné sur une délation infâme ; et, comme il s'opposait à la guerre, les Grecs le mirent à mort, malgré son innocence. Aujourd'hui qu'il n'est plus, ils le pleurent. C'est sous la conduite de ce guerrier, auquel m'unissaient les liens du sang, que mon père, sans fortune, m'envoya, au premier signal de la guerre, combattre dans ces plaines. Tant qu'il conserva son rang dans l'état et son autorité dans le conseil des rois, je jouis moi même de quelque crédit et de quelque gloire. Mais, quand la jalousie de l'artificieux Ulysse (je ne dis rien qui ne soit connu) lui eut ravi la lumière, frappé du même coup, je traînais ma vie dans la solitude et dans le deuil, m'indignant en secret du malheur d'un ami innocent. Insensé ! je ne pus me taire, et je jurai que si l'occasion s'en présentait, si jamais je rentrais vainqueur dans Argos, ma patrie, Palamède aurait un vengeur. Ces paroles allumèrent contre moi une haine implacable. Telle fut la source de mon malheur. Dès lors, Ulysse ne cessa de m'effrayer par de nouvelles accusations, de répandre dans l'armée des bruits calomnieux et de chercher des complices pour me perdre. Il n'eut point de repos jusqu'à ce que, par le ministère de Calchas... Mais pourquoi prolonger en vain ce récit importun? pourquoi suspendre vos coups? Si vous confondez dans une même haine tous les Grecs, s'il vous suffit de savoir que je le suis, hâtez ma mort. Ulysse la demande et les Atrides la paieraient bien cher. »

Ces mots enflamment notre curiosité. Nous le pressons de s'expliquer encore, ignorant jusqu'où pouvaient aller la scélératesse et la perfidie d'un Grec. Il poursuit en tremblant, et nous tient ce discours imposteur :

« Souvent les Grecs, fatigués d'une si longue guerre, voulurent fuir et abandonner Troie. Plût aux dieux qu'ils l'eussent fait ! Mais souvent une affreuse tempête leur ferma les mers et l'autan suspendit leur départ. Surtout, lorsque s'éleva dans leur camp ce cheval aux flancs de bois, la foudre retentit dans toute l'étendue des cieux. Inquiets, nous envoyons Eurypyle consulter l'oracle d'Apollon, et de son sanctuaire, Eurypyle nous rapporte ces sinistres paroles:
« *Enfants de Danaüs, c'est par le sang d'une vierge que vous*
« *avez apaisé les vents, quand vous abordâtes aux rivages*
« *d'Ilion. C'est encore par le sang que vous obtiendrez votre*
« *retour. Il faut immoler un Grec.* » Cet arrêt fatal répand la consternation dans les esprits et glace d'effroi tous les cœurs. Quel est celui que le Sort menace? quelle est la victime que demande Apollon?

« Alors le roi d'Itaque entraîne avec un grand bruit le devin Calchas au milieu de la foule, et le presse de déclarer la volonté des dieux. Déjà, plusieurs m'annonçaient le dessein cruel du perfide Ulysse, et lisaient en silence dans l'avenir. Calchas se tait pendant dix jours, et, s'enveloppant de mystère, refuse de nommer celui qu'il faut dévouer à la mort. Enfin, cédant aux importunes clameurs d'Ulysse, il rompt le silence, de concert avec lui, et me désigne pour l'autel. Tous applaudirent, et, le coup que chacun redoutait pour soi-même, on le vit tomber sans regret sur la tête d'un autre.

« Le jour fatal était arrivé. Tout était prêt pour le sacrifice, les gâteaux salés et le bandeau qui devait ceindre mon front. Je me dérobai à la mort, je l'avoue; je rompis mes liens, et je me cachai, à la faveur de la nuit, dans les roseaux d'un marais fangeux, attendant que les Grecs missent à la voile, si toutefois ils devaient partir. Je n'ai donc plus d'espoir de revoir mon ancienne patrie, ni mes tendres enfants, ni mon père si regretté! Peut-être les Grecs feront-ils retomber sur eux le châtiment de ma fuite, et laveront-ils ma faute dans le sang de ces infortunés. Ah! je vous en conjure au nom des dieux, témoins de la vérité, au nom sacré de la bonne foi, s'il en reste encore parmi les mortels, ayez pitié d'un malheureux digne d'un meilleur sort. »

Émus de compassion et touchés de ces larmes, nous lui accordons la vie. Priam lui-même ordonne qu'on détache ses liens, et lui dit avec bonté : « Qui que tu sois, oublie les Grecs, désormais perdus pour toi. Tu seras des nôtres. Mais réponds avec franchise à mes questions. Pourquoi ont-ils construit ce cheval monstrueux? quel en est l'inventeur? quel en est le but? Est-ce une offrande aux dieux? est-ce une machine de guerre? »

Il dit. Le fourbe, consommé dans l'art insidieux des Grecs, lève au ciel ses mains dégagées de chaînes : « Feux éternels, inviolables divinités! s'écrie-t-il; et vous, autels, glaives cruels auxquels je me suis dérobé, et toi, bandeau que j'ai porté comme victime, je vous prends à témoin. Je peux sans crime rompre les nœuds sacrés qui m'attachaient aux Grecs; je peux les haïr et dévoiler tous leurs secrets. Je ne tiens plus à ma patrie par aucune loi. Mais vous, Troyens, soyez fidèles à vos promesses; et, si je dis la vérité, si je vous sauve, sauvez celui qui vous rend un important service.

« Tout l'espoir de la Grèce et sa confiance en cette guerre ont toujours reposé sur la protection de Pallas. Mais, depuis que l'impie Diomède, et Ulysse, cet artisan de crimes, voulurent enlever de son sanctuaire le fatal palladium, et que, après avoir égorgé les gardes de la citadelle, ils saisirent l'auguste image, et, de leurs mains sanglantes, osèrent souiller les chastes bandelettes de la déesse, les Grecs virent leur espoir s'évanouir et leur puissance décroître. Leurs forces furent brisées. La déesse leur retira son appui et leur témoigna son courroux par des prodiges éclatants. A peine sa statue fut-elle placée dans le camp, des flammes terribles jaillirent de ses yeux irrités ; son corps fut inondé de sueur, et trois fois (ô merveille !) elle bondit sur sa base en agitant son bouclier et sa lance frémissante.

« Aussitôt Calchas déclare qu'il faut fuir et repasser les mers ; que Pergame ne peut succomber sous les coups des Grecs, s'ils ne vont chercher dans Argos de nouveaux présages, et n'en ramènent l'image sacrée qu'ils ont emportée sur leurs vaisseaux. Maintenant, s'ils ont fait voile vers Mycènes, c'est pour y préparer de nouvelles forces et se rendre les dieux favorables. Mais bientôt, repassant la mer, ils reparaîtront soudain. C'est ainsi que Calchas interprète les présages. C'est par son conseil qu'ils ont construit cette machine pour remplacer le palladium et réparer l'outrage fait à la déesse. Calchas a voulu que cet énorme colosse s'élevât jusqu'au ciel, afin qu'il ne pût franchir vos portes, pénétrer dans vos remparts, et rendre à votre peuple l'antique sauvegarde qui le protégeait. Car si vos mains profanaient ce don offert à Minerve, les plus grands désastres (puissent les dieux tourner contre Calchas ce funeste présage !) accableraient les Phrygiens et l'empire de Priam ; mais si vos bras l'introduisaient dans votre ville, l'Asie porterait dans les murs de Pélops une formidable guerre, et ces destinées menaçaient nos descendants. »

Ces discours perfides et ces artifices du parjure Sinon surprirent notre confiance. La ruse et des larmes feintes triomphèrent de ceux que n'avaient pu dompter ni le fils de

Tydée, ni le vaillant Achille, ni dix ans de siége, ni mille vaisseaux.

En ce moment, un prodige plus frappant et plus terrible encore s'offre aux regards des malheureux Troyens, et achève de troubler leurs esprits. Laocoon, que le sort avait fait prêtre de Neptune, immolait solennellement aux autels un superbe taureau, quand deux serpents, venus de Ténédos, (j'en frémis encore d'horreur) s'avancent sur la mer, par un calme profond, en déroulant leurs vastes anneaux, et se dirigent de front vers le rivage. Leurs poitrines dressées et leurs crêtes sanglantes dominent les flots. Le reste de leur corps en effleure la surface, et leur croupe se recourbe en replis tortueux. L'onde écume et frémit. Déjà ils touchent la terre. Leurs yeux étincellent, rouges de sang et de feu, et leurs dards s'agitent dans leurs gueules avec d'horribles sifflements. A cet aspect, tout fuit épouvanté. Eux, d'un commun élan, vont droit à Laocoon, et d'abord ils saisissent ses deux enfants, enlacent leurs faibles corps, et, par d'horribles morsures, déchirent les membres de ces malheureux. Laocoon s'arme de traits et vole à leur secours. Ils le saisissent lui-même, l'étreignent de leurs orbes immenses, entourent deux fois le milieu de son corps, replient deux fois leurs écailles sur son cou, et dépassent sa tête de leurs têtes altières. L'infortuné s'efforce d'écarter ces nœuds terribles. Un sang impur et un noir venin souillent ses bandelettes. Il pousse vers le ciel des hurlements affreux. Tel mugit un taureau blessé qui s'est échappé de l'autel, et a dérobé son front à la hache incertaine. Les deux dragons s'enfuient en rampant vers les hauteurs du temple, gagnent le sanctuaire de la redoutable Pallas, et se cachent aux pieds de la déesse, derrière son bouclier.

Alors un nouvel effroi s'empare de tous les esprits et agite tous les cœurs. On dit que Laocoon a justement expié son crime, lui dont la javeline impie avait profané le cheval sacré. On demande à grands cris que le colosse soit conduit au temple de Minerve, et que la déesse soit apaisée par des prières.

Nous abattons les murs, et nous ouvrons l'enceinte de la ville. Chacun se met à l'œuvre. On glisse des roues sous les pieds du cheval, et l'on attache des câbles à son cou. Elle franchit nos murailles, cette fatale machine qui porte une armée dans ses flancs. Autour d'elle de jeunes garçons et de jeunes filles chantent des hymnes, et se plaisent à toucher les cordages. Elle entre et arrive menaçante jusqu'au cœur de la ville. O ma patrie ! ô Ilion, séjour des dieux ! murs de Dardanus, illustrés par tant de combats ! Quatre fois le colosse s'arrêta sur le seuil de nos portes, et quatre fois un bruit d'armes retentit dans son sein. Nous persistons néanmoins dans notre aveuglement, et, emportés par le délire, nous plaçons le monstre fatal dans la citadelle sacrée. Alors Cassandre nous prédit nos destins ; mais un dieu fermait nos oreilles à sa voix. Et nous, malheureux, pour qui ce jour était le dernier, nous l'employons à parcourir la ville et à orner de joyeux festons les temples des dieux.

Cependant le ciel tourne, et du sein de l'Océan s'élance la Nuit, enveloppant de son voile immense et la terre, et le ciel, et les embûches des Grecs. Les Troyens, répandus dans l'enceinte de leurs murailles, reposent en silence : le sommeil enchaîne leurs membres fatigués.

Déjà la flotte grecque partait en bon ordre de Ténédos, et, favorisée par l'absence de la lune, s'avançait vers un rivage qui lui était bien connu. Un fanal brille à la poupe royale. Sinon, que protégeaient les dieux ennemis, ouvre furtivement la prison des Grecs. Le cheval les rend aussitôt à la lumière. De ses flancs ténébreux s'échappent avec joie, en glissant le long d'un câble, Thessandre, Sthénélus, le cruel Ulysse, Acamas, Thoas, Néoptolème, fils d'Achille, l'illustre Machaon, Ménélas et Epéus, l'inventeur du stratagème. Ils surprennent la ville ensevelie dans le sommeil et dans le vin, massacrent les gardes, ouvrent les portes, reçoivent tous leurs compagnons et rassemblent leurs troupes conjurées.

C'était l'heure où le sommeil, ce doux présent des dieux, se glisse dans nos sens pour soulager nos peines. Soudain il me sembla voir en songe Hector, accablé de tristesse, et les yeux inondés de larmes, tel qu'on le vit autrefois traîné derrière un char, le front souillé de sang et de poussière, et les pieds gonflés par les liens qui les traversaient. Hélas! qu'il était défiguré! Qu'il était différent de ce magnanime Hector qui revenait couvert des dépouilles d'Achille, après avoir lancé les feux troyens sur la flotte des Grecs! Sa barbe était hideuse, ses cheveux pleins de sang, et il portait la marque des glorieuses blessures qu'il reçut tant de fois autour des murs de sa patrie. Comme lui, tout en pleurs, je croyais lui parler, et lui adresser ces tristes plaintes: O gloire de Pergame! ô le plus ferme appui des Troyens! que ton retour s'est fait attendre! De quels bords reviens-tu, Hector, si longtemps désiré? Après tant de funérailles, après les longues infortunes de Troie et de ses défenseurs, en quel état nous te revoyons! Quelle main barbare a souillé ton auguste visage, et d'où viennent les blessures que je vois?

Il ne répond rien, et ne s'arrête point à mes vaines questions; mais, poussant du fond de son cœur un douloureux soupir: « Ah! fuis, dit-il, fils d'une déesse, et arrache-toi aux flammes qui t'environnent. L'ennemi est dans nos murs; Troie s'écroule du faîte de sa grandeur. Nous avons assez fait pour la patrie et pour Priam. Si le bras d'un mortel eût pu sauver Pergame, ce bras l'aurait sauvé. Troie te confie ses dieux et les objets de leur culte. Prends-les pour compagnons de tes destins, et cherche-leur un asile dans ces murs superbes que tu élèveras enfin, après avoir erré sur les mers. » Il dit, et, du fond du sanctuaire, il m'apporte lui-même la puissante Vesta, ses bandeaux sacrés et ses feux éternels.

Cependant la ville n'offre partout que le trouble et la désolation; et, quoique la demeure d'Anchise soit isolée et entourée d'arbres, le bruit y devient de plus en plus éclatant, et l'on y entend l'horrible fracas des armes. Je m'arrache au sommeil, je m'élance au faîte du palais, et là, je prête une oreille attentive. Ainsi lorsque, poussé par les autans furieux, l'incendie s'abat sur les guérets, ou qu'un rapide torrent, descendant des montagnes, inonde les champs, ravage les riches moissons, détruit l'espoir du laboureur, et entraîne les forêts dans son cours impétueux ; le berger, sur la cime d'un roc, écoute avec étonnement ce bruit dont il ne pénètre point la cause.

Alors tout s'éclaircit, et les ruses des Grecs se dévoilent. Déjà le vaste palais de Déiphobe s'est abîmé dans les flammes ; déjà celui d'Ucalégon, qui nous avoisine, est en feu, et la plage de Sigée réfléchit les lueurs de l'incendie. De tous côtés retentissent les cris des guerriers et le son des trompettes. Hors de moi, je saisis mes armes, sans compter sur leur secours. Mais je brûle de rassembler une poignée de braves, et de voler avec eux à la défense de la citadelle. La fureur et le désespoir précipitent mes pas : je ne songe qu'à mourir avec honneur, les armes à la main.

Tout à coup s'offre à mes regards Panthus, échappé aux traits des Grecs, Panthus, fils d'Othrys, et prêtre du temple d'Apollon. D'une main il porte ses dieux vaincus et les objets de leur culte ; de l'autre il traîne son petit-fils, et court éperdu vers le palais d'Anchise. « Panthus, m'écriai-je, où en sommes-nous ? où peut-on se réfugier ? » A ces mots, il répond en gémissant : « Il est venu le dernier jour, le terme fatal de notre puissance. Ilion, les Troyens, tout est anéanti : c'en est fait de notre grandeur et de notre gloire. Le cruel Jupiter a livré notre empire aux Grecs ; les Grecs triomphent dans notre ville embrasée. Le cheval monstrueux, placé au milieu de nos murs, vomit des bataillons armés, et Sinon victorieux sème partout l'incendie en insultant à nos malheurs. Ici, par nos portes ouvertes, s'élancent autant de milliers d'ennemis que jamais en envoya contre nous la superbe Mycènes ; là, d'autres phalanges occupent les rues étroites, et forment un rempart hérissé de glaives menaçants, prêts à donner la mort. A peine les premières sentinelles qui défendent les portes hasardent le combat, et résistent dans l'ombre. »

Animé par ces paroles du fils d'Othrys, et cédant à

l'inspiration des dieux, je m'élance à travers les traits et les flammes, partout où m'appellent la sanglante Érinnys, le bruit des armes et les cris qui montent jusqu'aux cieux. Rhipée et le vaillant Épytus, que je reconnais à la clarté de la lune, Hypanis et Dymas, ainsi que le jeune Corèbe, fils de Mygdon, se joignent à moi, et se groupent à mes côtés. Épris d'un fol amour pour Cassandre, Corèbe était venu récemment à Troie demander sa main à Priam, et apportait des secours à ce prince et aux Troyens. Malheureux, qui n'écouta point les avis d'une amante inspirée !

Dès que je les vois rassemblés et enflammés d'une belliqueuse ardeur, je leur parle en ces termes : « Jeunes guerriers, cœurs vainement intrépides, si vous êtes décidés à suivre un chef prêt à tout oser, voyez en quel état nous a réduits la Fortune. Ils ont tous abandonné leurs temples et leurs autels, les dieux protecteurs de cet empire. Vous secourez une ville embrasée. Mourons en nous précipitant au milieu des ennemis. Tout l'espoir des vaincus est dans le désespoir. » A ces mots, leur courage se change en fureur. Tels que des loups dévorants qui, pressés d'une faim cruelle, s'élancent furieux dans l'ombre, tandis que leurs petits les attendent, le gosier altéré de carnage, nous marchons, à travers les traits des ennemis, à une mort certaine, et nous parvenons au centre de la ville. La nuit nous enveloppe de ses sombres voiles.

Qui pourrait peindre les horreurs et les massacres de cette nuit désastreuse ? Qui pourrait égaler ses lamentations à nos malheurs ? Elle tombe cette antique cité, si longtemps souveraine ! Des milliers de cadavres jonchent de tous côtés les rues, les maisons et le seuil sacré des temples. Mais les Troyens n'expirent pas seuls sous le fer. Quelquefois aussi le courage rentre dans le cœur des vaincus, et les vainqueurs succombent à leur tour. Partout le deuil, partout l'épouvante et l'image de la mort.

Le premier qui se présente à nous est Androgée, à la tête d'une troupe nombreuse de Grecs. Dans son erreur, il nous prend pour des alliés, et nous parle comme à des amis.

« Hâtez-vous, guerriers. Qui vous arrête? Vos compagnons pillent et saccagent Troie en flammes, et vous sortez à peine de vos vaisseaux ! » Il dit, et aussitôt, à notre réponse équivoque, il s'aperçoit qu'il est tombé au milieu des ennemis. Frappé de stupeur, il se retire en silence. Tel, quand un voyageur foule et presse par mégarde un serpent caché dans les ronces, il recule aussitôt de terreur, à la vue du reptile qui se dresse irrité, et gonfle son cou menaçant; tel Androgée, à notre aspect, fuyait épouvanté. Nous fondons sur sa troupe et nous l'enveloppons de toutes parts. L'ignorance des lieux et la peur dont elle est saisie la font tomber sous nos coups. La Fortune seconde notre premier effort.

Ce succès transporte Corèbe et enflamme son courage: « Compagnons, s'écrie-t-il, suivons la route que le Sort nous offre pour notre salut. Échangeons nos boucliers et revêtons-nous de l'armure des Grecs. Ruse ou valeur, qu'importe entre ennemis? Eux-mêmes nous fourniront des armes. » A ces mots, il se couvre du casque d'Androgée surmonté d'un panache, saisit son superbe bouclier, et ceint le glaive argien. Rhipée, Dymas, tous nos guerriers l'imitent avec joie, et chacun s'arme de son récent trophée. Nous marchons, confondus au milieu des Grecs, mais sans l'appui de nos dieux, et, dans de fréquents combats à travers la nuit sombre, nous envoyons aux enfers une foule d'ennemis. Les uns fuient vers le rivage, et trouvent dans leurs vaisseaux un refuge assuré; les autres, poussés par une honteuse frayeur, remontent dans l'énorme cheval de bois, et se cachent dans ses flancs, qui leur sont connus. Mais hélas! peut-on compter sur rien, quand les dieux sont contraires?

En ce moment, traînée hors du sanctuaire et du temple de Minerve, la fille de Priam, Cassandre, les cheveux épars, levait en vain au ciel ses yeux courroucés, ses yeux, car ses faibles mains étaient chargées de chaînes. A ce spectacle, Corèbe, transporté de fureur, s'élance au milieu des ennemis pour y chercher la mort. A son exemple, nous nous précipitons tous au fort de la mêlée. Mais alors, du haut du temple, les Troyens, trompés par nos armes et nos panaches empruntés, nous accablent de leurs traits, et causent parmi nous un déplorable carnage. En même temps, les Grecs, désolés et furieux de se voir enlever leur captive, le bouillant Ajax, les deux Atrides, et l'armée entière des Dolopes, se rallient et nous attaquent de toutes parts. Ainsi se déchaînent quelquefois et s'entre-choquent les vents contraires, le Zéphyr, l'Autan et l'Eurus, joyeux de guider les coursiers de l'Aurore. Les forêts mugissent, et, de son trident redoutable, Nérée, couvert d'écume, bouleverse les flots jusqu'au fond de leurs abîmes.

Ceux même que, à la faveur de notre artifice et de la nuit obscure, nous avons mis en fuite et dispersés dans toute la ville, reparaissent, et les premiers reconnaissent nos boucliers, nos armes trompeuses, et notre accent étranger. Aussitôt nous sommes écrasés par le nombre. Corèbe tombe le premier sous les coups de Pénélée, devant l'autel de la belliqueuse Pallas. Avec lui succombe Rhipée, Rhipée le plus vertueux et le plus juste des Troyens : ainsi l'ordonnèrent les dieux. Hypanis et Dymas expirent sous les traits de leurs compagnons ; et toi, Panthus, tu meurs, sans que ton insigne piété ni le bandeau sacré d'Apollon puissent te sauver. Cendres d'Ilion, et vous, flammes qui avez consumé mes concitoyens, vous m'êtes témoins que, dans ce désastre, je n'évitai ni les traits des Grecs ni aucun danger, et que si le Destin eût voulu que je périsse, mon courage l'eût mérité. Nous sommes entraînés hors de la mêlée, Iphitus, Pélias et moi ; Iphitus appesanti par l'âge, Pélias blessé par Ulysse, et se traînant à peine.

Tout à coup des cris nous appellent au palais de Priam. Là se livrait un combat terrible. On eût dit que toutes les fureurs de la guerre étaient concentrées sur ce point, et que dans le reste de la ville la mort suspendait ses coups. Nous voyons une lutte acharnée. Les Grecs se précipitent vers le palais, et, formant la tortue, en assiégent l'entrée. Ils dressent des échelles contre les murailles, et, près des portes mêmes, s'efforcent d'y monter. D'une main ils opposent aux traits leurs boucliers, de l'autre ils cherchent à saisir le faîte. De leur côté, les Troyens démolissent les tours et les combles du palais. C'est avec de telles armes que, dans leur désespoir, ils s'apprêtent à repousser une mort inévitable. Ils font rouler sur les Grecs les lambris dorés qui ornaient la demeure de nos rois. Plusieurs, l'épée nue, se pressent au bas des portes, et en défendent l'entrée de leurs rangs épais. Ce spectacle rallume mon courage. Je vole au palais pour secourir nos guerriers et ranimer l'ardeur des vaincus.

Derrière le palais de Priam était une porte secrète qui faisait communiquer les divers corps de logis. C'était ce passage que l'infortunée Andromaque, au temps de ses grandeurs, prenait pour se rendre sans suite auprès de sa famille, et conduire à son aïeul le jeune Astyanax. Je m'élance par cette issue au faîte du palais d'où les malheureux Troyens font voler des traits impuissants. Une tour, assise sur le comble, élevait son front dans les airs. De là on voyait Troie entière, la flotte et le camp des Grecs. Nous en sapons la base avec des leviers, partout où la charpente donne prise au fer ; nous l'arrachons à son assiette, et nous la renversons. Elle s'écroule soudain avec un horrible fracas, et de ses débris écrase au loin les bataillons des Grecs. Mais d'autres les remplacent. Une grêle de pierres et de traits ne cesse de pleuvoir.

Devant le vestibule et sur le seuil même du palais, Pyrrhus, bouillant d'ardeur, resplendit de l'éclat de son armure d'airain. Tel reparaît à la lumière, après s'être nourri d'affreux poisons, un serpent que le froid tenait engourdi sous la terre. Maintenant, revêtu d'une peau nouvelle et brillant de jeunesse, il déroule, en relevant sa poitrine, ses anneaux étincelants, dresse fièrement sa tête au soleil, et agite son triple dard dans sa gueule béante. Avec Pyrrhus, le grand Périphas, Automédon, écuyer d'Achille et guide de ses coursiers, ainsi que tous les jeunes Grecs venus de Scyros, s'avancent au pied de l'édifice, et font voler la flamme jusqu'aux toits. A leur tête, Pyrrhus saisit une hache à deux tranchants, et frappe les portes qu'il arrache de leurs gonds d'airain. Déjà le fer a traversé le bois, et fait dans son épaisseur une large ouverture. On aperçoit l'intérieur du palais avec ses longs portiques ; on découvre l'auguste demeure de Priam et de nos anciens rois, et l'on voit sur le seuil la garde prête à le défendre.

Ce séjour n'offre que des scènes confuses de deuil et de désespoir. Les femmes font retentir les voûtes de cris lamentables qui s'élèvent jusqu'aux cieux. Elles parcourent, toutes tremblantes, les vastes galeries, embrassent les portes et les couvrent de baisers. Aussi fougueux que son père, Pyrrhus presse l'attaque. Ni barrières, ni sentinelles ne peuvent l'arrêter. Les portes s'ébranlent sous les coups redoublés du bélier, et tombent arrachées de leurs gonds. Tout cède à ses efforts : les Grecs s'élancent, forcent l'entrée, massacrent la garde et inondent le palais. C'est avec moins de fureur qu'un fleuve écumant rompt ses digues, s'échappe, et, renversant les obstacles qui s'opposent à sa course rapide, roule dans les campagnes ses flots impétueux, et entraîne au loin étables et troupeaux. J'ai vu Pyrrhus, altéré de carnage, et les deux Atrides sur le seuil du palais ; j'ai vu Hécube avec ses cent brus, et Priam, au pied des autels, arroser de son sang les feux qu'il avait lui-même consacrés. Les cinquante couches nuptiales, espoir d'une nombreuse postérité, et ces superbes portiques qu'enrichissaient l'or et les dépouilles des Barbares, tout est anéanti. Partout le fer des Grecs supplée au ravage des flammes.

Peut-être désirez-vous savoir quelle fut la fin de Priam. Dès qu'il vit sa ville prise et tombant en ruine, les portes de son palais arrachées, et les Grecs au sein de ses foyers, le vieux monarque chargea ses épaules tremblantes d'une armure depuis longtemps oisive, et, ceint d'un glaive inutile, il alla chercher la mort au milieu des rangs ennemis.

Au centre du palais, sous la voûte des cieux, s'élevait un grand autel. Un antique laurier le couvrait de son ombrage et abritait les dieux domestiques. Là Hécube et ses filles, comme des colombes chassées par une affreuse tempête, se pressaient vainement autour de l'autel, et embrassaient les images des dieux. Dès que la reine aperçoit Priam revêtu des armes de sa jeunesse : « Malheureux époux, s'écrie-t-elle, quel aveugle délire vous a fait prendre cette armure? Où courez-vous? Ce n'est point un pareil secours, ni de tels défenseurs que ce moment réclame ; non, mon Hector lui-même, s'il était présent, ne nous sauverait pas. Restez ici : cet autel nous protégera tous, ou nous mourrons ensemble. » A ces mots, elle reçoit près d'elle l'héroïque vieillard, et le place dans l'enceinte sacrée.

En ce moment, un des fils de Priam, Politès, échappé au glaive de Pyrrhus, fuyait, couvert de blessures, le long des portiques, à travers les traits des ennemis, et parcourait les appartements déserts. Pyrrhus, altéré de carnage, le poursuit avec fureur, le serre de près, et l'atteint de sa lance. Dès que Politès est enfin arrivé sous les yeux de Priam et d'Hécube, il expire noyé dans des flots de sang. Alors, malgré la mort qui le menace, Priam ne se contient plus, et donne un libre essor à sa colère. « Ah! s'écrie-t-il, que les dieux (s'il en est au ciel qui punissent les forfaits) t'accordent le juste salaire de tes exploits, et te donnent la récompense que tu mérites, toi qui as égorgé mon fils sous mes yeux, et souillé de son sang les regards d'un père! Non, Achille lui-même, dont tu prétends faussement être le fils, ne traita point ainsi Priam son ennemi. Il respecta les droits sacrés du suppliant, rendit à la tombe les dépouilles d'Hector, et me renvoya dans mes États. » A ces mots, le débile vieillard lance à Pyrrhus un trait impuissant qui effleure avec un bruit sourd son bouclier d'airain où il reste inutilement suspendu. « Eh bien! répond Pyrrhus, va donc rapporter à mon père mes funestes exploits. N'oublie pas de lui dire que Pyrrhus dégénère. En attendant, meurs! » Il dit et traîne au pied de l'autel le vieillard tremblant qui chancelle dans le sang de son fils. De la main gauche, il le saisit par les cheveux, et, de la droite, levant son épée étincelante, il la lui plonge tout entière dans le flanc. Ainsi finit Priam ; ainsi périt, à la vue de Troie en flammes et de la chute d'Ilion, ce superbe monarque de l'Asie, fier de commander à tant de peuples et à tant de contrées. Ce n'est plus qu'un grand corps, étendu sur l'arène, une tête séparée des épaules, un cadavre sans nom.

Alors, pour la première fois, je me sens glacé d'épouvante et d'horreur. L'image d'un père chéri s'offre à ma pensée, à l'aspect de ce roi du même âge que lui, si cruellement égorgé. Je songe à Créuse que j'avais abandonnée, à ma maison livrée au pillage, et au sort du jeune Iule. Je regarde pour voir si quelques Troyens m'accompagnent. Tous avaient disparu : soit fatigue, soit désespoir, ils s'étaient précipités du haut des tours ou jetés dans les flammes.

Enfin je restais seul, lorsque, à la lueur de l'incendie qui éclaire mes pas incertains, en promenant mes regards de tous côtés, j'aperçois sur le seuil du temple de Vesta la fille de Tyndare retirée en silence dans cet asile secret. Redoutant à la fois le ressentiment des Troyens, irrités de la chute de Pergame, la vengeance des Grecs et la colère d'un époux outragé, cette furie, également fatale à Troie et à la Grèce, se tenait cachée à l'ombre des autels. Un transport soudain s'élève dans mon cœur. Je brûle de venger ma patrie expirante, et de punir les crimes de cette femme odieuse. « Eh quoi! disais-je, elle reverra Mycènes et Sparte sa patrie, et jouira en souveraine d'un insolent triomphe? Elle retrouvera son époux, sa famille, ses parents et ses fils, et marchera suivie d'un cortège de Troyens et de Troyennes, devenus ses esclaves! Et Priam sera tombé sous le fer! et Troie aura péri dans les flammes! et le sang aura tant de fois inondé nos rivages! Non, il n'en sera pas ainsi. Quoiqu'il ne soit point honorable de se venger d'une femme, et qu'une pareille victoire n'ait rien de glorieux, on me louera du moins d'avoir exterminé ce monstre pour lui faire expier ses crimes, et je m'applaudirai d'avoir assouvi mon ressentiment, et satisfait aux mânes de mes concitoyens. »

Ainsi s'exhalait ma colère et s'emportait mon délire, quand, plus éblouissante que jamais, et illuminant la nuit d'une clarté céleste, apparut à mes yeux ma mère avec ses traits divins et sa taille majestueuse, telle qu'elle se montre aux immortels. Elle m'arrête en me saisissant le bras, et, de sa bouche de rose, elle me dit : « Mon fils, d'où vient cette indignation et ce violent courroux? Pourquoi cette fureur? Qu'est devenu ton amour pour moi? Que ne cherches-tu plutôt où tu as laissé ton père accablé par l'âge, et si Créuse ton épouse et ton fils Ascagne vivent encore? L'armée grecque erre autour de leur demeure, et, sans ma protection, déjà ils eussent péri dans les flammes, ou succombé sous le glaive ennemi. Non, ce n'est point la fille de Tyndare, objet de ta haine, ni Paris, tant de fois accusé ; ce sont les dieux, oui, les dieux impitoyables qui détruisent ce puissant empire et renversent Troie du faîte de sa grandeur. Regarde : je vais dissiper le nuage qui obscurcit ta vue et qui voile les objets d'une humide vapeur. Écoute les ordres de ta mère, et suis fidèlement ses conseils. Vois-tu ces masses renversées et ces roches éparses, ces tourbillons de poussière et ces flots de fumée? Là Neptune, avec son trident redoutable, sape les remparts de Troie, et l'arrache tout entière de ses fondements. Ici l'implacable Junon occupe la porte Scée, et, un glaive à la main, appelle avec fureur de leurs vaisseaux les Grecs ses alliés. D'un autre côté, vois au sommet de ces tours, dans un nuage de feu, Pallas agiter sa terrible égide. Jupiter lui-même anime les Grecs et seconde leurs efforts ; lui-même excite les dieux contre les défenseurs de Troie. Hâte-toi de fuir, mon fils, et cesse de combattre. Je veillerai sur toi, et je te conduirai en sûreté jusqu'au palais de ton père. »

Elle dit, et disparaît dans l'ombre épaisse de la nuit. Alors j'aperçois l'effrayante figure des dieux acharnés à la perte de Troie. Puis il me semble voir Ilion s'abîmer tout entier dans les flammes, et la ville de Neptune s'écrouler de fond en comble. Ainsi quand, sur le haut d'une montagne, des bûcherons réunissent leurs efforts pour abattre un orme antique sous les coups redoublés de la hache, l'arbre toujours menace, et balance à chaque secousse sa tête ébranlée ; enfin, épuisé peu à peu par ses blessures, il pousse un dernier gémissement, et tombe arraché de la terre natale. Je descends, et, guidé par la déesse, j'échappe aux feux et aux ennemis : les traits me respectent et les flammes se retirent.

Dès que je suis arrivé au palais de mon père, dans le séjour de mes aïeux, Anchise que je veux sauver le premier, et emporter sur les hauteurs voisines, refuse de survivre à la ruine de Troie et de souffrir l'exil. « Vous, dit-il, qui êtes dans la fleur de l'âge et qui avez toute la vigueur de la jeunesse, vous pouvez fuir. Si les dieux avaient voulu prolonger mes jours, ils m'auraient conservé cette demeure. C'est assez, c'est trop pour moi d'avoir vu le désastre d'Ilion, et d'avoir survécu à sa ruine. Laissez-moi mourir à cette place, et faites-moi vos adieux. Mon bras saura trouver la mort, ou l'ennemi me la donnera, soit par pitié, soit pour avoir ma dépouille. On se passe aisément de tombeau. Dès longtemps haï des dieux, je traîne une vie inutile, depuis que le maître du ciel et de la terre me fit sentir sa foudre et me toucha de ses feux. »

Il persiste dans sa résolution, et demeure inébranlable. Alors Créuse mon épouse, Ascagne et tous les miens se joignent à moi en pleurant pour le supplier de ne pas tout perdre avec lui, et de ne pas aggraver le malheur qui nous accable. Il résiste à nos prières ; rien ne peut l'arracher à sa demeure. Je veux retourner aux combats, et, dans mon désespoir, j'invoque la mort. En effet, que pouvais-je faire ? Quel autre parti prendre ? « Moi fuir ! et vous abandonner, mon père ! l'avez-vous pu croire ? Avez-vous pu m'ordonner un pareil crime ? Si les dieux ont décidé qu'il ne reste plus rien d'une ville si puissante, si vous êtes fermement résolu à joindre notre perte commune à la ruine de Troie, la mort est à notre porte; bientôt va paraître Pyrrhus, tout couvert du sang de Priam, Pyrrhus qui égorge le fils sous les yeux du père, et le père au pied des autels. O déesse, ô ma mère ! ne m'avez-vous arraché aux traits et aux flammes, que pour me montrer l'ennemi au sein de mes foyers, et me faire voir Ascagne, Anchise et Créuse immolés dans le sang l'un de l'autre ? Des armes, compagnons ! donnez-moi des armes ! c'est le dernier jour des vaincus. Rendez-moi aux Grecs ; laissez-moi retourner aux combats. Nous ne mourrons pas tous aujourd'hui sans vengeance. »

A ces mots, ressaisissant mon glaive et mon bouclier, j'allais franchir le seuil du palais, quand mon épouse tombe à mes pieds qu'elle embrasse, et me présente le jeune Iule. « Si tu cours à la mort, me dit-elle, entraîne-nous partout avec toi ; ou, si tu fondes quelque espoir sur tes armes, sauve d'abord cette demeure où tu laisses le jeune Iule, ton père et celle qu'autrefois tu nommais ton épouse. »

En exhalant ainsi ses plaintes, Créuse remplissait tout le palais de ses cris. Tout à coup un prodige vient frapper nos regards. Tandis que Iule était entre les bras de ses parents en pleurs, nous voyons soudain briller au-dessus de sa tête une flamme légère qui effleure mollement ses cheveux, et se joue innocemment autour de ses tempes. Tremblants de frayeur, nous nous hâtons de secouer sa chevelure en feu, et d'éteindre dans l'onde cette flamme divine. Mais Anchise, levant avec joie ses yeux et ses mains au ciel : « Puissant Jupiter, s'écrie-t-il, si tu es sensible à nos prières, daigne seulement jeter sur nous un regard favorable ; et, si nous le méritons par notre piété, accorde-nous ton secours, et confirme ce présage. »

A peine le vieillard avait-il parlé, que la foudre retentit à gauche, et qu'une étoile, tombée du ciel, traversa les ténèbres en répandant une vive clarté. Nous la voyons effleurer le faîte du palais, puis se perdre dans la forêt de l'Ida en éclairant sa route. Elle laisse après elle une longue traînée de lumière, et les lieux d'alentour exhalent au loin une odeur de soufre. Alors, vaincu par ce prodige, mon père se lève, invoque les dieux et adore l'auguste étoile. « Plus de retard, s'écrie-t-il. Je vous suis partout où vous me conduirez. Dieux de ma patrie, sauvez ma famille, sauvez mon petit-fils. C'est de vous que nous vient ce présage, et Troie met en vous son espoir. Je me rends, ô mon fils ! je ne refuse plus de te suivre. »

Il dit, et déjà le bruit des flammes devient plus éclatant; déjà l'incendie roule plus près de nous ses brûlants tourbillons. « Hâtez-vous, mon père, placez-vous sur mes épaules. Je vous porterai, et ce fardeau sera léger pour moi. Quoi qu'il arrive, nous courrons les mêmes dangers, ou nous nous sauverons ensemble. Que le jeune Iule marche près de moi, et que Créuse suive de loin mes pas. Vous, serviteurs fidèles, retenez bien ce que je vais vous dire. Hors des murs, sur la colline, est un vieux temple de Cérès, maintenant abandonné. A côté s'élève un antique cyprès que, depuis longues années, conserve la piété de nos pères. C'est là que nous nous rendrons tous par différents chemins. Vous, mon père, prenez les objets sacrés et les images de nos dieux. Moi, qui sors à peine d'un si terrible combat et d'un carnage récent, je ne puis les toucher sans crime avant de m'être purifié dans une source d'eau vive. »

En achevant ces mots, je m'incline, j'étends sur mes larges épaules et sur mon cou mes vêtements recouverts de la peau d'un lion, et je reçois mon précieux fardeau. Le jeune Iule s'attache à ma main droite, et me suit à pas inégaux: Créuse marche derrière nous. Nous traversons des lieux sombres; et moi, qui naguère affrontais les traits des Grecs et leurs bataillons épais, maintenant un souffle m'épouvante; le moindre bruit me fait peur; je tremble également pour mon compagnon et pour mon fardeau.

Enfin je touchais aux portes, et me croyais affranchi de tout péril, quand tout à coup je crois entendre des pas précipités. Mon père regarde à travers les ténèbres, et s'écrie: « Fuyons, mon fils, fuyons. Ils approchent. Je vois reluire les casques et les boucliers. » En ce moment d'alarme, je ne sais quelle divinité ennemie troubla mon esprit et m'ôta la raison. Tandis que je m'engageais en courant dans des chemins détournés et m'écartais de la route ordinaire, hélas! mon épouse Créuse me fut ravie. S'arrêta-t-elle par un ordre du Destin? S'était-elle égarée, ou avait-elle cédé à la fatigue? Je ne sais; mais elle ne reparut plus à mes yeux. Je ne m'aperçus de sa perte et ne songeai à elle qu'au moment où nous arrivâmes sur la colline, au vieux temple de Cérès. Là, quand nous fûmes tous réunis, elle seule, par son absence, trompa l'espoir d'un fils, d'un époux et de mes compagnons. Dans mon délire, qui n'accusai-je pas et des hommes et des dieux? Qu'avais-je vu de plus affreux dans la ruine d'Ilion? Je recommande à mes compagnons Ascagne, Anchise et mes dieux pénates. Je les cache dans le creux d'un vallon, et, couvert de mes armes étincelantes, je regagne la ville. Je veux courir de nouveau les hasards, traverser de nouveau Troie tout entière, et m'exposer encore aux périls.

D'abord je rentre dans les murs, et je reprends la secrète issue par où j'étais sorti. J'observe, et je suis dans l'ombre mes premières traces en promenant mes regards de tous côtés. Partout l'obscurité et le silence même m'épouvantent. Ensuite je me rends au palais pour voir si Créuse y est retournée. Les Grecs l'avaient envahi, et l'occupaient tout entier. Les flammes dévorantes, poussées par les vents, s'étaient élancées jusqu'au faîte, et déjà le dépassaient de leurs tourbillons furieux. J'avance, je revois la demeure de Priam et la citadelle. Déjà, sous les portiques déserts de l'asile de Junon, Phénix et le cruel Ulysse, commis à la garde du butin, veillaient sur leur proie. Là étaient entassés les trésors de Troie arrachés à nos temples en flammes, et les tables des dieux, et les cratères d'or massif, et les vêtements des vaincus. Une longue rangée d'enfants et de femmes tremblantes se tenait à l'entour. J'osai faire entendre ma voix au milieu des ténèbres; je remplis les rues de mes cris, et, dans ma douleur, j'appelai mille fois Créuse. Ce fut en vain.

Tandis que je la cherche et que je parcours comme un insensé toute la ville, un lugubre fantôme m'apparaît. C'était l'ombre de Créuse, mais sous une forme agrandie. Je frémis; mes cheveux se dressent, et ma voix expire sur mes lèvres. Alors, Créuse, m'adressant la parole, calme ainsi mes inquiétudes : « Pourquoi, cher époux, t'abandonner follement au désespoir? Ces événements n'arrivent pas sans la volonté des dieux. Tu ne peux m'emmener avec toi : le maître de l'Olympe ne le permet pas. Tu souffriras un long exil, et, après avoir longtemps parcouru la vaste étendue des flots, tu aborderas aux rivages de l'Hespérie, dans les riches campagnes où le Tibre promène son onde paisible. Là des destins heureux, un trône, une royale épouse, deviendront ton partage. Cesse de pleurer ta chère Créuse. Je ne verrai point les demeures superbes des Myrmidons ou des Dolopes; je n'irai point servir les femmes de la Grèce, moi, née du sang de Dardanus, et l'épouse du fils de Vénus. L'auguste mère des dieux me retient snr ces bords. Adieu, conserve ta tendresse au fruit de notre hymen. »

Elle dit. Je pleurais et voulais prolonger l'entretien. Mais elle me quitta et disparut dans les airs. Trois fois je m'efforçai de la presser dans mes bras; trois fois l'ombre s'échappa de mes mains, aussi légère que le vent, aussi fugitive qu'un songe.

La nuit achevait son cours quand je rejoignis mes compagnons. Là je fus surpris de voir que leur nombre s'était accru d'une foule immense d'hommes et de femmes; troupe misérable, prête à partir pour l'exil. Ils étaient accourus de tous côtés, avec les débris de leur fortune, pour me suivre sur les mers partout où je voudrais les conduire. Déjà l'étoile du matin se levait sur la cime de l'Ida, et ramenait le jour. Les Grecs occupaient les avenues de Troie. Tout espoir était enlevé. Je me retirai donc, et, prenant mon père sur mes épaules, je gagnai les montagnes.

LIVRE TROISIÈME.

Lorsque un injuste arrêt des dieux eut détruit l'empire de l'Asie et le peuple de Priam, lorsque fut tombé le superbe Ilion, et que la cité de Neptune eut jonché le sol de ses ruines fumantes, les oracles divins nous forcèrent à chercher au loin des lieux d'exil et des terres désertes. Nous construisons une flotte, près d'Antandre, au pied du mont Ida, sans savoir où nous conduira le sort, où il nous sera permis de fixer notre demeure, et nous rassemblons nos guerriers. Le printemps commençait à peine, quand mon père Anchise nous conseilla d'abandonner nos voiles aux Destins. Alors je quitte en pleurant les rivages de ma patrie, le port et les champs où fut Troie. Je m'exile, emmenant avec moi sur les mers mes compagnons, mon fils, mes pénates et les grands dieux.

Une terre consacrée à Mars étend au loin ses vastes plaines. Les Thraces la cultivent. Elle fut jadis soumise au farouche Lycurgue. Les liens d'une antique hospitalité unirent ses pénates à ceux des Troyens, tant que fleurit leur empire. C'est là que j'aborde, poussé par les Destins contraires, et, au fond d'un golfe, je jette les premiers fondements d'une ville que, de mon nom, j'appelle *Énéade*.

J'allais offrir un sacrifice à Vénus ma mère, ainsi qu'aux dieux protecteurs de mes nouveaux remparts, et immoler un taureau blanc au souverain maître des dieux. Près de là s'élevaient, sur un tertre, des cornouillers et des myrtes hérissés de rameaux épais. Je m'approche, et j'essaye d'arracher quelques branches verdoyantes pour couvrir l'autel de feuillage. Soudain un effrayant prodige vient frapper mes regards. Le premier arbrisseau que j'enlève en brisant ses racines distille un sang noir qui souille la terre. Je frissonne d'horreur, et un froid subit me glace les veines. Je veux arracher un second arbuste et approfondir ce mystère : le sang s'échappe encore de cette tige nouvelle. Dans le trouble qui m'agite, je supplie les nymphes des bois, et le dieu Mars, protecteur des Gètes, de rendre ce prodige favorable et d'en écarter tout mauvais présage. Mais lorsque, redoublant d'efforts, j'attaque un troisième arbrisseau, et que je lutte en appuyant mes genoux contre le sol, le dirai-je? un gémissement lamentable sort du fond de la terre, et ces paroles retentissent à mes oreilles : « Énée, pourquoi déchirer un malheureux? Épargne ma tombe; épargne un crime à tes pieuses mains. Né à Troie, je ne te suis point étranger, et ce n'est pas d'un arbrisseau que découle ce sang. Ah! fuis ce rivage cruel, fuis cette terre avare. Je suis Polydore. J'ai succombé ici sous une grêle de traits qui se sont changés en rameaux aigus. » L'âme remplie d'une terreur confuse, je frémis, mes cheveux se dressent, et la voix expire sur mes lèvres.

Polydore était fils du malheureux Priam, qui jadis l'avait confié au roi de Thrace, avec de grands trésors, pour l'élever en secret, lorsqu'il commençait à se défier des destins d'Ilion, et voyait sa ville assiégée. Dès que la puissance de Troie fut détruite et que la Fortune nous eut abandonnés, le traître, se rangeant du côté d'Agamemnon et de ses armes victorieuses, viola tous les droits, égorgea Polydore, et s'empara de ses richesses. A quels crimes ne pousses tu pas les mortels, exécrable soif de l'or!

Revenu de ma frayeur, je racontai ce prodige à mon père, puis aux chefs du peuple, et je leur demandai conseil. Tous furent d'avis qu'il fallait fuir une terre criminelle où l'hospitalité avait reçu un tel outrage, et livrer nos voiles aux vents. Nous rendons à Polydore les honneurs funèbres. Nous élevons un grand amas de terre pour lui faire une tombe. Nous dressons aux dieux mânes des autels parés de lugubres bandelettes et de noirs cyprès. Les Troyennes se rangent alentour, les cheveux épars, selon l'usage. Nous offrons à l'ombre de Polydore des coupes écumantes d'un lait encore chaud, et des vases pleins du sang des victimes; puis nous la renfermons dans sa tombe, et nous lui adressons, à haute voix, nos derniers adieux.

Dès que nous pouvons nous confier à la mer, dès que les vents laissent régner le calme sur les flots, et que le doux frémissement de l'Auster nous appelle sur les ondes, mes compagnons mettent à flot les navires et couvrent le rivage. Nous quittons le port : la terre et les villes disparaissent à nos yeux.

Au milieu de la plaine liquide est une île sacrée, chère à la mère des Néréides et à Neptune égéen. Jadis errante, elle flottait de rivage en rivage. Mais Apollon, par reconnaissance, la fixa entre les rochers de Gyare et la haute Mycone, la rendit habitable, et lui permit de braver les vents. Je vogue vers cette île, et, dans son port paisible, nous nous délassons de nos fatigues.

A peine avons-nous pris terre, nous saluons avec respect la ville d'Apollon. Anius, roi de Délos et prêtre de Phébus, le front ceint à la fois du bandeau royal et du laurier sacré, s'avance au-devant de nous, et reconnaît dans Anchise un ancien ami. Nous unissons nos mains en signe d'hospitalité, et nous entrons dans sa demeure. J'adore Apollon dans son temple antique, et je lui adresse cette prière : « Dieu de Thymbra, accorde-nous un sûr asile ; accorde-nous, après tant de fatigues, des remparts, des descendants et une cité durable. Conserve en nous une seconde Pergame, échappée au fer des Grecs et de l'impitoyable Achille. Qui sera notre guide ? où nous ordonnes-tu d'aller et de fixer notre séjour ? Apollon, fais-nous connaître ta volonté, et descends dans nos âmes. »

A peine j'achevais, que tout paraît s'ébranler soudain, les portes du temple, le laurier du dieu et les monts d'alentour. Le sanctuaire s'ouvre et le trépied mugit. Nous nous

prosternons, et ces mots viennent frapper nos oreilles :
« Infatigables enfants de Dardanus, la terre qui a vu naître vos premiers parents, vous recevra de nouveau sur son sol fertile. Cherchez votre ancienne mère. Là règneront sur l'univers la famille d'Énée, les enfants de ses enfants et ceux qui naîtront d'eux. » Ces paroles d'Apollon excitent une joie vive et de bruyants transports. Tous se demandent quelle est cette ville où le dieu appelle les Troyens errants et leur ordonne de retourner.

Alors mon père, recueillant dans sa mémoire les traditions des vieux âges : « Chefs des Troyens, dit-il, écoutez et connaissez vos espérances. Au milieu de la mer est l'île de Crète, patrie du grand Jupiter. Là s'élève le mont Ida, berceau de notre race. Cent villes fameuses peuplent cette terre féconde. C'est de là que le plus grand de nos aïeux, Teucer, si ma mémoire est fidèle, aborda sur les côtes de Rhétée, et jeta les fondements de son empire. Ilion et la citadelle de Pergame n'existaient pas encore. On habitait le fond des vallées. C'est de la Crète que sont venus le culte de Cybèle, l'airain sonore des Corybantes, le bois de l'Ida, le silence religieux des mystères et les lions attelés au char de la déesse. Prenez donc courage, et suivons la route où nous appellent les oracles des dieux. Rendons-nous les vents favorables, et faisons voile vers la Crète. Le trajet n'est pas long. Avec l'aide de Jupiter, la troisième aurore verra notre flotte aborder sur ses rivages. »

Il dit, et immole sur l'autel les victimes consacrées, un taureau à Neptune, un autre au bel Apollon, une brebis noire aux tempêtes, et une blanche aux zéphyrs propices.

Le bruit se répand qu'Idoménée, chassé du trône de ses pères, a pris la fuite, que les rivages de la Crète sont déserts, que nos ennemis ont évacué leurs demeures, et que leurs villes sont abandonnées. Nous quittons le port d'Ortygie, et volons sur les ondes. Nous côtoyons Naxos dont les sommets retentissent du cri des Bacchantes, la verte Donuse, Oléare, la blanche Paros, les Cyclades éparses sur les flots et les îles nombreuses dont ces parages sont semés

Nos matelots, rivalisant d'ardeur, poussent des cris de joie, et s'animent à l'envi : « Gagnons, disent-ils, la Crète, pays de nos aïeux. » Le vent, qui s'élève en poupe, hâte notre course, et nous touchons enfin la terre antique des Curètes Dans mon ardeur impatiente, je jette les fondements d'une ville; je l'appelle *Pergamée*, et j'exhorte la colonie nouvelle, que ce nom remplit d'allégresse, à chérir ses foyers et à élever une citadelle.

Déjà nos vaisseaux étaient à sec sur le rivage. Mes compagnons s'occupaient de culture et d'alliances; je dictais des lois et je fixais les demeures, quand tout à coup une contagion funeste, causée par l'infection de l'air, attaqua les hommes, les arbres, les moissons, et détruisit l'espoir de l'année. Tous étaient privés de la douce lumière, ou traînaient leurs corps languissants. La canicule embrasait les campagnes stériles ; l'herbe était desséchée, et les épis malades refusaient leur tribut. Mon père nous presse de repasser la mer pour consulter de nouveau l'oracle de Délos, fléchir Apollon, et lui demander quel terme il met à nos fatigues, où il nous ordonne de chercher le remède à nos souffrances et de diriger notre course.

Il était nuit, et tout ce qui respire sur la terre se livrait au sommeil. Les images sacrées des dieux et les pénates phrygiens que j'avais emportés du milieu de Troie en flamme, m'apparurent en songe, tout resplendissants de la vive clarté que répandait la pleine lune à travers mes fenêtres. Ils m'adressèrent la parole, et calmèrent ainsi mes chagrins : « Ce qu'Apollon te dirait à Délos, il te l'annonce ici, et c'est c'est lui-même qui nous envoie vers ta demeure. Nous avons, après l'incendie de Troie, suivi le sort de tes armes, et traversé avec toi sur ta flotte des mers orageuses. C'est encore nous qui porterons un jour tes descendants jusqu'aux cieux, et nous donnerons à leur cité l'empire du monde. Prépare une grande ville à ce grand peuple, et ne te laisse point abattre par les longues fatigues de l'exil. Il faut changer de séjour. Ce ne sont point ces bords que t'a indiqués le dieu de Délos; ce n'est point en Crète qu'Apollon a voulu te fixer. Il est une contrée fertile que les Grecs nomment Hespérie, terre antique et célèbre par la gloire de ses armes. Ses premiers habitants furent les Œnotriens. Ensuite elle a, dit-on, reçu d'un de ses chefs le nom d'Italie. Voilà notre patrie ; c'est là que sont nés Dardanus et Jasius, auteurs de notre race. Lève-toi, et va rapporter avec joie à ton vieux père cet infaillible oracle. Cherche Corythe et l'Ausonie. Jupiter te refuse les champs de la Crète. »

Frappé de cette apparition et de ces paroles divines (ce n'était pas un songe : je voyais ces dieux devant moi ; je reconnaissais leur visage, les bandeaux qui voilaient leur tête ; j'entendais leurs discours, et tout mon corps était inondé d'une froide sueur), je m'élance de ma couche, j'élève vers le ciel ma voix et mes mains suppliantes, et je répands sur mon foyer un vin pur. Charmé d'avoir accompli ce devoir, j'instruis Anchise de ma vision, et je lui en rapporte tous les détails. Il reconnaît cette origine douteuse et ces doubles ancêtres, et voit par quelle méprise il a confondu les deux anciennes contrées. Puis il me dit : « Mon fils, toi que poursuivent les Destins d'Ilion, Cassandre seule m'avait prédit ces événements. Je me rappelle maintenant qu'elle annonçait cet avenir à notre race, et qu'elle désignait tantôt l'Hespérie, tantôt l'Italie pour notre empire. Mais qui pouvait croire que les Troyens viendraient sur les rivages de l'Hespérie ? et qui de nous alors s'inquiétait des prédictions de Cassandre ? Conformons-nous à l'avis d'Apollon, et suivons une meilleure route. » Il dit, et, transportés d'allégresse, nous obéissons à ses ordres. Nous quittons encore ce séjour où nous laissons quelques Troyens ; nous mettons à la voile, et nos vaisseaux volent sur la surface immense des flots.

Lorsque nous fûmes en pleine mer, et que la terre eut disparu, lorsque nous ne vîmes plus partout que le ciel et les eaux, tout à coup au-dessus de nos têtes s'arrêta un sombre nuage, portant dans ses flancs la nuit et la tempête, et l'onde se couvrit d'une affreuse obscurité. Aussitôt les vents bouleversent les flots et soulèvent des vagues énormes. La tourmente nous disperse sur le vaste abîme. Les nuées enveloppent le ciel; une nuit humide nous dérobe le jour; la foudre éclate à coups redoublés. Jetés hors de notre route, nous voguons au hasard. Palinure lui-même déclare qu'il ne distingue plus dans le ciel ni le jour ni la nuit, et qu'il ne reconnaît plus sa route sur la mer. Dans ces profondes ténèbres nous errons trois jours sans soleil, et trois nuits sans étoiles. A la quatrième aurore, la terre commença enfin à s'élever, les montagnes se découvrirent, et la fumée parut au loin. Au même instant, les voiles tombent, les matelots fatiguent les rames, et soulèvent avec effort l'onde écumante.

Échappé au naufrage, je descends sur le rivage des Strophades. C'est le nom que les Grecs ont donné à des îles de la grande mer Ionienne qu'habitent l'affreuse Céléno et les autres Harpies, depuis qu'elles ont été chassées du palais de Phinée, et que la peur leur a fait déserter la table de ce prince. Jamais monstre plus funeste, jamais fléau plus redoutable, suscité par la colère des dieux, ne sortit des ondes du Styx. Ce sont des oiseaux qui ont les traits d'une jeune fille; leurs mains sont crochues; un flux immonde s'échappe de leurs flancs, et la pâleur de leur visage trahit toujours leur faim.

A peine sommes-nous entrés dans le port, que nous voyons épars dans de riantes campagnes des troupeaux de bœufs et de chèvres, errant sans guide à travers les prairies. Nous nous précipitons sur eux, le fer à la main, conviant les dieux et Jupiter lui-même au partage de notre butin. Puis nous dressons des lits sur le rivage, et nous savourons nos mets délicieux. Mais tout à coup, battant des ailes avec de grands cris, les Harpies, du haut des monts, fondent sur nos tables, pillent nos mets et souillent tout de leur contact impur. A leurs clameurs sinistres se mêle une détestable odeur. Nous nous retirons dans un long ravin, sous la voûte d'un roc, enveloppé partout d'un épais ombrage. Nous dressons une seconde fois nos tables, et replaçons le feu sur les autels. Mais, s'élançant de tous côtés de ses ténébreuses retraites, la bruyante troupe aux griffes recourbées vole autour de sa proie, et souille nos mets de son souffle infect. J'ordonne alors à mes compagnons de prendre leurs armes, et de faire la guerre à cette exécrable engeance. Au même instant ils préparent leurs glaives et leurs boucliers qu'ils cachent sous l'herbe. Dès que les Harpies s'abattent avec fracas sur le rivage, Misène, d'une éminence où il était posté, donne le signal au son de la trompette. Mes compagnons se précipitent, et, dans ce combat nouveau, s'efforcent de blesser ces impurs oiseaux de la mer. Mais leurs plumes résistent aux coups, et leurs flancs sont invulnérables. Ils s'enfuient d'un vol rapide au plus haut des airs, nous laissant une proie à demi rongée et des traces fétides.

Restée seule accroupie sur la pointe d'un rocher, Céléne, prophétesse de malheur, fait éclater ainsi sa colère : « Race de Laomédon, n'est-ce pas assez d'avoir égorgé nos bœufs et nos génisses? Prétendez-vous encore nous faire la guerre, et chasser, sans sujet, les Harpies du royaume de leurs aïeux? Écoutez donc, et gravez mes paroles dans vos cœurs. Ce qu'Apollon tient du puissant maître des dieux, Apollon me l'apprit lui-même, et c'est moi, la plus terrible des Furies, qui vais vous le révéler. Vous cherchez l'Italie. Les vents que vous avez invoqués vous y conduiront, et il vous sera permis d'entrer dans ses ports. Mais, avant que vous entouriez de murailles la ville qui vous est promise, une faim cruelle, juste châtiment de votre injure, vous forcera de dévorer vos tables. » Elle dit, et, prenant son essor, elle s'enfonce dans la forêt.

Une terreur soudaine glace le sang de mes compagnons. Leur courage est abattu. Ce n'est plus par les armes, c'est par des vœux et des prières qu'ils veulent apaiser les Harpies, qu'elles soient des déesses ou des oiseaux immondes et funestes. Debout sur le rivage, Anchise étend ses mains vers le ciel, invoque les grandes divinités, et prescrit des sacrifices solennels : « Dieux! s'écrie-t-il, écartez ces menaces! dieux! détournez un tel malheur. Soyez-nous propices, et sauvez un peuple qui vous révère. » Aussitôt il ordonne de détacher les câbles et de dérouler les cordages. L'autan enfle nos voiles, et les ondes écumantes nous poussent vers les lieux où les vents et le pilote nous appellent. Déjà paraissent au milieu des flots Zacynthe, couverte de forêts, Dulichium, Samé et Nérite aux roches escarpées. Nous évitons les écueils d'Ithaque, où régna Laërte, et nous maudissons la terre qui nourrit le cruel Ulysse. Bientôt nous découvrons les nébuleux sommets de Leucate et le temple d'Apollon, effroi des matelots. Épuisés de fatigue, nous gagnons cette côte, et nous entrons dans l'humble cité. Nous jetons l'ancre, et nos vaisseaux bordent le rivage.

Heureux d'avoir pris terre contre toute espérance, nous sacrifions à Jupiter, nous brûlons de l'encens sur ses autels, et nous célébrons les jeux troyens sur le rivage d'Actium. Mes compagnons, le corps nu et arrosé d'huile, s'exercent aux luttes de leur pays. Ils se félicitent d'avoir échappé à tant de villes grecques, et de s'être frayé une route au milieu de nos ennemis.

Cependant le soleil avait parcouru le vaste cercle de l'année ; l'hiver et les aquilons glacés commençaient à soulever les flots. Je suspends aux portes du temple un bouclier d'airain, que portait autrefois le grand Abas, et je grave ce vers au-dessous :

Énée aux Grecs vainqueurs enleva cette armure.

J'ordonne en même temps à nos rameurs de quitter le port et de se ranger sur leurs bancs. Tous à l'envi frappent et sillonnent la mer. Bientôt les hautes montagnes des Phéaciens disparaissent à nos yeux. Nous côtoyons l'Épire, nous entrons dans le port de Chaonie, et nous gravissons la colline où s'élève Buthrote.

Là un bruit incroyable vient frapper mes oreilles. Nous apprenons qu'Hélénus, un des fils de Priam, règne sur des villes grecques ; qu'il possède le sceptre et l'épouse de Pyrrhus, et qu'Andromaque est échue de nouveau à un mari troyen. Frappé d'étonnement, je brûle du désir d'interroger Hélénus, et de connaitre ces grands événements. Je m'éloigne du port, laissant ma flotte et le rivage.

En ce moment, aux portes de la ville, dans un bois sacré, sur les bords d'un faux Simoïs, Andromaque offrait aux cendres d'Hector un sacrifice solennel et des présents funèbres. Elle invoquait les Mânes près d'un tombeau vide, fait de vert gazon, qu'elle avait consacré à son premier époux, ainsi que deux autels, source éternelle de ses larmes. A mon approche, à l'aspect des armes troyennes, éperdue, effrayée de cette apparition extraordinaire, elle demeure stupéfaite; son sang se glace dans ses veines; elle tombe évanouie, et ce n'est qu'après un long silence qu'elle prononce enfin ces paroles : « Est-ce bien vous ? Sont-ce vos traits que je vois, fils d'une déesse ? Êtes-vous encore vivant ? ou, si vous êtes privé de la douce lumière, qu'est devenu Hector ?... » A ces mots, elle verse un torrent de larmes, et remplit le bois de ses gémissements. Ému de sa douleur, je puis à peine lui répondre; et, dans le trouble qui m'agite, je lui dis d'une voix entrecoupée : « Oui, je vis, et je traîne une existence en butte à tous les malheurs. N'en doutez point : c'est Énée que vous voyez. Mais vous, hélas ! quelle fatalité vous a fait descendre de ce haut rang d'épouse d'Hector ? Avez-vous retrouvé une fortune digne de vous ? La veuve d'Hector, Andromaque, est-elle toujours la femme de Pyrrhus ? »

Elle baisse les yeux, et me répond à demi-voix : « Heureuse, mille fois heureuse la fille de Priam qui fut immolée sur la tombe de son ennemi, au pied des murs de Troie ! Elle n'a point subi un odieux partage, et n'est point entrée captive dans la couche d'un vainqueur et d'un maître; tandis que, après avoir vu Troie en flammes, traînée sur toutes les mers, j'ai enfanté dans la servitude, et supporté les orgueilleux dédains du jeune fils d'Achille, qui, bientôt courant à Sparte, sur les pas d'Hermione, pour contracter un nouvel hymen, me transmit esclave à son esclave Hélénus. Mais Oreste, brûlant d'un amour insensé pour l'amante qu'on lui ravissait, Oreste, poussé par les Furies vengeresses, surprit son rival et l'égorgea au pied de l'autel d'Achille. La mort de Néoptolème fit tomber une partie de ses états au pouvoir d'Hélénus, qui a donné le nom du troyen Chaon à cette contrée en l'appelant Chaonie, et a bâti sur cette colline une autre Pergame et un autre Ilion. Mais vous, quels vents, quels destins vous ont conduit en ces lieux? Quel dieu vous a fait aborder sur nos rivages qui vous étaient inconnus? Qu'est devenu le jeune Ascagne? Respire-t-il encore? Quand il naquit, déjà Troie.... Regrette-t-il, tout enfant qu'il est, la perte de sa mère? L'exemple de son père Énée et de son oncle Hector l'excite-t-il aux vertus et au mâle courage de ses ancêtres? »

Ainsi parlait Andromaque éplorée; ainsi s'exhalaient en vain ses longs gémissements, quand le fils de Priam, Hélénus, environné d'une suite nombreuse, sort des remparts, et vient au-devant de nous. Il reconnaît ses concitoyens, nous conduit avec joie vers son palais, et mêle à chaque parole des pleurs d'attendrissement. J'avance, et j'aperçois une petite Troie, image de la grande Pergame; je vois un faible ruisseau qu'il a nommé le Xanthe, et j'embrasse la porte Scée. Mes compagnons jouissent avec moi de cette ville amie. Le roi les reçoit dans son palais sous de vastes portiques. Les mets sont servis sur des plats d'or, et tous, la coupe en main, offrent des libations à Bacchus.

Deux jours après, les vents appellent nos vaisseaux, et les voiles s'enflent au souffle de l'Auster. Je m'adresse au devin Hélénus, et je l'interroge en ces termes : « Enfant de Troie, interprète des dieux, vous qu'inspirent Apollon, les trépieds et les lauriers de Claros, vous qui lisez dans les astres, qui tirez des présages du chant et du vol des oiseaux, parlez, instruisez-moi. Les oracles m'ont promis une heureuse traversée; tous les dieux m'ont conseillé de gagner l'Italie et de chercher cette terre lointaine. Seule la Harpie Céléno m'annonce un prodige inouï, un prodige affreux : elle me menace d'une vengeance cruelle, de la plus horrible famine. Quels périls dois-je d'abord éviter? Comment pourrai-je surmonter de si grands obstacles? »

Hélénus, selon l'usage, immole des taureaux, et implore la faveur des dieux. Il détache les bandelettes de son front sacré, me conduit par la main au temple d'Apollon dont la majesté me remplit d'un trouble secret. Alors le pontife inspiré fait entendre cet oracle : « Fils d'une déesse, n'en doute pas, c'est sous les plus grands auspices que tu parcours les mers. Oui, le roi des dieux dirige tes destinées, il en règle le cours, il en fixe l'ordre immuable. Mais, pour que tu rencontres moins de dangers sur les flots, et que tu puisses jeter l'ancre dans un port de l'Ausonie, je vais te dévoiler une partie de ton avenir ; car les Parques dérobent le reste à ma connaissance, et la fille de Saturne, Junon, me défend de tout révéler. D'abord cette Italie, qui te semble si proche, ces ports, voisins en apparence, que tu crois déjà toucher, sont séparés de l'Épire par un long espace, par des contrées lointaines et d'un difficile accès. Il faudra que tes rames fatiguent les eaux de la Sicile, que tes vaisseaux parcourent la mer de l'Ausonie, franchissent le lac de l'Averne, et côtoient l'île de Circé, avant que tu puisses asseoir tes remparts sur un sol tranquille. Voici le signe qui te guidera : grave-le dans ta mémoire.

« Un jour, pensif et solitaire, tu trouveras, le long d'un fleuve, sous les chênes qui bordent la rive, une énorme laie blanche, étendue sur le sable, et trente petits nouveau-nés, aussi blancs que leur mère, pressés autour de ses mamelles. Là sera l'emplacement de ta ville et le terme assuré de tes fatigues.

« Ne t'effraie point de ces tables que tu dois dévorer. Les Destins trouveront une voie pour s'accomplir, et Apollon exaucera tes vœux. Mais ces terres, ces rivages de l'Italie qui sont le plus rapprochés de nous, et que notre mer baigne de ses flots, évite-les. Toutes les villes qui s'y élèvent sont habitées par les Grecs nos ennemis. Ici les Locriens ont jeté les fondements de Narycie, et le Crétois Idoménée a couvert de ses guerriers les plaines de Salente ; là le roi de Mélibée, Philoctète, a ceint d'un mur la petite ville de Pétilie. Dès que tes vaisseaux seront arrivés au terme de leur course, et que tu auras dressé des autels sur le rivage pour acquitter tes vœux, couvre ta tête d'un voile de pourpre, afin que, au milieu des feux allumés en l'honneur des dieux, aucun visage ennemi ne t'apparaisse et ne trouble les présages. Que tes compagnons observent cet usage sacré ; observe-le toi-même, et que tes derniers neveux gardent fidèlement cette pieuse coutume.

« En quittant l'Épire, aussitôt que les vents t'auront porté vers les côtes de la Sicile, et que tu verras s'élargir devant toi le Pélore, cingle vers la gauche, et, par un grand circuit, gagne de ce côté l'onde et la terre : fuis le rivage à droite et les flots qui le baignent. Ces lieux, violemment arrachés jadis de leurs fondements, se séparèrent, dit-on, par une secousse puissante (tant le long cours des âges peut amener de changements !). D'abord les deux terres n'en formaient qu'une. Mais la mer, se frayant un brusque passage entre elles, détacha la Sicile de l'Hespérie, et ses ondes, resserrées dans un étroit canal, baignèrent les campagnes et les villes que sépara désormais un double rivage. A la droite est Scylla. La gauche est gardée par l'implacable Charybde qui absorbe trois fois les vastes flots dans ses gouffres profonds, et trois fois les relance dans les airs, et les fait jaillir jusqu'aux cieux. Scylla se tient cachée dans les flancs ténébreux d'une caverne. Elle avance sa tête, et attire les vaisseaux contre les écueils. Monstre à figure humaine, c'est, jusqu'à la ceinture, une belle jeune fille, et, par le reste du corps, un énorme poisson qui réunit au ventre d'une louve la queue d'un dauphin. Il vaut mieux tourner lentement le promontoire de Pachynum, et décrire un long circuit, que de voir une seule fois dans son antre immense l'affreuse Scylla, et les rochers que font retentir ses chiens horribles.

« Enfin, si je possède quelque savoir, si mes prédictions méritent quelque confiance, si Apollon me communique ses lumières, fils de Vénus, il est un avis important, un avis essentiel sur lequel je ne saurais trop insister. Adore, avant tout, l'auguste Junon ; offre à Junon tes vœux empressés ; fléchis cette puissante déesse par tes supplications et par tes offrandes. C'est à ce prix seulement que tu triompheras des obstacles en quittant la Sicile, et que tu parviendras aux rivages de l'Italie.

« Lorsque, descendu sur cette terre, tu approcheras de la ville de Cumes, du lac divin de l'Averne et de ses bois retentissants, tu visiteras la prêtresse inspirée qui, du fond de son antre, annonce les arrêts du Destin et confie à des feuilles ses oracles. Tous les vers qu'elle a tracés sur ces feuilles, elle les met en ordre et les laisse renfermés dans sa retraite où ils restent immobiles à leur place. Mais, quand la porte tourne sur ses gonds, si le moindre vent chasse et disperse ces feuilles légères, elle les laisse voltiger dans l'obscur souterrain, sans s'inquiéter de les remettre en ordre et de rétablir la suite des vers. Alors on se retire sans réponse en maudissant sa demeure. Néanmoins ne regrette pas le temps que tu y passeras. Quoique tes compagnons murmurent, quoique les vents t'appellent sur les mers, et promettent d'enfler tes voiles d'un souffle favorable, va trouver la Sibylle, et conjure-la de rendre des oracles : qu'elle-même te parle et consente à s'expliquer. Elle te fera connaître les peuples d'Italie, tes guerres futures, les moyens d'éviter ou de surmonter les obstacles ; et, pour prix de tes hommages, elle secondera tes courses sur les mers. Tels sont les conseils qu'il m'est permis de te donner. Va, pars, et que tes hauts faits portent jusqu'aux cieux la gloire de Pergame. »

Après m'avoir adressé ces paroles amies, Hélénus fait porter sur mes vaisseaux de riches présents d'or et d'ivoire, une grande quantité d'ouvrages en argent, des bassins d'Épire, une cuirasse à triples mailles d'or, un casque au cimier éclatant, à l'aigrette ondoyante : c'était l'armure de Pyrrhus. Mon père a aussi sa part dans ces largesses. Hélénus ajoute à ses dons des chevaux et leurs écuyers, complète nos rameurs, et fournit des armes à mes compagnons.

Cependant Anchise ordonnait de déployer les voiles et de profiter sans retard des vents favorables. Le prêtre d'Apollon lui adresse alors ces paroles avec un grand respect :

« Anchise, vous que Vénus a jugé digne de son auguste hymen, mortel chéri des dieux, vous qu'ils ont arraché deux fois à la ruine de Pergame, voilà la terre d'Ausonie : voguez-y à pleines voiles. Toutefois, contentez-vous de côtoyer ses rivages : vous êtes encore loin de cette partie de l'Italie qu'Apollon vous destine. Partez, heureux père d'un fils si pieux! Pourquoi vous retenir encore, et retarder par mes discours les vents qui vous appellent? »

Andromaque, non moins affligée de cet adieu suprême, ne le cède point à Hélénus par la richesse de ses dons; elle apporte au jeune Ascagne une chlamyde phrygienne, des vêtements brodés d'or, et lui prodigue les plus précieux tissus. « Accepte, cher enfant, lui dit-elle, ces ouvrages de mes mains. Qu'ils te soient un témoignage de la constante amitié d'Andromaque, de l'épouse d'Hector. Reçois ces derniers présents des tiens, ô toi la seule image qui me restes de mon Astyanax! Voilà ses yeux, ses mains, ses traits; il entrerait aujourd'hui, comme toi, dans l'adolescence. »

En les quittant, les yeux remplis de larmes, je leur dis: « Vivez heureux, vous dont le sort est désormais assuré, tandis que les Destins nous entraînent sans cesse dans de nouveaux dangers. Le repos vous est acquis. Vous n'avez plus de mers à parcourir ; vous n'avez point à chercher les rivages de l'Ausonie qui fuient sans cesse devant nous. Vous voyez ici une image du Xanthe, une nouvelle Troie élevée par vos mains. Puisse-t-elle, sous de meilleurs auspices, n'avoir rien à redouter des Grecs! Si jamais j'entre dans le Tibre et dans les champs qu'il arrose, si je vois la cité promise à ma nation, je veux qu'un jour ces peuples alliés par le sang, ces habitants de l'Épire et de l'Hespérie, descendants de Dardanus, et unis par les mêmes revers, ne fassent par leur accord qu'une seule et même Troie. Puissent de tels sentiments animer nos derniers neveux! »

Nous reprenons la mer et nous approchons des monts Cérauniens : c'est le trajet le plus court pour se rendre en Italie. Cependant le soleil achève sa course, et les montagnes se couvrent d'ombres épaisses. Nous reposons enfin sur le rivage si longtemps désiré. Le sort désigne ceux qui garderont les rames ; puis, étendus çà et là sur le sable, nous réparons nos forces, et le sommeil délasse nos membres fatigués. La Nuit, conduite par les Heures, n'avait pas encore atteint le milieu de sa carrière, quand le vigilant Palinure se lève, interroge les vents, et prête l'oreille à tous les souffles de l'air. Il observe le cours silencieux de chaque constellation, l'Arcture, les Hyades pluvieuses, les deux Ourses, et contemple Orion étincelant d'or. Après s'être assuré que tout annonce un ciel serein, il donne du haut de la poupe l'éclatant signal. Soudain nous quittons le rivage, et, reprenant notre route, nous déployons nos voiles.

Déjà les étoiles avaient fui devant le char vermeil de l'Aurore, lorsque nous apercevons des collines obscures et l'Italie poindre à l'horizon. « Italie ! » s'écrie Achate le premier ; « Italie », répètent nos compagnons en saluant cette terre d'un cri de joie. Anchise couronne de fleurs un large cratère, le remplit d'un vin pur, et, debout sur la poupe, il invoque les Dieux : « Dieux souverains de la terre, de la mer et des tempêtes, accordez-nous une traversée facile et des vents favorables. » La brise souffle au gré de nos désirs ; la rade se rapproche et s'élargit, et le temple de Minerve apparaît sur une hauteur. On plie les voiles, on tourne les proues vers le rivage. Le port vers l'orient se courbe en arc. Les rochers qui en protégent l'entrée blanchissent d'écume. Chacun de ses côtés se prolonge comme un double mur flanqué d'une tour ; et le temple semble paraître s'éloigner du rivage.

Là, pour premier présage, je vois quatre chevaux, blancs comme la neige, qui paissent au loin dans la plaine. Anchise alors s'écrie : « C'est la guerre que tu nous annonces, ô terre hospitalière ! C'est pour la guerre qu'on arme les coursiers ; c'est de la guerre que ces fiers animaux nous menacent. Mais quelquefois ces mêmes coursiers s'attellent à des chars ; on les soumet ensemble au joug et au frein. Ils présagent donc aussi la paix. » Alors nous invoquons l'auguste déesse aux armes retentissantes, Pallas, qui la première nous a reçus triomphants. Nous couvrons, devant ses autels, nos têtes du voile phrygien; et, dociles aux avis les plus importants d'Hélénus, nous offrons à Junon, protectrice d'Argos, les sacrifices qui nous ont été prescrits.

Ces devoirs religieusement accomplis, nous nous hâtons de tourner vers la mer les antennes aux larges voiles, et nous quittons ces terres suspectes, habitées par des Grecs. Bientôt nous apercevons le golfe et la ville de Tarente, bâtie, dit-on, par Hercule. Vis-à-vis s'élèvent le temple de Junon Lacinienne, les tours de Caulon et le promontoire de Scylacée, fécond en naufrages. Nous voyons au loin la cime de l'Etna; nous entendons l'horrible mugissement des flots, le bruit des rochers battus par les vagues, le fracas de la mer qui se brise contre le rivage. L'onde bondit et fait bouillonner le sable. « Oui : la voilà, cette Charybde, dit Anchise; les voilà, ces écueils, ces affreux rochers dont parlait Hélénus. Fuyez, mes amis, et tous ensemble courbez-vous sur les rames. » On obéit. Palinure, le premier, détourne à gauche sa proue frémissante. Toute l'escadre le suit du même côté à force de rames et de voiles. Une montagne d'eau nous enlève jusqu'aux cieux, et la vague, en s'affaissant, nous entraîne aux enfers. Trois fois l'onde mugissante s'engloutit dans ces gouffres profonds, et trois fois nous voyons son écume se briser et retomber en rosée du haut des nues.

Cependant le vent cesse avec le jour. Fatigués, et ne connaissant pas la route, nous abordons sur la côte des Cyclopes. Le port, à l'abri des vents, est calme et spacieux. Mais près de là retentissent les effroyables éruptions de l'Etna. Tantôt il vomit dans l'air d'affreux nuages de fumée, de bitume, de cendres ardentes, et des globes de feu qui montent jusqu'aux astres; tantôt, arrachant de ses entrailles des éclats de rochers, il lance avec fracas vers le ciel les laves brûlantes qui bouillonnent au fond de ses abîmes. On dit que le corps d'Encelade, à demi consumé par la foudre, gît sous cette masse; que l'Etna, qui l'écrase de tout son poids, exhale à travers ses fournaises la respiration enflammée du géant; et, chaque fois qu'il retourne son flanc fatigué, la Sicile s'ébranle avec un horrible fracas, et le ciel se couvre de fumée.

Durant toute la nuit, cachés dans la forêt voisine, nous eûmes à supporter la vue de ces effrayants prodiges, sans découvrir la cause d'un tel bruit : car aucune étoile ne brillait au ciel, aucune lueur ne descendait de la voûte éthérée : l'air était obscurci de sombres vapeurs, et la lune voilée par d'épais nuages.

Le lendemain, le jour se levait à peine à l'orient, et l'aurore avait dissipé l'ombre humide de la nuit, quand tout à coup un inconnu décharné et d'un aspect misérable sort de la forêt. Il s'avance, et tend vers le rivage des mains suppliantes. Nous regardons : son air était hideux; sa barbe tombait en désordre; ses haillons n'étaient rattachés que par des épines; le reste annonçait un Grec, que sa patrie avait envoyé jadis au siége d'Ilion. Dès qu'il a reconnu de loin l'habit phrygien et les armes troyennes, un moment effrayé à cette vue, il hésite, il s'arrête. Mais bientôt, précipitant ses pas vers le rivage, il se répand en larmes et en prières : « Au nom des Dieux, dit-il, par les astres qui nous éclairent, par cet air que nous respirons, Troyens, arrachez-moi d'ici. Emmenez-moi dans toute autre contrée : je ne demande rien de plus. Je sais que je faisais partie de la flotte des Grecs, et j'avoue que j'ai porté la guerre dans vos foyers. Si c'est à vos yeux un crime indigne de pardon, jetez-moi dans les flots, engloutissez-moi dans leurs vastes abîmes. Si je meurs, il me sera doux de périr de la main des hommes. » En disant ces mots, il embrassait nos genoux, et se roulait à nos pieds. Nous l'invitons à nous faire connaître son nom, sa famille, ses infortunes. Anchise lui-même s'empresse de lui tendre la main, et, par cette marque de bienveillance, rassure ses esprits. Enfin, remis de sa frayeur, il s'exprime en ces termes :

« Je suis d'Ithaque, et l'un des compagnons du malheureux Ulysse. Mon nom est Achéménide. La pauvreté de mon père Adamaste me força de partir pour Troie.

Ah! que n'ai-je su me contenter de son humble fortune!
Tandis que mes compagnons éperdus fuyaient ces bords
cruels, ils m'oublièrent dans la demeure de Polyphème,
antre immense et ténébreux, souillé de carnage et de mets
sanglants. Le monstre est d'une taille gigantesque, et de
son front il touche le ciel (Dieux! préservez la terre d'un
tel fléau!). Son aspect est horrible; nul n'ose lui parler. Il
se repaît des entrailles et du sang des malheureux. Je l'ai
vu moi-même, étendu sur le dos, au milieu de son antre
saisir de sa main effroyable deux de mes compagnons, les
écraser contre le roc, et de leur sang inonder sa demeure;
je l'ai vu dévorer leurs membres dégouttants d'un sang noir,
et broyer sous ses dents leurs chairs palpitantes. Ce ne fut
pas impunément. Ulysse ne put souffrir une si affreuse barbarie, et ne se démentit pas dans une si terrible épreuve.
Gorgé de mets et plongé dans l'ivresse, le cyclope avait
laissé tomber sa tête appesantie, et venait d'allonger dans
son antre son corps immense, en vomissant, durant son sommeil, des lambeaux de chair mêlés de sang et de vin. Aussitôt nous invoquons les Dieux. Le sort assigne à chacun son
rôle. Nous fondons de toutes parts sur le monstre, et, à
l'aide d'un pieu aiguisé, nous perçons l'œil unique qu'il
cachait sous son front menaçant, œil énorme et pareil à un
bouclier d'Argos ou au disque du soleil : heureux de venger ainsi les mânes de nos compagnons.

« Mais fuyez, malheureux, fuyez, et coupez les câbles qui
vous retiennent; car, tel qu'on voit le géant Polyphème enfermer dans son antre ses brebis et presser leurs mamelles,
cent autres cyclopes, non moins affreux, habitent ces rivages
et parcourent ces hautes montagnes. La lune a déjà trois
fois arrondi son croissant, depuis que je traîne ma vie au
milieu des forêts, dans les repaires qui servent de demeures
aux bêtes sauvages, observant d'un rocher ces monstrueux
géants dont les pas et la voix m'épouvantent. Des baies sauvages, des cornouilles pierreuses, des racines que j'arrache,
composent ma chétive nourriture. En promenant partout mes
regards, j'ai vu pour la première fois des vaisseaux appro-

cher de ces rives. Quels qu'ils fussent, je leur ai voué mon sort, trop heureux d'échapper à cette abominable race. Disposez de ma vie ; toute autre mort m'est préférable. »

A peine il achevait ces mots, qu'au sommet de la montagne nous voyons se mouvoir un colosse énorme. C'était le pasteur Polyphème, au milieu de ses troupeaux, s'avançant vers ces rivages connus : monstre horrible, informe, immense, à qui la lumière avait été ravie. Un pin, dépouillé de ses rameaux, guide sa main et affermit ses pas. Ses brebis l'accompagnent : c'est la seule joie qui lui reste et la consolation de ses maux. Dès qu'il a atteint le rivage et touché les flots, il lave, en frémissant de douleur et en grinçant des dents, le sang qui dégoutte de son orbite ; puis, il marche au milieu de la mer, et l'onde mouille à peine la hauteur de ses flancs. Nous hâtons en tremblant notre fuite, après avoir recueilli le suppliant pour récompense de ses avis. Nous coupons les câbles en silence ; et, courbés sur nos rames, nous sillonnons à l'envi la surface des eaux.

Polyphème nous entend, et il se dirige du côté où retentit notre voix. Mais, quand il reconnaît qu'il ne peut atteindre nos vaisseaux rapidement emportés sur les ondes de la mer Ionienne, il pousse un cri formidable. La mer et tous les fleuves en sont ébranlés ; l'Italie en tremble d'effroi, et l'Etna mugit dans ses cavernes profondes. A ce cri, tous les cyclopes, accourus des forêts et du haut des montagnes, se précipitent vers le port et couvrent le rivage. Nous voyons ces enfants de l'Etna, qui, debout sur la rive, élèvent jusqu'au ciel leurs têtes altières, et nous lancent en vain des regards menaçants : assemblée effroyable ! Tels, sur la cime des monts, se dressent dans les airs les chênes, les cyprès, haute forêt de Jupiter ou bois sacré de Diane.

Dans la frayeur extrême qui nous agite, nous nous empressons de dérouler les câbles et de déployer nos voiles aux vents qui nous secondent. Mais la recommandation d'Hélénus nous revient à l'esprit : nous craignons de nous engager, au risque d'une mort presque inévitable, entre Charybde et Scylla : nous nous décidons à retourner nos proues.

quand tout à coup Borée vient à souffler du détroit de Pélore, et nous porte au delà des roches vives de Pantagie, du golfe de Mégare et de l'humble Thapsus. Tels étaient les rivages que nous montrait Achéménide, et qu'il avait déjà parcourus avec le malheureux Ulysse.

A l'entrée du golfe de Syracuse, en face de l'orageux Plemmyre, est une île que ses premiers habitants appelèrent Ortygie. C'est là, dit-on, que le fleuve Alphée, qui arrose l'Élide, après s'être frayé un chemin secret sous la mer, se mêle avec Aréthuse aux ondes de Sicile. Fidèles au conseil d'Hélénus, nous adorons les puissantes divinités du lieu; et bientôt nous franchissons les plaines qu'engraissent les marais d'Hélore. Nous côtoyons les hautes falaises et les roches saillantes de Pachynum. Nous découvrons au loin Camarine, condamnée par les destins à garder son emplacement; les campagnes de Géla, et Géla elle-même, ville immense qui reçut le nom de son fleuve. L'altière Agrigente étale à nos yeux ses vastes remparts, Agrigente jadis féconde en généreux coursiers. Les vents m'emportent loin de Sélinonte, couverte de palmiers, et j'effleure les perfides écueils que Lilybée cache sous ses ondes.

Enfin Drépane me reçoit dans son port et sur son triste rivage. C'est là que, après avoir essuyé tant de tempêtes, je perdis, hélas! mon père Anchise, la consolation de toutes mes peines et de toutes mes infortunes; c'est là, ô le meilleur des pères, que tu m'abandonnas à ma douleur, toi qui avais en vain échappé à de si grands périls! Ni le devin Hélénus, parmi tant d'horribles présages, ni la cruelle Céléno, ne m'avaient prédit ce malheur. Ce fut là ma dernière épreuve et le terme de mes longs voyages. Je venais de quitter cette terre, lorsqu'un dieu m'a conduit sur vos bords.

C'est ainsi qu'Énée, en racontant ses aventures, révélait à l'assemblée attentive les arrêts des Destins. Après avoir achevé son récit, il alla enfin se reposer.

LIVRE QUATRIÈME.

Cependant, déjà profondément blessée par l'amour, la reine s'enivre du poison qui court dans ses veines, et brûle du feu secret qui la dévore. Elle songe, elle songe sans cesse au mérite d'Énée et à la noblesse de sa race. Ses paroles et ses traits restent gravés au fond de son cœur, et la passion qui l'agite l'empêche de goûter un paisible sommeil.

Le lendemain, dès que l'aurore a dissipé l'humide vapeur de la nuit, et que le soleil éclaire la terre de ses feux, Didon éperdue parle ainsi à sa sœur bien aimée : « Anne, ma sœur, quels fantômes me troublent et m'inquiètent? Quel est cet étranger nouvellement arrivé dans mes États? Quel air majestueux! quel courage! quels exploits! Oui, je n'en doute pas, il est du sang des Dieux. La peur décèle les âmes vulgaires. Mais lui, quels périls n'a-t-il pas essuyés! Quels terribles combats il nous racontait! Si je n'étais fermement résolue de ne jamais renouer le lien conjugal, depuis que la mort a déçu mon premier amour; si la couche nuptiale et le flambeau de l'hymen ne m'étaient devenus odieux, c'est peut-être la seule faiblesse à laquelle je pourrais succomber. Je te l'avouerai, ma sœur : depuis le malheureux trépas de mon époux Sichée, depuis que la main d'un frère ensanglanta nos pénates, lui seul a ému mes sens et fait chanceler ma résolution. Je reconnais les traces de ma première flamme. Mais que la terre s'entr'ouvre sous mes pas, que la foudre du maître des Dieux me précipite chez les ombres, les pâles ombres de l'Érèbe, et dans la nuit profonde, avant que je t'outrage, ô pudeur, et que je viole tes saintes lois ! Celui qui le premier unit mon sort au sien, emporta mon amour. Qu'il le conserve et le garde avec lui dans la tombe ! » Elle dit, et les pleurs inondent son sein.

Anne lui répond : « Ô toi qui m'es plus chère que la vie, veux-tu donc consumer ta jeunesse dans le veuvage et dans un deuil éternel ? Renonces-tu aux douceurs de la maternité et aux joies de l'amour ? Crois-tu que cette constance importe à la cendre des morts ? Je veux que nul prétendant n'ait pu jadis triompher de ta douleur, ni dans la Libye, ni dans Tyr, et qu'Iarbas ait été repoussé ainsi que les autres chefs que nourrit la belliqueuse Afrique. Lutteras-tu aussi contre le doux penchant qui t'entraîne ? Oublies-tu dans quelle contrée tu as fondé ton empire ? Vois autour de toi, d'un côté, les indomptables Gétules, les impétueux Numides et les Syrtes barbares ; de l'autre, le brûlant désert et les Barcéens qui promènent au loin leurs fureurs. Te parlerai-je de Tyr qui se prépare à la guerre, et de ton frère qui nous menace ? Oui, c'est la protection des Dieux et la faveur de Junon qui ont conduit ici la flotte des Troyens. Quelle ville, ô ma sœur, quel royaume tu verras naître d'un pareil hyménée ! Avec l'alliance des Troyens, à quelle hauteur s'élèvera la gloire de Carthage ! Implore seulement l'appui des Dieux ; et s'ils accueillent tes sacrifices, prodigue aux Troyens les douceurs de l'hospitalité, invente mille prétextes pour les retenir, tandis que la tempête et l'orageux Orion bouleversent la mer, tandis que les vaisseaux d'Énée sont brisés, et que la saison est dangereuse. » Ces paroles achèvent d'enflammer le cœur brûlant de la reine. Elles font entrer l'espérance dans son âme irrésolue et, lèvent les scrupules de sa pudeur.

D'abord elles visitent les temples et sollicitent au pied des autels la faveur des Dieux. Elles immolent, suivant l'usage, des brebis choisies à Cérès, à Apollon, à Bacchus, et surtout à Junon qui préside à l'hymen. Une coupe à la main, la belle Didon verse elle-même le vin entre les cornes d'une blanche génisse, ou s'avance, en présence des Dieux, vers les autels chargés d'offrandes. Chaque jour elle renouvelle ses dons, et, penchée sur les flancs ouverts des victimes, d'un œil avide elle interroge leurs entrailles palpitantes. O vaine science des augures ! Que font les vœux et les temples contre les fureurs de l'amour ? Une douce flamme ne consume pas moins la reine, et une blessure secrète vit au fond de son cœur. Elle brûle, l'infortunée, et, dans le transport qui l'égare, elle parcourt toute la ville. Telle une biche imprudente, atteinte par un berger dans les bois de la Crète, emporte, à l'insu du chasseur, la flèche qui l'a blessée : elle fuit à travers les bois du mont Dicté ; mais le trait mortel reste attaché à ses flancs. Tantôt la reine conduit Énée autour de ses remparts, lui montre avec orgueil les richesses de Sidon, et sa ville toute prête à le recevoir. Elle commence un entretien, et tout à coup l'interrompt. Tantôt, à la chute du jour, elle convie Énée à de nouveaux festins. Dans son délire elle lui redemande le récit des malheurs d'Ilion, et demeure encore suspendue aux lèvres du héros. Puis, lorsque la nuit les sépare, lorsque, disparaissant à son tour, la lune a voilé sa lumière, et que les astres à leur déclin invitent au sommeil, seule elle gémit dans son palais désert, et se couche sur le lit qu'Énée vient de quitter. Absent, elle le voit ; absent, elle l'écoute encore. Quelquefois, séduite par la ressemblance, elle presse Ascagne sur son sein, et et cherche à donner le change à son fatal amour. Les tours commencées ne s'élèvent plus ; la jeunesse ne s'exerce plus aux combats ; on cesse de creuser les ports et les remparts destinés à défendre la ville. Ces grands murs menaçants, et ces machines qui allaient toucher au ciel, tout reste suspendu.

Dès que l'épouse chérie de Jupiter voit que la reine, possédée de ce funeste amour, sacrifie à sa passion le soin de sa renommée, elle aborde Vénus, et lui parle ainsi : « Le beau triomphe, le brillant trophée que vous remportez là, vous et votre fils ! C'est un insigne et magnifique honneur pour deux divinités, que de vaincre par la ruse une faible mortelle ! Je ne l'ignore pas : vous redoutez la ville que je protége ; la superbe Carthage éveille vos soupçons. Mais quand finiront nos querelles ? Où tendent aujourd'hui ces grands débats? Cimentons plutôt par l'hymen une paix éternelle. Vos vœux les plus chers sont remplis : Didon est ardemment éprise ; son cœur est embrasé de tous les feux de l'amour. Gouvernons les deux peuples, désormais réunis sous les mêmes auspices. Que Didon obéisse aux lois d'un époux troyen, et que les Tyriens soient par vos mains la dot de leur reine. » Vénus comprend que ce discours artificieux a pour but de transporter l'empire de l'Italie sur les rivages de l'Afrique. Elle répond : « Qui serait assez insensé pour refuser de telles offres, et pour aimer mieux lutter contre vous? J'approuve votre dessein, pourvu que la Fortune n'y mette point obstacle. Mais les Destins m'inquiètent : je ne sais si Jupiter voudra permettre qu'une même cité rassemble les Tyriens et les exilés de Troie, s'il approuvera ce mélange, cette alliance des deux peuples. Épouse de Jupiter, vous pouvez essayer de fléchir son cœur. Marchez : je vous suis. » — « Ce soin me regarde, reprend la reine des dieux, et je vais vous dire en peu de mots comment nous pourrons atteindre notre but. Votre fils et la malheureuse Didon se préparent à chasser demain dans la forêt, dès que le soleil se lèvera sur l'horizon, et éclairera le monde de ses feux. Tandis que les cavaliers courront de tous côtés et entoureront les bois de leurs toiles, j'assemblerai de sombres nuages qui verseront des torrents de pluie et de grêle, et j'ébranlerai le ciel des éclats de la foudre. Tous se disperseront, enveloppés d'une profonde nuit. Didon et le chef des Troyens se réfugieront dans la même grotte. Je serai là ; et, si vous m'assurez votre consentement, je les enchaînerai par des nœuds indissolubles sous les auspices de l'hymen. » Loin de s'opposer à ce dessein, Vénus l'approuve, et sourit de la ruse inventée par Junon.

Cependant l'Aurore se lève et abandonne l'Océan. Aux premiers rayons du soleil, une élite de jeunes chasseurs franchit les portes. Les cavaliers Massyliens, suivis d'une meute ardente, s'élancent armés de filets, de toiles et d'épieux au large fer. Les chefs tyriens attendent, sur le seuil du palais, leur reine qui tarde à venir. Son fier coursier, étincelant d'or et de pourpre, mord avec impatience le frein couvert d'écume. Enfin Didon s'avance, accompagnée d'une nombreuse escorte. Sa chlamyde tyrienne est entourée d'une riche broderie ; elle porte un carquois d'or ; une tresse d'or retient ses cheveux, et son manteau de pourpre est rattaché par une agrafe d'or. A sa suite marchent les Troyens et le joyeux Iule. Énée, qui les surpasse tous en beauté, se place auprès de la reine et réunit les deux cortéges. Tel Apollon quitte la froide Lycie et les rives du Xanthe pour Délos, son île maternelle, où il préside aux fêtes qui lui sont consacrées. Mêlés et confondus, les Crétois, les Dryopes et les Agathyrses peints de diverses couleurs, s'agitent autour de ses autels. Le dieu s'avance sur le sommet du Cinthe. Une couronne de laurier et une bandelette d'or pressent mollement sa chevelure flottante. Ses flèches retentissent sur ses épaules. Aussi vive était la démarche d'Énée, aussi éblouissant était l'éclat de son visage.

Dès qu'on a gravi les hautes montagnes qui offrent un asile inaccessible aux bêtes fauves, les chevreuils, débusqués de leurs cimes, se précipitent de rochers en rochers. D'un autre côté, les cerfs, abandonnant la crête des monts, s'échappent en troupes vers la plaine, et soulèvent en fuyant des tourbillons de poussière. Le jeune Ascagne lance avec joie son ardent coursier à travers les vallons. Il devance à la course, tantôt les uns, tantôt les autres, et voudrait rencontrer, parmi ces troupeaux timides, un sanglier écumant, ou voir un fauve lion descendre de la montagne.

Cependant un grand bruit commence à gronder dans les airs. La pluie et la grêle tombent des nuages. Saisis de crainte, les Tyriens, les Troyens et le petit-fils de Vénus cherchent çà et là des abris dans la campagne. Des torrents se précipitent du haut des monts. Didon et le chef des Troyens pénètrent dans la même grotte. Au même instant, la Terre et Junon donnent le signal : des feux brillent au ciel, complice de cette union, et les nymphes poussent des cris perçants sur le sommet des montagnes. Ce jour fut la première cause des malheurs et du trépas de Didon. Rien ne la touche plus, ni la décence, ni le soin de sa réputation. Ce n'est plus un amour secret qu'elle médite; elle l'appelle nymen, et couvre sa faute de ce nom.

Aussitôt la Renommée parcourt les villes de la Libye, la Renommée, le plus rapide de tous les fléaux. Elle croit par sa vitesse, et acquiert des forces en volant. D'abord humble et craintive, bientôt elle s'élève dans les airs. Ses pieds touchent le sol et sa tête se cache dans les nues. On dit qu'irritée de la vengeance des dieux, la Terre enfanta cette dernière sœur de Cée et d'Encelade, et lui donna des pieds agiles et des ailes légères : monstre horrible, énorme, qui, sous toutes les plumes de son corps (ô prodige!) cache autant d'yeux vigilants, autant de langues, autant de bouches retentissantes, autant d'oreilles attentives. La nuit, elle vole avec un bruit aigu entre le ciel et la terre, et le doux sommeil ne ferme jamais ses yeux. Le jour, elle se tient en sentinelle sur le toit des maisons ou sur le sommet des tours, et jette l'épouvante dans les cités, messagère infatigable de l'erreur et du mensonge aussi bien que de la vérité.

Elle se plaisait alors à répandre parmi les peuples mille rumeurs diverses. Mêlant à la fois le vrai et le faux, elle annonçait qu'Enée, issu du sang troyen, était arrivé à Carthage; que la belle Didon daignait s'unir à lui; que tous les deux passaient l'hiver entier en fêtes, oubliant leur empire dans les langueurs d'un honteux amour. Tels étaient les bruits que l'odieuse déesse semait de bouche en bouche. A l'instant, elle dirige son vol vers le palais d'Iarbas, dont elle allume la jalouse fureur.

Fils de Jupiter Hammon et d'une nymphe ravie au pays des Garamantes, ce prince avait élevé à son père cent temples immenses et cent autels dans ses vastes états, et lui avait consacré un feu éternel qu'entretenait une garde vigilante. Le sol s'abreuvait du sang des victimes, et les portes étaient ornées de guirlandes de fleurs. Hors de lui, indigné d'un bruit qui l'offense, Iarbas, au milieu des statues des dieux, devant leurs autels, leva souvent, dit-on, ses mains suppliantes vers Jupiter, et l'implora en ces termes : « Dieu tout puissant, à qui le peuple maure offre maintenant dans ses banquets des libations sur des lits superbes, tu vois mon affront? Eh quoi! la foudre que tu lances, ô mon père, n'inspire-t-elle qu'une stérile frayeur? et ces feux qui, du haut des nues, épouvantent les âmes, ne sont-ils qu'un vain bruit? Une femme, errante sur mes frontières, bâtit à prix d'argent une humble ville. Je lui cède un rivage inculte en lui dictant mes conditions ; et, repoussant mon alliance, elle reconnaît Énée pour le maître de son royaume! et maintenant ce nouveau Pâris, avec sa suite efféminée, le front ceint de la mitre phrygienne, et les cheveux parfumés, jouit de sa conquête! Est-ce donc en vain que je porte des offrandes dans tes temples, et que je me glorifie d'être issu de toi? »

Ainsi parlait Iarbas, la main sur les autels. Le dieu entend sa prière, et tourne ses regards vers le royal séjour où les deux amants oubliaient le soin de leur gloire. Alors, s'adressant à Mercure, il lui dit : « Pars, mon fils, appelle les Zéphyrs, et prends ton essor. Le prince troyen, arrêté maintenant dans Carthage, ne pense plus au royaume que lui assurent les Destins. Va le trouver d'un vol rapide et porte-lui mes ordres. Ce n'est point là le héros que nous avait promis la belle Vénus; ce n'est point dans ce but qu'elle l'arracha deux fois au glaive des Grecs. Elle nous annonçait un guerrier qui règnerait sur la belliqueuse Italie, cette mère future de tant d'empires, et un illustre descendant de Teucer qui devait ranger l'univers sous ses lois. Si l'éclat d'une si haute destinée n'a rien qui l'enflamme, s'il refuse de travailler lui-même à l'édifice de sa grandeur, a-t-il le droit d'empêcher son fils Ascagne d'élever les remparts de Rome? Quel est son projet? quel espoir le retient chez un peuple ennemi? Ne songe-t-il plus au territoire de Lavinium, ni à sa postérité dans l'Ausonie? Qu'il parte : je le veux. Porte-lui ce message. »

Il dit, et Mercure s'apprête à exécuter l'ordre du maître des dieux. Il attache à ses pieds des brodequins d'or dont les ailes le soutiennent dans l'air et le portent, aussi vite que les vents, au-dessus de la terre et des flots. Ensuite il prend son caducée qui rappelle du fond des enfers les pâles ombres, ou les conduit dans le noir Tartare, qui donne ou ravit le sommeil, et rouvre les yeux que la mort a fermés à la lumière. Armé de cette baguette, il chasse les vents et traverse les sombres nuages. Déjà, dans son vol, il découvre la cime et les flancs escarpés de l'infatigable Atlas qui porte le ciel sur sa tête; d'Atlas, dont le front couronné de pins et chargé de ténébreuses vapeurs est sans cesse battu des vents et des orages. Ses épaules sont couvertes de neige; de sa bouche s'échappent des torrents, et sa barbe est hérissée de glaçons. C'est là que Mercure s'arrête d'abord en se balançant sur ses ailes. Puis, d'un élan impétueux, il se dirige vers la mer, pareil à l'oiseau qui, le long des côtes et des roches poissonneuses, rase de son aile la surface des eaux. C'est ainsi qu'après avoir quitté son aïeul maternel, le dieu du Cyllène plane entre la terre et le ciel, et fend l'air en se dirigeant vers le sablonneux rivage de la Libye.

Dès que ses pieds ailés ont touché les cabanes qui avoisinent Carthage, il aperçoit Énée posant les fondements des remparts et des édifices de la cité nouvelle. Une étoile de jaspe brillait sur son glaive, et de ses épaules tombait un manteau étincelant de la pourpre tyrienne, riche vêtement qu'avait brodé la reine, et qu'elle avait orné de filets d'or. Le dieu l'aborde soudain : « Eh quoi! tu jettes les fondements de la fière Carthage! Esclave d'une femme, tu bâtis pour elle une ville superbe, oubliant, hélas! ton empire et tes destinées! C'est le roi des dieux lui-même, le maître du ciel et de la terre, qui m'envoie vers toi du haut de l'Olympe. C'est lui qui m'a ordonné de franchir les airs pour te porter ses ordres. Quel est ton projet? Pourquoi perdre ainsi le temps sur les bords libyens? Si l'éclat de tes hautes destinées n'a rien qui t'enflamme, si tu refuses de travailler à l'édifice de ta grandeur, songe à celle d'Ascagne, à l'héritier de ta fortune, auquel le trône d'Italie et le sceptre de

Rome appartiennent. » Ainsi parle le dieu, et soudain se dérobant aux regards d'Énée qui l'écoute encore, il disparaît au loin comme une ombre légère.

A cette vue, Énée est resté muet et interdit; ses cheveux se dressent d'horreur, et la voix expire sur ses lèvres. Dans le trouble où le jette cet ordre absolu des dieux, il brûle de s'enfuir et d'abandonner cette douce contrée. Mais hélas! que faire? Quel langage osera-t-il maintenant tenir à la reine éperdue? Par où commencer l'entretien? Mille projets se croisent rapidement dans son âme, l'agitent et la bouleversent. Après avoir longtemps hésité, il s'arrête à ce parti. Il appelle Mnesthée, Sergeste et l'intrépide Cloanthe. Il leur ordonne d'équiper la flotte en secret, de rassembler les Troyens sur le rivage, et de préparer les armes sans trahir le motif de ces mesures nouvelles. Lui, cependant, tandis que la confiante Didon ignore son dessein, et ne s'attend point à voir rompre de tels nœuds, il essaiera de l'aborder; il cherchera pour lui parler le moment le plus favorable, et emploiera le moyen le plus adroit pour arriver à son but. Tous obéissent avec joie et s'empressent d'exécuter ses ordres.

Mais, toujours prompte à s'alarmer sans sujet, la reine, (qui pourrait tromper une amante?) a pressenti la ruse, et surpris la première les mouvements qu'on médite. C'est au milieu de ces vives alarmes que la cruelle Renommée vient lui apprendre l'armement de la flotte et les apprêts du départ. Elle éclate en transports insensés, et promène sa fureur par toute la ville. Telle, au bruyant signal des fêtes sacrées, s'agite une bacchante, lorsque le nom du dieu qui l'enflamme ouvre les orgies triennales, et que les clameurs nocturnes appellent ses compagnes sur le Cithéron. Enfin la reine va au devant d'Énée, et lui parle ainsi:

« Perfide, as-tu donc espéré pouvoir me cacher un tel forfait et quitter en secret mes états? Quoi! ni mon amour, ni la foi que tu m'as jurée naguère, ni la mort affreuse qui m'attend, rien ne t'arrête! Que dis-je? c'est dans la saison des tempêtes que tu prépares ta flotte! c'est quand soufflent les aquilons, que tu te hâtes de courir les mers. Cruel! si tu ne recherchais pas des bords étrangers et des demeures inconnues, si Troie subsistait encore, poursuivrais-tu ton ancienne patrie à travers des flots orageux? Est-ce moi que tu fuis? Ah! je t'en conjure par mes larmes, par tes mains que je presse, (puisque, dans mon malheur, il ne me reste plus d'autre ressource), par les nœuds qui nous unissent et par notre hymen commencé : si j'ai mérité de toi quelque reconnaissance, si tu as jamais trouvé quelque douceur auprès de moi, prends pitié d'une famille qui s'éteint; et, si mes prières peuvent encore t'émouvoir, renonce, je t'en supplie, à ta funeste résolution. C'est pour toi que je me suis attiré la haine des Libyens et des rois numides, ainsi que le courroux des Tyriens. C'est pour toi que j'ai sacrifié ma pudeur et ma renommée, le seul bien qui m'élevait jusqu'au ciel. A qui m'abandonnes-tu mourante, mon cher hôte, puisque ce nom est tout ce qui me reste de mon époux? Que dois-je attendre? que mon frère Pygmalion vienne renverser mes remparts, ou que le Gétule Iarbas m'emmène captive? Du moins, si, avant de fuir, tu me laissais un gage de notre amour! si je voyais, près de moi, jouer dans mon palais, un jeune rejeton d'Énée qui me rappelât les traits de son père, je ne me croirais pas tout à fait trahie et délaissée. »

A ce discours, Énée, docile aux ordres de Jupiter, tient les yeux baissés, et s'efforce de dissimuler le trouble qui l'agite. Enfin il répond en peu de mots : « Reine, vous m'avez comblé de bienfaits ; je me plairai toujours à le reconnaître, et le doux souvenir d'Élise ne s'éteindra qu'avec ma vie, qu'avec le souffle qui m'anime. En ce moment je dirai un seul mot. Je n'ai pas prétendu, croyez-le bien, vous dérober ma fuite. Jamais non plus je ne vous ai promis d'être votre époux, et ce n'est pas pour former cette alliance que je suis venu. Si les Destins me permettaient de disposer de moi et de régler mon sort au gré de mes désirs, je consacrerais mes premiers soins à Troie et aux restes chéris des miens; je relèverais le palais de Priam, et je construirais pour les vaincus un nouvel Ilion. Mais à cette heure c'est dans la grande Italie que m'appelle Apollon ; c'est l'Italie que les oracles Lyciens m'ordonnent d'occuper. Là est ma patrie, là est mon amour. Si Carthage, si l'aspect d'une ville de Libye vous retient, vous que Tyr a vue naître, pourquoi envier aux Troyens l'empire de l'Ausonie ? Nous aussi nous avons droit de chercher un royaume étranger. Toutes les fois que la nuit couvre la terre de son voile humide, et que les astres brillent aux cieux, l'ombre irritée d'Anchise m'épouvante en songe, et me presse de partir. A sa voix se joint celle de mon cher Ascagne : il me reproche de le frustrer du royaume de l'Hespérie et des champs que lui promettent les Destins. En ce moment encore, l'interprète des dieux, envoyé par Jupiter, (j'en jure par vous et par moi), est venu d'un vol rapide m'apporter ses ordres. J'ai vu moi-même le dieu resplendissant de lumière entrer dans ces murs, et mes oreilles ont entendu sa voix. Cessez d'augmenter par vos plaintes mes regrets et les vôtres. Ce n'est pas ma volonté qui m'entraîne en Italie. »

Pendant qu'il parle ainsi, Didon le contemple avec indignation, et roulant çà et là des yeux égarés, elle l'enveloppe tout entier de ses regards muets ; puis sa fureur éclate en ces termes : « Non, tu n'es pas le fils d'une déesse ; non, Dardanus n'est pas l'auteur de ta race. Perfide, l'affreux Caucase t'engendra dans ses flancs sauvages, et les tigresses d'Hyrcanie t'ont nourri de leur lait. Car, enfin, qu'ai-je à dissimuler ? et quel plus grand outrage puis-je attendre de toi ?... A-t-il gémi de mes pleurs ? A-t-il tourné ses yeux vers moi ? L'ai-je vu s'attendrir et répandre une larme ? A-t-il eu pitié d'une amante ? N'est-ce pas là le comble de la cruauté ? Ni la puissante Junon, ni le fils de Saturne ne sauraient voir avec indifférence une telle ingratitude. Il n'y a plus de bonne foi... Les flots l'avaient jeté sur ce rivage : je l'ai recueilli, manquant de tout. Insensée ! j'ai partagé mon trône avec lui. J'ai sauvé ses vaisseaux du naufrage, j'ai arraché ses compagnons à la mort.... Ah ! les Furies me transportent et m'embrasent !... Maintenant c'est Apollon, ce sont les oracles de Lycie, c'est l'interprète des dieux, envoyé par Jupiter lui-même, qui, à travers les airs, lui apportent cet horrible message. Comme si les dieux s'occupaient de tels soins, comme si de tels soucis troublaient leur repos!... Je ne te retiens plus; je ne veux plus te répondre. Va, poursuis l'Italie à la merci des vents, et cherche ton royaume à travers les ondes. J'espère que si les justes dieux ont quelque pouvoir, tu trouveras ton supplice au milieu des rochers, et que plus d'une fois tu invoqueras Didon. Absente, je te poursuivrai avec une torche funèbre; et, quand la froide mort aura dégagé mon âme de ses liens, mon ombre t'assiégera partout. Traître, tu expieras ton crime. J'apprendrai ton supplice, et le bruit en viendra jusqu'à moi dans le séjour des Mânes.

À ces mots, elle interrompt brusquement son discours. Elle fuit la lumière qui l'importune, et se dérobe aux yeux d'Énée qu'elle laisse tremblant, irrésolu, et se disposant à lui répondre longuement. Ses femmes la soutiennent, l'emportent défaillante dans son riche appartement, et la déposent sur sa couche.

Cependant Énée voudrait adoucir le chagrin de la reine et calmer tant de désespoir. Il gémit, et la violence de son amour fait chanceler son cœur. Néanmoins, il exécute les ordres des dieux, et va rejoindre sa flotte. Les Troyens s'empressent de retirer les vaisseaux du rivage, et les carènes glissent sur les flots. Dans l'impatience du départ, on apporte de la forêt des rames encore couvertes de feuillage et des mâts à peine ébauchés. On voit de tous côtés les Troyens s'élancer hors des remparts. C'est avec la même ardeur que les fourmis, prévoyant l'hiver, ravagent un grand amas de blé, et le transportent dans leurs souterrains. Le noir bataillon traverse la plaine, et charrie son butin à travers les herbes par un sentier étroit. Les unes s'avancent avec effort, le dos chargé d'énormes grains; les autres rallient le bataillon et gourmandent les paresseuses: tout s'agite et travaille.

À ce spectacle, ô Didon, quelles furent tes pensées? Quels furent tes soupirs, lorsque, du haut de ton palais, tu vis de tes yeux tout le rivage en mouvement, et que tes oreilles furent frappées des clameurs confuses qui retentissaient sur la plage! Cruel amour, à quelle extrémité ne réduis-tu pas le cœur des mortels? Elle est encore forcée de recourir aux larmes, de tenter une fois de plus l'effet des prières, et d'abaisser devant l'amour sa fierté suppliante pour ne pas mourir sans avoir tout épuisé.

« Anne, dit-elle, vois-tu comme on s'assemble çà et là sur le rivage? Tous les Troyens y sont réunis. Déjà la voile appelle les vents, et les joyeux matelots ont couronné les poupes. Si j'ai pu m'attendre à ce coup terrible, ô ma sœur, je saurai le supporter. Cependant rends un dernier service à la malheureuse Didon. Car c'est pour toi seule que le perfide avait des égards; il te confiait même ses plus secrètes pensées; seule tu connaissais le moment favorable pour obtenir de lui un doux accueil. Va, ma sœur, aborde en suppliante cet ennemi superbe. Je n'ai point à Aulis juré avec les Grecs l'extermination des Troyens; je n'ai point envoyé de flotte à Pergame; je n'ai point arraché de leur tombeau les cendres d'Anchise. Pourquoi donc, le cruel, refuse-t-il de prêter l'oreille à mes discours? Qui le presse? Sa malheureuse amante lui demande une dernière faveur: qu'il attende pour son départ une saison meilleure et des vents propices. Je n'invoque plus l'ancien hymen qu'il a trahi; je ne veux le priver ni de son beau Latium, ni de son glorieux empire. Je ne réclame qu'un faible délai, une courte trêve pour calmer mon délire, pour me vaincre moi-même, et m'accoutumer à mon triste destin. J'implore de ta pitié cette dernière grâce. S'il me l'accorde, je t'en serai reconnaissante jusqu'à la mort. »

Telle était sa prière, tels étaient ses gémissements. Mais c'est en vain que sa sœur désolée les porte et les reporte au héros troyen. Les pleurs ne peuvent l'émouvoir, ni les supplications, le fléchir. Les Destins s'y opposent; un dieu ferme ses oreilles à la pitié. Ainsi, sur la cime des Alpes, quand les aquilons réunissent tous leurs efforts pour déraciner un vieux chêne, l'air mugit, le tronc vigoureux s'ébranle, et jonche au loin le sol de son feuillage; mais l'arbre tient bon sur le rocher, et sa tête s'élève autant vers les cieux que ses pieds descendent vers l'empire des morts. De même Énée est assailli longtemps par d'incessantes prières. Sa grande âme est pénétrée de douleur; mais il reste inflexible, et les larmes coulent en vain dans ses yeux.

Alors, épouvantée de ses destins, la malheureuse Didon invoque la mort : elle est lasse de voir la voûte des cieux. Tout l'affermit dans son projet d'abandonner la vie. Elle a vu, quand l'encens fumait sur les autels chargés de ses dons, elle a vu (prodige affreux !), l'onde sacrée se noircir, et le vin répandu se changer en un sang de funeste présage. Elle seule l'a vu, sans en rien dire à sa sœur. C'est peu. Dans son palais s'élevait un temple de marbre consacré à son premier époux. Elle honorait ce temple d'un culte particulier : il était orné de blanches toisons et de fraîches guirlandes. Là, quand la nuit couvre la terre de ses ombres, elle croit entendre la voix de Sichée qui l'appelle. Souvent aussi, du haut des tours, le hibou solitaire redit un chant de mort, et traîne sa voix en longs gémissements. Que dis-je? mille prédictions anciennes la glacent encore d'effroi par leurs terribles avertissements. Le cruel Énée lui-même la poursuit et l'obsède en songe. Elle se voit toujours seule et abandonnée, toujours errante sans suite, durant un long voyage, et cherchant ses Tyriens au travers des déserts. Ainsi, dans sa fureur, Penthée voit les Euménides : deux soleils et deux Thèbes frappent ses regards ; ainsi, sur le théâtre, le fils d'Agamemnon, Oreste, tourmenté par les Furies, fuit sa mère armée d'une torche et de noirs serpents, et trouve les divinités vengeresses sur le seuil du temple.

Égarée par son désespoir et vaincue par la douleur, elle se résout de mourir, mais elle veut régler seule le moment et les apprêts de son trépas. Puis, cachant son projet sous un air serein, et montrant sur son front le calme de l'espérance, elle aborde sa sœur attristée, et lui dit : « Félicite-moi, ma sœur : j'ai trouvé un moyen qui doit le ramener, ou qui m'affranchira de mon amour. Près des extrémités de l'Océan, aux lieux qui voient le soleil se plonger dans les flots, sur les confins de l'Éthiopie, il est une contrée où le grand Atlas soutient sur ses épaules la voûte étincelante des cieux. C'est de là qu'est venue une prêtresse massylienne qu'on m'a fait connaître. Elle gardait le temple des Hespérides, et nourrissait elle-même de miel liquide et de pavots assoupissants le dragon qui veille sur l'arbre aux rameaux sacrés. Elle peut, dit-elle, par ses enchantements affranchir certains cœurs de leurs peines, et inspirer à d'autres les cruels soucis de l'amour; elle peut suspendre le cours des fleuves, et changer la marche des astres ; elle évoque les mânes pendant la nuit. A sa voix, tu entendras la terre mugir sous ses pieds, tu verras les arbres descendre des montagnes. J'en jure par les dieux, par toi-même, ô ma sœur! et par ta tête chérie : c'est malgré moi que j'ai recours aux formules magiques. Dresse en secret un bûcher dans la cour intérieure du palais. Sur ce bûcher dépose, avec tout ce qui me reste de lui, les armes qu'il a laissées suspendues près de sa couche, et ce lit nuptial qui m'a perdue. Anéantis tout ce qui rappelle le souvenir du parjure : c'est le conseil, c'est l'ordre de la prêtresse. » A ces mots elle se tait et la pâleur couvre son visage. Anne ne soupçonne point que, sous l'apparence d'un sacrifice, Didon cache de sinistres apprêts. Elle ne conçoit pas un tel délire, et ne craint pas un désespoir plus grand qu'à la mort de Sichée. Elle accomplit donc ces ordres.

Cependant, lorsque s'élève dans la cour intérieure du palais l'immense bûcher formé de chênes et de pins résineux, la reine décore l'enceinte de guirlandes et de rameaux funèbres. Préoccupée du sort qui l'attend, elle place au haut de l'édifice, sur le lit nuptial, les vêtements d'Énée, son image et le glaive qu'il a laissé. Des autels sont dressés à l'entour. La prêtresse, les cheveux épars, invoque d'une voix tonnante les trois cents divinités infernales, l'Érèbe, le Chaos, la triple Hécate, et la chaste Diane aux trois formes. Elle répand une eau qui simule celle de l'Averne. Elle exprime des sucs noirs et vénéneux d'herbes velues, coupées à la clarté de la lune avec une faucille d'airain. Elle y joint l'excroissance arrachée du front d'un cheval naissant, et soustraite à l'avidité de la mère. Elle-même, portant dans ses pieuses mains un gâteau sacré, s'approche de l'autel, un pied nu et la robe flottante. Elle atteste, avant de mourir, les dieux et les astres témoins de sa destinée. Enfin elle implore la justice et la vengeance de toutes les divinités qui s'intéressent aux amants trahis.

Il était nuit, et les mortels fatigués goûtaient un paisible sommeil. Le calme régnait dans les bois et sur les flots. C'était l'heure où les astres ont atteint le milieu de leur cours, où tout est muet dans les champs, où les troupeaux, les oiseaux au brillant plumage, ceux qui habitent les lacs limpides et ceux qui s'abritent sous les buissons, dormant dans l'ombre et le silence, soulagent leurs peines et oublient leurs maux. Il n'en était pas ainsi de la malheureuse Didon. Jamais elle ne se livre au sommeil ; jamais ses yeux ni son cœur ne jouissent du calme de la nuit. Ses tourments redoublent, son amour se réveille furieux, comme une mer bouleversée par une horrible tempête. Elle persiste dans son projet, et roule ces pensées dans son cœur : « Que faire ? Irai-je encore m'exposer aux railleries de mes premiers amants ? Irai-je mendier l'hymen de ces rois numides dont j'ai tant de fois dédaigné la main ? Suivrai-je les vaisseaux d'Ilion pour me soumettre aux ordres du dernier des Troyens ? J'ai tant à m'applaudir de les avoir secourus naguère, et ils conservent un si profond souvenir de mes bienfaits !... Mais, quand je le voudrais, qui pourrait consentir à recevoir dans ses vaisseaux superbes une femme odieuse ? Infortunée ! ne connais-tu pas les parjures de la race de Laomédon ? Que ferai-je d'ailleurs ? Seule et fugitive, devrai-je accompagner les matelots triomphants ? Les poursuivrai-je avec mes Tyriens et toute ma flotte ? Entraînerai-je de nouveau sur les mers ceux que j'arrachai de Tyr avec tant de peine, et leur ordonnerai-je de s'exposer aux caprices des vents ? Ah ! plutôt meurs, comme tu l'as mérité, et que le fer termine tes douleurs ! C'est toi, ma sœur, qui, vaincue par mes larmes, et servant mon délire, as été la première cause de mes maux, c'est toi qui m'as livrée à mon ennemi. Que n'ai-je pu, comme les hôtes des bois, passer dans l'indépendance une vie exempte de reproche, et ignorer de pareils tourments! Hélas! j'ai trahi la foi promise à la cendre de Sichée. » C'est en ces plaintes amères qu'éclatait sa douleur.

Énée, ferme dans sa résolution, après avoir tout disposé pour le départ dormait sur la poupe de son vaisseau. Il voit en songe le même dieu qui s'était présenté à lui. Semblable en tout à Mercure, il en a les traits, la voix, les blonds cheveux et la brillante jeunesse. Il renouvelle au héros ses avis : « Fils d'une déesse, peux-tu dormir dans un pareil moment? Ne vois-tu pas les dangers qui t'environnent? Insensé! n'entends-tu pas le souffle heureux du zéphir? Résolue à mourir, Didon médite quelque ruse, quelque odieux forfait, et s'abandonne à tous les transports de la colère. Pourquoi ne pas précipiter ta fuite, quand tu le peux encore? Bientôt tu verras des vaisseaux sillonner la mer, des torches terribles luire de toutes parts, et le rivage se couvrir de flammes, si l'aurore te retrouve demain sur ces plages. Va, pars sans plus tarder. La femme est un être toujours mobile et changeant. » A ces mots, le dieu disparaît dans l'ombre de la nuit.

Effrayé de cette vision soudaine, Énée s'arrache au sommeil et presse ainsi ses compagnons : « Allons, guerriers, réveillez-vous; rangez-vous sur vos bancs, et hâtez-vous de déployer les voiles. Un dieu, envoyé du ciel, vient d'accélérer ma fuite pour la seconde fois : il m'ordonne de couper les câbles. Qui que tu sois, auguste divinité, je te suis, et c'est avec joie que de nouveau j'obéis à tes ordres. Protége-nous, sois-nous propice, et fais briller au ciel des astres favorables. » Il dit, et, tirant du fourreau son épée étincelante, il en frappe les cordages. Enflammés de la même ardeur, tous s'élancent et se précipitent; ils sont déjà loin du rivage; la mer disparaît sous les voiles. L'onde écume sous l'effort des bras qui la sillonnent.

Déjà l'Aurore, quittant la couche dorée de Tithon, répandait sur la terre une clarté nouvelle, quand, aux premiers rayons du jour, la reine aperçoit, du haut de son palais, une flotte voguer à pleines voiles. Le rivage est désert, le port sans matelots. Trois fois elle meurtrit son beau sein et arrache ses blonds cheveux : « O Jupiter! il partira, s'écrie-t-elle! Un étranger se sera joué de moi! Et l'on ne court point aux armes! et la ville entière ne le poursuit pas! et nos vaisseaux ne s'élancent pas du port! Allez, volez, la flamme à la main ; déployez les voiles; fatiguez les rames... Que dis-je? où suis-je? et quel transport m'égare? Malheureuse Didon! tu pleures maintenant sa perfidie. C'est quand tu lui donnais ton sceptre qu'il fallait la prévoir... Voilà donc ses promesses et sa foi! Voilà celui qui emporta, dit-on, les dieux de sa patrie, et qui chargea sur ses épaules son père accablé de vieillesse!... Et je n'ai pu le saisir, le déchirer de mes mains, et disperser ses lambeaux sur les ondes? Je n'ai pu massacrer ses compagnons, égorger son Ascagne lui-même, et lui en faire un horrible festin!... Mais l'issue d'une pareille lutte était douteuse.... N'importe! qu'avais-je à craindre, résolue à mourir? J'aurais embrasé son camp, incendié sa flotte, exterminé le fils et le père avec toute leur race, et me serais moi-même immolée après eux.

« Soleil, dont les regards embrassent l'univers, Junon, confidente et témoin de mes douleurs, Hécate, que l'on invoque dans les carrefours des cités par des clameurs nocturnes, et vous, Furies vengeresses, vous tous, dieux d'Élise mourante, écoutez ma voix ; ouvrez les yeux sur les maux immérités que j'endure, et exaucez mes prières. S'il faut que l'infâme touche au port et parvienne en Italie, si c'est là le terme de ses courses, si tel est l'arrêt de Jupiter; que, du moins, assailli par les armes d'un peuple intrépide, banni de ses états, arraché aux embrassements d'Iule, il mendie des secours étrangers, et voie tous les siens périr d'une mort affreuse! Qu'après avoir subi une paix honteuse, il ne jouisse ni du sceptre, ni de la douce lumière! Qu'il meure avant le temps, et que son corps, privé de sépulture, soit abandonné sur le rivage! Voilà mes vœux voilà les dernières paroles que j'exhale avec ma vie. Et vous, ô Tyriens, poursuivez d'une haine éternelle sa race et tous ses descendants. Tels sont les honneurs suprêmes que mon ombre attend de vous. Nulle amitié, nulle alliance entre les deux peuples!... Sors de ma cendre, ô mon vengeur! poursuis avec la flamme, avec le fer, les fils de Dardanus, maintenant, à jamais, partout où tu pourras les rencontrer. Rivages contre rivages, flots contre flots, soldats contre soldats! et puissent nos derniers neveux se combattre encore! »

Elle dit, et, impatiente de briser au plus tôt la trame d'une vie odieuse, elle roule mille projets dans son cœur. Elle s'adresse à Barcé, la nourrice de Sichée; car la sienne avait laissé ses cendres dans leur antique patrie. « Chère nourrice, lui dit-elle, va chercher ma sœur. Dis-lui qu'elle se hâte de se purifier dans une eau vive; qu'elle amène les victimes et les offrandes expiatoires désignées par la prêtresse, et qu'alors seulement elle vienne Toi-même ceins ton front des bandelettes sacrées. Je veux achever le sacrifice que j'ai préparé en l'honneur du dieu des enfers; je veux mettre un terme à mes peines, et livrer aux flammes du bûcher l'image du Troyen. » A ces mots la vieille Barcé s'efforce de hâter ses pas.

Alors, frémissante et animée d'une farouche ardeur à l'accomplissement de son affreux dessein, Didon, les yeux égarés et sanglants, les joues tremblantes et semées de taches livides, la pâleur de la mort sur le front, se précipite dans la cour du palais, s'élance furieuse au haut du bûcher, et tire du fourreau l'épée du Troyen, présent offert pour un autre usage. Puis, après avoir contemplé ces vêtements phrygiens et cette couche si connue, elle se recueille un moment, les yeux baignés de larmes, se jette sur le lit funèbre, et prononce ces dernières paroles : « Dépouilles jadis si chères, tant que le permirent les Destins et l'Amour, recevez mon âme, et délivrez-moi de mes tourments. J'ai vécu, j'ai fourni la carrière que m'avait tracée la Fortune; et maintenant mon ombre peut avec orgueil se rendre chez les morts. J'ai fondé une ville superbe; j'ai vu s'élever mes remparts. J'ai vengé mon époux, et puni un frère inhumain. Heureuse, hélas! trop heureuse, si les vaisseaux troyens n'eussent jamais touché mes rivages! » Alors, imprimant ses lèvres sur sa couche : « Quoi! mourir sans vengeance! Oui, mourons, dit-elle : même à ce prix il m'est doux de descendre chez les ombres. Que du milieu des flots le cruel Troyen repaisse ses yeux des flammes de ce bûcher, et qu'il emporte avec lui le présage de ma mort! »

A peine elle achevait ces mots, ses suivantes la voient tomber sous le fer; elles voient le glaive fumant de sang et ses mains défaillantes. Des cris éclatent dans tout le palais. La Renommée épouvante la ville de cette nouvelle. On n'entend partout que gémissements et lamentations de femmes éplorées; l'air retentit de lugubres clameurs. On dirait que Carthage ou l'antique Sidon s'écroule sous des hordes ennemies, et que la flamme furieuse enveloppe dans ses tourbillons les demeures des hommes et les temples des dieux.

A cette nouvelle, Anne, éperdue et tremblante d'effroi, accourt en se déchirant le visage, en se meurtrissant le sein. Elle fend la foule et appelle à grands cris Didon mourante. « O ma sœur, s'écrie-t-elle, c'était donc là ton dessein! Tu voulais me tromper! Voilà ce que me préparaient ce bûcher, ces feux, ces autels! De quoi me plaindre d'abord dans cet abandon? As-tu dédaigné ta sœur pour compagne de ta mort? Que ne m'as-tu appelée à partager ton destin? Le même fer nous eût enlevées toutes deux au même instant. Et c'est moi qui de mes mains ai dressé ce bûcher, qui ai imploré les dieux de la patrie, afin que tu puisses ainsi mourir seule, loin de mes yeux! Cruelle, tu nous as tous perdus, toi, moi, ton peuple, ton sénat et ta ville. Donnez : que je lave sa plaie avec une onde pure; et, s'il erre encore sur ses lèvres un dernier souffle, que ma bouche au moins le recueille. » A ces mots, elle franchit les degrés du bûcher, embrasse en pleurant sa sœur expirante, la réchauffe sur son sein, et avec son vêtement elle étanche le sang. Didon essaye de soulever ses paupières appesantiés, et les referme soudain. De son sein transpercé s'échappe un sifflement aigu. Trois fois elle se soulève, appuyée sur le coude, trois fois elle retombe sur sa couche. Ses yeux errants cherchent la lumière des cieux, et elle gémit de l'avoir trouvée.

Alors la puissante Junon, prenant en pitié ces longues douleurs et un si pénible trépas, envoie Iris du haut de l'Olympe pour dégager cette âme qui lutte contre les liens du corps. Comme sa mort n'était l'effet ni d'un arrêt du Destin ni d'un châtiment mérité, et que l'infortunée succombait avant le temps, victime d'un transport soudain, Proserpine ne lui avait pas encore enlevé du front le cheveu fatal, et n'avait pas dévoué cette tête au dieu des enfers. Iris s'élance donc à travers les airs sur ses ailes humides de rosée, qui reflètent au soleil mille couleurs, et s'arrête au-dessus de l'infortunée. « Je vais, dit-elle, suivant l'ordre que j'ai reçu, apporter à Pluton ce tribut sacré, et je te délivre des liens du corps. » Elle dit, et de sa main coupe le cheveu. Aussitôt toute chaleur se dissipe, et le souffle de la vie s'exhale dans les airs.

LIVRE CINQUIÈME.

Cependant Énée, ferme dans sa résolution, poursuivait sa route, et fendait les flots noircis par l'aquilon, les regards fixés sur les murs qu'éclairaient déjà les flammes allumées par la malheureuse Didon. Quelle est la cause de ce vaste incendie? les Troyens l'ignorent; mais ils savent combien est cruel le désespoir d'une amante outragée, ils savent jusqu'où peut aller la fureur d'une femme, et ils en conçoivent un triste pressentiment.

Dès que les vaisseaux furent en pleine mer, dès que la terre eut disparu, et qu'on ne vit plus partout que le ciel et les eaux, un sombre nuage, portant dans ses flancs la nuit et la tempête, s'arrêta au-dessus de la flotte, et l'onde se couvrit de ténèbres. Le pilote lui-même, Palinure s'écrie du haut de la poupe : « Dieux! quelles épaisses nuées ont obscurci le ciel! Neptune, que nous prépares-tu? » Il ordonne aussitôt de serrer les voiles et d'appuyer vigoureusement sur les rames. Il présente de côté les voiles au vent, et dit : « Non, magnanime Énée, quand Jupiter me l'assurerait lui-même, je n'espérerais pas aborder en Italie par un temps si orageux. Les vents ont changé ; ils partent du noir couchant et prennent en flanc nos vaisseaux. Tout le ciel n'est bientôt plus qu'un nuage. Vainement nous voudrions lutter et tenir ferme contre la tempête. Puisque la Fortune l'emporte, il faut céder, et nous laisser diriger par elle. Si je reconnais bien le cours des astres que j'ai déjà observés, je ne crois pas que nous soyons loin des ports de Sicile et des rivages hospitaliers de votre frère Éryx. » — « Je vois bien, lui répond Énée, que depuis longtemps les vents l'exigent ainsi et que, tu luttes en vain contre eux. Fais donc voile de ce côté. Pourrait-il être une terre plus chère à mon cœur, et où je souhaitasse plus ardemment réunir mes vaisseaux fatigués, que celle où je vais retrouver le Troyen Aceste, celle qui renferme dans son sein les cendres de mon père Anchise ? » A ces mots, on gagne les ports de la Sicile. Les voiles s'enflent au souffle heureux des zéphyrs. Les vaisseaux volent sur les ondes, et les Troyens, transportés de joie, touchent enfin ce rivage qui leur est connu.

Cependant, du sommet d'une montagne, Aceste est surpris de voir dans le lointain arriver une flotte amie. Il accourt, armé de ses javelots et couvert de la peau d'une ourse de Libye. Né d'une mère troyenne et du fleuve Crinisus, il n'a point oublié ses ancêtres. Il félicite les Troyens de leur retour, les accueille avec joie en leur prodiguant ses trésors champêtres, et son hospitalité les console de toutes leurs fatigues.

Le lendemain, dès que les étoiles ont fui devant les premiers feux du jour, Énée rassemble ses compagnons de tous les points du rivage, et, du haut d'un tertre, il leur parle ainsi : « Magnanimes Troyens, issus du noble sang des dieux, l'année a parcouru le cercle entier de ses mois, depuis que nous avons déposé dans la tombe les restes mortels de mon auguste père, et que nous lui avons consacré de funèbres autels. Déjà même, si je ne me trompe, luit ce jour (dieux, vous l'avez ainsi voulu), ce jour fatal qui sera l'éternel objet de mon culte et de ma douleur. Oui, quand je serais exilé au fond des sables de la Gétulie, retenu par la tempête sur les mers d'Argos ou captif à Mycènes, chaque année j'acquitterais mes vœux par des sacrifices solennels, et je chargerais les autels des offrandes qu'ils réclament. Et maintenant ce n'est pas, je le pense, sans la volonté, sans la protection des dieux, que nous sommes réunis devant le tombeau où reposent les cendres de mon père, et que nous sommes entrés dans un port ami. Hâtons-nous donc d'honorer la mémoire d'Anchise. Demandons-lui des vents propices; qu'il me permette, quand j'aurai élevé mes remparts, de renouveler tous les ans cet hommage dans des temples qui lui seront consacrés. Aceste, Troyen comme nous, accorde deux taureaux à chaque navire. Invoquez dans vos banquets les dieux de notre patrie et ceux qu'adore notre hôte. En outre, si la neuvième aurore répand son éclat sur le monde et nous rend la lumière du soleil, j'ordonnerai des jeux. D'abord nos galères disputeront le prix de la vitesse. Puis, ceux qui sont agiles à la course, ceux qui, se fiant à leurs forces, excellent à lancer le javelot et la flèche légère, ceux enfin qui osent se hasarder au rude combat du ceste, se présenteront tous pour disputer l'honneur de la victoire. Observez un religieux silence, et ceignez vos fronts de feuillage. »

En achevant ces mots, il couronne sa tête du myrte maternel. Hélymus, le vieil Aceste, le jeune Ascagne et les autres Troyens imitent son exemple. Du lieu de l'assemblée le héros s'avance, au milieu d'un immense cortège, vers le tombeau d'Anchise. Là, selon le rite, il épanche sur la terre deux coupes remplies de vin pur, deux autres de lait nouveau, et deux de sang consacré; il jette des fleurs brillantes sur la tombe, et prononce ces paroles : « Salut, encore une fois, ô mon auguste père ! salut, cendres révérées, ombre et mânes paternels ! C'est vainement, hélas ! que je vous retrouve : il ne m'est pas permis de chercher avec vous ces rivages d'Italie, ces champs promis par les Destins, et le Tibre, quel qu'il soit, qui baigne l'Ausonie. »

A peine il achevait ces mots, que du fond de l'asile sacré sort un serpent, qui, après avoir déployé sept fois ses immenses anneaux, embrasse mollement la tombe, et glisse autour des autels. Son dos est semé de taches noires, et ses écailles étincellent d'or. Tel, au sein des nues, l'arc-en-ciel reflète mille couleurs sous les feux du soleil. A cet aspect Énée demeure interdit. Le reptile déroule ses longs replis entre les vases et les coupes, abandonne les autels après en avoir goûté les prémices, et rentre paisiblement au fond de la tombe. Le héros, ne sachant s'il a vu le Génie du lieu, où le gardien du tombeau de son père, n'en recommence qu'avec plus d'ardeur son sacrifice en l'honneur d'Anchise. Il immole, selon l'usage, cinq brebis, autant de porcs, autant de taureaux noirs, et répand le vin des libations, en invoquant l'ombre du grand Anchise et ses mânes sortis des enfers. Ses compagnons aussi, chacun selon leurs ressources, apportent à l'envi leurs offrandes, en chargent les autels et immolent des taureaux. D'autres rangent en ordre les chaudières d'airain; d'autres, assis sur l'herbe, attisent les charbons sous les broches pour faire rôtir les entrailles des victimes.

Enfin arrive le jour attendu, et les coursiers du soleil amènent la neuvième aurore, brillante de clarté. La Renommée et le nom de l'illustre Aceste ont attiré les peuples voisins. Leur foule joyeuse couvre le rivage. Les uns veulent voir les Troyens, les autres se préparent aux combats. D'abord on expose à tous les yeux, au milieu du cirque, les récompenses destinées aux vainqueurs : des trépieds sacrés, de vertes couronnes, des palmes, des armes, des vêtements de pourpre, des talents d'or et d'argent. Puis, du haut d'un tertre, le clairon annonce que les jeux sont ouverts.

Quatre galères pareilles, choisies dans toute la flotte et garnies de robustes rames, commencent le combat. Mnesthée, avec ses ardents rameurs, conduit la rapide Baleine, Mnesthée qui doit un jour en Italie être la tige des Memmius. Gyas commande l'énorme Chimère : à sa masse on dirait une ville flottante que font mouvoir trois rangs de jeunes Troyens, élevés sur autant d'étages. Sergeste, dont la famille Sergius tire son nom, monte le gigantesque Centaure; et la noire Scylla obéit à Cloanthe, le premier de ta race, noble Cluentius.

En face du rivage écumant, s'élève au loin dans la mer un rocher que battent et couvrent souvent les flots irrités, quand les vents orageux obscurcissent le ciel. Pendant le calme, il apparaît, au-dessus des ondes immobiles, comme une plate-forme où les plongeons aiment à se reposer au soleil. Énée y fait dresser un chêne au verdoyant feuillage.

C'est le but vers lequel se dirigeront les galères, qui doivent le tourner, et revenir au port par un long circuit.

Le sort fixe les places. Debout à la poupe, les chefs resplendissent au loin de l'éclat de l'or et de la pourpre. Les jeunes rameurs, couronnés de peuplier, les épaules nues et luisantes d'huile, s'installent sur leurs bancs. Les bras tendus sur l'aviron et l'oreille attentive, ils attendent le signal. La crainte d'être vaincus et l'amour ardent de la gloire font battre leurs cœurs. Dès que la trompette éclatante a donné le signal, tous aussitôt s'élancent. L'air retentit du cri des matelots. L'onde écume sous l'effort de leurs bras qui la coupent en sillons parallèles. La mer entière est bouleversée et s'entr'ouvre sous les rames et les proues. Avec moins d'impétuosité deux chars rivaux franchissent la barrière et dévorent l'espace ; avec moins d'ardeur les cavaliers secouent les rênes flottantes sur les coursiers fougueux, et se penchent en avant pour les frapper du fouet. Toute la forêt retentit des applaudissements et du murmure des spectateurs qui s'intéressent au combat. Leurs acclamations ébranlent le rivage, et l'écho des collines répond à ce bruit confus.

Au milieu des frémissements de la foule, Gyas vole le premier sur les ondes et devance ses rivaux. Cloanthe le suit de près, bien servi par ses rameurs, mais retardé par le poids de son navire. Après eux, viennent à une égale distance la Baleine et le Centaure, qui s'efforcent de gagner le premier rang. Tantôt la Baleine a l'avantage, tantôt l'énorme Centaure triomphe et la dépasse ; tantôt, marchant de front, les deux galères voguent ensemble, et de leur longue carène sillonnent les flots amers.

Déjà ils approchaient du rocher, et allaient atteindre le but, lorsque Gyas, qui, tenant la tête, est près de vaincre sur les flots, apostrophe son pilote Ménétès : « Pourquoi vas-tu si loin à droite ? Tourne de ce côté. Serre les flancs du rocher ; effleure-les à gauche. Laisse aux autres la pleine mer. » Il dit ; mais, craignant les écueils cachés, Ménétès détourne la proue et gagne au large. « Où vas-tu, Ménétès ? lui crie de nouveau Gyas; pourquoi ce détour ? rapproche-toi du rocher. » Quand soudain il voit derrière lui Cloanthe qui le presse, se rapproche à gauche, glisse entre sa galère et le rocher retentissant, puis, dépassant vivement son rival, tourne la borne, et vogue en sûreté. Alors un violent dépit enflamme le cœur du jeune combattant. Ses joues sont inondées de larmes. Sans égard pour sa propre dignité et pour le salut des siens, il précipite l'indolent Ménétès du haut de la poupe dans les flots, et prend lui-même le gouvernail. Nouveau pilote, il excite les rameurs, et tourne la barre vers le rocher. Cependant, revenu enfin avec peine du fond de l'abîme, le vieux Ménétès, malgré le poids de l'âge et l'eau qui ruisselle de ses vêtements, gravit le rocher et s'assied sur sa cime. Les Troyens avaient ri de sa chute et de ses efforts pour échapper aux flots ; ils rient encore en le voyant vomir l'onde amère.

Une vive espérance anime alors les deux derniers concurrents, Sergeste et Mnesthée, qui se flattent de devancer Gyas en retard. Sergeste saisit l'avantage : il approche du rocher. Mais son navire ne dépasse qu'à demi sa rivale, et la proue de la Baleine serre les flancs du Centaure. Mnesthée parcourt à grands pas sa galère, et excite ainsi ses rameurs : « Appuyez, appuyez sur vos rames, compagnons d'Hector, vous que j'ai choisis à la dernière heure de Troie. Déployez maintenant cette énergie et ce courage qui vous firent braver les syrtes de la Gétulie, la mer Ionienne et les rapides courants de Malée. Je n'aspire plus au premier rang ; je n'ai plus la prétention de vaincre.... Si pourtant !... Mais qu'ils l'emportent, ô Neptune, ceux à qui tu as donné la victoire. Du moins épargnons-nous la honte d'arriver les derniers. Mettons notre gloire à éviter ce déshonneur. » Ses matelots pèsent avec un suprême effort sur les rames. La poupe d'airain tremble, et la mer se dérobe sous leurs coups vigoureux. Un souffle précipité bat leurs flancs et dessèche leurs lèvres ; la sueur ruisselle de leurs corps.

Le hasard leur procure l'honneur qu'ils ambitionnent. Tandis que, bouillant d'ardeur, Sergeste serre de trop près le rocher, et s'engage dans un passage étroit, le malheureux échoue contre un écueil avancé. Le roc s'ébranle ; les rames, en heurtant contre ses pointes, s'y brisent, et la proue fracassée y reste suspendue. Les matelots se lèvent et s'arrêtent en poussant un grand cri. Ils saisissent des pieux armés de fer, des avirons aigus, et recueillent les débris flottants de leurs rames. Transporté de joie et enhardi par le succès, Mnesthée, à l'aide de ses agiles rameurs et des vents qu'il invoque, s'élance sans obstacle en pleine mer, et vogue rapidement sur les flots. Telle une colombe, chassée brusquement de la roche qui lui sert de retraite et où elle abrite sa douce couvée, s'envole vers la plaine ; dans son effroi, elle fait retentir son nid du battement de ses ailes ; mais bientôt, glissant sous le paisible azur des cieux, elle fend les airs en paraissant immobile : tel emporté par son élan, le rapide navire de Mnesthée vole à travers les ondes vers le but désigné. D'abord il laisse derrière lui Sergeste, qui lutte contre les écueils et les bancs de sable, implorant en vain du secours, et essayant de se dégager avec les débris de ses rames. Ensuite il atteint Gyas et l'énorme Chimère, et celle-ci, privée de son pilote, se laisse dépasser.

Enfin Cloanthe restait seul, et touchait presque au but. Mnesthée le poursuit et le presse de toute la force de ses rames. Alors les cris des spectateurs redoublent, mille vœux l'encouragent, et l'air retentit de bruyantes acclamations. Les uns s'indignent qu'on leur dispute un triomphe qui leur appartient et l'honneur d'une victoire qu'ils achèteraient au prix de leur vie. Les autres sont enflammés par le succès : ils peuvent, parce qu'ils croient pouvoir. Et peut-être les deux galères, arrivant de front, eussent-elles triomphé à la fois, si Cloanthe, étendant les mains sur les ondes, ne se fût attiré la protection des dieux par cette prière : « Dieux qui régnez sur l'Océan, vous dont je parcours l'empire, si vous exaucez mes vœux, je vous immolerai avec joie un taureau blanc sur ce rivage au pied de vos autels ; je jetterai ses entrailles dans les flots amers, et j'y joindrai des libations de vin. » Il dit, et du fond des eaux toute la troupe des Néréides, les filles de Phorcus et la vierge Panopée ont en-

LIVRE CINQUIÈME. 203

tendu sa voix. Palémon lui-même de sa puissante main pousse la galère qui, plus rapide que le vent et la flèche ailée, vole au rivage et s'enfonce dans le port.

Alors le fils d'Anchise, après avoir, selon la coutume, appelé tous les concurrents, proclame, par la voix du héraut, Cloanthe vainqueur, et il le couronne de laurier. Il donne en récompense à chaque navire trois taureaux au choix, du vin et un talent d'argent. Il y joint pour les chefs des présents d'honneur. Le vainqueur reçoit une chlamyde tissue d'or, où la pourpre de Mélibée serpente en un double contour. On y voit représenté un jeune prince, armé d'un javelot, fatiguant à la course les cerfs agiles dans la forêt de l'Ida. Il est plein d'ardeur, et semble hors d'haleine. Soudain l'oiseau de Jupiter, fondant du haut de la montagne, l'enlève dans ses serres recourbées. En vain ses vieux gouverneurs tendent leurs mains vers le ciel, en vain sa meute fait retentir l'air d'aboiements furieux. Celui qui par son adresse a mérité le second rang, obtient une cuirasse tissue de mailles brillantes à triple réseau d'or. Énée, vainqueur de Démolée, la lui avait ravie sur les bords du Simoïs, au pied des murs d'Ilion. Il la donne à Mnesthée pour qu'elle lui serve de parure et de défense dans les combats. Les esclaves Phégée et Sagaris, en réunissant leurs efforts, pouvaient à peine la porter sur leurs épaules; mais Démolée en était jadis revêtu, quand il chassait devant lui les Troyens en déroute. Le troisième prix se compose de deux bassins en bronze, et de coupes d'argent, ornées de figures d'un travail parfait. Tous les prix étaient distribués : les vainqueurs, fiers de leurs récompenses, se retiraient le front ceint de bandelettes de pourpre, lorsque, après de pénibles efforts, dégagé du funeste écueil, sans avirons, et dégarni d'un rang de rames, Sergeste, tout honteux, ramenait sa galère au milieu de mille risées. Tel on voit un serpent qu'un char surpris au milieu de la voie publique et coupé en deux avec une roue d'airain, ou qu'un voyageur a laissé meurtri et à demi mort sous un coup de pierre. En vain, pour fuir, il se tord et déploie ses longs anneaux. Terrible d'un côté, et l'œil en feu, il dresse en sifflant sa tête altière ; de l'autre, arrêté par sa blessure, il replie sur lui-même ses tronçons mutilés. Ainsi se traînait lentement la galère de Sergeste, dépourvue de rames. Cependant elle déploie toutes ses voiles, et rentre dans le port. Énée, content de voir que Sergeste a sauvé son navire et ramené ses compagnons, lui remet la récompense promise : c'est une esclave crétoise, Pholoé, habile dans les travaux de Minerve, et mère de deux jumeaux qu'elle nourrit de son lait.

Après ce combat, Énée se rend dans une prairie qu'enferment de toutes parts des collines couronnées de forêts. Au milieu du vallon était un cirque en amphithéâtre, où le héros s'avance suivi d'une foule innombrable, et s'assied sur un trône de gazon. Là il invite par des récompenses ceux qui voudront lutter à la course, et il expose les prix aux regards. De tous côtés accourent à l'envi Troyens et Siciliens. Nisus et Euryale sont les premiers : Euryale, remarquable par sa beauté et sa tendre jeunesse ; Nisus, son ami dévoué de cet adolescent. Après eux viennent Diorès, de la race royale de Priam ; Salius d'Acarnanie, et Patron, issu dans Tégée d'une famille arcadienne ; deux jeunes Siciliens, Hélymus et Panope, accoutumés à vivre dans les forêts et compagnons du vieil Aceste ; beaucoup d'autres encore dont les noms obscurs sont restés dans l'oubli.

Énée les voyant rassemblés, leur parle ainsi : « Prêtez-moi votre attention, et que vos cœurs s'ouvrent à la joie. Aucun de vous ne sortira de la lice sans un présent de ma main. Je donnerai à chacun de vous une paire de javelots crétois armés d'un fer poli, avec une hache à deux tranchants, ciselée en argent. Cette récompense sera commune à tous. Les trois premiers vainqueurs recevront des prix à part et une couronne de pâle olivier. Au premier je destine un coursier richement équipé ; au second, un carquois d'Amazone, rempli de flèches de Thrace, avec le large baudrier d'or qui l'entoure et qu'attache une pierre précieuse. Le troisième se contentera de ce casque grec. »

A peine a-t-il parlé, que les rivaux prennent leur place. La signal est donné. Aussitôt ils franchissent la barrière et dévorent l'espace, comme un tourbillon, les yeux fixés vers le but. A leur tête, et bien avant tous les autres, brille et vole Nisus, plus léger que le vent, plus rapide que la foudre. Salius le suit, mais le suit à une grande distance ; et, à son tour, il laisse un intervalle entre Euryale et lui. Hélymus vient après ; puis Diorès qui touche presque du pied le pied de son rival, et se penche sur son épaule. S'il restait plus d'espace à parcourir, il le laisserait derrière lui ou balancerait l'avantage.

Arrivés au bout de la carrière, ils touchaient presque au but, épuisés de fatigue, quand le malheureux Nisus glisse sur la verte pelouse, trempée du sang des taureaux qu'on venait d'immoler. Déjà, fier de son triomphe, il ne peut affermir ses pas chancelants ; il tombe en avant sur la fange immonde et dans le sang des victimes. Mais il n'oublie pas Euryale, ses amours ! Il se relève sur ce terrain perfide, et oppose son corps à Salius qui, renversé lui-même, roule sur l'arène sanglante. Dès lors Euryale s'élance ; et, vainqueur, grâce à son ami, il dépasse ses rivaux, en volant au bruit flatteur des acclamations et des applaudissements. Hélymus arrive après lui, et la troisième palme appartient maintenant à Diorès.

Dans ce moment le cirque immense retentit des clameurs de Salius. Il en appelle aux chefs assis aux premiers rangs, et revendique un honneur que lui a enlevé la ruse. Euryale a pour lui la faveur publique, ses larmes touchantes et le charme que la beauté ajoute à la vertu. Diorès le seconde, sachant qu'il aura vainement approché de la victoire et gagné la troisième palme, si la première est décernée à Salius. « Jeunes rivaux, leur dit alors Énée, les récompenses que je vous ai promises vous sont assurées, et personne ne changera l'ordre des prix. Souffrez seulement que je console un ami qui n'a pas mérité sa disgrâce. » A ces mots, il donne à Salius l'énorme dépouille d'un lion de Gétulie, garnie de son épaisse crinière et de griffes en or. « Si vous accordez de tels présents aux vaincus, dit alors Nisus, et si vous avez pitié de ceux qui tombent, quel honneur me réservez-vous donc à moi, qui aurais, par ma vitesse, mérité la première couronne, si la Fortune ennemie ne me l'eût enlevée comme à Salius ? » En même temps, il montrait son visage et ses membres souillés d'une fange impure. Énée lui sou[rit] avec bonté. Il fait apporter un bouclier, chef-d'œuvre [de] Didymaon, que les Grecs avaient dérobé aux portes sacrées d'un temple de Neptune, et remet à l'agile coureur ce d[on] magnifique.

La course était finie, et les prix, distribués. « Maintenan[t,] dit Énée, si quelqu'un se sent assez de courage et de vigueur, qu'il se présente et lève ses bras armés du ceste. » Ensuit[e,] il propose deux prix : un taureau paré de bandelettes d['or] pour récompenser le vainqueur, une épée et un casq[ue] superbe pour consoler le vaincu.

Aussitôt, étalant aux regards sa force prodigieuse, Dar[ès] paraît, et sa présence excite un long murmure. Seul il lu[t]tait habituellement contre Pâris. C'était lui qui, près de l[a] tombe du grand Hector, avait terrassé Butès, jusque[-là] vainqueur, Butès, cet énorme colosse qui se vantait de de[s]cendre d'Amycus, roi de Bébrycie, et l'avait étendu mo[u]rant sur l'arène. Tel, préludant au combat, Darès lève [la] tête altière, montre ses larges épaules, étend et déploie l['un] après l'autre ses bras nerveux, et frappe l'air de ses coup[s.] On lui cherche un adversaire. Mais personne, dans cette f[oule] innombrable, n'ose affronter un pareil athlète, ni arme[r ses] mains du ceste. Alors, plein de joie, et croyant que tous l[ui] cèdent la palme, Darès s'avance aux pieds d'Énée, et, sa[ns] plus attendre, de sa main gauche il saisit le taureau par [la] corne : « Fils de Vénus, dit-il, si personne n'ose tenter [le] combat, à quoi bon ces délais? Qu'ai-je besoin d'attend[re] encore? Le taureau m'appartient : ordonnez que je l'e[m]mène. » Tous les Troyens font entendre un murmure [ap]probateur, et réclament pour Darès la récompense prom[ise.]

Le vénérable Aceste gourmande alors Entelle qui ven[ait] de s'asseoir près de lui sur un banc de gazon : « Entelle, n'as-tu donc été jadis le plus vaillant des héros, que po[ur] souffrir avec tant de patience qu'un prix si glorieux s[oit] enlevé sans combat? As-tu donc oublié cet Éryx tant vanté, ce dieu qui fut ton maître? Qu'est devenue ta gloire répandue dans toute la Sicile? Où sont ces magnifiques trophées suspendus aux murs de ta demeure? » Entelle lui répond : « Ce n'est point la peur qui m'a fait renoncer aux applaudissements et à la gloire ; mais la vieillesse a glacé mon sang et épuisé mes forces. Si j'avais encore la brillante jeunesse qui donne à cet insolent tant d'orgueil et d'audace, ce n'est pas l'espoir d'obtenir le superbe taureau qui me ferait descendre dans l'arène : les prix me touchent peu. » Il dit, et jette au milieu du cirque deux cestes d'un poids énorme : c'étaient ceux que le vaillant Éryx attachait à ses bras par de fortes courroies, et dont il se servait dans les combats. Tous demeurent stupéfaits à la vue de ces gantelets effroyables, composés de sept cuirs épais, garnis de plomb et de fer. Interdit plus que tous les autres, Darès refuse le combat avec de telles armes. Le magnanime fils d'Anchise les pèse, et retourne en tous sens les immenses courroies. « Que serait-ce, dit avec émotion le vieil Entelle, si vous eussiez vu les cestes dont s'armait Hercule lui-même, et le terrible combat qui fut livré sur ce rivage? Ceux-ci étaient portés jadis par votre frère Éryx. Vous les voyez teints encore du sang de crânes fracassés. C'est avec ces armes qu'il lutta contre le grand Alcide ; c'est avec elles que je combattais moi-même, lorsqu'un sang plus vif entretenait mes forces, avant que la jalouse vieillesse eût blanchi mes cheveux. Mais si le troyen Darès n'accepte point mes armes, et si Énée, d'accord avec Aceste, approuve ce refus, rendons la lutte égale. Rassure-toi, Darès : je te fais grâce des cestes d'Éryx ; mais à ton tour, renonce aux cestes troyens. »

A ces mots, il dépouille ses épaules de son double vêtement, met à nu ses membres énormes, ses os gigantesques, ses bras nerveux, et se pose, comme un colosse, au milieu de l'arène. Le fils d'Anchise prend des cestes égaux, et les attache aux poignets des athlètes. Aussitôt tous deux se dressent sur la pointe des pieds, et lèvent leurs bras d'un air intrépide. Ils rejettent leur tête en arrière pour la mettre hors d'atteinte, entrelacent leurs mains, et commencent le combat. L'un est agile et se fie à sa jeunesse, l'autre a des membres robustes et se défend par sa masse; mais ses jarrets alourdis chancellent, et sa pénible haleine bat ses vastes flancs. Mille coups sont perdus, mille autres tombent sur leurs côtes et font retentir leurs poitrines. Leurs poings rapides voltigent sans cesse autour des oreilles et des tempes. Leurs joues craquent sous les terribles cestes. Entelle se tient ferme et immobile. Une légère inflexion et ses yeux vigilants lui suffisent pour esquiver les coups. Son rival, tel qu'un guerrier qui bat de ses machines les remparts d'une ville, ou qui assiége un fort bâti sur la montagne, cherche un accès de tous côtés, tourne en mille sens autour de la place, et presse vainement l'ennemi d'assauts redoublés.

Soudain Entelle se dresse et lève son bras de toute sa hauteur. Darès a prévu le coup qui le menace, et s'y dérobe par un prompt détour. L'effort d'Entelle est perdu dans l'espace, et lui-même, entraîné par son poids, tombe pesamment sur l'arène. Ainsi, du sommet de l'Érymanthe, ou du haut de l'Ida, se détache et roule un pin creusé par les ans. Troyens et Siciliens se lèvent diversement émus, et poussent des cris jusqu'au ciel. Aceste accourt le premier, et relève son vieil ami dont il plaint le sort. Mais le héros, sans être effrayé ni ralenti par sa chute, revient plus ardent au combat, et puise dans sa colère une nouvelle vigueur. L'honneur, et la conscience de sa force enflamment son courage. Il poursuit avec acharnement Darès dans toute la lice, en faisant pleuvoir sur lui ses coups, tantôt de la main droite, tantôt de la main gauche. Point de trêve, point de repos. Comme la grêle se précipite de la nue en rebondissant sur les toits, de ses deux poings il frappe, il accable Darès.

Énée ne permet pas que la colère d'Entelle aille plus loin et qu'elle s'emporte jusqu'à l'inhumanité. Il met fin au combat, il arrache au vainqueur Darès, épuisé de fatigue, et le console en ces termes : « Malheureux ! quel délire s'est emparé de toi ? Ne vois-tu pas que tu luttes contre des forces plus

qu'humaines et des divinités contraires? Cède à un dieu. »
Il dit, et fait cesser le combat. Les amis de Darès l'emmènent, traînant ses genoux brisés, laissant tomber sa tête sur l'une et l'autre épaule, et vomissant un sang noir avec les débris de ses dents. Ils le conduisent vers les vaisseaux. Énée les rappelle. Ils reçoivent de sa main le casque et l'épée, et laissent à Entelle la palme et le taureau. Alors Entelle enorgueilli de sa victoire, et fier du taureau qui en est le prix : « Fils de Vénus, dit-il, et vous, Troyens, voyez quelle fut ma force dans ma jeunesse, et de quelle mort vous sauvez Darès. » A ces mots, il se place vis-à-vis du taureau, prix de la lutte, se dresse de toute sa taille, et, ramenant son bras droit en arrière, lui décharge entre les cornes un coup terrible, et lui enfonce le ceste dans le crâne en faisant jaillir la cervelle. L'animal chancelle, s'abat et tombe mort. « Éryx, s'écrie alors Entelle, au lieu de Darès je t'offre cette victime plus digne de toi. Vainqueur, je renonce désormais au ceste et à mon art. »

Aussitôt Énée invite au combat de l'arc ceux qui veulent signaler leur adresse, et expose les prix à leurs yeux. Il dresse lui-même d'une main puissante le mât du vaisseau de Séreste, et à sa cime il attache par un léger lien une colombe qui doit servir de but. Les concurrents sont assemblés, et un casque d'airain a reçu leurs noms. Le premier que le sort désigne au bruit des applaudissements est Hippocoon, fils d'Hyrtacus. Après lui vient Mnesthée, naguère vainqueur dans la lutte des galères, Mnesthée, dont le front est ceint de la couronne d'olivier. Le troisième est Eurytion, ton frère, illustre Pandarus, toi qui, jadis chargé de rompre une trêve, lanças le premier un trait au milieu des Grecs. Un dernier nom est resté au fond du casque : c'est celui d'Aceste, qui ose, lui aussi, tenter cet exercice de la jeunesse.

Chacun alors courbe d'un bras vigoureux son arc flexible, et tire une flèche de son carquois. La première qui part est celle du jeune Hippocoon. La corde frémit, le trait siffle, fend l'air, frappe le mât, et y reste attaché. L'arbre tremble; l'oiseau effrayé bat des ailes; le cirque retentit de grands applaudissements. A son tour se présente l'ardent Mnesthée, l'arc tendu, la tête haute, l'œil et la flèche dirigés vers le but. Mais, sans atteindre la colombe, il ne rompt malheureusement que les nœuds qui lui attachaient les pieds au mât et l'y tenaient suspendue. Elle prend l'essor et s'envole vers les sombres nuages. Aussitôt Eurytion, qui déjà tenait sur son arc tendu une flèche toute prête, invoque son frère, et, suivant des yeux la colombe qui fend l'air d'une aile triomphante, il l'atteint dans l'épaisse nuée. L'oiseau, frappé de mort, laisse sa vie dans les cieux, et rapporte, en tombant, le trait qui l'a percé.

Aceste restait seul, et la palme lui était enlevée. Cependant, jaloux de signaler son adresse et la force de son arc, il lance un trait dans les airs. Soudain s'offre à tous les regards un grand prodige, présage d'un malheur que l'événement fit bientôt connaître, mais que la voix effrayante des devins interpréta trop tard. En traversant les nues, la flèche s'embrase, trace un sillon de feu, puis elle se consume et s'évanouit dans l'espace, pareille à ces étoiles que souvent on voit se détacher du ciel, et traîner derrière elles une chevelure enflammée. Les Troyens et les Siciliens, frappés de stupeur, implorent la protection des dieux. Mais, loin de rejeter le présage, le magnanime Énée, partageant la joie d'Aceste, le comble de présents magnifiques, et lui dit: « Recevez-les, ô mon vénérable ami! car le puissant maître de l'Olympe a voulu, par un prodige si éclatant, vous mettre au-dessus de tout rival. C'est d'Anchise lui-même que vous tiendrez ce cratère orné de reliefs, que Cissée, roi de Thrace, donna jadis à mon père comme un souvenir et un gage de son amitié. » A ces mots, il couronne Aceste d'un vert laurier, et le proclame le premier entre tous les vainqueurs. Le généreux Eurytion ne lui envie point cette préférence, quoiqu'il ait seul abattu l'oiseau sous la nue. Le second prix est donné à celui qui a rompu le lien, et le dernier à celui dont la flèche légère s'est fixée dans le mât.

Cependant, avant la fin de ce dernier jeu, Énée appelle le fils d'Épytus, gouverneur et compagnon dévoué du jeune

Iule, et lui dit à l'oreille : « Hâte-toi d'avertir Ascagne que, s'il a réuni autour de lui l'escadron des jeunes Troyens et tout disposé pour les évolutions, il conduise ses compagnons au tombeau de son aïeul, et se présente sous les armes. » Aussitôt il fait retirer toute la foule qui couvrait le cirque afin de dégager la plaine. Les jeunes cavaliers s'avancent sur des coursiers dociles au frein, et défilent de front sous les yeux de leurs parents. Leur marche excite parmi les Troyens et les Siciliens un murmure unanime d'admiration. Tous, selon la coutume, ont la tête ceinte d'une couronne de feuillage, et portent deux javelots de cornouiller, armés d'un fer aigu. Quelques-uns ont sur l'épaule un brillant carquois. Une chaîne d'or s'enlace à leur cou et descend sur leur poitrine. Les cavaliers sont partagés en trois escadrons et commandés par trois chefs. Douze enfants les suivent, et obéissent aux ordres d'un chef de leur âge. Le premier corps est fier de marcher sous le jeune Priam, héritier du nom de son aïeul, et ton fils, ô Politès, destiné à perpétuer ton illustre race en Italie. Il monte un cheval de Thrace, parsemé de taches blanches; ses pieds de devant sont blancs, et il lève avec orgueil son front éclatant de blancheur. Le second chef est Atys, d'où les Attius du Latium ont tiré leur origine, Atys, jeune enfant chéri du jeune Iule. Enfin le troisième chef, qui efface tous les autres par sa beauté, est Iule lui-même. Il s'avance sur un coursier de Tyr, que la belle Didon lui avait donné comme un souvenir et un gage de son amour. Les autres enfants montent des coursiers siciliens fournis par le vieil Aceste.

Les Troyens accueillent avec des applaudissements ces cavaliers timides, prennent plaisir à les contempler, et reconnaissent en eux les traits de leurs ancêtres. Dès que leurs brillants escadrons ont parcouru le cirque, et se sont montrés à tous les yeux, le fils d'Épytus donne de loin le signal par un cri, et fait résonner son fouet.

Les guerriers partent de front, rompent leurs lignes, et se forment en trois corps. Rappelés par leurs chefs, ils font une conversion, et présentent leurs lances en arrêt. Ils exécutent des marches et des contre-marches, entremêlent leurs évolutions, et retracent dans leurs luttes un simulacre des combats. Tantôt ils tournent le dos à l'ennemi, tantôt ils font un retour offensif, tantôt ils se remettent en ligne, comme si la paix était faite. Tel le labyrinthe de Crète offrait, dit-on, autrefois dans son obscure enceinte mille routes perfides et incertaines, dont les détours sans issue égaraient les pas dans un piége inextricable. Ainsi les jeunes Troyens entremêlent leurs courses, et confondent, en se jouant, leurs fuites et leurs combats, pareils aux dauphins qui fendent les mers de Carpathie ou de Libye et bondissent au sein des flots. Ces usages, ces courses, ces combats, Ascagne les renouvela le premier, lorsqu'il eut entouré de remparts Albe-la-Longue, et il apprit aux anciens peuples du Latium à les célébrer, comme il avait fait lui-même dans son enfance avec les jeunes Troyens. Les Albains les transmirent à leurs descendants. C'est d'eux que la superbe Rome les a reçus. Depuis elle a conservé cette fête de ses aïeux. Maintenant ces exercices portent encore le nom de Troie, et les enfants qui les célèbrent, s'appellent escadron troyen. Tels furent les jeux qu'Énée consacra à son auguste père.

En ce moment la Fortune commence à nous retirer ses faveurs. Tandis que nous honorons par ces jeux divers la tombe d'Anchise, Junon, du haut de l'Olympe, envoie Iris vers la flotte troyenne, et ordonne aux vents de seconder son vol. La fille de Saturne roule cent projets, et n'a pas encore assouvi son antique ressentiment. Iris s'élance le long de son arc aux mille couleurs, et, se dérobant à tous les yeux, elle descend d'une aile rapide sur la terre. Elle aperçoit une foule immense, promène ses regards sur le rivage, voit le port désert et la flotte abandonnée.

Cependant, retirées dans une anse solitaire, les Troyennes pleuraient la mort d'Anchise, et toutes, en pleurant, contemplaient la vaste étendue des flots. « Hélas! s'écriaient elles, faut-il qu'après tant de fatigues il nous reste encore tout d'écueils et de mers à parcourir! » Elles demandent une ville; elles sont lasses de supporter les épreuves de la mer. Habile dans l'art de nuire, Iris se jette au milieu d'elles, quitte les traits et les vêtements d'une déesse, et prend la figure de Béroé, vieille épouse de Doryclus d'Ismare, de Béroé, qui eut jadis un nom, un rang et des fils. C'est ainsi qu'elle se présente au milieu des Troyennes. « Malheureuses, dit-elle, que n'avons-nous péri de la main des Grecs au pied des murs de notre patrie! O peuple infortuné, à quel désastre la Fortune te réserve-t-elle! Voilà déjà sept ans, depuis la ruine de Troie, qu'emportées sur les ondes, nous errons dans toutes les contrées, à travers des rochers et des climats barbares, poursuivant sur l'immensité des flots, à la merci des tempêtes, l'Italie qui fuit devant nous. C'est ici le territoire d'Éryx, frère d'Énée, et le royaume d'Aceste, notre hôte. Qui nous empêche d'y élever des remparts, et de donner une ville à nos concitoyens? O patrie! ô pénates arrachés en vain à la fureur des Grecs! Nulle cité ne portera-t-elle donc désormais le nom de Troie! Ne verrai-je nulle part les fleuves d'Hector, le Xanthe et le Simoïs! Que ne venez-vous avec moi brûler ces funestes vaisseaux? Car, cette nuit, la prophétesse Cassandre m'est apparue en songe : il m'a semblé qu'elle armait mon bras de torches ardentes. « C'est ici, m'a-t-elle dit, qu'il faut chercher Troie; c'est ici qu'est votre demeure. » Le moment d'agir est venu. N'hésitons point, après un si grand présage. Voici quatre autels de Neptune. Le dieu lui-même nous fournit des torches et excite notre audace. »

A ces mots, donnant l'exemple elle saisit vivement un brandon incendiaire, l'élève, l'agite avec force, et le lance. Les Troyennes interdites la regardent avec stupeur. Alors la plus âgée d'entre elles, Pyrgo, la royale nourrice des nombreux fils de Priam : « Non, Troyennes, s'écrie-t-elle, ce n'est point Béroé que vous voyez, Béroé du cap Rhétée et femme de Doryclus. Remarquez cet éclat divin, ces yeux étincelants. Quel enthousiasme! quels traits! quel accent! quelle démarche! Moi-même je viens de quitter

Béroé malade, s'indignant d'être seule privée du spectacle de ces jeux, et de ne pouvoir rendre aux mânes d'Anchise les honneurs qui leur sont dus. » Elle dit. Les Troyennes, d'abord inquiètes et irrésolues, jettent sur les vaisseaux un regard sinistre. Elles balancent entre leur vif amour pour cette patrie et pour cet empire où les appellent les Destins. Soudain, déployant ses ailes, la déesse s'élève dans les airs, et trace un arc immense de lumière en fuyant sous la nue. Alors, frappées de ce prodige et transportées de fureur, elles poussent un cri, et enlèvent le feu des foyers sacrés. Quelques-unes dépouillent les autels, et lancent à la fois sur la flotte le feuillage, les rameaux et les tisons ardents. L'incendie furieux étend rapidement ses ravages, et dévore les bancs, les rames et les poupes ornées de peintures.

Eumèle court au tombeau d'Anchise et à l'amphithéâtre annoncer l'embrasement de la flotte. Les Troyens eux-mêmes voient déjà rouler dans les airs des tourbillons de flamme et de fumée. Ascagne, qui conduisait avec joie les escadrons, pousse le premier son coursier rapide vers le camp en désordre, et ses gouverneurs alarmés ne peuvent le retenir. « Malheureuses, s'écrie-t-il, quelle est cette fureur étrange? Quel est votre dessein? Ce n'est point un camp ennemi, ce n'est point la flotte des Grecs, ce sont vos espérances, que vous brûlez. Reconnaissez-moi : je suis votre Ascagne. » En même temps il jette à ses pieds le casque de parade dont il couvrait son front dans ces simulacres de guerre. Énée et les Troyens accourent tous ensemble. Les Troyennes effrayées s'enfuient et se dispersent sur le rivage. Elles vont furtivement se cacher dans les bois et dans le creux des rochers, maudissant leur forfait et la lumière. En reprenant leurs sens, elles reconnaissent leurs concitoyens, et Junon cesse d'obséder leurs cœurs.

Cependant l'incendie n'a rien perdu de sa fureur indomptable. L'étoupe embrasée vomit une épaisse fumée, et alimente la flamme sous le bois humide. Le feu mine lentement les carènes, et toute la membrure des navires est en proie au fléau dévorant, sans que l'effort des guerriers ni l'eau versée par torrents puissent l'éteindre. Énée déchire ses vêtements, invoque le secours des dieux, et, les mains tendues vers le ciel : « Puissant Jupiter, dit-il, si tu ne hais pas les Troyens jusqu'au dernier, si tu prends encore pitié du malheur des mortels, dérobe aujourd'hui nos vaisseaux à la flamme; sauve, dans ta bonté, les faibles ressources d'Ilion; ou bien, pour achever ton œuvre, fais tomber sur moi ta foudre vengeresse, si je suis coupable, et écrase-moi ici de ta main. » A peine a-t-il parlé, qu'un orage furieux éclate, et que des torrents de pluie se précipitent du haut des nues. Les monts et les plaines tremblent sous les coups du tonnerre. Un déluge tombe du ciel, qu'obscurcissent les noirs autans. L'eau inonde les navires et pénètre leur bois à demi consumé. Enfin l'incendie s'éteint partout, et, à l'exception de quatre vaisseaux dévorés par les flammes, tous les autres échappent au fléau.

Cependant, alarmé par cet affreux accident, Énée flotte dans une grande indécision. Doit-il, oubliant la voix des Destins, se fixer dans les champs de la Sicile? Doit-il aller s'établir sur les rivages de l'Italie? Alors le vieux Nautès, que Pallas elle-même avait instruit et rendu célèbre par sa science profonde, explique au héros les terribles présages de la colère des dieux et les décrets immuables des Destins. Puis il le console en ces termes : « Fils d'une déesse, subissons les vicissitudes du Sort. Quoi qu'il arrive, on doit toujours triompher de la Fortune par la constance. Vous avez près de vous Aceste. Il est, comme vous, Troyen et issu du sang des dieux. Associez-le à vos conseils et formez avec lui l'alliance qu'il désire. Remettez entre ses mains ceux de vos compagnons dont les vaisseaux sont perdus, et tous ceux que rebute l'accomplissement de vos grands desseins. Les vieillards affaiblis par l'âge, les femmes dégoûtées de la mer, multitude sans force et sans courage contre les périls, laissez-les fonder ici une ville pour s'y reposer de leurs fatigues. Aceste permettra que la cité porte son nom. » Ces paroles d'un vieil ami raniment le héros, et son esprit se livre à tous les soins qui le partagent.

La Nuit, sur son char d'ébène, parcourait le ciel, lorsque Énée crut voir descendre de l'Olympe l'ombre d'Anchise qui lui parla ainsi : « Mon fils, toi qui me fus plus cher que la vie tant que j'ai vécu, mon fils, toi que poursuivent les destins d'Ilion, je viens ici par l'ordre de Jupiter, qui a déjà sauvé ta flotte de l'incendie, et qui, du haut des cieux, a pris enfin pitié de toi. Suis les sages conseils du vieux Nautès; transporte en Italie l'élite de tes compagnons, tes plus vaillants guerriers. Il te faudra soumettre dans le Latium un peuple belliqueux et sauvage. Mais, auparavant, mon fils, visite les demeures infernales, et traverse le profond Averne pour jouir de mon entretien. Je ne suis point relégué dans l'affreux Tartare, parmi les tristes ombres; j'habite l'Élysée, délicieux séjour des justes. C'est là qu'une chaste sibylle guidera tes pas, quand tu auras immolé un grand nombre de brebis noires. Alors tu connaîtras toute ta race et la ville qui t'est promise. Adieu! Déjà la nuit humide a fourni la moitié de sa carrière, et la cruelle Aurore m'a fait sentir le souffle de ses coursiers haletants. » Il dit, et, comme une légère vapeur, disparaît dans les airs. Énée s'écrie : « Qui t'entraîne? Où se précipitent tes pas? Pourquoi me fuir? Qui te dérobe à mes embrassements? » En même temps il réveille les feux assoupis sous la cendre, se prosterne devant les pénates de Pergame et devant le sanctuaire de l'antique Vesta. Il offre l'orge sacrée, et brûle l'encens en leur honneur.

Aussitôt il convoque ses compagnons, et Aceste le premier. Il leur annonce les ordres de Jupiter, les conseils d'un père chéri, et ses propres résolutions. On approuve ses projets. Aceste consent à tout. On inscrit pour la ville nouvelle, on dépose sur le rivage les femmes et les Troyens peu sensibles aux attraits de la gloire. Les autres rétablissent les bancs des rameurs, réparent les pièces endommagées par la flamme, et garnissent les navires de rames et de cordages. Ils sont en petit nombre, mais pleins de résolution et d'ardeur.

Cependant Énée trace avec la charrue l'enceinte de la

LIVRE CINQUIÈME.

ville, et assigne à chacun sa demeure par la voie du sort. Il veut qu'on y retrouve un autre Ilion, une seconde Pergame. Le Troyen Aceste se réjouit de ce nouveau royaume. Il établit un forum, des tribunaux, un sénat. Sur la cime de l'Éryx il fait bâtir à Vénus d'Idalie un temple voisin des astres, et désigne un prêtre pour garder le tombeau d'Anchise dont un bois sacré forme l'enceinte.

Déjà le peuple entier a consacré neuf jours aux festins et aux sacrifices. Les zéphirs ont aplani les ondes, et le souffle propice de l'Auster ne cesse d'appeler les Troyens sur les flots. Alors retentissent sur le rivage des gémissements lamentables. Nuit et jour de longs embrassements retardent le départ. Ceux que naguère épouvantaient l'aspect de la mer et l'affreux courroux de Neptune, les femmes même, veulent partir et braver toutes les fatigues du voyage. Énée les console avec bonté, et les recommande en pleurant à son compatriote Aceste. Il ordonne qu'on immole trois jeunes taureaux à Éryx, aux tempêtes une brebis, et qu'on détache les câbles. Lui-même, le front ceint d'olivier, debout sur la proue et une coupe à la main, jette dans l'onde amère les entrailles des victimes, et y répand des libations de vin. Le vent souffle en poupe, et favorise le départ. Les rameurs s'empressent de frapper la mer et de sillonner les ondes.

Cependant, tourmentée d'inquiétude, Vénus aborde Neptune, et exhale ses plaintes en ces termes : « Neptune, le violent courroux de Junon et sa vengeance implacable me forcent de descendre aux plus humbles prières. Ni le temps ni la piété ne calment son ressentiment. Elle ne cède pas plus aux ordres de Jupiter qu'aux arrêts du Destin. C'est peu que sa coupable haine ait effacé de la Phrygie une ville superbe dont elle traîne les restes à travers mille infortunes ; elle poursuit encore les cendres de Troie au delà du tombeau. Elle seule connaît les causes de cette insatiable fureur. Vous-même vous fûtes témoin naguère de l'affreuse et soudaine tempête qu'elle a soulevée sur les flots de la Libye. Secondée, mais en vain, par la rage d'Éole, elle a bouleversé la terre et les cieux. C'est dans votre empire qu'elle a déployé tant d'audace ! Que dis-je ? Poussant au crime les femmes troyennes, elle a brûlé lâchement nos vaisseaux, et forcé mon fils, par la perte de sa flotte, à délaisser ses compagnons sur une terre inconnue. Que du moins ce qui lui reste puisse, je vous en conjure, voguer en sûreté sur vos ondes ! Qu'Énée aborde aux rives du Tibre, dans les champs de Laurente, si mes vœux sont légitimes, et si les Parques nous accordent la cité qui nous est promise. »

Le fils de Saturne, le souverain des mers, lui répondit : « Vous avez tout droit, déesse de Cythère, de vous fier à mon empire qui fut votre berceau. D'ailleurs j'ai mérité cette confiance. Souvent j'ai apaisé, en faveur d'Énée, les fureurs et la rage effroyable du ciel et de la mer. Sur la terre même, (j'en atteste le Xanthe et le Simoïs), je lui ai accordé la même protection. Lorsque le fils de Pélée, poursuivant les phalanges éperdues des Troyens, les refoulait au pied de leurs murailles et immolait des milliers de victimes ; lorsque les fleuves gémissaient encombrés de morts, et que le Xanthe, arrêté dans son cours, ne pouvait plus trouver son chemin et rouler jusqu'à la mer, je couvris d'un nuage, et j'arrachai au trépas Énée, aux prises avec le vaillant Achille, que soutenaient des divinités et des forces supérieures. Cependant alors je voulais renverser de fond en comble cette Troie parjure, ouvrage de mes mains. Mes sentiments ne sont point changés aujourd'hui. Rassurez-vous : Énée, selon vos désirs, arrivera sans péril au port de l'Averne. Un seul, perdu dans les flots, excitera ses regrets ; un seul payera de sa tête le salut de tous. »

Quand Neptune a réjoui Vénus par ces consolantes paroles, il attelle ses coursiers à leur timon d'or, leur met un frein écumant, et leur abandonne toutes les rênes. Son char d'azur vole en effleurant les ondes. Les vagues s'abaissent, et sous l'essieu retentissant la mer aplanit ses flots irrités. Les nuages disparaissent du ciel. A la droite du dieu se rassemble sa suite nombreuse et variée : les immenses baleines, le vieux cortége de Glaucus, Palémon, fils d'Ino, les agiles Tritons, et toute la troupe de Phorcus. A sa gauche se rangent Thétis, Mélite, la vierge Panopée, Nésée, Spio, Thalie et Cymodoce.

Alors Énée, si longtemps incertain, se sent pénétré d'une douce joie. Il fait dresser à l'instant les mâts et déployer les voiles. Tous ensemble se mettent à l'œuvre : à droite et à gauche, d'un commun effort, ils tendent les cordages, tournent et retournent les antennes. Un heureux souffle emporte les vaisseaux. Palinure, à leur tête, conduit toute la flotte. C'est sur lui que les autres pilotes doivent régler leur marche.

Déjà l'humide nuit atteignait le milieu de sa carrière. Étendus sur les bancs, près de leurs rames, les matelots s'abandonnaient aux douceurs du sommeil, quand Morphée descendit légèrement de la voûte étoilée, écarta le voile des ténèbres, et dissipa les ombres de la nuit. C'est toi qu'il cherchait, Palinure, innocente victime, et il t'apportait un songe funeste. Sous les traits de Phorbas, Morphée s'assied à la poupe, et adresse au pilote ces paroles : « Fils d'Iasus, la flotte vogue d'elle-même sur les ondes ; un souffle propice enfle les voiles. Voici l'heure du sommeil. Repose ta tête, et dérobe à la fatigue tes yeux appesantis. Je tiendrai un moment pour toi le gouvernail. » Palinure, soulevant avec peine ses paupières, lui répond : « Moi, me laisser séduire au paisible aspect de la mer et au calme insidieux des flots ! Moi, me fier à ce redoutable élément ! Je laisserais Énée à la merci des perfides autans, moi que trompa tant de fois l'apparence d'un ciel serein ! » En parlant ainsi, il s'attachait avec force au gouvernail, et ses yeux étaient toujours fixés sur les étoiles. Alors Morphée lui secoue sur les tempes un rameau plongé dans les eaux du Léthé, et imprégné des vapeurs assoupissantes du Styx. Palinure résiste en vain : ses yeux cèdent à la puissance du sommeil. A peine ce sommeil imprévu s'est-il glissé dans ses membres, que le dieu, s'appesantissant sur lui, le précipite dans les ondes avec le gouvernail et une partie de la poupe qu'il arrache. Le pilote appelle inutilement ses compagnons à plusieurs reprises. Morphée déploie ses ailes et remonte dans les airs

Cependant la flotte n'en poursuit pas moins sa route paisible, et vogue sans crainte, sur la foi de Neptune. Déjà elle approchait des rochers des Sirènes, écueils jadis funestes, et blanchis des ossements d'innombrables victimes. En ce moment le bruit sourd de ces rocs, sans cesse battus des vagues, retentissait de loin, lorsque Énée s'aperçut que son navire errait sans guide à la merci des flots. Il le dirigea lui-même au milieu des ténèbres, soupirant mille fois, et, consterné du malheur de son ami : « O Palinure, disait-il, pour avoir trop compté sur la sérénité du ciel et le calme des flots, tu resteras sans sépulture sur une plage inconnue. »

LIVRE SIXIÈME.

Ainsi parlait Énée, les larmes aux yeux. Il abandonne ses voiles aux vents, et arrive enfin à Cumes, colonie d'Eubée. On tourne les proues vers la mer. L'ancre mordante fixe les vaisseaux, et les poupes recourbées bordent le rivage. Les jeunes Troyens s'élancent avec ardeur sur le sol de l'Hespérie. Les uns cherchent à faire jaillir le feu des veines d'un caillou; d'autres dépouillent les forêts, sombres retraites des bêtes sauvages, et montrent les sources qu'ils ont découvertes. Énée gagne la hauteur où s'élève le temple d'Apollon, et s'avance vers la demeure de la redoutable Sibylle : antre immense et retiré, où le dieu de Délos communique à la prêtresse un enthousiasme divin, et lui dévoile l'avenir. Déjà il pénètre avec ses compagnons dans le bois sacré de Diane et dans son temple brillant d'or.

On raconte que Dédale, fuyant le royaume de Minos, osa s'élancer dans les airs sur des ailes rapides, et que, après s'être dirigé par cette route nouvelle vers les froides régions de l'Ourse, il suspendit son vol léger au-dessus de la ville de Cumes. Dès qu'il fut descendu sur la terre, il consacra ses ailes à Apollon, et lui bâtit un temple immense. Sur la porte il avait gravé la mort d'Androgée, et les descendants de Cécrops condamnés, pour expier ce crime, à livrer chaque année (ô douleur !) sept de leurs fils. On y voit l'urne fatale d'où sortaient les noms des victimes. Vis-à-vis, au-dessus des flots, s'élève l'île de Crète. Là sont représentées les infâmes ardeurs de Pasiphaé pour un taureau, et sa furtive union, d'où naquit un monstre à double forme, le Minotaure, fruit d'un exécrable amour. Là aussi figure le merveilleux labyrinthe avec ses inextricables détours. Mais, touché de la vive passion d'Ariane, Dédale éclaircit lui-même le mystère de ces routes sinueuses en guidant avec un fil les pas incertains de Thésée. Toi aussi, Icare, tu aurais une large place dans cet admirable travail, si la douleur de ton père l'eût permis. Deux fois il essaya de retracer sur l'or ton infortune; deux fois le burin échappa de sa main paternelle. Les Troyens auraient longtemps contemplé toutes ces merveilles, si Achate, qu'Énée avait envoyé devant lui, ne fût arrivé avec Déiphobe, fille de Glaucus, prêtresse d'Apollon et de Diane. « Ce n'est pas le moment, dit-elle au chef des Troyens, de vous arrêter à de tels spectacles. Il vaut mieux immoler maintenant sept taureaux indomptés et autant de brebis choisies selon l'usage. »

Elle dit. Les Troyens s'empressent d'obéir à ses ordres sacrés. La Sibylle les invite à se rendre dans son temple. C'est un antre immense creusé dans les flancs de la roche de Cumes, où conduisent cent larges chemins; et de cent portes s'échappent autant de voix, oracles de la prêtresse. On était arrivé sur le seuil. « Il est temps, dit la vierge, d'interroger le Destin. Voici, voici le dieu. » A ces mots qu'elle prononce aux portes du temple, soudain ses traits changent, son teint s'altère, ses cheveux se hérissent, sa poitrine se soulève, son cœur se gonfle de rage, sa taille paraît grandir, sa voix n'a plus rien d'une mortelle. Le dieu s'est approché d'elle : il l'inspire. « Énée, dit-elle, tu tardes bien à m'adresser tes vœux et tes prières. Oui, tu tardes; et pourtant ce n'est qu'alors que s'ouvriront les portes redoutables du sanctuaire prophétique. » Ces paroles glacent les Troyens d'épouvante, et leur chef prononce cette prière du fond de son cœur :

« Apollon, toi qui fus toujours sensible aux grandes infortunes d'Ilion, toi qui dirigeas contre Achille la flèche de Pâris, c'est sous tes auspices que j'ai parcouru tant de mers, vaste ceinture du monde, les terres lointaines des Massyliens et les plaines arides que bordent les Syrtes. Enfin nous le tenons, ce rivage de l'Italie qui fuyait devant nous. Que la fortune de Troie cesse désormais de nous poursuivre ! Vous pouvez aussi épargner maintenant le peuple de Pergame, vous tous, dieux et déesses, qu'importunaient Ilion et la gloire éclatante de la Dardanie. Et toi, vénérable prêtresse, qui connais l'avenir, accorde-moi l'empire promis à mes destins ; permets aux descendants de Teucer, à nos dieux errants et aux pénates de Troie, si longtemps agités, de se fixer enfin dans le Latium. J'élèverai alors à Phébus et à Diane un temple de marbre, et j'instituerai des fêtes en l'honneur d'Apollon. Je te réserve aussi, bienfaisante prêtresse, un sanctuaire dans mon empire. J'y déposerai tes oracles, qui contiennent les destinées secrètes prédites à ma nation, et je consacrerai à ton culte une élite de pontifes. Seulement ne confie pas tes oracles à des feuilles légères, de peur qu'elles ne s'envolent et ne deviennent le jouet des vents. Parle toi-même, je t'en conjure. » Telle fut la prière d'Énée.

Cependant, rebelle encore aux ordres d'Apollon, la Sibylle furieuse s'agite violemment dans son antre pour se soustraire au dieu puissant qui l'obsède. Mais, plus elle résiste, plus il fatigue sa bouche écumante, dompte son humeur sauvage, et la soumet à ses volontés. Alors les cent portes immenses s'ouvrent d'elles-mêmes, et ces paroles de la Sibylle retentissent dans les airs : « Te voilà enfin délivré des affreux périls de la mer ; mais la terre t'en réserve de plus terribles. Les descendants de Dardanus viendront dans le royaume de Lavinie, n'en doute pas ; mais ils se repentiront d'y être venus. Je vois des guerres, d'horribles guerres, et le Tibre écumant de sang. Tu retrouveras le Simoïs, le Xanthe et le camp des Grecs. Le Latium a déjà enfanté son Achille, né aussi d'une déesse ; et Junon, toujours acharnée contre les Troyens, ne cessera de les poursuivre. Réduit à la détresse, de quels peuples, de quelles villes d'Italie n'imploreras-tu pas le secours ! La cause de tant de maux sera encore une femme qui aura accueilli les Troyens, et un hymen étranger. Loin de céder à l'adversité, marche d'un cœur plus intrépide partout où te conduira ta fortune. La première voie de salut, (ce que tu n'aurais jamais espéré), une ville grecque te l'ouvrira. »

C'est ainsi que la Sibylle de Cumes, mugissant au fond de son antre, annonce de redoutables mystères, et enveloppe la vérité de ténèbres ; c'est ainsi qu'avec le frein et l'aiguillon le dieu excite ces transports. Dès que son délire prophétique s'est apaisé, et que sa bouche n'écume plus de fureur, Énée lui dit : « O vierge, les malheurs qui m'attendent n'ont rien de nouveau pour moi, et ne sauraient me surprendre. J'ai tout prévu, tout médité. Je ne vous demande qu'une grâce. Puisque c'est ici, dit-on, l'entrée des Enfers, et que le ténébreux Averne est un reflux de l'Achéron, qu'il me soit permis d'y descendre pour voir l'ombre d'un père chéri. Montrez-moi le chemin, et ouvrez-moi les portes sacrées. C'est lui que j'emportai sur mes épaules, et que j'arrachai au milieu des ennemis, à travers les flammes et mille traits lancés. Compagnon de mes voyages, il m'a suivi sur toutes les mers; et, malgré sa faiblesse, il a supporté, avec une constance au-dessus de ses forces et de son âge, toutes les fureurs du ciel et des flots. C'est encore lui qui, joignant l'ordre à la prière, m'a fait chercher votre auguste demeure pour implorer votre secours. Vierge bienfaisante, prenez pitié du fils et du père; car vous pouvez tout, et ce n'est pas en vain qu'Hécate vous a confié la garde du bois sacré de l'Averne. Si, par les sons mélodieux de sa lyre, le chantre de Thrace a pu rappeler des Enfers l'ombre de son épouse ; si Pollux a racheté son frère de la mort en mourant à son tour; s'il passe et repasse tant de fois par ce chemin ; si Thésée et le grand Hercule ont également franchi le Ténare ; ne puis-je les imiter, moi qui descends, comme eux, du puissant Jupiter ? »

Ainsi parlait Énée, la main sur l'autel. La Sibylle lui répond : « Illustre rejeton des dieux, fils d'Anchise, il est facile de descendre aux Enfers. La porte du sombre empire est ouverte nuit et jour. Mais revenir sur ses pas, et remon-

ter vers les régions de la lumière, c'est une tâche pénible. Quelques enfants des dieux, chéris de Jupiter, ou que leur vertu sublime éleva jusqu'au ciel, ont eu ce privilége. Le milieu de l'Averne est couvert d'une forêt que le Cocyte entoure de ses noirs replis. Toutefois, si tu ne peux résister au désir qui t'entraîne, si tu brûles de traverser deux fois le Styx et de voir deux fois le sombre Tartare, si tu persistes dans ce projet téméraire, écoute ce que tu dois faire auparavant. Sur un arbre au feuillage épais se cache un rameau consacré à la déesse des Enfers. Sa tige légère et ses feuilles sont d'or. Un obscur vallon l'enveloppe de ses ombres, et le bois sacré qui l'entoure le dérobe aux regards. Il n'est donné à aucun mortel de pénétrer dans le sombre empire, avant d'avoir détaché de l'arbre ce rameau d'or. C'est un présent dont la belle Proserpine exige qu'il lui soit fait hommage. Le rameau qu'on enlève est soudain remplacé par un autre, dont la tige et le feuillage sont du même métal. Tâche donc de le découvrir dans la profondeur de la forêt; et, dès que tu l'auras trouvé, détache-le avec la main, selon le rite sacré. Il cédera aisément et de lui-même, si les Destins t'appellent; sinon, il résistera à toute force humaine, et le fer même ne pourra l'arracher. Ce n'est pas tout. Tandis que, incertain sur ton sort, tu consultes ici mes oracles, le corps inanimé de l'un de tes amis (tu l'ignores, hélas!) est gisant sur le rivage, et souille toute la flotte. Rends ses dépouilles à leur dernier asile, et renferme-les dans le tombeau. Immole des brebis noires: ce sera la première expiation. Alors seulement tu verras le bois sacré du Styx et le royaume inaccessible aux vivants. »
Ces paroles sont suivies d'un profond silence.

Énée, le front triste et les yeux baissés, s'éloigne de l'antre, et médite ces obscures prédictions. Le fidèle Achate l'accompagne, agité des mêmes soucis. Tous deux se livrent à mille conjectures diverses : quel est le compagnon de qui la Sibylle annonce la mort, et dont elle ordonne les funérailles? Parvenus au rivage, ils voient sur le sable Misène, victime d'un indigne trépas; Misène, fils d'Éole, que nul ne surpassa dans l'art d'enflammer les guerriers et de les exciter aux combats avec les sons de l'airain. Il avait été le compagnon du grand Hector ; c'est à côté de ce héros qu'il se montrait dans les batailles, également habile à manier la lance et à entonner le clairon. Quand Hector eut succombé sous les coups de l'invincible Achille, Misène s'attacha au fils d'Anchise, et ce choix n'était pas moins glorieux. Mais, un jour qu'il faisait retentir les flots de sa conque sonore, et qu'il osait défier follement les dieux au combat, Triton jaloux (qui pourrait le croire?) le saisit, et le plongea sous des rochers au milieu des vagues écumantes.

Les Troyens, et surtout Énée, poussaient de grands cris autour du corps de Misène. Aussitôt ils se hâtent, en pleurant, d'accomplir les ordres de la Sibylle. Ils entassent, à l'envi, des arbres pour élever jusqu'au ciel un autel funéraire. On va dans une antique forêt, retraite profonde des bêtes sauvages. Sous les coups de la hache tombent avec fracas le pin, l'yeuse et le frêne ; les coins fendent les chênes en éclats, et les grands ormes roulent du sommet des montagnes. Énée, le premier, prend part à ces travaux : il exhorte ses compagnons, et s'arme des mêmes instruments. Mais, à l'aspect de cette forêt immense il recueille ses tristes pensées, et il exprime ce vœu : « Oh ! si le précieux rameau d'or se montrait à nous dans cette grande forêt ! car tout ce que la Sibylle a prédit de toi, Misène, n'est hélas ! que trop vrai. »

Comme il achevait ces mots, deux colombes descendent du ciel sous les yeux mêmes du héros, et viennent se poser sur le vert gazon. Énée reconnaît les oiseaux de sa mère, et, plein de joie, il s'écrie : « Soyez mes guides ! oh ! montrez-moi la route, s'il en est une, et dirigez votre vol vers le bois sacré où l'arbre au rameau d'or ombrage la terre féconde. Et toi, ô ma divine mère, ne m'abandonne pas dans l'incertitude où je suis. » Il dit, et s'arrête, observant les indications des colombes, et la route qu'elles s'apprêtent à suivre. Il les voit d'abord becqueter l'herbe en voltigeant, sans s'éloigner de la portée du regard. Mais, à peine arrivées au gorges infectes de l'Averne, elles prennent leur essor, fendent les airs, et se posent ensemble sur l'arbre désiré, où le rameau d'or brille à travers le feuillage. Comme on voit dans les forêts le gui étaler en hiver la fraîcheur de sa verdure sur un arbre étranger, et entourer de ses fruits jaunes le tronc qu'il embrasse; tel sur un chêne touffu apparaissait le rameau d'or; ainsi frémissaient ses feuilles au souffle du zéphir. Énée le saisit aussitôt, l'arrache malgré sa résistance, et le porte à la demeure de la Sibylle.

Cependant les Troyens réunis sur le rivage pleuraient Misène, et rendaient à sa dépouille insensible les honneurs suprêmes. D'abord ils élèvent un immense bûcher formé de bois résineux et de chênes fendus. Ils en garnissent les côtés d'un sombre feuillage, dressent par devant de lugubres cyprès, et surmontent le faîte du brillant faisceau de ses armes. D'autres, apportant l'eau qui bouillonne dans l'airain, lavent le corps glacé; et le parfument. Un gémissement se fait entendre. On dépose sur un lit funèbre le corps du guerrier que l'on pleure, et on le couvre de son vêtement de pourpre, dépouille hélas! trop connue. D'autres remplissent un douloureux ministère : ils portent le cercueil sur leurs épaules, et, baissant leurs torches, suivant l'antique usage, ils allument le bûcher en détournant la tête. Le feu dévore à la fois l'encens, les mets et l'huile que versent les cratères. Quand le bûcher est consumé, et la flamme éteinte, on lave dans le vin ces tristes débris et ces cendres brûlantes. On recueille les os, et Corynée les renferme dans une urne d'airain. Ensuite il promène trois fois autour des assistants l'onde lustrale, la répand en rosée légère avec un rameau d'olivier, et, après avoir purifié la foule, il prononce les derniers adieux. Énée fait élever un vaste tombeau que décorent les armes, la rame et le clairon du guerrier. C'est au pied d'une haute montagne qui s'appelle encore aujourd'hui Misène, et qui, à travers la suite des âges, gardera éternellement ce nom.

Ces devoirs accomplis, Énée se hâte d'exécuter les ordres de la Sibylle. Sous la voûte immense d'un roc, est **une** caverne profonde que protégent un lac noir et un bois sombre. De ce gouffre horrible s'exhalent d'impures vapeurs qui montent jusqu'aux cieux. Nul oiseau ne peut voler impunément au-dessus de ce lac. De là vient que les Grecs lui ont donné le nom d'Aorne. D'abord la prêtresse fait conduire en ce lieu quatre taureaux noirs. Elle épanche le vin sur leur front, coupe l'extrémité des poils entre les cornes, et jette dans le feu sacré ces prémices, en appelant à haute voix Hécate qui règne au ciel et dans les enfers. Des sacrificateurs égorgent les victimes, et reçoivent le sang dans des coupes. Énée lui-même immole une brebis noire à la mère des Euménides et à sa puissante sœur; et à toi, Proserpine, il te sacrifie une vache stérile. Puis il dresse, pendant la nuit, des autels au roi des enfers, livre aux flammes la dépouille entière des taureaux, et verse une huile onctueuse sur leurs entrailles brûlantes.

Tout à coup, aux premiers feux du jour, la terre mugit sous leurs pieds, la cime des forêts tremble, et les chiens hurlent dans l'ombre, à l'approche de la déesse : « Loin d'ici, profanes, loin d'ici, s'écrie la Sibylle; sortez de ce bois sacré. Et toi, marche en avant, l'épée hors du fourreau. C'est maintenant, Énée, qu'il faut du courage, c'est maintenant qu'il faut de la fermeté. » A ces mots, hors d'elle-même, elle s'élance dans le gouffre béant. Énée la suit d'un pas intrépide.

Dieux souverains de l'empire des morts, ombres silencieuses, Chaos et Phlégéthon, muettes solitudes où règne la nuit, souffrez que je raconte ce que j'ai entendu, souffrez que je révèle des secrets ensevelis dans les ténèbres et dans les profonds abîmes de la terre.

Ils marchaient seuls dans l'obscurité, couverts des ombres de la nuit, à travers les vides demeures de Pluton et ses royaumes déserts. Tel, aux lueurs incertaines de la lune, le voyageur s'avance dans les bois, lorsque le ciel est couvert d'un voile, et que les ténèbres ôtent aux objets leurs couleurs.

Devant le vestibule, et à l'entrée même du gouffre de

LIVRE SIXIÈME.

enfers, est le séjour du Deuil et des Remords. Là siégent les pâles Maladies, la triste Vieillesse, la Peur, la Faim aux mauvais conseils, et la hideuse Pauvreté, spectres horribles à voir; la Mort, la Souffrance, le Sommeil, frère de la Mort, et les Joies criminelles. Sur le seuil opposé, on voit la Guerre meurtrière, les Euménides sur des lits de fer, et la Discorde en fureur avec sa chevelure de vipères entrelacée de bandelettes sanglantes.

Au centre s'élève un grand orme touffu, qui étend au loin son vaste ombrage et ses rameaux séculaires. C'est, dit-on, la retraite des songes vains qui s'abritent sous chaque feuille. Une foule de monstres divers se tiennent encore aux portes; les Centaures, les Scylles à double forme, Briarée aux cent bras, l'hydre de Lerne aux sifflements horribles, la Chimère armée de flammes, les Gorgones, les Harpies et Géryon au triple corps. A cette vue, frappé d'une terreur soudaine, Énée saisit son épée, et en présente la pointe aux spectres qui l'assiégent; et si la docte prêtresse ne l'eût averti que c'étaient des fantômes sans corps, voltigeant sous des formes vaines, il allait fondre sur eux et les frapper inutilement de son glaive.

Là s'ouvre le chemin qui mène à l'Achéron : gouffre vaste et fangeux, qui bouillonne et vomit tout son limon dans le Cocyte. Le terrible et hideux Charon garde ces eaux et ces fleuves. De son menton descend une barbe épaisse, inculte et blanchie par l'âge. Ses yeux étincellent. Un nœud rattache son sale manteau sur ses épaules. Il conduit lui-même avec l'aviron et dirige avec la voile la barque funèbre sur laquelle il transporte les morts. Il est vieux, mais sa vieillesse, verte et vigoureuse, est celle d'un dieu. Toutes les ombres accouraient à flots pressés vers la rive : mères, époux, héros magnanimes, enfants, jeunes filles, jeunes gens mis au bûcher sous les yeux de leurs parents. Telles et aussi nombreuses tombent, aux premiers froids de l'automne, les feuilles dans les forêts ; ou, tels s'attroupent sur le rivage ces essaims d'oiseaux que l'hiver chasse au delà de l'Océan, et force d'émigrer vers des climats plus doux. Debout sur cette rive, ils demandaient tous à passer les premiers, et tendaient les mains, impatients de gagner la rive opposée. Le sombre nocher reçoit tantôt les uns, tantôt les autres, et repousse loin du bord ceux qu'il a exclus.

Surpris et ému d'un tel tumulte, Énée dit à la Sibylle: « Que signifie l'empressement de cette foule vers le fleuve? Que demandent ces âmes? Pourquoi les unes s'éloignent-elles de la rive, tandis que les autres sillonnent avec la rame l'onde noire? » L'antique Sibylle lui répond en peu de mots: « Fils d'Anchise, véritable sang des dieux, tu vois le fleuve profond du Cocyte et le marais du Styx que craignent d'attester les immortels, et qu'ils n'attestent jamais en vain. Toutes ces ombres qui frappent tes regards sont celles des malheureux privés de sépulture. Ce nocher, c'est Charon. Ceux qui traversent cette onde ont reçu les honneurs funèbres. Il n'est point permis aux morts de franchir ces affreuses rives et ces eaux retentissantes, avant que leurs cendres aient reposé dans le tombeau. Ils passent cent années à errer et à voltiger sur ces bords. Alors seulement admis dans la barque, ils atteignent le fleuve désiré. » Le fils d'Anchise s'arrête, l'esprit agité de mille pensées, et déplore l'injustice de leur sort. Il aperçoit, parmi les tristes ombres privées des honneurs suprêmes, Leucaspis et Oronte, chef de la flotte lycienne, qui, partis de Troie, et naviguant avec lui sur des mers orageuses, avaient été assaillis par l'Auster, et engloutis dans les ondes avec leur vaisseau.

Tout à coup s'avance le pilote Palinure, qui naguère, sur la mer de Libye, était tombé de la poupe en observant les astres et avait péri dans les flots. À peine Énée a-t-il reconnu à travers les ténèbres cette ombre désolée, que le premier il lui parle en ces termes : « Palinure, quel dieu t'a ravi à notre amitié, et te plongea au fond des ondes? Réponds-moi ; car Apollon, que j'ai toujours trouvé fidèle dans ses oracles, m'a cette fois abusé en m'annonçant que tu échapperais aux dangers de la mer, et que tu aborderais au rivage de l'Ausonie. Est-ce ainsi qu'il tient sa promesse ? » — « Fils d'Anchise, répond Palinure, le trépied d'Apollon ne t'a point trompé : un dieu ne m'a point précipité dans l'onde. Tandis que je dirigeais ton navire, un choc violent m'entraîna dans la mer avec le gouvernail dont la garde m'était confiée. Je le jure par ces mers terribles : je tremblai moins pour moi que pour ton navire. Je craignis que, désarmé et privé de son pilote, il ne pût résister à la fureur des flots. Durant trois nuits d'orage j'errai sur le vaste abîme, à la merci de l'impétueux Notus. Le quatrième jour j'aperçus enfin l'Italie du haut des vagues. Peu à peu je gagnai la terre. Déjà j'étais en sûreté, lorsque des gens barbares me voyant ployer sous mes vêtements humides et me cramponner aux pointes d'un rocher, fondirent sur moi le fer à la main, dans l'espoir trompeur d'un riche butin. Maintenant mon corps est le jouet des flots, et les vents le poussent contre le rivage. Je t'en conjure, héros invincible, par la douce lumière des cieux, par l'air que tu respires, au nom de ton père, au nom du jeune Iule sur qui repose ton espoir, mets un terme à ces maux cruels. Couvre mon corps de terre : tu le peux. C'est au port de Vélie que tu le trouveras. Ou plutôt, s'il t'est permis de pénétrer en ces lieux, si la déesse ta mère veut te guider (car ce n'est pas, je pense, sans la volonté des dieux que tu te disposes à franchir le fleuve infernal et le marais du Styx); tends la main à un malheureux ; entraîne-moi avec toi sur les ondes, afin qu'au moins mon ombre repose dans une tranquille demeure. »

A ces mots, la Sibylle l'interrompant : « D'où te vient, dit-elle, ô Palinure, ce désir insensé ? Quoi ! sans sépulture, tu verrais les eaux du Styx et le fleuve redoutable des Euménides ! tu passerais sur l'autre rive sans le consentement des Dieux ! Cesse d'espérer que tes prières puissent fléchir le Destin. Mais retiens ces paroles qui doivent adoucir la rigueur de ton sort. Inspirés par les prodiges célestes qui éclateront de toutes parts, les peuples voisins apaiseront tes mânes, t'élèveront un tombeau, te rendront des honneurs funèbres; et ce lieu gardera dans tous les âges le nom de Palinure. » Ces paroles dissipent son inquiétude, et calment un peu le chagrin qui l'oppresse. Il se réjouit à l'idée qu'une terre portera son nom.

Énée et la Sibylle poursuivent leur route et approchent du fleuve. Dès que le nocher les a vus, des eaux du Styx, traverser le bois silencieux, et diriger leurs pas vers la rive, il les interpelle et gourmande ainsi le héros : « Qui que tu sois qui viens armé sur nos bords, dis-moi quel dessein t'amène. N'avance pas davantage. C'est ici le séjour des Ombres, du Sommeil et de la nuit éternelle. Il m'est défendu de passer les vivants dans la barque infernale. Je n'ai pas eu à m'applaudir d'y avoir reçu Alcide, Thésée, Pirithoüs, quoiqu'ils fussent issus des dieux et doués d'une force invincible. Le premier enchaîna de sa main le gardien du Tartare, et l'arracha tout tremblant du trône même de Pluton. Les deux autres entreprirent d'enlever la reine des enfers de la couche de son époux. »

La prêtresse d'Apollon lui répond en peu de mots : « Rassure-toi : nous n'avons point ces perfides desseins. Nos armes n'apportent point la violence. Que, dans son antre, l'énorme gardien des enfers continue d'épouvanter les ombres de ses aboiements éternels, et que la chaste Proserpine reste sans inquiétude dans le palais de son époux. Le Troyen Énée, illustre par sa piété et par sa valeur, vient visiter son père dans les profonds abîmes de l'Érèbe. Si tu n'es pas touché de ce grand exemple d'amour filial, reconnais du moins ce rameau. » En même temps, elle découvre le rameau caché sous son voile, et soudain s'apaise la bouillante colère du nocher. La Sibylle n'ajoute plus rien. Charon admire ce don sacré, cette branche fatale qu'il n'a pas vue depuis longtemps. Il tourne sa sombre barque, l'approche de la rive, écarte les autres âmes assises le long des bancs, dégage le tillac, et reçoit à son bord le grand Énée. La frêle barque gémit sous ce poids, et ses flancs mal unis laissent pénétrer l'onde infernale. Enfin le nocher transporte au delà du fleuve la Sibylle et le héros, et les dépose sains et saufs sur un impur limon au milieu des roseaux.

Étendu dans un antre situé en face de la rive, l'énorme Cerbère fait retentir ces lieux de son triple aboiement. La prêtresse, voyant le cou du monstre se hérisser déjà de vipères, lui jette un gâteau assoupissant, composé de miel et de pavots. La bête affamée ouvre ses trois gueules, et saisit la proie qu'on lui offre. Au même instant elle plie son dos immense, se couche sur le sol, et remplit tout son antre de sa masse énorme. Dès que le gardien est endormi Énée franchit le seuil, et s'éloigne rapidement de ces ondes que l'on passe sans retour.

Aussitôt il entend des voix plaintives et de longs vagissements. Ce sont les ombres des enfants qui pleurent à l'entrée des enfers. Privés de la douce lumière, et ravis au sein maternel par un précoce trépas, ils furent plongés dans la nuit du tombeau. Près d'eux sont les mortels qui, faussement accusés, ont péri victimes d'un injuste arrêt. Ces places ne sont point données au hasard et sans examen. Minos préside, et il agite l'urne. C'est lui qui cite les humains à son tribunal, et s'informe des crimes de leur vie. Non loin de là sont les tristes ombres de ceux qui, sans être coupables, ne pouvant supporter la lumière, se sont débarrassés eux-mêmes du fardeau de la vie. Oh ! qu'ils voudraient maintenant, à la clarté des cieux, souffrir l'indigence et de pénibles travaux ! Mais le Destin s'y oppose. L'odieux marais les enchaîne de ses tristes ondes, et le Styx les emprisonne neuf fois de ses replis.

A quelques pas s'étend une plaine immense, nommée « le champ des pleurs. » Là, ceux qu'un amour malheureux a consumés de ses cruels poisons se promènent à l'écart dans des sentiers qu'ombrage un bois de myrtes. Les soucis les poursuivent jusqu'après le trépas. Énée aperçoit en ce lieu Phèdre, Procris et la triste Ériphile, montrant la blessure qu'elle reçut d'un fils barbare. Avec elles il voit Évadné, Pasiphaé, Laodamie, et Cénis qui, jeune homme autrefois, depuis changé en femme, a été rendu par le Destin à sa forme première.

Parmi ces ombres, dans le grand bois errait la reine de

Carthage dont la blessure saigne encore. Dès que le héros troyen est près d'elle, et qu'il l'a reconnue à travers l'obscurité, comme on voit, ou comme on croit voir, la lune nouvelle poindre derrière un nuage, il verse des larmes, et lui dit avec l'accent d'un tendre amour : « Infortunée Didon, il était donc vrai que vous ne viviez plus, et que, dans votre désespoir, vous aviez tranché le fil de vos jours ! Hélas ! je fus la cause de votre mort. Mais, j'en atteste les astres, les dieux du Ciel et tout ce qu'il y a de sacré dans les demeures infernales, c'est malgré moi que je quittai votre rivage. Ces mêmes dieux qui me forcent aujourd'hui à descendre dans le sombre royaume, dans cette nuit horrible et profonde, m'avaient donné un ordre suprême, et je n'ai pu penser que mon départ vous causât une si vive douleur. Arrêtez : ne vous dérobez point à ma vue. Pourquoi me fuir ? C'est la dernière fois que le Destin me permet de vous parler. » Énée, par ces paroles entremêlées de pleurs, cherchait à calmer cette ombre courroucée qui lui lançait de farouches regards. Mais, détournant la tête, Didon tenait ses yeux attachés à la terre, et restait aussi insensible à ses discours que le plus dur rocher ou qu'un marbre de Paros. Enfin elle s'échappe, et, d'un air furieux, s'enfonce dans l'épais bocage où Sichée, son premier époux, partage son amour et répond à sa tendresse. Touché de son tragique destin, Énée la suit longtemps des yeux en pleurant et en plaignant son malheur.

Cependant il poursuit la route prescrite, et bientôt il arrive à l'extrémité de la plaine où habitent à l'écart les guerriers célèbres. Là s'offrent à lui Tydée, le vaillant Parthénopée et le pâle Adraste. Là sont les Troyens moissonnés dans les combats et tant pleurés sur la terre. Énée gémit en voyant cette longue suite de héros : Glaucus, Médon, Thersiloque, les trois fils d'Anténor, Polyphète, prêtre de Cérès, et Idée tenant encore des rênes et des armes. Ces ombres se pressent de toutes parts autour de lui. Ce n'est pas assez pour elles de le voir : elles cherchent à le retenir, s'attachent à ses pas, et s'informent du motif qui l'amène. Mais les chefs les Grecs et les phalanges d'Agamemnon, à la vue du prince troyen et de ses armes qui brillent dans les ténèbres, sont saisis d'un grand effroi. Les uns fuient, comme jadis lorsqu'ils regagnaient leurs vaisseaux; les autres veulent crier, mais la voix expire dans leur bouche béante.

Là Énée voit Déiphobe, un des fils de Priam, tout couvert de plaies, le visage cruellement déchiré, les deux mains coupées, les oreilles arrachées de ses tempes, et le nez horriblement mutilé. Le malheureux tremblait, et cherchait à cacher les traces d'un barbare supplice. Énée le reconnaît à peine, et lui adresse ces paroles amies : « Vaillant Déiphobe, noble rejeton de Teucer, qui donc s'est plu à exercer sur toi une si atroce vengeance? Qui a osé se permettre un tel outrage? La renommée m'avait appris que, dans la dernière nuit d'Ilion, fatigué d'un long massacre, tu avais péri sur un amas confus d'ennemis égorgés. Alors je t'élevai moi-même un tombeau vide sur le rivage de Rhétée, et j'appelai trois fois tes mânes à haute voix. Ton nom et tes armes consacrent ce lieu. Mais, noble ami, je n'ai pu découvrir ton corps, et le déposer en partant dans ta patrie. »

Le fils de Priam lui répond : « Ami, tu n'as rien négligé. Tu t'es acquitté envers Déiphobe et son ombre malheureuse. Mais c'est ma destinée et l'abominable scélératesse d'Hélène qui m'ont plongé dans cet abîme de maux: voilà les monuments que m'a laissés sa tendresse. Tu te souviens (et comment l'oublier?) des joies trompeuses de la dernière nuit d'Ilion. Tandis que le colosse fatal qui portait dans ses flancs des soldats armés franchissait nos superbes remparts, Hélène, simulant des danses, conduisait les chœurs des bacchantes troyennes. Elle-même, au milieu de ses compagnes, une grande torche à la main, appelait les Grecs du haut de la citadelle. En ce moment, accablé de soucis, appesanti par le sommeil, je dormais sur ma couche funeste, enseveli dans un doux et profond repos qui ressemblait au calme de la mort. Alors cette tendre épouse enlève du palais toutes les armes, et dérobe à mon chevet ma fidèle épée Elle appelle Ménélas et lui ouvre les portes, se flattant sans doute que cette perfidie serait d'un grand prix aux yeux de son premier époux, et qu'elle effacerait ainsi le souvenir de ses anciens forfaits. Que te dirai-je? Les Grecs fondent sur mon lit, accompagnés d'Ulysse, l'âme de tous les crimes. Dieux! si j'ai droit d'implorer votre vengeance, rendez aux Grecs tous les maux qu'ils m'ont faits. Mais toi, parle à ton tour, et dis-moi quels hasards t'amènent ici vivant? Viens-tu, poussé par la violence des flots, ou par l'ordre des dieux? Quelle nécessité te force de visiter ces affreuses demeures qu'attriste constamment l'absence du soleil? »

Cependant l'Aurore, sur son char vermeil, avait déjà franchi dans les cieux la moitié de sa carrière, et peut-être le temps prescrit se serait écoulé en de pareils entretiens, si la Sibylle qui accompagnait Énée, ne lui eût dit en peu de mots : « La nuit approche, et nous consumons le temps à pleurer. Ici la route se partage. La droite mène au palais de Pluton : c'est le chemin de l'Élysée. La gauche conduit à l'affreux Tartare, séjour des impies, théâtre des supplices réservés aux méchants. » — « Auguste prêtresse, répond Déiphobe, ne soyez pas irritée. Je me retire : je vais rejoindre la foule des ombres et rentrer dans les ténèbres. Poursuis, prince qui fais notre gloire, poursuis; et que ta destinée soit plus heureuse que la mienne! » Il dit, et disparaît aussitôt.

Tout à coup Énée regarde derrière lui, et voit à gauche, au pied d'un rocher, une vaste enceinte défendue par une triple muraille. A l'entour le brûlant Phlégéthon roule des torrents de flamme et des rocs retentissants. En face est une porte immense, que soutiennent des colonnes du plus dur métal. Aucune force humaine, les dieux eux-mêmes, ne sauraient les arracher de leur base. Là s'élève une haute tour de fer où siége Tisiphone, couverte d'une robe sanglante. Elle en garde l'entrée, et y veille nuit et jour. De là se font entendre sans cesse des gémissements, d'horribles sifflements de fouets, le cliquetis du fer et le bruit des chaînes Énée s'arrête; il écoute, et s'écrie avec effroi : « O vierge ! quels sont ces criminels ? Quels sont leurs supplices ? D'où viennent ces clameurs lamentables ? » La Sibylle lui répond : « Illustre chef des Troyens, il n'est permis à aucun homme pur de pénétrer dans cette demeure du crime. Mais, en me confiant la garde du bois sacré de l'Averne, Hécate elle-même me révéla les vengeances des dieux, et voulut m'initier à tous les secrets du Tartare. C'est là que le Crétois Rhadamanthe exerce son cruel empire. Il interroge et punit les coupables, et les force d'avouer les crimes que sur la terre ils s'applaudissaient vainement d'avoir cachés, et dont leur mort tardive avait différé l'expiation. Aussitôt Tisiphone, armée d'un fouet vengeur, frappe les coupables contre qui elle s'élance, et de la main gauche leur présente ses affreuses vipères en appelant ses impitoyables sœurs.

Alors enfin, tournant sur leurs gonds avec un bruit horrible, s'ouvrent les portes sacrées. « Vois-tu, dit la Sibylle, quelle garde veille sous le vestibule, et quel monstre en défend l'entrée ? Au dedans, et plus terrible encore, habite l'hydre énorme avec ses cinquante gueules béantes. Puis le Tartare lui-même s'étend en profondeur, et plonge sous le ténébreux empire deux fois autant qu'il y a d'espace entre la terre et la voûte des cieux. Là les vieux enfants de la Terre, les Titans foudroyés roulent au fond de l'abîme. Là j'ai vu aussi les deux Aloïdes, ces monstrueux géants dont les bras essayèrent d'envahir le ciel et de renverser Jupiter du haut de son trône. J'ai vu encore Salmonée en proie à de cruels tourments pour avoir imité la foudre du roi des dieux et le bruit de son tonnerre. Emporté sur un quadrige et agitant une torche enflammée, il parcourait en triomphateur les champs de la Grèce et la ville d'Élis, où il exigeait qu'on lui rendît les honneurs dus aux seuls immortels. Insensé ! qui, en faisant courir ses chevaux sur un pont d'airain, prétendait simuler les orages et imiter la foudre inimitable ! Mais le puissant maître de l'Olympe lança, du milieu des nuées, non de vaines torches et des brandons fumeux, mais ses traits redoutables, et le précipita au fond du Tartare dans un immense tourbillon de feu.

J'ai vu également Tityus, ce nourrisson de la Terre, Tityus dont le corps étendu couvre neuf arpents. Un énorme vautour au bec recourbé ronge son foie immortel et ses flancs féconds en tortures, les déchire pour s'en repaître, siége au fond de sa poitrine, et ne laisse point de repos à ses entrailles toujours renaissantes.

« Parlerai-je des Lapithes, d'Ixion et de Pirithoüs? Un roc affreux, qui semble toujours près de tomber, menace éternellement leurs têtes. Des lits brillant d'or et des tables magnifiquement servies étalent à leurs yeux une pompe royale. Mais la plus terrible des Furies, assise à ce festin, les empêche de toucher aux mets, se dresse en secouant sa torche, et fait retentir sa voix formidable. Là sont ceux qui, pendant leur vie, ont haï leurs frères, maltraité leur père, ou trompé la bonne foi d'un client; les avares (et le nombre en est considérable), qui ont couvé pour eux seuls d'immenses trésors, sans en réserver une part pour leurs proches; les adultères égorgés pour leur crime; ceux qui ont suivi des drapeaux impies, et n'ont pas craint de trahir les serments qu'ils avaient faits à leurs maîtres. Tous sont renfermés dans ces lieux, et y attendent leur supplice.

Ne cherche pas à connaître quelle est la peine des coupables, et à quelle espèce de tourments leur destin les condamne. Les uns roulent un énorme rocher, ou demeurent suspendus aux rayons d'une roue. Le malheureux Thésée est assis, et doit rester éternellement attaché sur son siège. Le plus misérable de tous, Phlégyas, les avertit en criant d'une voix forte au milieu des ténèbres : « Apprenez par mon exemple à pratiquer la justice et à respecter les dieux. » Celui-ci a vendu sa patrie pour la livrer au pouvoir d'un tyran; il a fait et défait les lois à prix d'or; celui-là a souillé la couche de sa fille par un incestueux hymen. Tous ont conçu d'horribles forfaits, et ont osé les accomplir. Non, quand j'aurais cent langues, cent bouches et une voix de fer, je ne pourrais jamais énumérer tous les genres de crimes, ni passer en revue tous les supplices.

Mais il est temps d'avancer, ajoute l'antique prêtresse

d'Apollon. Poursuis ta route et achève ton dessein. Hâtons-nous. J'aperçois les murs forgés par les Cyclopes, et devant nous, est la porte voûtée où nous devons déposer notre offrande. » Elle dit, et tous deux, marchant de front dans ces routes obscures, franchissent l'espace et arrivent au palais de Pluton. Énée s'arrête sur le seuil, se purifie dans une onde fraîche, et suspend à la porte le rameau sacré.

Ce devoir accompli, et le présent offert à la déesse, ils arrivent enfin dans ces champs délicieux, dans ces riantes prairies, dans ces bois fortunés, séjour du bonheur. Là un air plus pur revêt les campagnes d'une éblouissante lumière. Ceux qui l'habitent ont leur soleil et leurs astres. Les uns, sur le gazon, exercent dans divers jeux leurs forces et leur adresse, ou luttent sur le sable doré ; les autres frappent la terre en cadence et chantent des vers. Vêtu d'une longue robe, le chantre de la Thrace marie à sa voix les sept cordes de sa lyre qui vibrent tantôt sous ses doigts, tantôt sous un archet d'ivoire. Là sont les descendants de l'antique Teucer, Ilus, Assaracus, et Dardanus, fondateur de Troie, race brillante de héros magnanimes, nés en des temps heureux. Énée est surpris de voir au loin des armes, des chars vides, des javelots fixés dans la terre, et des chevaux qui paissent en liberté dans la plaine. Le goût des chars, des armes et des brillants coursiers qui charmait ces héros pendant leur vie, les accompagne encore au delà du trépas.

A droite et à gauche, le héros aperçoit d'autres ombres qui prennent leur repas sur le gazon, et chantent en chœur un joyeux péan, au milieu d'un bois odoriférant de lauriers que l'Éridan, descendu sous la terre, arrose de ses abondantes eaux. Là sont les guerriers blessés en combattant pour leur patrie ; les prêtres dont la vie fut chaste ; les poètes religieux de qui les vers furent dignes d'Apollon ; ceux qui civilisèrent les hommes par l'invention des arts, et ceux dont les bienfaits ont mérité notre reconnaissance. Tous portent sur le front des bandeaux éblouissants de blancheur.

La Sibylle voyant les ombres se presser autour d'elle distingue, au milieu de leur foule nombreuse, Musée qui les domine par l'élévation de sa taille. « Ames heureuses, leur dit-elle, et toi, divin poëte, dites-nous quelle région, quel lieu habite Anchise ? C'est pour lui que nous sommes venus, et que nous avons franchi les grands fleuves de l'Érèbe. » Musée lui répond en peu de mots : « Personne ici n'a de demeure fixe. Nous habitons ces bois épais ; nous errons sur le gazon de ces rives et dans ces prairies arrosées par de frais ruisseaux. Mais, si tel est votre désir, montez sur ce coteau : je vais vous conduire par un chemin facile. » Il dit, et, marchant devant eux, leur montre à leurs pieds une plaine riante. Ils quittent aussitôt ces hauteurs.

Anchise, au fond d'une verte vallée, contemplait avec un tendre intérêt les âmes encore captives et destinées à voir un jour la lumière. Il passait en revue toute la suite de ses descendants, sa chère postérité, leurs destins, leur grandeur, leurs vertus et leurs exploits. Dès qu'il aperçoit Énée qui s'avance à sa rencontre à travers la prairie, il lui tend les bras avec transport, et, les yeux baignés de larmes, il laisse échapper ces mots : « Tu es donc enfin venu, et ton amour tant éprouvé pour moi a surmonté les périls de ce voyage ! Il m'est donc permis, ô mon fils, de contempler tes traits, d'entendre ta voix si chère et d'y répondre ! Mon cœur l'espérait bien ainsi, et j'attendais ta venue, en mesurant le temps. Mon espoir n'a pas été trompé. Que de terres, que de mers tu as parcourues pour me revoir ! Quels affreux périls, ô mon fils, n'as-tu pas essuyés ! Combien j'ai redouté pour toi le royaume de Libye ! » — « O mon père, répond Énée, c'est votre ombre, votre ombre affligée, qui, s'offrant souvent à mes regards, m'a fait descendre en ces lieux. Ma flotte est à l'ancre dans la mer Tyrrhénienne. Laissez-moi, mon père, laissez-moi serrer votre main, et ne vous dérobez point à mes embrassements. » En disant ces mots, les larmes inondaient son visage. Trois fois il voulut presser son père dans ses bras ; trois fois l'ombre s'échappa de ses mains, aussi légère que le vent, aussi fugitive qu'un songe.

Énée, aperçoit au fond du vallon un bocage solitaire, plein d'arbrisseaux murmurants. Les eaux du Léthé baignent ce séjour tranquille. Sur ses bords voltigeaient des nations et des peuples innombrables. Telles, par un beau jour d'été, les abeilles, dans les prairies, se posent sur mille fleurs diverses, se répandent autour des lis éclatants de blancheur, et remplissent de leur bourdonnement toute la plaine. Ce spectacle frappe Énée d'admiration, et dans son ignorance il demande à son père quel est ce fleuve, quelle est cette foule qui en couvre les rives. Anchise lui répond : « Les âmes destinées à revivre dans d'autres corps viennent boire dans les eaux paisibles de ce fleuve le long oubli du passé. Depuis longtemps je désire te les montrer, et les faire apparaître sous tes yeux. Je veux te faire compter tes glorieux descendants, afin que tu te réjouisses davantage avec moi d'avoir trouvé l'Italie. » — « O mon père, faut-il croire que des âmes remontent d'ici vers le séjour de la lumière, et qu'elles rentrent dans des corps grossiers? D'où leur vient ce malheureux amour de la vie? » — « Je vais te le dire, ô mon fils, reprit Anchise, et satisfaire à l'instant ta curiosité. » Puis il lui explique successivement chacun de ces secrets.

« Dès l'origine, un esprit anime le ciel, la terre, la plaine liquide, le globe brillant de la lune et les astres qui roulent autour du soleil. Répandu dans tous les membres de ce grand corps, cet esprit le vivifie et en fait mouvoir la masse entière. De là viennent les hommes, les animaux, les oiseaux et les monstres que la mer nourrit dans son sein. Tous tiennent du ciel le feu divin qui est le principe de leur être. Mais la matière nuit souvent à leur activité ; souvent le contact des organes terrestres et des membres mortels en paralyse l'effet. Dès lors les désirs et la crainte, la joie et la douleur obscurcissent la lumière de l'âme enfermée dans sa ténébreuse prison. Même au dernier jour, quand la vie les abandonne, les misères des âmes ne sont point finies. Les souillures que leur imprime le corps ne s'effacent pas tout entières, et beaucoup de vices achèvent nécessairement de s'y invétérer avec une force incroyable. Elles subissent donc des châtiments, et expient dans les supplices leurs fautes passées. Les unes, suspendues dans les airs, sont le jouet des vents ; d'autres, plongées dans un vaste abîme, y lavent leurs taches criminelles ; d'autres s'épurent dans le feu. Chacun de nous est soumis au châtiment réservé à ses mânes. Ensuite nous sommes admis dans le grand Élysée. Un petit nombre seulement habitent ces champs délicieux. Enfin, lorsque le temps marqué pour l'épreuve a fait disparaître la souillure de leurs désordres, les âmes redeviennent des substances éthérées, un feu pur et céleste. Après mille ans révolus, un dieu rassemble près du fleuve Léthé la foule immense de ces ombres, afin que, oubliant le passé, elles puissent revoir la lumière et désirent rentrer dans de nouveaux corps. »

À ces mots, Anchise entraîne son fils ainsi que la Sibylle au milieu du peuple bruyant des ombres, et se place sur une éminence d'où Énée puisse les voir toutes défiler sous ses yeux et distinguer leurs traits.

« Maintenant je vais te révéler, ô mon fils, quelle gloire est réservée à la race de Dardanus, et quels illustres descendants tu laisseras en Italie pour y perpétuer notre nom : je vais t'apprendre tes propres destinées.

« Vois ce jeune homme appuyé sur un sceptre. Le sort l'a placé le plus près des portes de la lumière. Il naîtra le premier de notre sang mêlé au sang italien : c'est l'Albain Silvius, ton dernier fils. Lavinie, ton épouse, élèvera dans les bois ce fruit tardif de ta vieillesse, ce roi, père des rois de notre race qui domineront dans Albe-la-Longue.

« Près de lui est Procas, la gloire de la nation troyenne. A sa suite viennent Capys et Numitor, et celui qui doit porter ton nom, Silvius Énée, illustre, comme toi, par sa piété et par son courage, s'il doit un jour régner sur les Albains. Vois-tu quelle mâle vigueur déploient ces jeunes guerriers? Parmi ceux dont le chêne civique ombrage le front, les uns bâtiront Nomente, Gabies et Fidènes ; les autres fonderont sur des collines les villes de Collatie, de Pométie, d'Inuüs, de Bole et de Cora. Ainsi s'appelleront ces lieux aujourd'hui sans nom.

« Bientôt à son aïeul se joindra Romulus, fils de Mars, que mettra au monde Ilia, du sang d'Assaracus. Vois-tu ces deux aigrettes qui se dressent sur sa tête? Le père des dieux lui imprime déjà sa majesté. Mon fils, c'est sous les auspices de ce héros que la superbe Rome étendra son empire sur l'univers, et s'élèvera par sa grandeur jusqu'aux cieux. Terre féconde en grands hommes, elle seule enfermera sept collines dans son enceinte. Ainsi la déesse de Bérécynte, la tête couronnée de tours, se promène sur son char dans les villes de Phrygie, fière d'être la mère des dieux, et de compter cent petits-fils, tous habitants du ciel, tous occupant les sublimes demeures.

« Tourne maintenant les yeux de ce côté ; regarde ce peuple : ce sont les Romains, tes enfants. Voilà César, et toute la postérité d'Iüle qui doit paraître un jour à la lumière. Voilà ce héros qui te fut souvent promis, César Auguste, le fils d'un dieu. Il ramènera l'âge d'or dans le Latium, dans cette contrée où jadis régna Saturne. Il étendra son empire sur les Garamantes et sur les Indiens, dans ces régions reculées par delà les astres, par delà les routes que suit le soleil en parcourant l'année, où le puissant Atlas soutient sur ses épaules le globe resplendissant des cieux. Déjà, frappés d'épouvante par les oracles qui annoncent son arrivée, frémissent les peuples de la mer Caspienne et des Palus-Méotides; déjà se troublent d'effroi les sept embouchures du Nil. Nul n'a parcouru plus de contrées : ni Alcide, qui perça la biche aux pieds d'airain, qui rendit la paix aux forêts d'Érymanthe, et fit trembler avec ses flèches le marais de Lerne, ni Bacchus, le vainqueur de l'Inde, qui conduit ses tigres avec des rênes entrelacées de pampres, et fait voler son char des sommets du Nysa. Et nous hésiterions encore à éterniser notre gloire par nos exploits! et la crainte nous empêcherait de nous fixer dans l'Ausonie!

« Quel est, plus loin, ce vieillard couronné d'olivier et qui porte les vases du sacrifice ? A sa chevelure et à sa barbe blanche, je reconnais Numa, ce roi de Rome qui le premier y fondera les lois, et qui, de l'humble bourg de Cures et de son pauvre domaine, sera appelé au gouvernement d'un grand empire. Tullus, son successeur, troublera ce repos de la patrie en réveillant le goût des armes chez des guerriers assoupis qui avaient perdu l'habitude de la victoire. Après lui vient l'orgueilleux Ancus, qu'enivre dès à présent la faveur populaire. Veux-tu voir les Tarquins, l'âme fière de ce Brutus vengeur, et les faisceaux qu'il a reconquis? Le premier, ce consul de Rome, Brutus, fera porter devant lui les haches redoutables. Ses fils susciteront de nouvelles guerres, et il les immolera à la sainte cause de la liberté. Malheureux! sans se préoccuper du jugement de la postérité, il fera triompher l'amour de la patrie et l'immense désir de la gloire. Vois encore les Décius, les Drusus, et l'inflexible Torquatus armé d'une hache sanglante, et Camille rapportant les aigles romaines.

« Ces deux guerriers que tu vois briller sous une armure pareille, sont maintenant d'accord dans la nuit infernale. Mais hélas! quelles guerres s'allumeront entre eux, s'ils parviennent au séjour de la lumière! Quels combats et quel carnage ils exciteront, lorsque le beau-père descendra de la cime des Alpes et des hauteurs de Monécus, et que le gendre lui opposera toutes les forces de l'Orient! O mes enfants, n'accoutumez pas vos cœurs à ces horribles guerres! Ne tournez pas vos puissantes armes contre le sein de votre patrie! Et toi, mon sang, toi qui tires des dieux ton origine, renonce le premier à la vengeance, et rejette loin de toi un glaive parricide.

« Celui-ci, vainqueur de Corinthe, et fier de la défaite des Achéens, montera au Capitole sur un char de triomphe. Celui-là renversera Argos et Mycènes, patrie d'Agamemnon. Il éteindra dans le dernier Éacide la race de l'invincible Achille, vengeant ainsi les Troyens ses aïeux et la profanation du temple de Minerve. Qui pourrait, ô grand Caton, et toi, Cossus, vous passer sous silence? Qui pourrait oublier les Gracques, et ces deux foudres de guerre, les Scipion, ce fléau de l'Afrique ? et Fabricius, si puissant par sa pauvreté ? et toi, Serranus, cultivant toi-même tes sillons ? Fatigué de vous suivre, où m'entraînez-vous, illustres Fabius ? Tu seras le plus grand de tous, toi qui seul par de sages lenteurs sauves la république. D'autres, sans doute, sauront mieux animer l'airain et tirer du marbre des figures vivantes ; ils plaideront avec plus d'éloquence ; ils décriront plus savamment les mouvements du ciel et marqueront le cours des astres. Pour toi, Rome, tu mettras ta gloire à gouverner le monde, à dicter les conditions de la paix, à épargner les vaincus et à dompter les superbes. »

Ainsi parlait Anchise. Énée et la Sibylle l'écoutaient avec étonnement. « Regarde, ajouta-t-il, avec quelle noblesse s'avance Marcellus, chargé de dépouilles opimes. Comme il élève au-dessus de tous ces héros son front victorieux ! C'est lui qui, à la tête de ses escadrons, sauvera la république d'un grand désastre, lui qui terrassera les Carthaginois et les Gaulois rebelles, et qui suspendra dans le temple de Quirinus les troisièmes dépouilles opimes. »

En ce moment Énée voit marcher à côté de Marcellus un jeune homme remarquable par sa beauté et par l'éclat de ses armes, mais le front triste et les yeux baissés. « O mon père, dit-il, quel est celui qui l'accompagne ? Est-ce son fils, ou quelqu'un de ses illustres descendants ? Quel bruyant cortége l'environne ! Quelle ressemblance entre les deux héros ? Mais l'affreuse nuit enveloppe son front d'une ombre funeste. »

Anchise reprend en versant des larmes : « O mon fils, ne m'interroge pas sur l'objet d'un deuil qui sera immense pour les tiens. Les Destins ne feront que montrer ce jeune homme à la terre, et le lui raviront aussitôt. Dieux immortels, Rome vous aurait paru trop puissante si elle eût conservé un tel don. Oh ! de quels gémissements retentira le champ voisin de la grande cité de Mars ! Et toi, dieu du Tibre, quelles funérailles tu verras sur tes rives, lorsque tes eaux baigneront sa tombe récente ! Jamais enfant troyen ne paraîtra devoir porter si haut le nom des Latins ses aïeux ; jamais la terre de Romulus ne se glorifiera d'un plus illustre nourrisson. Hélas! à quoi lui serviront sa piété, son antique vertu et son bras invincible dans la guerre! Nul n'eût osé affronter impunément ce héros sous les armes, soit qu'il fondît à pied sur l'ennemi, soit qu'il pressât de l'éperon un coursier écumant. Ah! jeune infortuné! si tu peux un jour vaincre le cruel Destin, tu seras Marcellus.... Apportez-moi des lis à pleines mains. Je veux couvrir sa tombe de ces brillantes fleurs, et prodiguer les offrandes aux mânes de mon petit-fils : que je leur rende au moins ce stérile hommage! »

C'est ainsi qu'ils erraient dans l'Élysée et parcouraient ces vastes horizons en promenant partout leurs regards. Lorsque Anchise eut montré à son fils chacune de ces merveilles, et enflammé son cœur de l'amour de sa grandeur future, il lui raconta les guerres qu'il avait à soutenir; il lui fit connaître les peuples de Laurente, la ville de Latinus, et comment il pourrait éviter ou supporter tant de travaux.

Il est deux portes du Sommeil : l'une de corne, qui laisse un facile passage aux songes vrais; l'autre, d'un ivoire éblouissant, s'ouvre aux songes trompeurs que les dieux Mânes envoient sur la terre. Pendant qu'il continue à s'entretenir avec son fils et avec la Sibylle, Anchise les fait sortir par la porte d'ivoire. Énée se hâte de regagner sa flotte, et rejoint ses compagnons. Il se rend tout droit au port de Caïète. On jette l'ancre du haut de la proue, et les navires bordent le rivage.

LIVRE SEPTIÈME.

Toi aussi, Caïète, nourrice d'Énée, tu as laissé en mourant une éternelle renommée à nos rivages. L'honneur rendu à ta mémoire consacre encore ta tombe, et ton nom, si cette gloire est quelque chose, marque la place de tes cendres dans la grande Hespérie.

Lorsque Énée a célébré les obsèques de sa nourrice selon le rite sacré, et qu'il lui a élevé un tertre funèbre, il profite du calme de la mer pour déployer les voiles et s'éloigner du port. La brise souffle à l'approche de la nuit; la lune éclaire la flotte de sa blanche clarté, et ses rayons tremblants se réfléchissent dans l'onde.

Bientôt on côtoie l'île de Circé. C'est là que cette puissante fille du Soleil fait sans cesse retentir de ses chants des bois inaccessibles, et que, durant la nuit, dans son palais superbe, à la lumière du cèdre odorant, elle promène la bruyante navette entre les fils d'une trame légère. De là on entend rugir, dans l'ombre, des lions furieux qui se débattent contre leurs chaînes; là frémissent dans leur prison des sangliers et des ours; là des loups monstrueux poussent d'horribles hurlements. Ce sont des hommes que la cruelle Circé, par la puissance de ses breuvages, a dépouillés de leur forme et changés en bêtes féroces. Mais, craignant pour les pieux Troyens ces affreuses métamorphoses s'ils entraient dans le port de Circé et touchaient ses funestes rivages, Neptune enfle leurs voiles d'un souffle propice, seconde leur fuite, et les emporte au delà de cette mer orageuse.

Déjà les premiers feux du jour rougissaient la mer, et, du haut des cieux l'Aurore vermeille brillait sur son char de roses, quand soudain les vents tombèrent, tout souffle cessa, et la rame lutta vainement contre l'onde immobile. Énée, du milieu des flots, découvre une vaste forêt que traverse le cours riant du Tibre en roulant sur un sable doré avant de se précipiter rapidement dans la mer. Autour et au-dessus du fleuve, mille oiseaux divers, hôtes fidèles de ces bords, voltigeaient sous le feuillage, et charmaient l'air de leurs chants. Énée ordonne à ses compagnons de changer de route, de tourner leurs proues vers la terre, et il entre avec joie dans le lit ombragé du fleuve.

Maintenant, Érato, je vais dire quels étaient les princes, les mœurs et l'histoire de l'antique Latium, lorsqu'une flotte étrangère aborda pour la première fois au rivage de l'Ausonie. Je remonterai à l'origine de ses premiers combats. Déesse, inspire-moi. Je vais chanter d'horribles guerres, les armées et les rois que la vengeance poussait au carnage, les phalanges thyrrhéniennes, et l'Hespérie tout entière rassemblée sous les armes. Un ordre de faits plus grand s'ouvre devant moi; je traite un sujet plus imposant.

Le roi Latinus, déjà vieux, maintenait dans une paix profonde ses terres et les villes de son empire. On le disait fils de Faunus et de Marica, nymphe de Laurente. Faunus avait eu Picus pour père, et Picus devait le jour à Saturne, la tige de cette famille. Latinus eut un fils. Mais un arrêt des dieux le laissa bientôt sans enfant mâle. Son fils lui fut ravi à la fleur de l'âge. Unique espoir de sa maison et seule héritière d'un si beau trône, sa fille, déjà nubile, déjà mûre pour l'hymen, était recherchée par un grand nombre de princes du Latium et de l'Ausonie entière. Le plus beau de tous était Turnus, fier de la longue suite de ses ancêtres. La reine favorisait ses vœux, et souhaitait ardemment de l'avoir pour gendre. Mais les dieux, par mille prodiges effrayants, s'opposaient à cette alliance.

Au centre du palais, au sein même des pénates domestiques, s'élevait un laurier sacré qu'une vénération religieuse conservait depuis longtemps. Latinus, disait-on, l'avait trouvé en ce lieu quand il jetait les fondements de sa ville, et l'avait consacré à Apollon. C'est de ce laurier que la colonie avait pris le nom de Laurente. Un jour, (ô prodige !) une foule innombrable d'abeilles, traversant les airs avec un grand bourdonnement, s'arrêtèrent sur la cime du laurier, et, s'entrelaçant par les pattes, se suspendirent tout à coup à l'une des vertes branches de l'arbre. Aussitôt le devin s'écria : « Je vois un héros étranger qui s'avance. Il dirige son armée du même côté que cet essaim, et il s'établit en souverain dans la citadelle. »

De plus, tandis que Lavinie, debout près de son père, brûlait un pur encens sur les autels, tout à coup, (ô terreur!) on vit la flamme saisir ses longs cheveux, dévorer en pétillant sa parure, embraser son bandeau royal et sa couronne étincelante de pierreries; on vit la princesse elle-même, enveloppée de fumée et d'une sombre lumière, répandre le feu dans tout le palais. C'était, disait-on, le présage d'événements terribles et merveilleux. Les augures prédirent que Lavinie aurait une destinée brillante et glorieuse, mais qu'une grande guerre menaçait le peuple.

Le monarque, alarmé de ces prodiges, va consulter les oracles que Faunus, son père, rend dans la haute forêt de l'Albunée, la plus grande du Latium, où retentit une source du même nom qui remplit l'air d'épaisses et funestes vapeurs. C'est là que les peuples d'Italie et tous les Œnotriens viennent, dans leurs doutes, chercher les réponses du Sort. C'est là que le prêtre, lorsqu'il a déposé son offrande et s'est couché, dans le silence de la nuit, sur les toisons des brebis immolées, voit, pendant son sommeil, mille fantômes étranges voltiger autour de lui. Il entend des voix diverses, il jouit de l'entretien des dieux, et, du fond de l'Averne, il interroge les Mânes. C'est dans ce lieu que Latinus lui-même, pour consulter le Sort, avait sacrifié cent brebis, selon la coutume, et s'était endormi sur leurs toisons, quand soudain, du fond de la forêt sacrée, cet oracle fut rendu « O mon fils, garde-toi d'unir ta fille à un prince latin : défie-toi de l'hymen qui s'apprête. Il t'arrive un gendre étranger, dont le sang, mêlé au nôtre, portera notre gloire jusqu'aux astres, et dont les descendants verront soumis à leurs lois tous les peuples que le soleil éclaire de l'un à l'autre océan. » Cette réponse de Faunus, ces conseils donnés dans le silence de la nuit, Latinus ne les tint pas secrets. Déjà la Renommée au vol rapide en avait semé le bruit dans toutes les villes de l'Ausonie, quand les fils de Laomédon attachèrent leurs vaisseaux sur les bords verdoyants du Tibre.

Énée, le bel Iule et les principaux chefs troyens vont se reposer sous un grand arbre. Là, d'après une inspiration du puissant Jupiter, ils préparent un repas en disposant sur l'herbe des gâteaux de froment pour soutenir les mets, et couvrent ces plats de fruits champêtres. Quand les mets furent dévorés, la faim les contraignit d'attaquer ces légers gâteaux. Mais, à peine eurent-ils rompu de leurs mains et broyé sous leurs dents avides les contours de la pâte fatale, sans en épargner la large surface : « Oh ! nous mangeons aussi nos tables », s'écria en plaisantant le jeune Iule. Ces paroles furent les premières qui leur annoncèrent la fin de leurs maux. Énée les saisit aussitôt, et fut frappé de l'accomplissement de l'oracle. Puis, après avoir médité, il s'écria : « Salut, terre que me doivent les Destins; salut, fidèles Pénates de Troie ! C'est ici ma demeure, c'est ici ma patrie. Oui, maintenant je m'en souviens, mon père m'a dévoilé ces secrets de l'avenir. Mon fils, me disait-il, lorsque, arrivé sur un rivage inconnu, après avoir consommé tes vivres la faim te forcera de dévorer tes tables, espère alors un asile pour te reposer de tes fatigues, et songe à jeter en cet endroit les premiers fondements d'une ville et à l'entourer de remparts. La voilà cette faim terrible, voilà cette dernière épreuve qui devait terminer nos malheurs ! Courage donc ! Demain, aux premiers rayons du jour, éloignons-nous du port, et allons, pleins de confiance, dans diverses directions explorer cette contrée, le caractère de ses habitants et les villes qu'elle renferme. En attendant, faites des libations à Jupiter, invoquez Anchise, et replacez les coupes sur les tables. »

Il dit, et, couronnant son front d'un vert rameau, il implore le génie du lieu, et avant toutes les autres divinités, la Terre, les nymphes et les fleuves qui lui sont encore inconnus; puis il invoque la Nuit et les astres de la Nuit, qui commencent à paraître, Jupiter élevé sur le mont Ida, ensuite la déesse de Phrygie, l'auguste Cybèle, et les auteurs de ses jours, habitants du ciel et des enfers. En ce moment, du haut de l'Olympe, par un ciel serein, le dieu tout-puissant fait trois fois gronder sa foudre, et de sa propre main agite un nuage resplendissant de rayons d'or. Aussitôt le bruit circule parmi les Troyens, que le temps est venu de fonder la cité promise par les oracles. Ils recommencent donc le festin, et, ravis de cet heureux présage, ils disposent les cratères et se rangent à l'entour.

Le lendemain, dès que l'Aurore éclaire la terre de ses premiers feux, les Troyens répandus de divers côtés reconnaissent la ville, les terres et les rivages de cette contrée. Ils découvrent ici l'étang qui forme la source du Numicus, là le fleuve du Tibre, plus loin les remparts des belliqueux Latins. Alors le fils d'Anchise, choisit dans tous les rangs de l'armée, cent ambassadeurs qui doivent se rendre, le front ceint d'olivier, au palais du monarque, lui offrir des présents, et solliciter son alliance au nom des Troyens. Ils s'empressent d'accomplir leur message, et s'éloignent d'un pas rapide. Énée fixe l'enceinte d'une ville par un sillon qu'il trace; il élève des constructions, assied la cité nouvelle sur la rive du fleuve, et l'entoure, en forme de camp, d'un rempart couronné de créneaux.

Déjà les députés, arrivés au terme de leur course, apercevaient les tours et les hauts édifices des Latins, et s'approchaient des murs. Devant la ville des enfants et des jeunes gens dans la fleur de l'âge s'exerçaient à dompter des chevaux, à faire voler un char dans la poussière, à tendre l'arc, à lancer le javelot, et à lutter de force ou de vitesse. Bientôt un cavalier annonce au vieux roi qu'il arrive des hommes d'une haute stature et revêtus d'habits étrangers. Le monarque ordonne qu'ils soient introduits dans son palais; et, environné de sa cour, il s'assied sur le trône de ses ancêtres.

Sur les hauteurs de la ville s'élevait un édifice auguste, immense, et soutenu par cent colonnes. C'était le palais de Picus, roi de Laurente. Le bois qui l'entourait et la vénération des peuples y faisaient régner une religieuse terreur. C'était là que les rois venaient recevoir le sceptre, et qu'on portait pour la première fois les faisceaux devant eux. C'était le temple où siégeait le sénat, et la salle des banquets sacrés où les chefs de la nation, après l'immolation d'un bélier, prenaient place à de longues tables. Dans le vestibule étaient rangées en ordre des statues de cèdre antique, représentant les aïeux du roi : Italus; Sabinus, qui planta la vigne, et qui tient encore une serpe à la main; le vieux Saturne; Janus au double front; et tous les chefs du Latium qui, depuis l'origine de la nation, avaient reçu de glorieuses blessures en combattant pour la patrie. Aux portes sacrées du palais étaient suspendus de nombreux trophées d'armes, des chars captifs, des haches recourbées, des aigrettes, d'énormes verroux, des javelots, des boucliers et des éperons de navires. On y voyait Picus, vêtu de la courte trabée, tenant d'une main le bâton augural, de l'autre un bouclier sacré : Picus, habile dans l'art de dompter les chevaux, lui que, dans un transport jaloux, Circé, son amante, frappa de sa baguette d'or, et que, par ses magiques breuvages, elle changea en un oiseau dont le plumage brille de diverses couleurs.

Tel est le temple auguste où Latinus, assis sur le trône de ses ancêtres, admit les Troyens. Dès qu'ils furent entrés, le roi leur adressa ces paroles de paix : « Parlez, enfants de Dardanus : (car nous n'ignorons ni votre patrie, ni votre origine, et votre renommée vous a précédés sur ces bords;) que demandez-vous? Quel motif, quelle nécessité a conduit vos vaisseaux à travers tant de mers, jusqu'aux rivages de l'Ausonie? Soit que, égarés dans votre route, soit que, battus par une de ces nombreuses tempêtes qui surprennent les navigateurs, vous soyez entrés dans le Tibre pour y trouver un port, ne refusez pas l'hospitalité que je vous offre. Connaissez les Latins, peuple de Saturne, nation amie de la justice sans y être contrainte par les lois, et fidèle héritière des mœurs de son ancien dieu. Oui, je m'en souviens encore, quoique l'éloignement des temps rende cette tradition un peu obscure, des vieillards Auronces m'ont dit que, né dans ces campagnes, Dardanus pénétra dans les cités phrygiennes, au pied de l'Ida, et dans Samos de Thrace, aujourd'hui Samothrace. Parti de Corythe, ville de Tyrrhénie, il siége maintenant sur un trône d'or dans le palais resplendissant du ciel, et partage avec les dieux notre encens. »

Ilionée lui répond en ces termes : « Prince, illustre fils de Faunus, ce n'est point une affreuse tempête qui nous a forcés d'entrer dans vos états ; ce ne sont ni les astres ni ces rivages qui ont égaré nos vaisseaux. C'est à dessein et de notre propre volonté que nous venons dans cette ville, bannis du plus grand empire que jamais le soleil ait éclairé dans son cours. Notre origine remonte à Jupiter : les enfants de Dardanus se glorifient d'avoir Jupiter pour aïeul; et c'est de la race auguste de Jupiter que descend notre roi lui-même, le troyen Énée qui nous a députés vers vous. L'effroyable orage que déchaîna sur les champs de l'Ida la cruelle Mycènes, cette lutte fatale où l'on vit s'entre-choquer l'Europe et l'Asie, a retenti chez les peuples relégués au delà de l'Océan, et chez les nations que la zone brûlante sépare du reste de l'univers. Sauvés de cet immense désastre après avoir erré sur toutes les mers, nous vous demandons pour nos dieux pénates un humble abri, un coin de terre paisible, l'eau et l'air, ces biens communs à tous les hommes. Nous ne serons pas sans gloire pour votre empire : votre renom s'accroîtra par ce bienfait qui vivra toujours dans nos cœurs, et jamais l'Ausonie ne se repentira d'avoir reçu les enfants de Troie dans son sein. J'en jure par les destins d'Énée, par sa main puissante, aussi fidèle dans la paix que terrible à la guerre. Bien des peuples, (ne nous dédaignez point, si nous paraissons devant vous avec les bandelettes et le langage des suppliants,) bien des nations ont demandé et désiré notre alliance. Mais les arrêts suprêmes des dieux nous ont forcés de chercher dans vos états une nouvelle patrie. C'est ici le berceau de Dardanus, c'est ici qu'Apollon nous rappelle. Il nous presse par ses ordres souverains d'arriver sur les bords du Tibre, à la source sacrée du Numicus. Énée vous offre ces modestes présents, débris de sa première fortune, échappés à l'incendie de Troie. C'est avec cette coupe d'or qu'Anchise faisait des libations sur les autels ; ce sceptre, cette tiare sacrée, Priam les portait quand il rendait la justice à ses peuples assemblés ; ces tissus sont des ouvrages de Troyennes. »

A ce discours d'Ilionée, Latinus, absorbé dans une contemplation muette, tient son front incliné vers la terre, et roule ses yeux d'un air pensif, bien moins occupé de cette pourpre richement brodée et de ce sceptre de Priam que de l'hymen de sa fille, où sa pensée s'arrête, et il repasse dans son esprit l'oracle du vieux Faunus. Voilà ce gendre étranger que lui annoncent les Destins et que les oracles appellent à partager son trône ; voilà ce héros dont la race doit s'illustrer par sa valeur et dont la puissance doit s'étendre sur l'univers. Enfin il s'écrie, plein de joie : « Puissent les dieux seconder mes desseins et accomplir leurs oracles ! Troyens, vos vœux seront satisfaits. J'accepte vos présents. Tant que régnera Latinus, vous trouverez dans ses états des champs fertiles et toute l'opulence de Troie. Seulement, si Énée nous recherche avec tant d'empressement, s'il désire avec impatience devenir notre hôte et être appelé notre allié, qu'il vienne ici lui-même et ne redoute pas un visage ami. Pour moi le traité sera à demi conclu, quand j'aurai touché la main de votre roi. En attendant, portez-lui ce message. J'ai une fille que je ne puis unir à un prince de ma nation : les oracles de mon père et un grand nombre de prodiges célestes me le défendent. Ils m'annoncent que l'époux destiné à ma fille viendra d'un pays étranger, qu'il est promis au Latium, et que son alliance portera notre nom jusqu'aux astres. Votre roi est celui qu'appellent les Destins : je le crois, et, si je pénètre le vrai sens de l'oracle, c'est le vœu de mon cœur. »

Il dit, et, parmi les trois cents chevaux superbes que renferment ses vastes étables, il en choisit aussitôt un nombre égal à celui des députés. Tous, légers comme les vents, sont couverts de pourpre et de housses brodées. Sur leur poitrail descend un collier d'or; l'or brille sur les harnais, et leur bouche ronge un frein d'or. Énée absent aura un char traîné par deux chevaux pareils, tous deux d'une origine céleste, et soufflant le feu par leurs naseaux. Ils sont de la race de ceux que l'artificieuse Circé obtint de ses cavales, furtivement accouplées avec les chevaux de son père. Avec ces présents et la réponse de Latinus les Troyens partent sur leurs coursiers, et rapportent à leur roi des paroles de paix.

En ce moment l'implacable épouse de Jupiter revenait d'Argos, et traversait les airs sur son char. Du haut du promontoire de Pachynum, elle aperçoit de loin Énée et sa flotte qui s'abandonnaient à la joie; elle voit les Troyens, descendus de leurs navires, déjà se confier à la terre et déjà s'y bâtir des demeures. Elle s'arrête, enflammée d'un violent dépit, et, secouant la tête, elle exhale sa colère en ces termes : « O race odieuse! Destins des Phrygiens contraires à mes destins! Ils n'ont donc point péri dans les champs de Sigée! Captifs, ils ont brisé leurs chaînes! Troie en flammes n'a pu les consumer! A travers le fer et le feu ils ont su se frayer un passage! Peut-être ma puissance est-elle enfin à bout, et ma haine assouvie s'est-elle calmée! Que dis-je? dans ma fureur, je n'ai cessé de poursuivre sur les ondes ces misérables bannis, et de leur fermer toutes les mers : j'ai épuisé contre les Troyens le pouvoir du ciel et des flots. A quoi m'ont servi les Syrtes, et Scylla, et les gouffres de Charybde? Les voilà au comble de leurs vœux, dans le fleuve du Tibre, où ils se rient de la mer et de moi! Mars a bien pu détruire les féroces Lapithes; le père des dieux lui-même abandonna jadis Calydon à la vengeance de Diane! Mais de quel crime si horrible étaient donc coupables les Lapithes et Calydon? Et moi, l'auguste épouse de Jupiter, moi qui ai déployé tous mes efforts et tout mon génie, malheureuse, je suis vaincue par Énée! Eh bien! si mon pouvoir est trop faible, je n'hésiterai pas à implorer toutes les puissances qui existent. Si je ne puis fléchir le ciel, je soulèverai les enfers. Il ne m'est pas permis d'éloigner Énée du Latium, et de changer l'immuable Destin qui lui assure la main de Lavinie. Soit! mais je puis par des retards mettre obstacle à de si grands projets; mais je puis exterminer les peuples soumis à ces deux rois. Qu'à ce prix le gendre et le beau-père fassent alliance! Oui, le sang des Troyens et des Rutules sera ta dot, vierge du Latium, et Bellone va présider à ton hymen. La fille de Cissée n'aura pas seule porté dans ses flancs une torche fatale. Comme elle, Vénus a dans son fils un nouveau Pâris, un second flambeau qui embrasera une autre Pergame. »

En achevant ces mots, la redoutable déesse descend sur la terre. Du séjour des cruelles Furies et des ténèbres infernales elle évoque l'effroyable Alecton, qui ne respire que les funestes guerres, la vengeance, la trahison, la calomnie. Ce monstre abhorré par Pluton, qui lui donna le jour, est également odieux à ses sœurs des enfers : tant il revêt de formes diverses et de figures hideuses ! tant se multiplient sur sa tête ses horribles vipères ! Junon, pour exciter sa rage, lui parle en ces termes : « Fille de la Nuit, rends-moi un service : je l'attends de tes mains. Épargne un affront à ma gloire et à ma puissance. Empêche les Troyens de rechercher en mariage la fille de Latinus et de s'établir en Italie. Tu peux armer l'un contre l'autre les frères les mieux unis, allumer dans les familles des haines fatales, secouer dans les foyers tes fouets et tes torches funèbres. Tu as mille talents, mille ressources pour nuire. Déploie ton génie fécond. Romps le pacte d'alliance. Sème des ferments de guerre. Aux armes! aux armes! que les peuples volent aux combats! »

Aussitôt, infectée des poisons de la Gorgone, Alecton se rend dans le Latium. Elle se dirige vers le palais du roi de Laurente, et pénètre en secret dans l'appartement d'Amate, qui, préoccupée de l'arrivée des Troyens et de l'hymen de Turnus, se livrait aux inquiétudes et aux emportements d'une femme irritée. La Furie lui jette un des noirs serpents de sa chevelure, et le lui fait glisser jusqu'au fond du cœur, afin que tout le palais soit troublé de ses transports. Le reptile s'insinue entre les vêtements et le sein d'Amate, déroule ses anneaux sans la toucher, et, à l'insu de la reine, lui souffle son haleine de vipère. Tantôt il se replie en collier d'or au cou de la princesse; tantôt, pareil à une longue bandelette, il s'entrelace à ses cheveux, et circule mollement sur tout son corps. Tant que le subtil poison porte dans les sens d'Amate ses premiers ravages, et ne fait courir dans ses veines qu'un feu dont son cœur n'est pas entièrement embrasé, elle se plaint avec douceur. C'est une tendre mère qui pleure sur sa fille et sur son union avec un époux phrygien.

« Eh quoi! s'écrie-t-elle, père insensible, est-ce à un Troyen exilé que vous donnez Lavinie pour épouse! Vous n'avez pitié ni de votre fille, ni de vous-même, ni d'une mère, qu'au premier vent délaissera ce perfide ravisseur, entraînant avec lui sa conquête au delà des mers! N'est-ce pas ainsi que le berger phrygien pénétra dans Lacédémone, qu'il enleva la fille de Léda, et la conduisit à Troie? Que sont devenues vos saintes promesses? Qu'est devenu votre ancien amour pour les vôtres, et votre parole tant de fois donnée à Turnus, notre parent? Si vous cherchez pour la fille des rois latins un époux étranger, si telle est votre résolution, et si les oracles de Faunus votre père vous imposent cette loi, toute terre qui n'est pas soumise à votre sceptre est, je le crois, étrangère pour nous. Voilà le sens des oracles; et Turnus, si l'on remonte à l'origine de sa maison, a pour aïeux Inachus et Acrisius, et pour patrie Mycènes. »

Mais, dès que la reine voit Latinus rester insensible à ses plaintes, dès que le poison du serpent infernal a pénétré dans ses entrailles et envahi tout son corps, la malheureuse, troublée par d'horribles fantômes et saisie d'un affreux délire, erre sans retenue à travers la vaste cité. Ainsi voltige, en décrivant un grand cercle, le sabot que des enfants, attentifs à leur jeu, font mouvoir autour d'un vaste portique. Chassé par le fouet, il parcourt, en tournant, des courbes immenses La jeune troupe émerveillée admire,

17

sans les comprendre, les mouvements du buis agile dont ses coups accélèrent la vitesse. D'un pas aussi rapide, la reine court de ville en ville au milieu des belliqueux Latins. Que dis-je? dans sa fureur qui s'accroît encore, se portant à de plus grands excès, elle feint l'ivresse des Ménades, s'enfuit dans les bois, et cache sa fille sous les ombrages des montagnes pour la dérober aux Troyens et retarder l'hymen qui se prépare. « Évohé! s'écrie-t-elle dans ses transports. Bacchus, toi seul es digne de ma fille; c'est pour toi seul qu'elle a pris le thyrse léger, pour toi qu'elle conduit des chœurs autour de ton image, pour toi qu'elle entretient sa chevelure qui t'est consacrée. »

La Renommée sème en volant cette nouvelle. Soudain le même délire embrase toutes les mères, et leur fait chercher de nouvelles demeures. Les épaules nues et les cheveux épars, elles désertent leurs foyers. D'autres remplissent les airs de hurlements plaintifs, et, couvertes de peaux sauvages, brandissent des javelots enlacés de pampres. Au milieu d'elles Amate, transportée de fureur, agite une torche enflammée, chante l'hymen de sa fille et de Turnus, roule des yeux sanglants, et tout à coup s'écrie d'un air farouche: « Femmes des Latins, en quelque lieu que vous soyez, écoutez-moi. S'il vous reste quelque affection pour la malheureuse Amate, si les droits maternels sont encore chers à vos cœurs, dénouez les bandelettes qui retiennent vos cheveux, et célébrez avec moi les orgies. »

C'est ainsi qu'au milieu des forêts et dans les antres déserts des bêtes fauves, Alecton livre la reine à toutes les fureurs de Bacchus. Lorsqu'elle croit avoir suffisamment excité ces premiers transports, déconcerté les projets de Latinus et bouleversé toute une famille, la funeste déesse déploie ses sombres ailes, et s'envole vers la ville de l'intrépide Rutule. Les murailles en furent, dit-on, bâties par Danaé, fille d'Acrisius, qui conduisait une colonie d'Argiens, quand l'impétueux Notus la jeta sur ces bords. Jadis ses habitants l'appelèrent Ardée. Elle a conservé un grand nom; mais sa gloire n'est plus. Là, dans son palais superbe, Turnus, vers le milieu de la nuit, goûtait un profond sommeil. Alecton quitte son horrible figure et son corps de Furie. Elle prend les traits d'une vieille femme, sillonne de rides son front hideux, attache avec une bandelette ses cheveux blancs, et y enlace une couronne d'olivier. C'est Calybé, antique prêtresse du temple de Junon. Elle se présente ainsi au jeune prince, et lui parle en ces termes : « Turnus, veux-tu donc perdre le fruit de tant de travaux? Souffriras-tu que ton sceptre passe à des Troyens? Le roi te refuse sa fille et la dot que tu as payée de ton sang! Il te préfère un étranger comme héritier de son trône! Va maintenant affronter les périls pour l'ingrat qui te joue; taille en pièces les bataillons de Tyrrhène; assure la paix aux Latins. Tandis que tu te livrais au repos de la nuit, la puissante fille de Saturne m'a ordonné de te parler sans détour. Lève-toi, arme tes guerriers, mets-les en campagne, et vole avec ardeur aux combats. Marche contre les chefs phrygiens, campés sur les belles rives du Tibre, et brûle leurs vaisseaux. Tel est l'ordre suprême des dieux. Que Latinus lui-même, s'il refuse de te donner sa fille et de tenir sa promesse, connaisse enfin Turnus et qu'il éprouve ta vaillance. »

Turnus lui répond avec un sourire moqueur : « Non, je n'ignore pas, comme tu le penses, qu'une flotte est entrée dans les eaux du Tibre. Ne cherche pas à m'inspirer de vaines terreurs. L'auguste Junon me protége toujours. La caducité qui te rend crédule, vieille mère, te tourmente d'inutiles soucis, et te rend, au milieu des querelles des rois, le jouet de fausses alarmes. Veille au culte des dieux, à la garde des temples, et laisse aux hommes le soin de faire la paix ou la guerre. »

Ces mots allument le courroux d'Alecton. Turnus parlait encore, quand il sent un tremblement soudain s'emparer de ses membres; ses yeux restent fixes : tant la Furie fait siffler de serpents, et présente une figure horrible! Lançant sur lui des regards étincelants, elle le repousse interdit et troublé. Deux serpents se dressent sur sa tête; elle fait retentir son fouet, et exhale ainsi sa rage : « Eh bien! La voilà cette vieille décrépite, dont l'esprit crédule, au milieu des querelles des rois, est le jouet de fausses alarmes! Regarde : je viens du séjour des Furies. Je porte dans mes mains la guerre et la mort. » Elle dit, et lui jette une torche fumante qui brille d'un sombre éclat et qu'elle lui enfonce dans le cœur.

Turnus se réveille, glacé d'épouvante : la sueur inonde son corps et ruisselle de tous ses membres. Hors de lui-même, il demande des armes en frémissant; il cherche des armes au chevet de son lit et dans son palais. Il ne respire que la guerre, la fureur des combats et surtout la vengeance. Ainsi, quand la flamme petille à grand bruit autour des flancs d'un vase d'airain, l'onde bondit et bouillonne, monte en flots de vapeur et d'écume, franchit ses bords, et se répand comme un noir tourbillon dans les airs. Turnus déclare aux chefs des Rutules que tout pacte est rompu, et qu'il va marcher contre le roi Latinus. Il leur ordonne de prendre les armes, de défendre l'Italie, et de chasser l'ennemi des frontières : seul il suffira contre les Troyens et les Latins. Il dit, et implore la faveur des dieux. Les Rutules, à l'envi, s'excitent aux combats. Les uns vantent l'éclat de sa jeunesse et de sa beauté ; les autres, les rois ses aïeux ; d'autres, ses glorieux exploits.

Tandis que Turnus enflamme les Rutules d'une belliqueuse ardeur, Alecton déploie ses ailes infernales, et vole au camp des Troyens. Elle médite un nouvel artifice en voyant sur le rivage le bel Iule qui tend des piéges aux bêtes sauvages ou les poursuit à la course. La fille du Cocyte inspire aux chiens une rage soudaine, frappe leurs narines d'une odeur qui leur est connue, et les précipite sur la trace d'un cerf. Telle fut la première cause des malheurs du Latium, celle qui alluma la guerre dans le cœur de ses rustiques habitants.

Ce cerf était remarquable par sa beauté et sa haute ramure. Ravi au sein de sa mère, il était nourri par les fils de Tyrrhée et par Tyrrhée lui-même, intendant des troupeaux du roi et gardien de ses vastes domaines. Silvie, leur sœur, l'avait apprivoisé et lui prodiguait tous ses soins. Elle enlaçait à son bois des guirlandes légères, peignait son poil sauvage, et le lavait dans une onde pure. L'animal se laissait caresser, partageait la table de ses maîtres, errait dans les bois, et rentrait de lui-même, malgré l'heure avancée, dans son gîte ordinaire. Ce jour-là, s'étant égaré au loin, il suivait le courant du fleuve, et cherchait le frais sur la rive verdoyante, quand la meute d'Iule vint le relancer avec fureur. Ascagne, brûlant de signaler son adresse, lui décoche une flèche. Alecton guide sa main. Le trait siffle avec un bruit affreux, et va percer de part en part les flancs du cerf. L'animal blessé regagne son asile, rentre en gémissant à l'étable, et, tout sanglant, comme s'il implorait du secours, remplit le palais de ses plaintes. Silvie arrive la première, pousse un cri de détresse en se meurtrissant les bras, et appelle les robustes habitants de la campagne. Ils accourent soudain, (car l'horrible Furie se tient cachée dans le bois). L'un s'arme d'un pieu durci par la flamme, l'autre d'un bâton chargé de nœuds. Chacun, dans sa colère, se fait une arme de tout ce qu'il rencontre. Tyrrhée était alors occupé à enfoncer des coins dans un chêne pour le fendre en éclats. D'un air terrible, il saisit sa hache et entraîne les paysans sur ses pas.

Cependant la cruelle déesse, qui, de sa retraite, épie le moment de nuire, s'élance sur le toit de l'étable, et de là fait entendre le signal rustique : elle enfle une trompe de sa voix infernale. Soudain le bois tremble et les forêts mugissent. Le bruit est entendu au loin sur le lac de Diane ; il retentit jusqu'aux eaux blanches et sulfureuses du Nar, jusqu'aux sources du Vélinus ; et les mères épouvantées pressent leurs enfants contre leur sein. A ces sinistres accents, les laboureurs furieux saisissent leurs armes, et accourent de toutes parts au lieu d'où la fatale trompe a donné le signal. De leur côté, les Troyens se précipitent hors de leur camp au secours d'Ascagne. On se range en bataille. Ce n'est plus un combat rustique où l'on s'attaque avec de lourds bâtons et des pieux durcis au feu ; c'est le fer à la main qu'on va décider la querelle. La plaine se hérisse au loin d'une forêt d'épées nues. L'airain resplendit sous la lumière du soleil, et la renvoie jusqu'aux cieux. Tels, au premier souffle du vent, les flots commencent à blanchir; la mer s'enfle peu à peu, soulève ses vagues, et, du fond de l'abîme, les porte jusqu'aux nues.

Aux premiers rangs de la troupe Almon, l'aîné des fils de Tyrrhée, tombe atteint d'une flèche qui, en lui traversant la gorge, intercepte l'humide passage de la voix, et l'étouffe dans des flots de sang. Autour de lui succombent une foule de guerriers, entre autres le vieux Galésus, qui s'avançait pour établir la paix. C'était le plus juste et le plus riche des habitants de l'Ausonie. Cinq troupeaux de brebis, cinq troupeaux de bœufs rentraient chaque soir dans ses étables, et il labourait ses terres avec cent charrues.

Tandis que la lutte s'engage dans la plaine avec un succès égal, Alecton, fière d'avoir tenu sa promesse en préludant à la guerre par le carnage et le sang, abandonne l'Hespérie. Elle s'élève triomphante dans les airs, et tient à Junon ce superbe langage : « Eh bien ! la discorde et la guerre sont allumées au gré de vos désirs. Dites-leur de s'unir et de conclure un traité d'alliance, maintenant que j'ai couvert les Troyens du sang de l'Ausonie. Je ferai plus encore, si vous m'assurez votre aveu. Par de sinistres rumeurs j'entraînerai dans cette querelle les cités voisines, et j'embraserai les âmes des fureurs de Mars. Les secours viendront de toutes parts : j'inonderai les champs de guerriers. » — « C'est assez de terreur et d'artifices, dit Junon. La guerre est déclarée; les partis sont aux prises, et les premières armes que le hasard leur a fournies sont déjà teintes de sang. Que l'illustre fils de Vénus et le roi des Latins célèbrent leur hyménée, sous de tels auspices ! Toi, tu ne peux errer plus longtemps sous la voûte des cieux : le souverain maître de l'Olympe ne le souffrirait pas. Retire-toi. S'il s'élève d'autres difficultés, je les aplanirai moi-même. » Ainsi parle la fille de Saturne. La Furie fait siffler ses serpents; elle déploie ses ailes, et, abandonnant la terre, elle regagne les bords du Cocyte.

Au centre de l'Italie, entre deux monts escarpés, est un lieu célèbre et renommé dans tous les pays d'alentour : c'est la vallée d'Amsancte. A droite et à gauche, des bois touffus la couvrent de leur noir ombrage. Elle est traversée par un torrent qui, dans son cours tortueux, brise avec fracas ses ondes sur des rochers. On y voit une caverne horrible, soupirail de l'affreux Tartare, vaste gouffre d'où l'Achéron débordé exhale d'impures vapeurs. L'odieuse Furie s'y plonge, et délivre de sa présence et la terre et le ciel.

Cependant Junon applique à la guerre ses derniers efforts. Du champ de bataille, toute la foule des pasteurs se précipite dans la ville. Ils rapportent le corps du jeune Almon et celui du vieux Galésus, entièrement défiguré. Ils implorent les dieux, et conjurent Latinus de les venger. Turnus paraît; et, tandis que la clameur publique accuse les Troyens de meurtre et d'incendie, il redouble l'effroi des Latins. « Ce sont, s'écrie-t-il, les Troyens qu'on appelle au trône; c'est à des Phrygiens qu'on s'allie, et lui, on le chasse du palais. » En même temps, excités par le grand nom d'Amate, les fils de ces femmes qui, en proie aux fureurs de Bacchus, forment des danses dans les forêts, se rassemblent de toutes parts et appellent la guerre à grands cris. Tous, malgré les présages et malgré l'arrêt des Destins, demandent une guerre impie et condamnée par les dieux; tous assiègent les portes du palais de Latinus. Il leur résiste, aussi inébranlable qu'un rocher au milieu de la mer. En vain, dans la tempête, les vagues mugissent autour de ses flancs. Tandis que les écueils qui l'environnent blanchissent d'écume et retentissent avec fracas, le rocher se soutient par sa masse, et refoule les flots impuissants.

Enfin, quand Latinus voit qu'il ne peut triompher de l'aveuglement des esprits, et que tout marche au gré de la cruelle Junon, il atteste mille fois le ciel et les dieux impuissants : « Hélas! dit-il, les Destins l'emportent et l'orage nous entraîne. Malheureux! vous payerez de votre sang vos fureurs sacriléges. Toi aussi, Turnus, tu seras puni de ton parjure, et tu adresseras trop tard tes prières aux dieux.

Pour moi, le repos m'est assuré : je touche au port. Je ne perds qu'une mort tranquille. » A ces mots, il se renferme dans son palais, et abandonne les rênes de l'empire.

Il y avait dans le Latium un antique usage, qu'observèrent toujours les Albains, et que la reine des cités, Rome observe encore aujourd'hui quand elle commence à prendre les armes, soit qu'elle s'apprête à porter la guerre et la désolation chez les Gètes, les Hyrcaniens ou les Arabes, soit qu'elle veuille marcher contre les Indiens, ou s'avancer vers l'Aurore pour redemander aux Parthes ses étendards. Il y a deux portes de la guerre, (c'est ainsi qu'on les nomme), consacrées par la religion et par la frayeur qu'inspire l'impitoyable Mars. Ces portes sont fermées par cent verrous d'airain et par des chaînes de fer indestructibles. Janus, à qui la garde du temple est confiée, n'en quitte jamais le seuil. Dès que le sénat a décrété la guerre, le consul, revêtu de la trabée quirinale, et la toge ceinte à la manière des Gabiens, ouvre ces portes retentissantes et donne lui même le signal des combats. Aussitôt la jeunesse romaine applaudit, et le bruit des clairons répond au cri de guerre. C'est conformément à cet usage, que les Troyens pressaient Latinus de déclarer la guerre aux Troyens, et d'ouvrir les portes fatales. Mais il s'abstient de les toucher, et, rejetant avec horreur cet odieux ministère, il s'enferme au fond de son palais.

Alors la reine des dieux, descendant de l'Olympe, pousse de sa propre main les portes rebelles, et, les faisant rouler sur leurs gonds, brise les liens de fer qui retiennent la guerre captive. L'Ausonie, si longtemps calme et immobile, s'embrase soudain. Les uns vont se former en bataillons dans la plaine ; les autres s'élancent avec ardeur sur des coursiers poudreux : tous demandent des armes. Une graisse onctueuse dérouille les boucliers et le fer des javelots ; on aiguise les haches sur la pierre ; on aime à déployer les étendards et à entendre le son des trompettes. Cinq grandes villes forgent sur l'enclume des armes nouvelles : la puissante Atine, le superbe Tibur, Ardée,

Crustumère, et Antemne, couronnée de tours. On creuse l'armure qui doit protéger la tête du soldat; le saule s'arrondit en claies de bouclier; les cuirasses d'airain et les brillants cuissards sont recouverts de lames d'argent. Le soc et la faux languissent sans honneur près de la charrue délaissée. Chacun retrempe dans la fournaise le glaive de ses aïeux. Enfin les clairons sonnent, et le mot d'ordre vole de rang en rang. L'un détache promptement son casque de ses lambris; l'autre attelle ses coursiers frémissants, s'arme de son bouclier, revêt sa cuirasse à triples mailles d'or, et ceint sa fidèle épée.

Maintenant, Muses, ouvrez l'Hélicon et commencez vos chants. Dites quels rois prirent part à cette lutte; quels peuples suivirent leurs étendards et couvrirent ces plaines; quels guerriers illustraient déjà l'Italie, cette terre féconde en héros, et quelles armes la mirent en feu. Nobles déesses, vous en avez gardé le souvenir, et vous pouvez retracer l'histoire de ces temps antiques dont à peine un faible bruit est arrivé jusqu'à nous.

Le premier qui se présente avec ses bataillons armés, c'est le farouche Mézence, le contempteur des dieux, venu de l'Étrurie. A ses côtés marche son fils Lausus, le plus beau des guerriers de l'Ausonie après Turnus de Laurente, Lausus, habile à dompter les chevaux et à terrasser les bêtes féroces. Il conduit, mais en vain, mille combattants de la cité d'Agylla : prince digne d'obéir à une plus douce loi, et d'avoir un autre père que Mézence.

Après eux, Aventinus, fils d'Hercule, beau comme Hercule lui-même, fait briller dans la plaine son char orné d'une palme et ses coursiers victorieux. Sur son bouclier est représenté le glorieux trophée de son père, l'hydre aux cent têtes; l'hydre formée de serpents qui s'enlacent dans leurs mutuels replis. Une mortelle, unie à un dieu, la prêtresse Rhéa, mit secrètement au jour ce guerrier dans les bois de l'Aventin, après que le héros de Tirynthe, vainqueur de Géryon, fut parvenu aux champs de Laurente, et eut baigné dans le Tibre ses génisses d'Ibérie. Les soldats d'Aventinus portent à la main des traits, de longues perches armées d'un fer redoutable, et font la guerre avec le javelot sabin. Lui-même est à pied, couvert de l'énorme dépouille d'un lion dont la terrible crinière et les dents blanches lui couvrent la tête. Il arrive au palais du roi dans cet effrayant appareil, les épaules enveloppées du manteau d'Hercule.

Ensuite se présentent deux jumeaux, Catillus et l'ardent Coras. Argiens d'origine, ils ont quitté Tibur, ainsi appelé du nom de Tiburte leur frère. Ils s'avancent, aux premiers rangs, à travers une forêt de lances. Tels deux Centaures, enfants des nues, descendent à grands pas des sommets neigeux de l'Homole et de l'Othrys. Devant eux la vaste forêt s'ouvre, et les branches se brisent avec fracas.

On voit aussi le fondateur de Préneste, Céculus, fils de Vulcain. Roi né dans les champs parmi les troupeaux, il fut trouvé dans un foyer, s'il faut en croire la tradition de tous les âges. Sous ses ordres marche une troupe d'agrestes combattants qui habitent la haute Préneste, les campagnes de Gabies, consacrées à Junon, les frais vallons de l'Anio, les rochers des Herniques aux sources jaillissantes, ceux que nourrit l'opulente Anasnie, et ceux qui boivent les eaux de l'Amasène. Ils n'ont pas tous des armes, des boucliers, des chars retentissants. La plupart lancent des balles de plomb; d'autres portent deux javelots à la main; leur tête est couverte de la dépouille d'un loup; ils ont le pied gauche nu, et le droit garni d'un cuir grossier.

Vient ensuite le dompteur de chevaux, le fils de Neptune, Messape, que ne peuvent abattre ni le fer ni le feu. Il a ressaisi le glaive, et soudain il appelle aux armes ses peuples, depuis longtemps endormis dans la paix. A sa voix se lèvent les Fescennins, les Èques-Falisques, ceux qui habitent les hauteurs du Soracte, les plaines de Flavinie, le lac et le mont Cimin, et le bois sacré de Capène. Ils marchent en bon ordre, et chantent les louanges de leur roi. Tels, en revenant du pâturage, des cygnes éblouissants de blancheur font entendre dans les airs des sons mélodieux que répètent les échos du fleuve et du lac Asia. En voyant cette multitude immense on la prendrait, non pour des bataillons couverts d'airain, mais pour une nuée d'oiseaux bruyants qui, s'élançant de la haute mer, vont s'abattre sur le rivage.

Bientôt arrive un guerrier issu de l'antique race des Sabins, Clausus, qui conduit une armée nombreuse, et vaut à lui seul une armée. Il est la tige de la famille et de la tribu Claudia, répandue dans le Latium depuis que la nation sabine fait partie du peuple romain. Il conduit les grandes cohortes d'Amiterne, les anciens paysans de Cures, toutes les forces d'Érétum et de Mutusca, fertile en oliviers, les peuples qui habitent Nomente, les plaines de Roséa que baigne le lac Vélia, les affreux rochers de Tétrica, le mont Sévère, Caspérie, Forule et les bords de l'Himelle. Il conduit encore ceux qui boivent les eaux du Tibre et du Fabaris; ceux qu'envoyèrent la fraîche Nursie, le pays d'Horta, les cités latines, et ceux que séparent les eaux fatales de l'Allia. Aussi pressés sont les flots que roule la mer de Libye quand, à l'approche de l'hiver, l'orageux Orion se plonge dans les ondes; aussi serrés sont les épis que le soleil d'été mûrit dans les plaines de l'Hermus ou dans les campagnes dorées de la Lycie. Leurs boucliers résonnent, et la terre tremble sous le bruit de leurs pas.

D'un autre côté Halésus, fils d'Agamemnon, ennemi du nom troyen, attelle ses coursiers à son char, et entraîne sous les drapeaux de Turnus cent peuplades belliqueuses : celles qui cultivent les riants coteaux du Massique, chers à Bacchus; les Auronces, descendus de leurs hautes montagnes; les Sidicins qui habitent la plaine, les guerriers venus de Calès et des bords sablonneux du Vulturne; les farouches Saticules et la troupe des Osques. Ils sont armés de courts javelots que rattachent à leur main de souples courroies. Un petit bouclier de cuir couvre leur bras gauche, et ils combattent de près avec des glaives recourbés.

Je ne t'oublierai pas dans mes vers, Œbale, toi qui reçus, dit-on, le jour de la nymphe Sébéthis et du vieux Télon quand celui-ci régnait sur les Téléboëns à Caprée. Non content du domaine paternel, Œbale avait soumis à son empire les Sarrastes et les champs qu'arrose le Sarnus, les peuples de Rufra, de Batule, de Célenne, et les fertiles vergers que dominent les murs d'Abelle. Leurs armes sont de lourds javelots qu'ils lancent à la manière des Teutons, des casques faits d'écorce de liége, des boucliers et des glaives d'un airain éblouissants.

Toi aussi, guerrier fameux par tes exploits et par le bonheur de tes armes, Ufens, tu quittas les montagnes de Nurse pour les combats. Ta force principale est dans les Équicoles, peuple sauvage, habitant un sol dur, et accoutumé à chasser dans les bois. Ils cultivent la terre tout armés, se plaisent toujours à transporter un nouveau butin et à vivre de rapines.

A cette guerre se rend aussi, envoyé par Archippe son roi, le vaillant Ombron, grand prêtre chez les Marrubiens, le casque surmonté d'un rameau d'olivier. Il savait, par ses attouchements et par ses chants, endormir les vipères et les serpents au souffle infect; il savait aussi apaiser leur colère et guérir leurs morsures. Mais ni ses charmes assoupissants ni ses herbes cueillies sur les montagnes des Marses, n'eurent d'effet sur la blessure que lui fit un javelot troyen. Malheureux Ombron, le bois d'Anguitie, les eaux transparentes du Fucin et tous les lacs limpides pleurèrent ton trépas.

Comme lui, marchait au combat le fils d'Hippolyte, le charmant Virbius. Ce noble chef était envoyé par Aricie, sa mère, qui l'avait élevé dans la forêt d'Égérie, près des humides bords où l'on voit un riche autel consacré à la bonne Diane. Victime des artifices d'une marâtre, après qu'il eut été mis en pièces par ses chevaux épouvantés, et qu'il eut assouvi par sa mort le courroux d'un père, Hippolyte fut, dit-on, rendu à la lumière et rappelé sous la voûte des cieux grâce aux sucs puissants de Péon et à l'amour de Diane. Le maître des dieux, indigné qu'un mortel revînt de la nuit infernale à la clarté du jour, foudroya de sa main l'inventeur d'un art si merveilleux, et plongea dans les eaux du Styx le fils d'Apollon. Mais la bienfaisante Diane, cachant Hippolyte dans un endroit secret, confia ce prince à la nymphe Égérie et aux ombrages de ses bois. Dès-lors, seul et sans gloire, il y passa ses jours sous le nouveau nom de Virbius. De là vient que les chevaux sont encore tenus éloignés du temple de Diane et de son bois sacré, depuis que, épouvantés à la vue d'un monstre marin, les coursiers que conduisait le jeune héros le renversèrent avec son char sur le rivage. Son fils n'en exerçait pas moins son attelage fougueux dans la plaine, et volait aux combats, monté sur un char.

Turnus, les armes à la main, s'agite au milieu de ces chefs qu'il efface en beauté et qu'il domine de toute sa tête. Le cimier de son casque, orné d'une triple aigrette, porte une Chimère dont la gueule béante vomit des feux pareils à ceux de l'Etna. Plus le combat s'échauffe et plus le sang ruisselle, plus le monstre frémit et lance avec fureur ses sinistres flammes. Son bouclier d'or représente une scène fameuse : celle d'Io, qui, le front paré de hautes cornes, est déjà couverte de poils et déjà transformée en génisse. Argus veille à la garde de la jeune fille, et son père, Inachus, épanche un fleuve de son urne ciselée. A la suite du héros une nuée de fantassins, armés de boucliers, se pressent dans toute la plaine. C'est la jeunesse argienne et la troupe des Auronces; ce sont les Rutules, les vieux Sicaniens, les cohortes des Sacranes, les Labiques aux boucliers peints; ceux qui cultivent les bords du Tibre et les rives sacrées du Numicus; ceux dont le soc féconde les collines des Rutules et le mont Circé; ceux dont le terroir fertile est protégé par Jupiter d'Anxur; ceux pour qui Féronia se plaît à étaler ses verts ombrages; ceux aux pieds desquels s'étend le noir marais de Satura; ceux enfin qu'abreuve l'Ufens, dont les fraîches eaux serpentent à travers de profondes vallées et vont se perdre dans la mer.

Après eux vient la reine des Volsques, l'intrépide Camille, à la tête de ses escadrons étincelants d'airain. Ses mains délicates ne sont point accoutumées au fuseau ni à l'aiguille de Minerve; mais elle s'est endurcie aux rudes combats, et devance les vents dans sa course légère. Elle pourrait voler au-dessus des tendres épis d'un champ de blé sans en courber la tête, ou courir sur la mer, suspendue à la cime des vagues, et les effleurer sans mouiller la plante de ses pieds rapides. Toute la jeunesse abandonne ses foyers et ses champs pour s'élancer sur son passage. Les femmes la contemplent avec admiration, et considèrent dans un muet étonnement la pourpre royale qui couvre ses belles épaules, l'agrafe d'or qui retient ses cheveux, sa grâce à porter le carquois de Lycie, et son myrte pastoral armé d'un fer de lance.

LIVRE HUITIÈME.

A peine Turnus a-t-il arboré l'étendard de la guerre sur la citadelle de Laurente et fait sonner les bruyants clairons, à peine a-t-il excité ses coursiers fougueux et frappé son bouclier de sa lance, qu'une soudaine ardeur s'empare des esprits. Tout le Latium jure de voler aux combats, et la jeunesse éclate en transports furieux. Les principaux chefs, Messape, Ufens et Mézence, le contempteur des dieux, lèvent des troupes d'auxiliaires, et dépeuplent ces vastes champs de leurs cultivateurs. En même temps Vénulus est envoyé à la ville du grand Diomède pour lui demander des secours, et pour l'informer de l'arrivée des Troyens dans le Latium. « Énée vient d'y aborder avec sa flotte et ses pénates vaincus ; il se dit appelé par les Destins à régner sur Italie ; un grand nombre de peuples s'unissent au chef des Troyens, et son nom se répand au loin dans le Latium. Quels sont ses projets? Quel est son but si la Fortune le seconde? Diomède en jugera mieux que le roi des Rutules et que le roi Latinus. »

Tel était l'état du Latium. A la vue de ces mouvements, le héros troyen est en proie à la plus grande perplexité. Il adopte et rejette tour à tour mille résolutions qui se croisent rapidement dans son esprit et l'agitent en sens divers. Ainsi à la surface tremblante de l'eau que contient un vase d'airain, se réfléchissent les rayons du soleil ou de la lune ; leur mobile image voltige çà et là, s'élève dans les airs et va frapper les lambris du plafond.

Il était nuit, et tous les êtres qui peuplent la terre et les airs étaient plongés dans un profond sommeil, quand Énée, troublé de cette guerre funeste, s'étendit le long de la rive, sous la voûte des cieux, et céda enfin au besoin du repos. Alors la divinité même du lieu, le Tibre aux belles eaux lui apparut, levant son front vénérable entre le feuillage des peupliers. Il était couvert d'un léger voile d'azur; une couronne de roseaux ombrageait sa tête. Puis il prit la parole, et dissipa ainsi les alarmes d'Énée :

« Fils des dieux, toi qui nous ramènes Troie, échappée à la fureur de ses ennemis et qui nous conserves l'éternelle Pergame, toi qu'attendaient Laurente et les champs du Latium, c'est ici ta demeure fixe et celle de tes pénates. Prends courage : ne te laisse point effrayer par la guerre qui te menace. Les dieux ont déposé leur terrible courroux. Bientôt, (pour que tu ne te croies pas abusé par un songe), tu trouveras couchée sur le sol, au pied des chênes qui bordent mes rives, une énorme laie blanche et trente petits nouveau-nés, aussi blancs que leur mère, se pressant autour de ses mamelles. Ce sera là l'emplacement de ta ville et le terme assuré de tes fatigues. C'est là que, après trente années révolues, Ascagne fondera la ville d'Albe qui aura un grand renom. Ce que je prédis est certain. Maintenant écoute : je vais t'apprendre en peu de mots comment tu sortiras vainqueur des périls qui t'attendent.

« Des Arcadiens, descendants de Pallas, qui avaient suivi les drapeaux d'Évandre, se sont établis dans cette contrée, et ont bâti sur ces monts une ville appelée Pallantée, du nom de Pallas, aïeul de leur roi. Ce peuple est toujours en guerre avec les Latins. Joins tes armes aux siennes, et fais alliance avec lui. Je te guiderai moi-même en droite ligne le long de mes rives, et j'aiderai tes rameurs à remonter mon cours. Lève-toi donc, fils d'une déesse, et, dès que les astres pencheront vers leur déclin, adresse à Junon tes prières selon l'usage, et, par tes supplications désarme son courroux menaçant. Tu t'acquitteras envers moi quand tu seras vainqueur. Je suis le dieu de ce fleuve que tu vois couler à pleins bords et traverser de fertiles campagnes, le Tibre au flots d'azur, le fleuve chéri du ciel. C'est ici ma principale demeure : ici s'élèvera la reine des cités. »

Il dit, et se replonge au sein des eaux profondes. La nuit a disparu, et le héros se réveille. Il se lève ; et, les yeux tournés à l'orient, il puise, selon l'usage, de l'eau du fleuve dans le creux de ses mains, et fait entendre cette prière : « Nymphes de Laurente, nymphes qui êtes mères des fleuves, et toi, dieu du Tibre, père de ces ondes sacrées, recevez Énée, et éloignez enfin de lui les périls. Quelle que soit ta source, toi qui plains mes infortunes, quelle que soit la terre d'où jaillissent tes belles eaux, roi des fleuves de l'Hespérie, dont le front est orné d'un croissant, tu seras toujours honoré de mes sacrifices et de mes offrandes. Daigne seulement m'être propice, et réalise au plus tôt tes promesses. » A ces mots, il choisit dans sa flotte deux birèmes qu'il garnit de rames, et il donne en même temps des armes à ses compagnons.

Soudain, (ô surprise ! ô merveille !) il voit, étendue sur le vert gazon, dans la forêt qui borde la rive, une laie blanche avec sa portée blanche comme elle. C'est à toi, en effet, à toi puissante Junon, que le pieux Énée l'immole en sacrifice, ainsi que les petits, sur ton autel. Le Tibre apaise son fleuve qui avait été agité toute la nuit ; et, suspendant la rapidité de ses eaux, il leur donne la surface unie d'un étang ou d'un marais, afin que la rame n'ait point à lutter contre le courant. Aussi les Troyens poursuivent-ils rapidement leur course avec des cris de joie. Les navires glissent mollement sur les flots. Le Tibre et la forêt qui l'ombrage voient avec surprise briller au loin des boucliers et voguer ces vaisseaux ornés de peintures. Les matelots fatiguent la rame jour et nuit ; ils remontent les longs détours du fleuve à l'ombre des arbres qui les couvrent, et sillonnent la verte image des bois réfléchie dans le paisible cristal des eaux.

Le soleil, dans tout son éclat, avait atteint le milieu de sa carrière, lorsqu'ils aperçoivent au loin des murailles, une citadelle, et quelques maisons éparses, que la puissance romaine a depuis élevées jusqu'aux cieux. C'était alors

18

l'humble domaine d'Évandre. Aussitôt ils tournent les proues vers la rive, et s'approchent de la ville.

Ce jour-là même, dans un bois sacré, aux portes de la ville, le prince arcadien offrait à l'illustre fils d'Amphitryon et aux dieux un sacrifice solennel. Pallas, son fils, les chefs de ses guerriers et le modeste sénat de la nation brûlaient avec lui de l'encens, et le sang tiède encore des victimes fumait sur les autels. A peine ont-ils vu les grands navires glisser sous l'ombrage, et les rameurs se courber en silence sur leurs avirons, que tous abandonnent les tables et se lèvent. Mais l'intrépide Pallas défend qu'on interrompe le sacrifice. Il saisit un javelot, et vole seul au-devant des Troyens : « Étrangers, leur dit-il de loin du haut d'un tertre, pourquoi venez-vous dans ces contrées inconnues? où allez-vous? qui êtes-vous? d'où venez-vous? Est-ce la paix ou la guerre que vous apportez ici ? »

Alors, du haut de sa poupe, Énée montre le pacifique rameau d'olivier qu'il tient à la main : « Ce sont, dit-il, des Troyens que vous voyez, et ces armes ne menacent que les Latins, qui, sans égard pour des exilés, nous ont déclaré une guerre cruelle. Nous demandons Évandre. Rapportez-lui mes paroles, et dites-lui que l'élite des chefs troyens vient solliciter son alliance. » A ce grand nom, Pallas est frappé d'étonnement. « O qui que vous soyez, dit-il, descendez, et venez vous-même parler à mon père. Soyez notre hôte, et entrez dans notre demeure. » Puis il lui tend la main, et serre avec effusion celle du héros. Ils s'éloignent du fleuve, et s'avancent dans le bois sacré.

Énée adresse au roi ces paroles amies : « O le plus vertueux des Grecs, vous à qui la Fortune a voulu que je vinsse offrir mes vœux et présenter ces rameaux ornés de bandelettes, je n'ai pas craint de m'adresser à vous; à l'un des chefs de la Grèce, à un prince arcadien que le sang unit aux deux Atrides. Ma loyauté, les oracles sacrés des dieux, nos ancêtres communs, et votre renommée, répandue par toute la terre, m'ont d'avance attaché à vous, et j'obéis avec joie à l'ordre des Destins. Le premier auteur de ma race, celui qui après avoir abordé dans la Troade, y devint le fondateur d'Ilion, Dardanus était, suivant les Grecs, fils d'Électre, une des Atlantides. Électre eut pour père le grand Atlas qui porte sur ses épaules la voûte des cieux. Vous êtes les fils de Mercure, que la belle Maïa mit au monde sur le sommet du Cyllène, et Maïa, si l'on en croit la tradition, était fille d'Atlas, de ce même Atlas qui soutient le ciel étoilé. Ainsi nos deux familles forment deux branches issues de la même tige. Appuyé sur ces titres, je n'ai voulu employer, pour sonder vos dispositions, ni ambassade, ni artifices. Je me suis présenté moi-même en personne, et j'ai paru devant vous en suppliant. Les Rutules, qui vous font une guerre cruelle, se flattent, s'ils parviennent à nous chasser, que rien ne les empêchera de soumettre à leur joug toute l'Hespérie et d'asservir les rivages que baignent les deux mers. Recevez ma foi et donnez-moi la vôtre. Nous avons de valeureux guerriers, des cœurs intrépides et une jeunesse éprouvée dans les combats. »

Ainsi parlait Énée. Évandre, pendant ce discours, observait le visage et les yeux du héros, et l'enveloppait tout entier de ses regards. Il lui répond en peu de mots : « Qu'il m'est doux de vous recevoir, ô le plus vaillant des Troyens! que j'aime à reconnaître, à retrouver en vous le langage, la voix et les traits du grand Anchise, votre père! Je me souviens, en effet, que Priam, fils de Laomédon, se rendant à Salamine pour visiter les États de sa sœur Hésione, s'avança jusque dans la fraîche Arcadie. La jeunesse en sa fleur couvrait alors mes joues de son premier duvet. J'admirais les chefs troyens, j'admirais le fils de Laomédon lui-même; mais Anchise, par sa taille, s'élevait au-dessus de tous. Dans l'ardeur de mon âge, je brûlais d'entretenir ce héros et de serrer sa main dans la mienne. Je l'abordai, et je le conduisis avec empressement aux murs de Phénée. Quand nous nous séparâmes, Anchise me donna un superbe carquois, des flèches de Lycie, une chlamyde brodée d'or, et deux freins du même métal, que mon fils Pallas possède maintenant. Ainsi l'alliance que vous désirez tous, ma main en a déjà serré les nœuds. Demain, au lever de l'aurore, vous partirez contents de mes secours et des ressources de mon royaume. En attendant, puisque c'est comme ami que vous êtes venus, célébrez de concert avec nous cette fête annuelle qu'il ne m'est pas permis de différer, et dès aujourd'hui accoutumez-vous à vous asseoir à la table de vos alliés. »

Après avoir ainsi parlé, Évandre fait rapporter les mets et les coupes qu'on avait enlevés. Il place lui-même ses hôtes sur des bancs de gazon ; et, pour honorer leur chef, il l'invite à monter sur un trône d'érable que recouvre la peau velue d'un lion. Alors une élite de jeunes Arcadiens et le prêtre de l'autel s'empressent d'apporter les chairs rôties des victimes. Ils remplissent les corbeilles des dons de Cérès, et versent la liqueur de Bacchus. Énée et les Troyens se partagent le dos entier d'un bœuf et ses entrailles offertes en sacrifice.

Le banquet fini et la faim apaisée, le roi Évandre dit : « Cette solennité, ce festin annuel, cet autel élevé à un dieu si puissant, ce n'est ni une vaine superstition, ni l'oubli des anciennes divinités, qui les ont établis parmi nous. C'est pour avoir échappé à d'affreux périls, hôte troyen, que nous célébrons cette fête, et que nous renouvelons l'hommage de notre reconnaissance. Regardez d'abord ce pic suspendu sur ces rochers, ces masses dispersées au loin, et, sur le flanc de la montagne, cette demeure abandonnée au milieu d'un amas de ruines. Là, dans un vaste enfoncement, dans une caverne profonde et inaccessible aux rayons du soleil, habitait un monstre moitié homme, l'effroyable Cacus. La terre fumait sans cesse d'un carnage récent, et toujours à ses portes homicides pendaient des têtes humaines, pâles et sanglantes. Ce monstre, fils de Vulcain, en vomissait les sombres feux. Sa taille était celle d'un géant.

« Enfin brilla pour nous le jour qu'imploraient nos vœux. Un dieu parut pour notre délivrance. Le grand vengeur des crimes, fier de la mort, et des dépouilles du triple Géryon, Hercule était arrivé dans ces lieux, conduisant le prix de sa victoire, d'énormes taureaux qui couvraient la vallée et les rives du fleuve. Poussé par les Furies, et décidé à tout entreprendre, à tout oser, Cacus détourne de leurs pâturages quatre taureaux superbes et autant de belles génisses. Il les traîne par la queue pour renverser les indices de leur marche et dissimuler les traces directes de leurs pas, et cache son larcin dans son antre obscur. Aucun signe ne dirigeait les recherches du côté de sa caverne.

« Mais, tandis que le fils d'Amphitryon emmenait du pâturage ses troupeaux rassasiés, les taureaux, au moment du départ, firent retentir leurs plaintes, et remplirent les bois et les collines de leurs mugissements. Une des génisses renfermées dans l'immense caverne du départ répondit à leur voix, et trompa ainsi l'espoir de Cacus. Soudain une sombre fureur s'allume dans l'âme d'Hercule. Il saisit ses armes, sa massue chargée de nœuds, et s'élance d'une course rapide au sommet de la montagne. Alors on vit pour la première fois Cacus pâlir et se troubler. Plus prompt que le vent, il fuit et gagne son repaire. La peur lui donne des ailes. Il s'enferme, en détachant les chaînes de fer auxquelles l'art de son père a suspendu un roc énorme, et fortifie de ce rempart l'entrée de sa caverne. Hercule arrive furieux. Il cherche partout un accès, et porte çà et là ses regards en frémissant de rage. Trois fois, bouillant de colère, il fait le tour du mont Aventin ; trois fois il essaye de renverser le roc qui lui ferme le passage ; trois fois, épuisé de fatigue, il se repose dans la vallée.

« Au-dessus de la caverne s'élevait à perte de vue un rocher aigu et de toutes parts escarpé, où les oiseaux de proie trouvaient pour leurs nids un asile favorable. Son sommet incliné penchait à gauche vers le fleuve. Hercule, appuie à droite avec effort, ébranle le roc, l'arrache à ses profondes racines, et tout à coup la précipite. Les plaines de l'air retentissent de cette chute, les rives tressaillent, et le fleuve recule épouvanté. Alors paraît à découvert le vaste et profond palais de Cacus, et le jour en éclaire les ténébreuses horreurs. De même si, par une violente secousse, la terre, entr'ouvrant ses abîmes, étalait à nos yeux les demeures infernales, pâles royaumes, haïs des dieux, nos regards plongeraient dans le gouffre immense du Tartare, et les Mânes trembleraient à l'aspect de la lumière.

« Surpris par cette clarté soudaine, et prisonnier dans son antre, Cacus pousse d'affreux rugissements. Du haut de la montagne Hercule fait pleuvoir sur lui une grêle de traits, se fait des armes de tout, et l'accable de branches d'arbres et d'énormes quartiers de roche. Le monstre, que la fuite ne peut plus soustraire au péril, vomit de sa bouche, (ô prodige!) des torrents de fumée, enveloppe sa retraite d'un sombre nuage qui le dérobe aux regards, amoncelle ténèbres sur ténèbres, et sillonne de feux cette profonde nuit. Hercule ne peut contenir sa rage. Il bondit, et se précipite au milieu des flammes, à l'endroit où la fumée roule ses flots les plus épais et où l'immense caverne exhale ses plus noirs tourbillons. Cacus vomit en vain ses feux dans l'ombre. Il le saisit, il l'étreint, fait jaillir ses yeux de leurs orbites, et arrête dans son gosier le sang avec la vie. Aussitôt les portes sont arrachées, et la noire caverne est ouverte; les génisses enlevées et les larcins sacriléges apparaissent au grand jour. On traîne par les pieds le hideux cadavre; on ne se lasse point de contempler les yeux terribles du monstre, ses traits, sa poitrine hérissée d'un poil sauvage, et sa bouche dont les feux sont à peine éteints.

« Depuis lors nous célébrons une fête en l'honneur d'Hercule, et les âges suivants en ont consacré avec joie l'anniversaire. Potitius, premier fondateur de cette solennité, et la famille Pinaria, préposée au culte d'Hercule, ont élevé dans ce bois cet autel que nous proclamerons toujours le plus grand, et qui sera toujours le plus grand à nos yeux. Maintenant donc, jeunes Troyens, en mémoire d'un si haut fait, couronnez vos têtes de feuillage; invoquez, en prenant des coupes, notre dieu commun, et offrez-lui gaîment des libations de vin. » Il dit, et couvre son front du peuplier d'Hercule dont les feuilles à deux couleurs s'entrelacent autour de sa tête. Il saisit la coupe sacrée, et tous pleins d'allégresse, épanchent aussitôt du vin sur les tables en invoquant les dieux.

Cependant l'étoile du soir brillait à l'horizon. Déjà les prêtres, et Potitius à leur tête, s'avançaient vêtus de peaux, suivant l'usage, et un flambeau à la main. Le banquet recommence. La table offre aux convives un agréable dessert, et les autels se couvrent de bassins chargés d'offrandes. Alors les Saliens, le front ceint de peuplier, se rangent, pour chanter, autour des feux du sacrifice. Un chœur de jeunes gens et un autre de vieillards célèbrent dans des hymnes la gloire et les exploits d'Hercule. Ils racontent comment il étouffa de sa main des serpents, les deux premiers monstres que sa marâtre lui suscitait; comment il renversa par la force des armes les villes fameuses de Troie et d'Œchalie; comment, sous le roi Eurysthée, il triompha de mille travaux périlleux que lui avait imposés la haine fatale de Junon. « Héros invincible, c'est toi qui domptas les Centaures Hylée et Pholus, enfants de la nue. C'est toi qui terrassas le monstre de Crète et l'énorme lion du rocher Néméen. Tu fis trembler le Styx et le gardien des enfers, couché dans son antre sanglant sur des os à demi rongés. Aucun monstre, pas même le géant Typhée et ses armes terribles, n'effraya ton audace, et ton cœur ne fut point troublé quand les cent têtes de l'hydre de Lerne se dressèrent autour de toi. Salut, digne fils de Jupiter, nouvel ornement de l'Olympe! Sois-nous propice, et favorise de ta présence la fête qui t'est consacrée. » Tel est le sujet de leurs louanges. Ils chantent aussi la caverne de Cacus et ce monstre lui-même vomissant des flammes. — Le bois retentit au loin de leurs accents que répète l'écho des collines.

La cérémonie achevée, tous regagnent la ville. Le roi, appesanti par l'âge, marche en s'appuyant sur son fils et sur Énée, et charme par divers entretiens la longueur de la route. Énée surpris promène partout des regards avides. Enchanté de ces lieux, il demande et il écoute avec plaisir l'histoire de ces anciens monuments. Alors Évandre, fondateur des murs de Rome, lui dit : « Ces bois eurent jadis pour habitants des faunes, des nymphes et des hommes nés du tronc des chênes. Sans lois et sans culture, ils ne savaient ni atteler des taureaux, ni s'enrichir, ni ménager. Ils ne se nourrissaient que du fruit des arbres et des produits d'une chasse pénible. Banni de son royaume et fuyant les armes de Jupiter, Saturne descendit du haut de l'Olympe et vint le premier dans cette contrée. Il rassembla ces peuples indomptés, épars sur les montagnes, leur donna des lois, et voulut qu'on appelât Latium le pays où il avait trouvé une retraite sûre. C'est sous son empire que brilla le fameux âge d'or : tant il régna dans une paix profonde. Mais cet âge, s'altérant et dégénérant peu à peu, fit place à la fureur de la guerre et à la soif des richesses. Alors vinrent les Ausoniens et les Sicules. La terre de Saturne changea souvent de nom. Elle eut des rois, entre autres le farouche Tibris, géant énorme, qui fit prendre le nom de Tibre au fleuve d'Italie appelé anciennement Albula. Pour moi, après m'avoir chassé de ma patrie et poussé sur des mers lointaines, la Fortune toute-puissante et l'inévitable Destin m'ont fixé dans ces lieux. J'y étais appelé par les avertissements redoutables de la nymphe Carmentis, ma mère, et par les oracles d'Apollon. »

A ces mots, il s'avance et montre à Énée l'autel et la porte que les Romains ont nommée Carmentale : hommage rendu autrefois, dit-on, à Carmentis, cette prêtresse inspirée, qui, la première, annonça la future grandeur des Troyens et la gloire de Pallantée. Il lui montre ensuite la vaste forêt que le vaillant Romulus appela Asile, et, au pied d'une roche glacée, le Lupercal, nom emprunté à l'Arcadie, où Pan est appelé Lycéen. Il lui fait voir aussi le bois sacré d'Argilète, et lui raconte, en prenant ce lieu à témoin de son innocence, le trépas de son hôte Argus. Ensuite il conduit Énée à la roche Tarpéienne, au Capitole, aujourd'hui brillant d'or, mais alors hérissé de broussailles sauvages. Déjà la majesté terrible de ce lieu frappait de crainte les pasteurs des environs ; déjà ils tremblaient à l'aspect du bois et de la roche. « Ce bois, dit Évandre, et cette colline couverte d'ombrage, sont le séjour d'un dieu, mais de quel dieu? on l'ignore. Souvent les Arcadiens ont cru y voir Jupiter lui-même agitant sa sombre égide et assemblant les nuages. Ces deux villes, dont vous apercevez plus loin les murailles renversées, sont les débris des monuments de fondateurs anciens. L'une fut bâtie par Janus, et l'autre, par Saturne. La première s'appelait Janicule, et la seconde, Saturnie. »

Pendant ces entretiens ils approchaient de l'humble toit d'Évandre, et voyaient errer çà et là des troupeaux mugissants sur le Forum romain et dans le riche quartier des Carènes. Lorsqu'ils furent arrivés : « Voici, dit Évandre, le seuil que franchit Hercule vainqueur; voici le palais qui le reçut. Osez, cher hôte, mépriser les richesses; vous aussi, montrez-vous digne d'un dieu, et ne rougissez pas de notre indigence. » A ces mots, il introduit le grand Énée dans la modeste demeure, et le place sur un lit de feuillage recouvert de la peau d'une ourse de Libye. La nuit tombe et enveloppe la terre de ses sombres voiles.

Cependant Vénus, dont le cœur maternel s'alarme justement des menaces des Laurentins et s'inquiète des apprêts tumultueux de l'Italie, s'adresse à Vulcain; et, sur la couche d'or de son époux, par ces paroles elle l'embrase d'un divin amour : « Quand les rois de la Grèce, armés contre Pergame, ravageaient cette ville que les Destins leur avaient promise, et ses remparts condamnés à périr par le feu de l'ennemi, je n'ai demandé à ton art ni secours, ni armes pour les malheureux Troyens. Je n'ai pas voulu, cher époux, te fatiguer par d'inutiles travaux, quoique je dusse beaucoup aux fils de Priam et que j'eusse déploré souvent les cruelles infortunes d'Énée. Aujourd'hui les ordres de Jupiter l'ont fixé sur le rivage des Rutules. Je viens donc en suppliante implorer ta divine puissance : c'est une mère qui sollicite des armes pour son fils. La fille de Nérée et l'épouse de Tithon surent jadis te fléchir par leurs larmes. Vois quels peuples se liguent, quelles villes me ferment leurs portes et aiguisent le fer contre moi en conspirant la perte des miens. »

En achevant ces mots, la déesse enlace de ses bras d'albâtre son époux indécis, et le réchauffe tendrement contre son sein. Aussitôt Vulcain sent renaître sa flamme; une douce chaleur court dans ses veines et le pénètre tout entier d'une molle langueur. Tel, quand la foudre éclate et fend la nue, un éclair brille et trace dans le ciel un sillon de lumière. Vénus s'applaudit du succès de sa ruse et du pouvoir de ses charmes. Alors le dieu, qu'enchaîne un éternel amour, lui dit: « Pourquoi ces longs détours? O déesse, qu'est devenue ta confiance en moi? Si tu m'avais manifesté un semblable désir j'aurais pu, même alors, fournir des armes aux Troyens. Ni le puissant Jupiter, ni les Destins n'empêchaient que Troie restât debout, que Priam régnât dix années encore. Si maintenant tu te prépares à la guerre, si telle est ta résolution, je te promets toutes les ressources de mon art, toute la puissance de mes forges et de mes soufflets, tout ce que peuvent produire le fer, l'or et l'argent fondus ensemble. Cesse donc, en recourant à la prière, de douter de ton empire. » A ces mots, il donne à son épouse de tendres baisers, et, mollement couché sur son sein, il s'abandonne aux douceurs d'un paisible repos.

Déjà la nuit avait atteint le milieu de sa course, et commençait à dissiper le premier sommeil. C'était l'heure où la mère de famille qui n'a pour soutenir son existence que ses fuseaux et sa chétive industrie, ranime le feu assoupi sous la cendre, et, ajoutant à son travail les heures de la nuit, distribue, à la clarté d'une lampe, une longue tâche aux femmes qui la servent, afin de conserver chaste le lit de son époux et de pouvoir élever ses petits enfants. Tel, et non moins diligent, le dieu du feu quitte sa moelleuse couche pour vaquer aux travaux de ses forges.

Non loin des côtes de Sicile et de Lipare, une des Éoliennes, s'élève une île hérissée de roches fumantes. Dans cette île retentit, comme l'Etna, une caverne minée par les fournaises des cyclopes. On y entend les enclumes gémir sous les coups de lourds marteaux; le fer étincelant y petille, et les soufflets excitent la flamme haletante. C'est la demeure de Vulcain, appelée, de son nom, Vulcanie. C'est là que le dieu du feu descendit du haut de l'Olympe. Déjà dans leur antre immense les cyclopes Brontès, Stéropès et Pyracmon, les membres nus, s'occupaient à travailler le fer. Leurs mains tenaient une de ces foudres que Jupiter lance souvent sur la terre : une partie était achevée, l'autre restait encore imparfaite. Ils avaient réuni trois rayons de grêle, trois d'une pluie d'orage, trois d'une flamme éblouissante, et trois d'un vent impétueux. En ce moment ils y ajoutaient les éclairs effrayants, le bruit, l'épouvante et les feux du courroux céleste. D'autres forgeaient pour Mars un de ces chars rapides dont le fracas réveille les guerriers et les villes endormies ; d'autres polissaient à l'envi l'effroyable égide dont Pallas s'arme dans sa fureur. On y voyait des serpents aux écailles d'or, des vipères entrelacées ; et, sur le sein de la déesse, la Gorgone, dont la tête était coupée, lançait d'affreux regards.

« Enlevez tout, dit Vulcain, et emportez ces ouvrages commencés. Cyclopes, enfants de l'Etna, écoutez mes ordres. Il s'agit de l'armure d'un héros. C'est maintenant qu'il faut de la vigueur, des bras agiles et toute l'habileté de votre art. Hâtez-vous. » A peine il achevait ces mots, tous s'empressent et se partagent également le travail. L'airain et l'or coulent en ruisseaux, et l'homicide acier bouillonne dans une vaste fournaise. Les cyclopes forgent un immense bouclier, composé de sept orbes de métal, et qui suffirait à lui seul contre tous les traits des Latins. Les uns, à l'aide de soufflets, pompent l'air et le refoulent ; les autres trempent l'airain dans l'onde frémissante. L'antre gémit du bruit des marteaux sur l'enclume. Les bras, soulevés avec effort, tombent et retombent en cadence sur la masse embrasée que retournent les pinces mordantes.

Tandis que le dieu de Lemnos presse ainsi l'ouvrage dans les forges d'Eolie, Évandre, dans son humble demeure, s'éveille aux feux naissants du jour et au chant matinal des oiseaux nichés sous son toit de chaume. Le vieillard se lève, revêt sa tunique, chausse le brodequin étrusque, met sur ses épaules le baudrier d'où pend à son côté le glaive arcadien, et ramène sur sa poitrine la peau de panthère qui flotte sur son bras gauche. Deux chiens, sa garde fidèle, sortent avec lui de sa demeure, et accompagnent leur maître. Évandre se rendait à l'appartement de son hôte : car il se rappelait l'entretien de la veille et les secours qu'il lui avait promis. Énée, non moins matinal, allait aussi trouver Évandre. L'un avait avec lui son fils Pallas, l'autre son fidèle Achate. Ils s'abordent, se serrent la main, et, assis dans l'intérieur du palais, jouissent enfin du plaisir de conférer en toute liberté. Le roi commence ainsi :

« Illustre chef des Troyens, (car tant que vous vivrez je n'avouerai jamais que Troie soit vaincue et son empire détruit), le secours que nous vous offrons dans cette guerre est bien faible, et peu digne de votre grand nom. D'un côté, nous sommes enfermés par le fleuve toscan ; de l'autre, les Rutules nous pressent et font retentir nos remparts du bruit de leurs armes. Mais je veux associer à votre cause un grand peuple et les armées d'un royaume fécond en ressources. C'est une voie de salut que vous offre le hasard. Un heureux destin vous amène ici. Près de ces lieux, sur un antique rocher s'élève la ville d'Agylla, fondée jadis par des Lydiens, colonie guerrière qui s'établit sur les monts d'Étrurie. Cette ville, longtemps florissante, subit le despotisme superbe et les armes cruelles de Mézence. Vous raconterai-je les exécrables meurtres et les horribles forfaits de ce tyran? Dieux! faites-les retomber sur lui-même et sur sa race! Ce monstre, par un affreux supplice, accouplait les vivants aux morts, mains contre mains, bouche contre bouche ; et ces victimes, toutes dégouttantes d'un sang infect, expiraient d'une mort lente dans ces effroyables embrassements. Mais, lassés enfin de ces fureurs impies, ses sujets prennent les armes, l'assiégent, lui et les siens, égorgent ses complices, et font voler la flamme jusqu'au faîte de son palais. Mézence, échappé du carnage, s'est réfugié chez les Rutules, et Turnus, qui l'accueille, s'arme pour le défendre.

«Dans sa juste colère, toute l'Étrurie s'est soulevée, et le glaive à la main, elle demande la mort du tyran. C'est vous, Énée, que je mettrai à la tête de ces troupes innombrables. Déjà leur flotte, rassemblée sur le rivage, frémit d'impatience, et presse le signal du départ. Mais un vieil aruspice les retient par sa parole inspirée : « Élite des guerriers de la Lydie, héritiers de la gloire et de la valeur de vos ancêtres, leur dit-il, vous qu'un légitime ressentiment entraîne contre l'ennemi, et que Mézence enflamme d'un courroux mérité, aucun Italien n'a le droit de commander tant de forces réunies. Choisissez des chefs étrangers. » Effrayée par l'avis des dieux, l'armée étrusque s'est arrêtée dans cette plaine. Des ambassadeurs, envoyés par Tarchon lui-même, sont venus avec la couronne, le sceptre et tous les insignes de la royauté, me prier de me rendre au camp et de prendre en main le gouvernement de Tyrrhène. Mais le poids de l'âge et les glaces de la vieillesse m'interdisent le commandement : je n'ai plus l'ardeur qu'exigent les exploits guerriers. J'engagerais mon fils à me remplacer, si le sang d'une mère sabine ne l'unissait à l'Italie. Vous, dont l'âge et l'origine étrangère répondent à la volonté du Destin, vous que les dieux appellent, marchez à la tête des enfants de Teucer et de ceux d'Italus. Je veux aussi que Pallas, mon espoir et ma consolation, vous accompagne. Oui, qu'il apprenne à votre école à combattre et à supporter les rudes travaux de Mars ; qu'il contemple vos exploits, et vous admire dès son jeune âge. Je lui donnerai deux cents cavaliers arcadiens, l'élite de nos troupes ; et Pallas, en son nom, vous offrira une pareille escorte. »

Il achevait à peine : Énée et le fidèle Achate, le regard fixe, roulaient dans leur esprit attristé mille pensées pénibles, quand, au milieu d'un ciel sans nuages, Vénus leur donna un signal propice. Soudain un éclair jaillit de la nue avec un grand bruit. La terre parut trembler, et la trompette étrusque retentit dans les airs. Ils lèvent les yeux ; le même bruit se renouvelle. Ils voient, à travers un nuage, dans une partie du ciel pure et sereine, des armes resplendir et s'entre-choquer avec fracas. Tous les cœurs frémissent d'effroi. Mais le héros troyen reconnaît à ce bruit les promesses de sa mère. « Cher hôte, dit-il, ne cherchez point quel événement annonce un tel prodige. C'est à moi que s'adresse l'Olympe. La déesse à qui je dois le jour m'a promis, si la guerre s'allumait, de me donner ce signal, et de m'apporter du haut des cieux une armure, ouvrage de Vulcain. Hélas! quel affreux carnage menace les malheureux Laurentins, Turnus, quel châtiment je te réserve! Et toi, dieu du Tibre, que de boucliers, de casques et de héros tu rouleras dans tes ondes! Maintenant, qu'ils demandent la guerre et qu'ils rompent les traités! »

A ces mots, il se lève. D'abord il réveille les feux assoupis sur l'autel d'Hercule. Il revoit avec joie les Lares et les humbles Pénates qu'il a visités la veille. Évandre et les Troyens immolent avec lui des brebis blanches, selon l'usage. Ensuite Énée retourne à ses vaisseaux, et rejoint ses compagnons. Parmi eux il choisit les plus vaillants pour qu'ils le suivent aux combats. Les autres s'abandonnent au cours du fleuve, et le descendent avec facilité, sans le secours des rames, afin de porter au jeune Ascagne des nouvelles de son père et de ces grands événements. Des chevaux sont donnés aux Troyens qui doivent se diriger vers l'Étrurie. On amène pour le héros un coursier superbe, entièrement couvert de la dépouille d'un lion dont les ongles d'or jettent un vif éclat.

Le bruit se répand bientôt dans la petite cité d'Évandre, que des cavaliers vont se rendre aux frontières du roi tyrrhénien. Les mères tremblantes redoublent leurs prières: leur frayeur augmente avec le danger, et la guerre leur apparaît déjà sous une image plus terrible. Évandre serre avec tendresse la main de son fils prêt à partir, et, les yeux baignés de larmes, il lui dit : « Oh! si Jupiter me rendait mes premières années! Si j'étais encore à cet âge où je renversai au pied de leurs murs les premiers rangs des Prénestins, où je brûlai après la victoire des monceaux de boucliers; où mon bras plongea dans le Tartare le roi Hérilus, quoique à sa naissance, (ô prodige !) il eût reçu de Féronie, sa mère, trois âmes et une triple armure ! Il fallait cette triple mort pour l'abattre ; et cependant mon bras lui enleva ces trois âmes et le dépouilla de cette triple armure. Oui, si j'étais jeune encore rien, ô mon fils, ne m'arracherait à tes doux embrassements, et jamais Mézence, insultant à ma vieillesse, n'eût si près de moi égorgé tant de victimes, ni dépeuplé sa ville de tant de citoyens. Vous du moins, ô dieux, et toi, Jupiter, souverain maître des Immortels, ayez pitié, je vous en conjure, du roi des Arcadiens, et exaucez les vœux d'un père. Si vos décrets, si les Destins me conservent Pallas, si je dois vivre pour le revoir et me confondre dans ses embrassements, prolongez mes jours : je suis prêt à supporter tous les maux. Mais, ô Fortune, si tu me menaces d'un coup fatal, brise maintenant, oui, maintenant, la cruelle trame de mes jours, tandis que l'espérance, balançant mes alarmes, me voile encore l'avenir, tandis que je te serre encore dans mes bras, ô mon fils, seul bonheur de ma vieillesse. Puissé-je mourir avant qu'un funeste message vienne frapper mes oreilles ! ». Ainsi s'épanchait dans cet adieu suprême la douleur d'un père. Ses serviteurs l'emportent évanoui dans son palais.

Déjà la cavalerie a franchi les portes. Énée et le fidèle Achate marchent les premiers ; ils sont suivis des autres chefs troyens. Au centre est Pallas reconnaissable à sa chlamyde et à l'éclat de ses armes. Telle, humide encore des flots de l'Océan, l'étoile du matin, l'astre le plus cher à Vénus, lève dans le ciel son auguste front et dissipe les ténèbres. Debout sur les remparts, les mères éplorées suivent des yeux le nuage de poussière et les escadrons resplendissants d'airain. Les cavaliers, pour abréger la route, franchissent les buissons. Un cri part, les chevaux s'alignent et galopent en cadence dans la plaine poudreuse.

Près du fleuve qui baigne de ses fraîches eaux les murs de Céré, s'étend un vaste bois dont la piété de nos pères a fait l'objet d'un culte général. Des collines, couronnées de noirs sapins, l'enferment de toutes parts. On raconte que les vieux Pélasges, qui jadis occupèrent le Latium, consacrèrent ce bois et une fête annuelle à Silvain, dieu des champs et des troupeaux. Non loin de là Tarchon et les Étrusques campaient dans une forte position ; et du sommet de la colline on pouvait déjà découvrir toute leur armée qui couvrait la plaine. C'est là qu'Énée s'arrête avec son bataillon d'élite. Les guerriers et les chevaux s'y reposent de leurs fatigues.

Cependant la belle Vénus, entourée d'un nuage éclatant, apporte à son fils les présents de Vulcain. A peine a-t-elle aperçu de loin Énée, retiré à l'écart dans un étroit vallon, sur les fraîches rives du fleuve, qu'elle s'offre d'elle-même à ses regards : « Voici, lui dit-elle, les dons que je t'ai promis, et que je dois à l'art de mon époux. Ne crains plus, ô mon fils, de provoquer bientôt au combat les superbes Laurentins et le bouillant Turnus. » A ces mots, Vénus donne un baiser à son fils, et dépose, en face de lui, au pied d'un chêne, la rayonnante armure.

Transporté de joie à la vue de ce glorieux présent, Énée ne peut en rassasier ses yeux, et l'examine dans tous ses détails. Il admire, il tourne dans ses mains et entre ses bras ce casque ombragé d'une aigrette terrible et qui vomit des flammes, cette épée qui doit donner la mort, cette énorme cuirasse d'airain, de couleur de sang, tel qu'un sombre nuage qui s'embrase aux rayons du soleil dont il réfléchit l'éclat ; puis il contemple ces brillants cuissards où l'argent se mêle à l'or pur, cette lance redoutable et le merveilleux travail du bouclier.

Instruit de l'arrêt des Destins et des secrets de l'avenir, Vulcain avait gravé sur ce bouclier les hauts faits de l'Italie et les triomphes des Romains, ainsi que toute la suite des descendants d'Ascagne et la longue série de leurs guerres. On y voyait, couchée dans l'antre verdoyant de Mars, une louve qui venait de mettre bas. Près d'elle deux enfants jouaient suspendus à ses mamelles, et y puisaient la vie sans effroi. La tête mollement retournée, elle les caressait tour à tour, et façonnait leur corps avec sa langue.

Non loin de là Vulcain avait représenté Rome, et les Sabines enlevées sans pudeur au milieu de l'amphithéâtre pendant les grands jeux du cirque. De là une guerre nouvelle s'élevait tout à coup entre les sujets de Romulus et les austères Sabins, commandés par le vieux Tatius. Puis, après le combat, debout et en armes devant l'autel de Jupiter, les deux rois se tenaient, une coupe à la main; et l'on égorgeait une laie pour cimenter leur alliance. Plus loin, de rapides quadriges, lancés en sens contraire, écartelaient Métius : (perfide Albain, que ne gardais-tu tes serments!) Tullus faisait traîner dans la forêt les entrailles du parjure, et les ronces dégouttaient de ce sang. Porsenna ordonnait aux Romains de recevoir Tarquin chassé du trône, et tenait la ville étroitement assiégée. Les Romains couraient aux armes pour défendre leur liberté. Le roi étrusque respirait l'indignation et la menace, à l'aspect de Coclès qui osait rompre un pont, et de Clélie qui, brisant ses chaînes, traversait le Tibre à la nage.

Au sommet du bouclier, le gardien de la roche tarpéienne, Manlius veillait, debout devant le temple, et occupait le haut du Capitole. Un chaume récent hérissait le palais de Romulus. Une oie au plumage d'argent voltigeait sous les portiques d'or, et annonçait par ses cris la présence des Gaulois. Les Gaulois se glissaient à travers les buissons, et, à la faveur d'une nuit sombre, ils allaient surprendre la citadelle. On les reconnaît à leur chevelure d'or, à leurs vêtements dorés et à leurs manteaux à bandes brillantes. Des colliers d'or entourent leurs cous d'albâtre; dans leur main brillent deux javelots des Alpes, et leur corps est couvert de longs boucliers.

Ici Vulcain avait gravé les Saliens bondissants, les Luperques nus, les Flamines avec leurs houppes de laine, et les Anciles tombés du ciel. De chastes matrones promenaient par la ville les images des dieux dans des chars suspendus. Plus loin il avait ciselé les abîmes du Tartare, sombre demeure de Pluton, et les supplices des criminels; et toi, Catilina, attaché à un roc qui te menace, et tremblant à l'aspect des Furies. Les justes avaient leur séjour à part, et Caton leur donnait des lois.

19

Au milieu de ces merveilles se déployait au loin la mer agitée, roulant sur un fond d'or ses flots blanchis d'écume. A l'entour, des dauphins d'argent nageaient en cercle, sillonnant les eaux de leurs queues et fendant l'onde bouillonnante. Au centre, figuraient deux flottes d'airain. C'était la bataille d'Actium. Les vaisseaux étaient rangés en bataille : Leucate paraissait tout en feu, et la mer réfléchissait les armes d'or. D'un côté, César Auguste entraîne aux combats l'Italie, le sénat et le peuple, les Pénates et les grands dieux. Il est debout sur la poupe : deux flammes jaillissent de son front joyeux, et sur sa tête brille l'astre paternel. D'un autre côté, Agrippa, que secondent les vents et les dieux, conduit fièrement ses phalanges, le front ceint de la couronne rostrale, noble insigne de sa valeur. Vis-à-vis est Antoine, avec ses légions de Barbares diversement armées. Vainqueur des contrées de l'Aurore et des rivages de la Mer Rouge, il entraîne avec lui l'Égypte, les forces de l'Orient et les peuples lointains de la Bactriane. Il est suivi (ô honte !) d'une épouse égyptienne.

Les deux flottes s'élancent à la fois. La mer écume et s'entr'ouvre sous les rames et sous les proues armées d'un triple éperon. Les vaisseaux gagnent la haute mer. On croirait voir les Cyclades, arrachées de leurs fondements, ou de hautes montagnes heurter d'autres montagnes : tant ces masses flottantes, chargées de tours et de guerriers, s'entrechoquent avec violence ! L'étoupe enflammée et les traits armés de fer volent de toutes parts. Les plaines de Neptune commencent à se teindre de sang. La reine, au milieu de sa flotte, anime ses soldats avec le sistre égyptien, et n'aperçoit pas encore derrière elle deux serpents qui la menacent. Une foule de divinités monstrueuses avec l'aboyant Anubis luttent contre Neptune, Vénus et Minerve. Mars, ciselé en fer, exerce sa fureur au milieu de la mêlée. Les terribles Euménides le secondent du haut des airs. La Discorde triomphante traîne sa robe déchirée, et Bellone la suit agitant un fouet ensanglanté.

Du haut de son temple d'Actium, Apollon contemple cette

lutte, et tend son arc. Saisis de la terreur qu'il inspire, Égyptiens, Indiens, Arabes et Sabéens, tous prennent la fuite. La reine elle-même invoque les vents, fait lâcher les cordages et déployer toutes les voiles. On la voit, au milieu du carnage, la pâleur de la mort sur le front, emportée par les vents et par les ondes. Devant elle, se dresse une figure colossale : c'est le Nil en pleurs, ouvrant les plis immenses de sa robe d'azur, et appelant les vaincus dans ses retraites profondes.

Enfin César, porté trois fois au milieu de Rome sur un char de triomphe, acquitte un vœu solennel en consacrant, dans toute la ville, aux dieux de l'Italie trois cents temples magnifiques. Les rues retentissent de cris joyeux, de fêtes et d'applaudissements. Les matrones forment des chœurs dans tous les sanctuaires. Chacun d'eux a ses autels, et, devant ces autels, la terre est couverte du sang des taureaux égorgés. Assis sur le seuil éclatant du temple d'Apollon, Auguste reçoit les offrandes des peuples, et les attache aux portes superbes. Devant lui s'avance la longue suite des nations vaincues, aussi diverses par leur langage que par leurs vêtements et leurs armes. Là paraissent les peuples nomades, les Africains au manteau flottant, les Lélèges, les Cariens et les Gélons armés de flèches; l'Euphrate roulant déjà des flots moins superbes; les Morins, reculés aux extrémités du monde; le Rhin armé de ses deux cornes; les Dahes indomptés; et l'Araxe indigné sous le pont qui l'outrage.

Telles sont les merveilles qu'Énée admire sur le bouclier de Vulcain qu'il a reçu de sa mère. Sans connaître ces évènements, il aime à en contempler l'image, et charge se épaules de cette armure qui retrace les destinées et la gloire de ses descendants.

LIVRE NEUVIÈME.

Tandis que ces événements s'accomplissent sur un point éloigné, la fille de Saturne envoie Iris du haut de l'Olympe vers l'intrépide Turnus. En ce moment le prince était assis à l'écart, au fond d'un vallon, dans le bois consacré à Pilumnus, son aïeul. « Turnus, lui dit-elle de sa bouche de rose, ce que nulle divinité n'eût osé promettre à tes vœux, l'occasion vient d'elle-même te l'offrir en ce jour. Énée a quitté sa ville, ses alliés et sa flotte pour se rendre au mont Palatin, à la royale demeure d'Évandre. Que dis-je ? il a pénétré jusqu'aux dernières villes de Corythe pour rassembler une poignée de Lydiens et armer un ramas de pâtres. Qu'attends-tu ? voici le moment de demander tes coursiers et ton char. Ne perds pas un instant pour t'emparer de son camp en désordre. »

A ces mots, déployant ses ailes, la messagère remonte vers les cieux, et décrit en fuyant sous la nue un grand arc de lumière. Turnus la reconnaît, lui tend les bras, et, la suivant des yeux dans son vol, il lui dit : « Iris, ornement de la céleste voûte, quelle divinité vous a fait descendre pour moi sur la terre ? D'où viennent ces torrents de clarté ? Je vois le ciel s'ouvrir, et les étoiles errer dans le firmament. J'obéis à ce grand présage, qui que tu sois, divinité qui m'appelles aux armes. » En prononçant ces paroles, il s'approche du fleuve, puise de l'eau à la surface, et, invoquant les immortels, remplit l'air de ses vœux.

Déjà toute l'armée se déployait dans la plaine, riche en

coursiers, riche en vêtements brodés d'or. Messape commande aux premiers rangs; les derniers obéissent aux enfants de Tyrrhée. Au centre, Turnus s'avance, les armes à la main, et il dépasse de toute la tête les autres guerriers. Tel, grossi de sept fleuves paisibles, le Gange promène en silence ses ondes majestueuses; tel, retirant ses eaux des campagnes qu'il a fécondées, le Nil rentre dans son lit.

Tout à coup les Troyens voient dans le lointain s'amonceler de sombres nuages de poussière, et la plaine se couvrir de ténèbres. Caïcus, le premier, s'écrie du haut d'une tour située en face des Rutules : « Compagnons, quel est ce noir tourbillon qui obscurcit les airs? Aux armes! aux armes! alerte! aux remparts! voilà l'ennemi. » Les Troyens, poussant de grands cris, se retranchent derrière toutes les portes, et couvrent les murailles. Car, en partant, Énée leur avait sagement recommandé, quoi qu'il advînt, de ne point livrer de bataille rangée, et de ne point se hasarder dans la plaine, mais de défendre leur camp et leurs remparts derrière les retranchements. En vain l'honneur et la colère les pressent d'en venir aux mains : dociles à l'ordre de leur chef, ils opposent leurs portes à l'ennemi, et l'attendent sous les armes, renfermés dans les tours.

A la tête de vingt cavaliers d'élite, Turnus a rapidement devancé la marche trop lente de l'armée, et il paraît tout à coup au pied des murs de la ville. Il monte un coursier de Thrace, tacheté de blanc; et un panache rouge flotte sur son casque d'or. « Qui de vous, jeunes guerriers, fondra le premier avec moi sur l'ennemi?... Tenez! » Et, lançant avec force dans les airs son javelot pour donner le signal du combat, il s'avance fièrement dans la plaine. Ses compagnons lui répondent par un cri, et le suivent avec un frémissement terrible. L'inaction des Troyens les étonne. « Quoi! des guerriers ne pas se montrer en plaine! ne pas se porter au-devant de l'ennemi, et rester enfermés dans leur camp! » Turnus, transporté de rage, fait voler çà et là son coursier autour des murailles, et cherche un accès détourné. Ainsi, pour surprendre un nombreux troupeau de brebis, un loup frémit aux portes de l'étable, endurant la pluie et les vents à une heure avancée de la nuit, tandis que, à l'abri du danger, les agneaux bêlent sous leurs mères; l'animal, avide et furieux, s'acharne sur sa proie absente; sa faim, accrue par un long jeûne, et sa gorge desséchée par la soif, redoublent son supplice. Tel le Rutule, à l'aspect des murs et du camp, s'enflamme de colère, et son cœur brûle de dépit. Comment se frayer un passage, par quelle voie débusquer les Troyens de leurs remparts et les attirer dans la plaine ? Leur flotte, adossée contre un des côtés du camp qui la cache, est doublement protégée par les retranchements et par les eaux du fleuve. Turnus vole, exhorte ses compagnons triomphants à la livrer aux flammes, et arme sa main furieuse d'une torche enflammée. Alors tous s'élancent. Excité par la présence de Turnus, chacun saisit un brandon. Les foyers sont dépouillés. Les torches fumantes jettent une sombre clarté, et des flammes mêlées de cendres s'élèvent dans les airs.

Quelle divinité, ô Muses, détourna de la flotte troyenne ce terrible incendie, et repoussa loin des vaisseaux ces feux si redoutables ? Parlez : c'est une antique tradition, dont le souvenir s'est conservé jusqu'à nous.

Lorsque Énée construisait sa flotte en Phrygie au pied de l'Ida, et se disposait à parcourir les mers, on dit que Cybèle parla ainsi au grand Jupiter : « Exauce, ô mon fils, le vœu qu'une mère chérie adresse au maître de l'Olympe. Je possédais une forêt de pins, qui fut longtemps l'objet de ma prédilection. C'était un bois sacré au sommet de l'Ida. On m'y offrait des sacrifices à l'ombre de ses noirs sapins et de ses érables touffus. J'ai donné avec joie ces arbres au jeune descendant de Dardanus, lorsqu'il eut besoin d'une flotte. Maintenant un souci m'agite et m'inquiète. Dissipe mes alarmes; exauce les vœux d'une mère. Que ces vaisseaux résistent à la fureur des vents et aux courses les plus longues : que ce soit un titre pour eux d'être nés sur mes montagnes. »

« — O ma mère, lui répond le maître du monde,

qu'exigez-vous des Destins? Quel privilége demandez-vous en faveur de ces vaisseaux? Ouvrages d'un mortel, prétendez-vous qu'ils aient une immortelle durée? Voulez-vous qu'Énée affronte sans péril tant de hasards? Quel dieu eut jamais un tel pouvoir? Non; mais lorsque, parvenus au terme de leur course, les navires seront entrés dans les ports de l'Ausonie, je veux que tous ceux qui auront échappé aux flots, et transporté le chef troyen aux champs de Laurente, perdent leur forme périssable, et deviennent des divinités de la vaste mer, comme la néréide Doto, comme Galatée dont le sein fend l'onde écumante. » Il dit, et, prenant à témoin le Styx, soumis à son frère, et le gouffre où bouillonnent de noirs torrents de poix, il fait un signe de tête, et son geste ébranle tout l'Olympe.

Le jour promis était donc arrivé, et les Parques avaient filé les temps prescrits, lorsque l'attentat de Turnus avertit Cybèle de repousser l'incendie loin des vaisseaux sacrés qu'elle possède. Tout à coup une lumière inconnue brille aux yeux. Un grand nuage, parti de l'Orient, traverse le ciel, au bruit des chœurs de l'Ida. Une voix formidable retentit dans les airs, et frappe d'étonnement les Troyens et les Rutules : « Fils de Teucer, ne craignez rien pour mes vaisseaux, et n'armez point vos bras pour les défendre. Turnus embraserait plutôt les ondes qu'il ne brûlerait ces pins qui me sont consacrés. Vous, soyez libres, et partez; partez, déesses de la mer; Cybèle vous l'ordonne. » A l'instant les vaisseaux, brisant leur câble, s'éloignent de la côte, plongent et s'enfoncent dans les flots, comme des dauphins; puis, (ô prodige!) ils reparaissent et nagent à la surface sous la forme de jeunes nymphes, dont le nombre égale celui des proues d'airain qui bordaient le rivage.

Les Rutules sont saisis d'effroi. Messape lui-même s'épouvante et ses coursiers s'effarouchent; le Tibre s'arrête avec un sourd murmure et remonte vers sa source. Mais l'intrépide Turnus n'a rien perdu de sa confiance. Il relève le courage des siens, et les gourmande en ces termes : « Ce sont les Troyens que doit effrayer ce prodige. Jupiter lui-même leur enlève leur refuge ordinaire. Les Rutules n'ont besoin ni de traits ni de flammes. La mer est fermée aux Troyens : pour eux plus d'espoir dans la fuite. La moitié du monde leur est ravie. La terre est en notre pouvoir, et des milliers de peuplades italiennes s'arment pour les combattre. Les oracles et les réponses des dieux dont se vantent les Troyens n'ont rien qui m'effraie. Il suffit aux Destins et à Vénus que ce peuple ait touché le sol fertile de l'Ausonie. Moi aussi j'ai mes destins : c'est d'exterminer avec le fer une race criminelle qui m'a enlevé une épouse. Les Atrides ne sont pas les seuls à ressentir un pareil affront, et Mycènes n'a pas seule le droit de prendre les armes. N'est-ce pas assez pour les Troyens d'avoir péri une fois ? Un seul crime ne leur suffisait-il pas, et ne devaient-ils pas désormais haïr toutes les femmes ? Ils se fient aux retranchements qui les cachent et à ces fossés qui nous arrêtent ; faibles barrières contre la mort. Mais n'ont-ils pas vu les murs de Troie, bâtis de la main de Neptune, s'écrouler dans les flammes ?

« Qui de vous, vaillante élite, est prêt à enfoncer ces retranchements avec le fer, et à forcer avec moi ce camp où règne la terreur ? Je n'ai besoin contre les Troyens ni d'armes forgées par Vulcain, ni de mille vaisseaux. Dût en ce moment toute l'Étrurie s'unir à leurs efforts, ils n'auront à craindre ni les ténèbres, ni le honteux larcin du Palladium, ni le massacre des gardes d'une citadelle. Nous ne nous cacherons point dans les sombres flancs d'un cheval. C'est au grand jour et à la face de tous, que je veux embraser leurs murailles. Je leur ferai bien voir qu'ils n'ont point affaire à des Grecs, à ces enfants d'Argos dont Hector recula le triomphe pendant dix ans. Mais la plus grande partie du jour est écoulée. Contents de vos succès, ô mes amis, employez-en le reste à réparer vos forces, et comptez bientôt sur l'attaque. »

Cependant Messape est chargé du soin de disposer des sentinelles devant les portes et d'entourer de feux les remparts. On choisit quatorze Rutules pour surveiller les murs.

Chacun d'eux commande cent jeunes guerriers, ornés d'une aigrette de pourpre et tout brillants d'or. Ils vont, viennent, et se relèvent tour à tour; puis, étendus sur l'herbe, ils savourent la liqueur de Bacchus et vident les cratères d'airain. Les feux brillent de toutes parts, et la garde passe dans le jeu une nuit sans sommeil.

Du haut de leurs murailles, les Troyens en armes ont les yeux sur l'ennemi. Dans leur agitation inquiète, ils visitent les issues, joignent par des ponts les tours aux remparts, et apportent des traits. Mnesthée et l'ardent Séreste animent les travaux. Ce sont eux qu'Énée, en cas d'alarme, a établis guides de la jeunesse et chefs du camp. Toute l'armée, prenant sa part du péril, veille le long des murs, et occupe à tour de rôle les différents postes qu'elle doit défendre.

Nisus, fils d'Hyrtacus, gardait une des portes. Ce vaillant guerrier, habile à lancer le javelot et la flèche légère, avait quitté les chasses de l'Ida pour suivre Énée. Il avait à ses côtés Euryale, le plus beau des jeunes gens qui eussent porté les armes troyennes, et dont les joues étaient à peine couvertes du premier duvet de l'adolescence. Unis par la plus tendre amitié, ils volaient ensemble aux combats; et, cette nuit même, ils veillaient tous deux à l'une des portes du camp.

« Cher Euryale, dit Nisus, sont-ce les dieux qui m'inspirent cette ardeur? ou bien chacun se fait-il un dieu de la passion qui l'entraîne? Depuis longtemps je brûle de combattre ou de tenter quelque grande entreprise, et je ne puis me contenter de ce repos. Tu vois la sécurité des Rutules. Leurs feux brillent à peine. Ils sont ensevelis dans le sommeil et dans le vin. Partout règne le silence. Apprends donc ce que je médite, et quel projet m'occupe en ce moment. Toute l'armée, chefs et soldats, demande le retour d'Énée, et l'envoi de messagers qui rapportent des nouvelles certaines. Si l'on me promet ce que je vais demander pour toi, (car la gloire d'un tel exploit me suffit), je crois pouvoir trouver, au pied de cette colline, un chemin qui conduira aux murs de Pallantée. »

Frappé d'étonnement, Euryale, qu'enflamme l'amour de

la gloire, répond aussitôt à son ardent ami : « Quoi ! Nisus, tu refuses de m'associer à un si grand projet ! Te laisserai-je courir seul à de tels dangers ? Sont-ce là les leçons que j'ai reçues de mon père, le vaillant Opheltès, au milieu des alarmes que nous causèrent les Grecs et les périls d'Ilion ! Me suis-je ainsi conduit envers toi, depuis que j'ai suivi le magnanime Énée et ses derniers destins ? Mon cœur, oui, mon cœur sait affronter la mort, et je croirais ne pas trop payer de la vie l'honneur où tu cours. »

« — Je ne doutais pas de ton courage, répond Nisus; non, je ne pouvais en douter. Puissent Jupiter et les dieux, qui regardent mon dessein d'un œil favorable, me ramener triomphant près de toi ! Mais si (comme il arrive souvent, tu le sais, dans de pareilles entreprises), si quelque hasard ou quelque divinité ennemie m'entraîne à ma perte, je veux que tu me survives. Ton âge a plus de droits à la vie. Qu'il me reste un ami pour enlever mon corps du champ de bataille, pour le racheter et lui donner la sépulture; ou, si la Fortune s'y oppose, pour offrir des libations à mon ombre et m'honorer d'un tombeau. Je ne veux pas causer une si grande douleur à ta malheureuse mère : elle qui, seule de tant de Troyennes, a osé te suivre, et a dédaigné la ville du grand Aceste. » — « Vains prétextes ! réplique Euryale. Ma résolution est inébranlable. Hâtons-nous. » Aussitôt il réveille les gardes, qui les relèvent et prennent leur place. Euryale quitte son poste, se joint à Nisus, et tous deux vont trouver le jeune prince.

C'était le moment où tout ce qui respire sur la terre cherche dans le sommeil l'oubli des fatigues et des peines. Les chefs de l'armée et l'élite des guerriers tenaient conseil sur les graves intérêts de l'État. Debout, appuyés sur de longues piques, et le bouclier au bras, ils délibéraient, au centre du camp, sur les mesures à prendre, et sur le choix du messager qu'il fallait députer vers Énée, lorsque Nisus et Euryale se présentèrent, demandant avec instance d'être admis sur-le-champ. « La chose est importante, disent-ils, et mérite qu'on les écoute. » Iule répond à leur empressement, et invite Nisus à parler : « Troyens, dit celui-ci, prêtez-nous une oreille attentive, et ne jugez pas nos projets d'après notre âge. Les Rutules, ensevelis dans le sommeil et dans le vin, gardent un profond silence. Seul j'ai découvert un endroit propre à une embuscade, près de la porte la plus voisine de la mer, là où s'ouvre un double sentier. Les feux de l'ennemi sont éteints, et une noire fumée s'élève dans les airs. Si vous nous laissez profiter de l'occasion, nous irons chercher Énée aux murs de Pallantée, et vous nous verrez bientôt revenir ici chargés de dépouilles, après avoir fait un grand carnage. Nous savons le chemin. Dans nos chasses fréquentes, au fond de ces sombres vallées, nous avons vu les premières maisons de la ville et reconnu tout le cours du fleuve. »

— « Dieux de la patrie, qui persistez à protéger Pergame, s'écrie le vénérable et sage Aléthès, non, vous ne voulez pas anéantir les Troyens, puisque vous inspirez à ces jeunes gens tant de courage et tant d'audace ! » En disant ces mots, il leur serrait la main, les prenait dans ses bras, et baignait de larmes leur visage. « Guerriers, est-il un assez digne prix pour récompenser un pareil dévouement ? Le plus beau de tous, les dieux et votre conscience vous le donneront. Énée fera le reste, et le jeune Ascagne gardera constamment le souvenir d'un tel service. »

— « Oui, oui, reprend Ascagne, car je ne vois de salut que dans le retour de mon père. J'en jure par nos Pénates puissants, par les Lares d'Assaracus et par le sanctuaire de l'auguste Vesta, toute ma fortune, ô Nisus, toutes mes espérances, je les dépose dans votre sein. Ramenez-moi mon père, rendez-moi sa présence : qu'il revienne, et rien ne saurait nous être funeste. Je vous donnerai deux coupes d'argent, ornées de figures en relief, que mon père enleva dans la prise d'Arisba, deux trépieds, deux grands talents d'or, et un cratère antique que j'ai reçu de la belle Didon. Mais, si la victoire remet un jour le sceptre d'Italie entre mes mains, s'il est question de tirer le butin au sort, vous avez vu le coursier que montait Turnus et son armure brillante d'or :

eh! bien, Nisus, ce coursier, cette armure, cette aigrette de pourpre, je les excepte du partage, et je te les assure d'avance. A ces présents mon père ajoutera douze belles captives, autant de captifs avec leurs armes, et les domaines du roi Latinus. Pour toi, dont l'âge se rapproche du mien, héroïque enfant, dès aujourd'hui je te donne la première place dans mon cœur, et je t'adopte pour compagnon de toutes mes aventures. Jamais sans toi je ne chercherai la gloire. Dans la paix comme dans la guerre, pour l'action comme pour le conseil, je mettrai en toi une confiance absolue. »

Euryale lui répond : « Si la Fortune se montre favorable à nos projets, aucun instant de ma vie ne démentira cette noble entreprise. Mais j'implore de vous une grâce, préférable à tous les dons. J'ai une mère, issue de la race antique de Priam, une tendre mère, que rien n'a pu retenir loin de moi, ni la terre natale, ni la ville du roi Aceste. Elle ignore les dangers que je vais courir, et je pars sans lui faire mes adieux. J'en atteste la nuit et vos serments : je ne pourrais soutenir les larmes de cette tendre mère. De grâce, consolez sa douleur et prenez pitié de son abandon. Laissez-moi emporter cette assurance. J'en affronterai plus hardiment tous les périls. »

Les Troyens attendris versent des larmes, surtout le bel Iule dont le cœur s'émeut à l'idée de la tendresse que lui porte son père. « Je te promets, dit-il, tout ce que mérite un si grand dessein. Oui, ta mère sera la mienne : il ne lui manquera que le nom de Créuse. Quel que soit le succès de l'entreprise, ta mère n'aura pas à regretter d'avoir donné le jour à un tel fils. J'en jure par cette tête que mon père attesta souvent : ce que je te promets à ton retour, si la Fortune te seconde, je l'assure aussi à ta mère et à ta famille. » En parlant ainsi, les yeux baignés de larmes il détache de son épaule son glaive à poignée d'or, chef-d'œuvre merveilleux du Crétois Lycaon, habilement ajusté dans un fourreau d'ivoire. Mnesthée donne à Nisus la dépouille d'un lion terrible, et le fidèle Aléthès échange son casque avec lui. Aussitôt les deux guerriers se mettent en marche. Tous les chefs, les jeunes gens et les vieillards les accompagnent de leurs vœux jusqu'aux portes du camp. Le bel Iule, dont le courage et la prudence ont devancé les ans, les charge pour son père de nombreux messages : mais les vents emportent ces paroles, qui vont se perdre dans les airs.

Ils sortent, franchissent les fossés, et gagnent, à travers l'ombre de la nuit, ce camp qui doit leur être fatal, mais où beaucoup d'ennemis tomberont d'abord sous leurs coups. Ils voient des guerriers étendus çà et là sur l'herbe, et ensevelis dans le sommeil et dans le vin ; des chars dételés sur la rive ; des hommes couchés entre les roues et les harnais ; des armes et des coupes confondues. « Euryale, dit Nisus, il faut signaler notre bras : l'occasion nous y invite. Voici le chemin. Toi, pour qu'aucune troupe ennemie ne puisse nous surprendre, veille et observe au loin. Moi, je vais dévaster cette partie du camp, et t'ouvrir un large passage. »

A ces mots, le glaive à la main, il attaque en silence le superbe Rhamnès, qui, couché sur un amas de tapis, exhalait à grand bruit les vapeurs du sommeil : Rhamnès, roi tout ensemble et augure cher au roi Turnus, mais que sa science augurale ne put soustraire au coup mortel. Nisus égorge trois des esclaves de ce prince, étendus près de lui au milieu de leurs armes, ainsi que l'écuyer de Rémus, conducteur de son char, qui s'était endormi sous les chevaux. Sa tête était penchée ; Nisus la lui coupe avec son glaive. Puis il abat celle de Rhamnès, et laisse son tronc palpiter dans le sang dont les noirs bouillons baignent le lit et la terre fumante. Il immole aussi Lamyrus, Lamus, le jeune et beau Sarranus qui, après avoir passé une grande partie de la nuit au jeu, avait enfin succombé au sommeil : heureux si, jouant toute la nuit, il eût prolongé sa veille jusqu'au retour de la lumière ! C'est ainsi que Nisus sème le ravage. Tel dans une bergerie, un lion à jeun, tourmenté par une faim cruelle, dévore et déchire un faible troupeau, muet d'épouvante ; et, la gueule ensanglantée, le monstre pousse d'affreux rugissements.

Le carnage d'Euryale n'est pas moins horrible. Aussi emporté que Nisus, il s'abandonne à toute sa fureur, et frappe d'un trépas imprévu une foule de guerriers sans nom : Fadus, Herbésus, Rhétus et Abaris. Rhétus veillait et voyait tout. Dans son effroi, i' se tenait caché derrière un grand cratère. Au moment où il se lève, Euryale lui plonge son épée tout entière dans la poitrine, et l'en arrache avec la vie. Rhétus expire, et rend avec son âme des flots de vin mêlés de sang. Le bouillant Euryale poursuit ses nocturnes exploits. Déjà il se dirigeait vers le quartier de Messape, où il voyait les derniers feux s'éteindre, tandis que les chevaux attachés broutaient le gazon, lorsque Nisus, trouvant que son ami se laissait emporter par la soif du carnage, lui dit ce peu de mots : « Cessons. Le jour va nous trahir. Notre vengeance est satisfaite. La route est frayée à travers les ennemis. » Ils laissent un grand nombre d'armes en argent massif, des cratères et des tapis magnifiques. Euryale se contente du baudrier de Rhamnès et de son ceinturon orné de bulles d'or. L'opulent Cédicus les avait jadis envoyés en don à Rémulus de Tibur pour se l'attacher, quoique éloigné de lui, par les liens de l'hospitalité. Rémulus en mourant les légua à son petit-fils ; et, après la mort de celui-ci, le sort des armes les fit tomber entre les mains des Rutules. Euryale s'empare de ces dépouilles, et les suspend en vain à ses robustes épaules ; puis il se couvre du casque de Messape, orné d'une brillante aigrette. Enfin les deux guerriers sortent du camp, et songent à leur sûreté.

Mais, tandis que l'armée attendait en bon ordre dans la plaine, trois cents cavaliers, envoyés de Laurente, s'avançaient, tous armés de boucliers, sous les ordres de Volscens, et apportaient un message au roi Turnus. Déjà ils approchaient du camp et en touchaient l'enceinte, lorsqu'ils aperçurent de loin deux guerriers, qui se détournaient par un sentier à gauche. Le casque de Messape trahit l'imprudent Euryale en réfléchissant les rayons de la lune dans l'ombre douteuse de la nuit. Ce fut un indice fatal. Volscens s'écrie du milieu de sa troupe : « Arrêtez, guerriers. Que cherchez-vous ? Qui êtes-vous, ainsi armés ? Où allez-vous ? » Ils ne répondent rien ; mais ils se hâtent de fuir dans les bois, et se fient aux ténèbres. Les cavaliers se portent dans tous les sens aux allées qu'ils connaissent, et entourent de gardes les diverses issues. C'était une grande forêt, hérissée de broussailles et de sombres yeuses, obstruée partout de ronces épaisses dont quelques sentiers perçaient à peine les ténèbres profondes. L'obscurité du feuillage et le poids de son butin embarrassent la marche d'Euryale : la frayeur l'égare. Nisus, qui ne s'en est point aperçu continue de fuir.

Déjà il avait échappé à l'ennemi, et franchi les lieux qui furent depuis appelés albains, du nom d'Albe, où le roi Latinus avait alors de superbes domaines. Il s'arrête, et cherche en vain derrière lui son ami absent. « Malheureux Euryale, où t'ai-je laissé ? où te retrouver ? » Il s'engage de nouveau dans les tortueux détours de cette forêt perfide, retourne attentivement sur ses traces, et parcourt les taillis silencieux. Il entend les pas des chevaux, le bruit des armes et les signaux des cavaliers ardents à la poursuite. Bientôt un cri frappe ses oreilles. Il voit Euryale qui, trompé par les lieux et par la nuit, est tombé victime d'une attaque soudaine, et que l'ennemi entraîne malgré sa vive résistance. Que faire ? Par quels efforts, par quels moyens pourra-t-il sauver son jeune ami ? Se jettera-t-il au milieu des glaives pour y trouver une mort glorieuse ? Soudain, ramenant son bras en arrière, il balance un javelot, et, levant les yeux vers la lune, il lui adresse cette prière : « O déesse, la gloire des astres et la protectrice des forêts, fille de Latone, seconde mon projet. Si jamais Hyrtacus, mon père, offrit en ma faveur quelques dons sur tes autels, si moi-même j'ai ajouté à ses offrandes en suspendant à tes voûtes ou à tes portiques sacrés le tribut de ma chasse, porte avec moi le désordre au milieu de cette troupe, et dirige mes traits dans les airs. »

Il dit, et de tout l'effort de son bras il lance son javelot. Le trait vole, fend les ombres de la nuit, s'enfonce dans le dos de Sulmon, lui traverse la poitrine et s'y brise. Sulmon tombe, en vomissant un ruisseau de sang : le froid **de la** **mort** le saisit, et de longs sanglots font palpiter ses flancs.

Les Rutules regardent de tous côtés. Enhardi par ce premier succès, Nisus balance un second trait à la hauteur de son front. Tandis que les ennemis s'agitent en tumulte, son dard perce en sifflant les deux tempes de Tagus, et s'arrête au milieu de son cerveau. Volscens frémit de rage, sans pouvoir découvrir d'où le trait est parti, ni sur qui faire tomber son courroux : « Eh bien ! c'est toi, dit-il, qui vas payer de ton sang la mort de ces deux guerriers. » En même temps il fondait, l'épée nue, sur Euryale. Éperdu, hors de lui, Nisus ne peut résister à sa douleur, et, s'élançant de sa retraite, il s'écrie : « C'est moi ! c'est moi qui ai tout fait ; c'est moi qu'il faut frapper, Rutules. Je suis le seul coupable. Lui n'a rien osé, n'a pu rien commettre. J'en atteste le ciel et ces astres qui le savent. Tout son crime est d'avoir trop aimé son malheureux ami. » Ainsi parlait Nisus. Mais le fer, poussé avec force, a traversé les flancs d'Euryale et brisé sa poitrine d'albâtre. Il tombe, il expire ; ses beaux membres sont inondés de sang, et sa tête défaillante penche sur son épaule. Telle une fleur brillante, que la charrue a tranchée en passant, languit et meurt ; tels encore les pavots s'affaissent sur leur tige, quand la pluie appesantit leur tête.

Nisus s'élance au milieu des Rutules ; il ne cherche que Volscens, c'est sur Volscens seul que s'acharne sa rage. En vain les ennemis, serrés autour de leur chef, repoussent Nisus de tous côtés. Rien ne l'arrête : il fait tournoyer son épée foudroyante, jusqu'à ce qu'il l'ait plongée dans la bouche de Volscens ouverte pour crier, jusqu'à ce qu'en mourant il lui ait arraché la vie. Alors, percé de coups, il se laisse tomber sur le corps de son ami qui n'est plus, et s'endort enfin près de lui du sommeil de la mort. Couple heureux ! si mes vers ont quelque pouvoir, jamais les siècles n'effaceront votre souvenir, tant que la famille d'Énée siégera sur l'éternel rocher du Capitole, tant que le sénat romain gouvernera le monde.

Chargés de butin et de dépouilles, les Rutules vainqueurs rapportent en pleurant le corps inanimé de Volscens dans leur camp. Le deuil n'y était pas moins grand à la vue de

Rhamnès égorgé, de Sarranus, de Numa, et de tant d'autres chefs enveloppés dans le même massacre. On se presse en foule autour de ces guerriers sans vie ou à demi morts, dans ce lieu tout fumant encore d'un récent carnage et inondé de flots de sang. On reconnaît au milieu du butin le casque brillant de Messape et ce baudrier si chèrement reconquis.

Déjà l'Aurore, abandonnant la couche dorée de Tithon, éclairait la terre de ses premiers feux; déjà les rayons du soleil rendaient aux objets leur forme et leur couleur, lorsque Turnus, ceint lui-même de ses armes, appelle aux armes ses guerriers, et range en bataille sa troupe étincelante d'airain. Tous les chefs l'imitent, et redoublent par leurs récits la fureur des soldats. C'est peu: ils font dresser sur deux piques les têtes de Nisus et d'Euryale trophée déplorable que l'armée en poussant accompagne de grands cris. De leur côté, les infatigables Troyens déploient leurs lignes sur la gauche des remparts; car la droite est bordée par le fleuve. Ils gardent leurs larges fossés, et se tiennent tristement sur les tours. Ce qui excite en même temps leur douleur, c'est de voir au bout des piques ces têtes, hélas! trop connues, et dégouttantes d'un sang noir.

Cependant la Renommée va d'un vol rapide semer cette nouvelle dans la ville épouvantée, et la porte aux oreilles de la mère d'Euryale. Soudain un froid mortel saisit l'infortunée: le fuseau tombe de sa main, et le lin se déroule à ses pieds. Éperdue, hors d'elle-même, s'arrachant les cheveux et poussant des cris lamentables, elle vole aux remparts, et s'élance aux premiers rangs. Guerriers, périls, traits de l'ennemi, elle oublie tout; puis elle remplit les airs de ses plaintes.

« Euryale, est-ce bien toi que je vois? Toi qui devais être le dernier appui de ma vieillesse, tu as donc pu, cruel, me laisser seule! Et, lorsque tu courais à de si grands périls, ta malheureuse mère n'a pu te dire le suprême adieu: Hélas! abandonné sur un sol étranger, tu vas devenir la proie des chiens et des vautours du Latium! Et je ne t'ai point rendu les devoirs funèbres! et je n'ai point fermé tes yeux ni lavé tes blessures! et je ne t'ai point couvert de ce tissu que, nuit et jour, je me hâtais d'achever, consolant par ce travail les ennuis de ma vieillesse! Où te chercher? Quelle terre possède maintenant ton corps, tes membres déchirés et ta dépouille sanglante? Voilà donc, ô mon fils! ce que tu me rapportes de toi! Est-ce donc pour cela que j'ai traversé tant de terres et de mers! Frappez-moi par pitié, Rutules, lancez-moi tous vos traits. Que je tombe la première sous vos coups! Ou bien, puissant maître des dieux, aie compassion de ma misère, et que ta foudre plonge au fond du Tartare cette tête odieuse, puisque je ne puis finir autrement ma malheureuse vie. » Ces lamentations attendrissent les cœurs; un gémissement lugubre circule dans tous les rangs, et l'armée abattue n'a plus de force pour combattre. A la vue de la profonde douleur qui se répand parmi les soldats, Idée et Actor, par l'ordre d'Ilionée et d'Ascagne, qui fond en larmes, prennent dans leurs bras cette malheureuse mère, et la portent dans sa demeure.

Tout à coup la trompette sonne, et fait éclater au loin ses terribles accents : mille cris lui répondent, et le ciel en retentit. Les Volsques accourent en formant la tortue, et se disposent à combler les fossés et à arracher les palissades. Les uns cherchent un accès, et dressent des échelles pour escalader les murs aux endroits où la troupe moins serrée semble laisser quelques intervalles. De leur côté les Troyens, habitués par un long siége à défendre leurs remparts, font pleuvoir sur l'ennemi toutes sortes de traits, le repoussent avec des pieux armés de fer, ou roulent des pierres d'un poids énorme, pour briser, s'il est possible, cette voûte d'airain. Mais, sous leur épaisse tortue, les Rutules résistent à tous les chocs. Enfin ils ne peuvent y suffire : car, à l'endroit où les ennemis groupés les menacent de plus près, les Troyens roulent et précipitent une masse énorme. Elle tombe avec fracas sur les Rutules qu'elle écrase, et rompt l'abri de boucliers qui les protège. Dès lors ils ne songent plus, malgré leur bravoure, à poursuivre ce combat à couvert; mais ils s'efforcent à coups de traits de chasser les Troyens du retranchement. Sur un autre point, Mézence secoue, d'un air terrible, une torche étrusque et lance des brandons fumants, tandis que le fils de Neptune, Messape, dompteur de coursiers, arrache les palissades et demande des échelles pour monter à l'assaut.

Muses, et toi surtout, Calliope, soutenez ma voix, je vous en conjure. Dites-moi quel carnage, quelles funérailles signalèrent la valeur de Turnus, et quelles victimes chaque guerrier précipita dans l'Orcus. Déroulez avec moi les grands tableaux de cette guerre. Vous vous en souvenez, ô déesses, et vous pouvez en retracer l'histoire.

Il y avait une tour d'une prodigieuse hauteur, garnie de ponts élevés et située dans une position formidable. Tous les Rutules s'unissaient pour l'enlever d'assaut, et d'un suprême effort, ils cherchaient à la renverser. Les Troyens, de leur côté, la défendaient en lançant des pierres, et par ses larges embrasures faisaient pleuvoir une grêle de traits. Turnus, le premier, jette une torche ardente qui s'attache aux flancs de la vaste machine. Bientôt la flamme, excitée par le vent, attaque la charpente, et s'attache aux portes qu'elle consume. Les Troyens renfermés dans la tour se troublent, s'effrayent, et veulent en vain se soustraire au danger qui les menace. Tandis qu'ils se pressent en foule du côté qu'épargne l'incendie, la masse, cédant sous leur poids, s'écroule tout à coup, et le ciel retentit d'un horrible fracas. Entraînés par cette chute énorme, les Troyens tombent à demi morts sur le sol, percés de leurs propres traits, ou la poitrine brisée par les éclats du bois. Hélénor et Lycus échappent à peine à ce désastre. Le plus âgé des deux, Hélénor, était fils du roi de Lydie. L'esclave Licymnie l'avait mis au jour secrètement, et envoyé au siège de Troie figurer dans des rangs interdits à sa naissance. Guerrier sans gloire, il n'apportait qu'une simple épée et un bouclier uni. Dès qu'il se voit enveloppé par les troupes de Turnus et pressé de tous côtés par les Latins, tel qu'une bête fauve qui, entourée d'un cercle nombreux de chasseurs, affronte les dards, se jette au-devant d'un trépas certain et d'un bond franchit les épieux, le jeune Hélénor se précipite au plus épais de la mêlée, et c'est à travers une forêt de lances qu'il va trouver le trépas.

Mais, bien plus léger à la course, Lycus fuit à travers les traits et les ennemis, gagne les remparts, s'efforce d'en saisir le faîte et d'atteindre aux mains que lui tendent ses compagnons. Turnus, non moins agile, le poursuit, le pressé de sa javeline, et insulte en ces termes à sa défaillance : « Insensé, croyais-tu donc pouvoir te soustraire à mon bras? » Aussitôt il saisit le guerrier suspendu, et entraîne avec lui un large pan de muraille. Tel l'oiseau de Jupiter, enlevant dans ses serres un lièvre ou un cygne au plumage argenté, l'emporte dans les nues ; tel un loup furieux ravit au bercail un agneau que rappellent en vain les longs bêlements de sa mère. Un cri s'élève de toutes parts. On s'avance : les uns comblent les fossés, les autres lancent des torches brûlantes jusqu'au faîte des remparts.

Ilionée écrase d'un énorme quartier de roche Lucétius qui s'approchait d'une porte, la flamme à la main. Liger, habile à lancer le javelot, perce Émathion, et Asylas atteint Corynée d'un trait inévitable. Cénée immole Ortygius, et il est aussitôt immolé par Turnus. Turnus renverse Itys, Clonius, Dioxippe, Promole, Sagaris, et Idas qui combattait devant les tours. Priverne est tué par Capys. La lance de Témille l'avait effleuré ; et l'imprudent, jetant son bouclier, avait porté la main à sa blessure. La flèche de Capys fend les airs, lui cloue la main au côté gauche, et rompt d'un coup mortel les organes intérieurs de la respiration.

On distinguait le fils d'Arcens à sa beauté, à sa riche armure et aux broderies de sa chlamyde, teinte d'un sombre incarnat. Son père l'avait envoyé combattre, après l'avoir élevé dans le bois consacré à Mars, sur les bords du Symèthe, là où se trouve l'autel propice de Palicus, arrosé du sang des victimes. Mézence pose ses javelots, saisit sa fronde qu'il fait siffler trois fois autour de sa tête, et d'un plomb qui s'échauffe dans l'air il brise le front du guerrier et l'étend mort sur l'arène.

En ce moment, dit-on, Ascagne, habitué jusqu'alors à n'effrayer que les hôtes timides des forêts, prit part à la guerre pour la première fois, en décochant une flèche rapide, et en terrassant de sa main le brave Numanus, surnommé Rémulus. Naguère uni par les liens de l'hymen à la plus jeune des sœurs de Turnus, Numanus s'était avancé sur le front de l'armée, vomissant mille injures contre les Troyens; et, tout fier de son alliance avec le sang royal, il s'écriait d'une voix tonnante :

« Phrygiens, deux fois captifs, ne rougissez-vous pas d'être encore assiégés dans vos retranchements, et de vous enfermer dans des murailles pour éviter la mort? Les voilà donc ceux qui viennent nous disputer nos femmes, le fer à la main ! Quel dieu, ou plutôt quel délire, vous a poussés en Italie ? Ici point d'Atrides, point d'Ulysse aux discours trompeurs. Rejetons d'une robuste race, nous plongeons nos enfants dans les fleuves dès qu'ils voient la lumière, et nous endurcissons leurs membres au sein des ondes glacées. Chasseurs infatigables, ils parcourent nuit et jour les forêts. Dompter les chevaux, tendre l'arc et lancer un trait, voilà leurs jeux. Notre jeunesse, laborieuse et accoutumée à vivre de peu, laboure la terre avec la charrue et ébranle les villes avec ses armes. Nous passons notre vie le fer à la main, et du revers de nos lances nous aiguillonnons le flanc des taureaux. La pesante vieillesse n'affaiblit point les forces de notre âme et n'altère point notre vigueur. Le casque presse encore nos cheveux blanchis. Nous aimons toujours à rapporter de nouvelles dépouilles et à vivre de butin ; tandis que vous, parés de vêtements que teignent le safran et la pourpre éblouissante, vous aimez la paresse, vous recherchez les danses, les tuniques à longues manches, et les mitres à nœuds de rubans. Allez, véritables Phrygiennes, car vous n'êtes pas des Phrygiens, allez sur le Dindyme où la flûte à deux sons charme vos oreilles. Retournez sur l'Ida où vous appellent les tambours et les fifres de la Mère des dieux. Laissez le fer aux hommes, et renoncez aux combats. »

Indigné de cette insolence et de ces outrages, Ascagne se tourne vers Numanus, ajuste un trait sur la corde de son arc. Puis, étendant les deux bras, il s'arrête, et adresse ces vœux à Jupiter : « Dieu tout-puissant, seconde mon audace, Je porterai moi-même à ton temple des offrandes solennelles. J'immolerai devant ton autel un jeune taureau blanc, aux cornes dorées, qui, levant la tête à la même hauteur que sa mère, frappe déjà de la corne, et fasse voler sous ses pieds la poussière. » Le père des dieux l'entendit, et fit gronder la foudre à gauche sous le ciel le plus serein. Au même instant l'arc meurtrier résonne ; la flèche vole, va frapper en sifflant la tête de Numanus, et lui traverse les deux tempes. « Eh ! bien insulte maintenant à la valeur par tes discours superbes ! Voilà comment les Phrygiens, deux fois captifs, répondent aux Rutules. » A peine Ascagne a-t-il achevé ces mots que les Troyens font éclater leur allégresse en poussant de grands cris, et ce succès élève jusqu'aux nues le courage du jeune prince.

Cependant, du haut de la voûte céleste, Apollon contemplait dans un nuage l'armée des Rutules et le camp des Troyens. Il adresse ces mots au vainqueur : « Jeune héros, crois toujours en courage : c'est ainsi que l'on monte au ciel. Fils des dieux, qui dois enfanter des dieux, toutes les guerres fixées par les Destins s'éteindront, il le faut, sous la race d'Assaracus. Troie ne peut plus te contenir. » Il dit, s'élance du haut des cieux, écarte le souffle des vents, et s'avance vers Ascagne, sous les traits du vieux Butès. Autrefois écuyer d'Anchise et fidèle gardien de son palais, Butès avait été attaché par Énée à la personne d'Ascagne. Semblable en tout au vieillard, Apollon avait pris sa voix, son teint, ses cheveux blancs, et son armure au bruit terrible. « Fils d'Énée, dit-il au bouillant Iule, contente-toi d'avoir impunément fait tomber Numanus sous tes coups. Le puissant Apollon t'accorde ce premier triomphe, sans être jaloux de tes armes, qui égalent les siennes. Mais désormais, mon fils, garde-toi de combattre. » A ces mots, Apollon se dérobe aux regards des mortels et disparaît dans les airs. Les chefs troyens ont reconnu le dieu et ses flèches divines, et, dans sa fuite, ils ont entendu le bruit de son carquois. Ils modèrent l'ardeur belliqueuse d'Ascagne en lui opposant le conseil auguste d'Apollon. Pour eux, ils retournent au combat et affrontent mille dangers.

Un cri s'élève sur tous les remparts. On tend les arcs, on lance les javelots. Le sol est jonché de traits. Les boucliers et les casques retentissent du choc des armes. Un combat terrible s'engage. Tel, venu du couchant sous l'influence des humides Chevreaux, un orage fond sur la terre ; telle une grêle épaisse se précipite des nuages, lorsque Jupiter en courroux déchaîne les autans, amoncelle les noires tempêtes et déchire le flanc des nuées. Pandarus et Bitias, fils d'Alcanor l'Idéen, que la sauvage Hiéra éleva dans le bois sacré de Jupiter, et qui par leur taille égalent les sapins et les monts de leur patrie, ouvrent la porte confiée par le chef à leur garde, et, forts de leur valeur, provoquent l'ennemi à la franchir. Eux-mêmes, dans l'intérieur, se tiennent debout devant les tours. Ils sont armés de fer, et d'éclatants panaches ornent leurs fronts altiers. Ainsi, sur la rive du Pô, ou sur les bords riants de l'Athésis dont ils ombragent les eaux limpides, deux chênes élèvent jusqu'aux cieux leurs têtes touffues, et balancent leurs cimes superbes. Les Rutules se précipitent dans le passage qu'ils voient ouvert devant eux. Bientôt Quercens, le brillant Aquicole, l'impétueux Tmarus et le vaillant Hémon, prennent la fuite avec toutes leurs troupes, ou laissent la vie sur le seuil même de la porte. Alors s'accroît la rage des combattants. Les Troyens se pressent en masse du même côté : ils osent en venir aux mains, et s'avancer hors des remparts.

Turnus se livrait sur un autre point à sa fureur, et portait le trouble dans les rangs des ennemis, lorsqu'on vint lui annoncer que les Troyens, échauffés par un récent carnage, livraient l'accès de leur camp. Il abandonne son attaque, et, bouillant de colère, il court à la porte où se tiennent ces frères orgueilleux. Le premier qui s'offre à ses coups est Antiphate, fils naturel d'une Thébaine et du grand Sarpédon. Il lui lance un javelot. Le trait fend l'air, frappe au cœur le guerrier et s'enfonce dans sa poitrine. De sa profonde blessure jaillit un sang noir et écumant : le fer s'arrête dans ses poumons. Turnus terrasse ensuite Mérops, Érymante et Aphidnus. Puis, voyant Bitias dont le regard est enflammé et le cœur frémissant de rage, il l'attaque, non avec un javelot, (un javelot ne lui eût pas ôté la vie), mais avec une énorme phalarique. Lancée d'un bras vigoureux, l'arme part comme la foudre avec un sifflement horrible. Ni le double cuir de son bouclier, ni les doubles écailles d'or de sa fidèle cuirasse ne peuvent en soutenir le choc. Le géant chancelle et tombe. La terre gémit, et, en s'abattant sur lui, son bouclier retentit avec fracas. Telle, sur le rivage de Baïes, s'écroule parfois une digue de pierres, formée de gros quartiers de roc que l'on avait précipités dans les flots. Entraînée dans sa chute, cette masse se brise au fond de l'abîme; les ondes se troublent et soulèvent un noir limon. A ce bruit s'ébranlent Prochyte et Inarime, qui, par l'ordre de Jupiter, pèse de tout son poids sur Typhoée.

En ce moment le dieu des combats, Mars, ranime le courage et les forces des Latins : il les enflamme d'une vive ardeur, en même temps qu'il sème parmi les Troyens la fuite et l'affreuse épouvante. Pleins du dieu qui leur souffle son esprit, les Rutules accourent de toutes parts pour se joindre à la mêlée. Lorsque Pandarus voit son frère étendu sans vie, lorsqu'il voit la Fortune changer et devenir contraire aux Troyens, il appuie ses larges épaules contre la porte, la fait tourner avec effort sur ses gonds, et laisse un grand nombre des siens engagés hors des murs dans une lutte sanglante, tandis qu'il reçoit et enferme avec lui les autres guerriers qui se précipitent dans l'enceinte. L'insensé n'a pas vu le roi des Rutules s'élancer au milieu de la foule, et c'est lui-même qui le reçoit dans la ville, comme un tigre féroce se trouverait parmi de timides troupeaux.

Soudain les yeux de Turnus étincellent d'un nouveau feu.

Ses armes retentissent d'un bruit horrible; son aigrette de pourpre s'agite sur sa tête, et de son bouclier jaillissent de terribles éclairs. Les Troyens reconnaissent avec effroi son visage odieux et sa taille de géant. Alors l'énorme Pandarus s'élance, exaspéré de la mort de son frère : « Ce n'est point ici, s'écrie-t-il, le palais qu'Amate te destine pour dot. Tu n'es pas dans les murs d'Ardée, ta patrie, mais dans un camp ennemi, et tu n'en pourras sortir. » Turnus sourit, et lui répond sans s'émouvoir : « Eh! bien, commence, si tu l'oses, et mesurons nos forces. Toi aussi tu conteras à Priam que tu as trouvé ici un autre Achille. » Il dit. Pandarus, réunissant toutes ses forces, lui lance un javelot dont le bois noueux a gardé sa rude écorce. Mais, détourné par la fille de Saturne, le trait frappe l'air, et s'enfonce dans la porte. « Tu ne te déroberas pas ainsi, lui dit Turnus, à cette arme que brandit mon bras vigoureux; car je ne suis pas de ceux dont on évite les coups. » A ces mots, il se dresse de toute sa hauteur, lève son épée, en frappe le front de Pandarus entre les deux tempes, et, par une affreuse blessure, sépare les deux joues du jeune guerrier. L'air retentit; la terre est ébranlée sous le poids du géant. Son corps et ses armes souillés de sa cervelle sanglante, gisent dans la poussière, et les deux moitiés de sa tête pendent sur chacune de ses épaules.

Saisis d'effroi, les Troyens fuient et se dispersent; et si, dans ce moment le vainqueur eût songé à rompre les barrières de sa propre main et à introduire ses compagnons dans l'enceinte, ce jour eût été le dernier de la guerre, le dernier de la nation troyenne. Mais la fureur et une soif insensée de carnage l'entraînent vers l'ennemi. D'abord il attaque Phaléris, et coupe le jarret de Gygès; puis il lance aux fuyards les traits mêmes qu'ils abandonnent. Junon le remplit de force et de courage. A ces victimes il ajoute Halys et Phégée dont il perce le bouclier. Ensuite il tue Alcandre, Halius, Noémon et Prytanis, qui, ignorant sa présence, combattaient du haut des murs. Lyncée marchait contre lui et appelait ses compagnons. Turnus brandit son glaive en s'appuyant à la droite du mur, le prévient, et d'un seul coup fait voler au loin la tête et le casque de l'agresseur. Ensuite il immole Amycus, ce destructeur des bêtes sauvages, plus habile que tout autre à imprégner les traits d'un venin subtil et à armer le fer de poison; Clytius, fils d'Éole; Créthée, le favori et le compagnon des Muses, qui, toujours épris de poésie et de musique, mariait son luth aux sons de sa voix, et chantait les coursiers, les exploits des héros et les combats.

Enfin les chefs des Troyens, Mnesthée et le bouillant Séreste accourent au bruit du massacre de leurs compagnons. Ils voient leurs soldats dispersés, et l'ennemi dans le camp. « Où voulez-vous fuir? s'écrie Mnesthée où courez-vous? Avez-vous d'autres murs, d'autres remparts? Un seul homme, que vos retranchements cernent de tous côtés, aura donc semé impunément le carnage dans la ville, et précipité aux enfers l'élite de nos guerriers! Eh quoi! ni les maux de la patrie, ni vos anciens dieux, ni le grand Énée n'excitent dans vos cœurs pusillanimes la honte et la compassion! »

Enflammés par ces paroles, ils se rallient et attendent l'ennemi de pied ferme. Turnus se retire peu à peu du combat, gagne le fleuve et la partie du camp que ses eaux environnent. Les Troyens serrent leurs rangs, et ne se précipitent qu'avec plus d'ardeur sur ses pas en poussant de grands cris. Tel, lorsqu'une troupe de chasseurs presse et menace un lion de ses traits, l'animal effrayé, mais terrible, recule en lançant des regards farouches. Il ne peut prendre la fuite, (sa colère et son courage s'y refusent), ni se faire jour, comme il le voudrait, à travers les traits des chasseurs. Tel, Turnus indécis se retire à pas lents, le cœur brûlant de rage. Deux fois même alors il s'élance au milieu des ennemis, et deux fois il repousse le long des remparts les Troyens en désordre.

Mais le camp tout entier s'ébranle pour attaquer ce seul ennemi. La fille de Saturne n'ose plus le protéger contre tant d'adversaires. Iris, descendue de l'Olympe, lui a transmis de la part de Jupiter des ordres menaçants, si Turnus n'abandonnait les remparts des Troyens. Le Rutule oppose en vain son bras et son bouclier à la grêle des traits qui l'accablent de tous côtés et retentissent sans relâche sur son casque. Sa puissante armure fléchit sous le choc des pierres. Son panache est renversé; son bouclier ne suffit plus à tant de coups que lui portent et les Troyens et Mnesthée lui-même dont la main le foudroie. La sueur ruisselle en flots noirs sur tout son corps. Il ne respire qu'avec peine, et son souffle haletant fait battre ses flancs épuisés. Enfin, il s'élance d'un bond au milieu des ondes. Le fleuve le reçoit dans son sein, le porte mollement sur ses vagues, et, après l'avoir purifié des souillures du carnage, le ramène plein de joie au milieu de ses compagnons.

LIVRE DIXIÈME.

Cependant s'ouvre le palais du tout-puissant Jupiter. Le maître des dieux et le roi des hommes convoque les Immortels dans ce séjour étoilé, d'où il contemple, du haut de son trône, toutes les contrées de la terre, le camp des Troyens et les peuples du Latium. Les dieux prennent place dans l'enceinte ouverte des deux côtés, et Jupiter commence en ces termes :

« Augustes habitants des cieux, pourquoi vos sentiments ont-ils changé ? Pourquoi ces haines jalouses qui vous divisent ? J'avais défendu à l'Italie de s'armer contre les Troyens. D'où vient que la discorde a éclaté en dépit de mes ordres ? Quelle crainte a poussé les deux peuples à courir aux armes et à se provoquer au combat ? Il viendra, (ne le hâtez point), le temps marqué pour les batailles, le temps où la fière Carthage, à travers les Alpes ouvertes, lancera sur Rome un fléau redoutable. Alors vous pourrez faire la guerre, et donner un libre essor à votre haine. Mais jusque-là, laissez les événements suivre leur cours, et rétablissez de bon gré l'accord dont vous étiez convenus : telle est ma volonté. »

Jupiter borne là son discours. Mais la belle Vénus exhale plus longuement ses plaintes : « O mon père, dit-elle, vous dont l'éternelle puissance gouverne les hommes et les dieux, seul appui que désormais nous ayons à implorer, vous voyez comme les Rutules nous bravent, comme Turnus s'élance au milieu de nos bataillons, monté sur un coursier superbe, et tout enorgueilli des faveurs de Mars. Les Troyens ne sont déjà plus à couvert derrière leurs murailles. Que dis-je ! C'est dans l'enceinte de leur camp, c'est sur leurs remparts mêmes qu'ils combattent, et les fossés regorgent de leur sang. Énée absent l'ignore. Ne les délivrerez-vous jamais du siége ? L'ennemi menace encore une fois les murs de cette Troie naissante. Une autre armée se lève, et le fils de Tydée vient d'Argyrippe avec ses Étoliens attaquer de nouveau les descendants de Teucer. En vérité il me reste à recevoir de nouvelles blessures, et votre fille est encore exposée aux atteintes d'un mortel.

« Si c'est sans votre aveu et contre votre volonté que les Troyens ont abordé en Italie, punissez-les de leur crime, retirez-leur votre appui. Mais s'ils n'ont fait qu'obéir à la voix du ciel et des enfers, qui peut maintenant casser vos arrêts et créer de nouveaux destins ? Redirai-je nos vaisseaux consumés sur le rivage d'Éryx, le roi des tempêtes déchaînant contre nous les vents en furie, et Iris envoyée du haut des cieux ? L'enfer restait encore : sa puissance était la seule qu'on n'eût point armée contre nous. Maintenant on le soulève ; et, lancée tout à coup sur la terre, Alecton a promené ses fureurs au milieu des villes de l'Italie. L'empire ne me touche plus. Je l'espérais dans nos jours de gloire : qu'il appartienne à ceux que protége votre faveur. S'il n'est point de contrée que votre impitoyable épouse ne ferme aux Troyens, je vous en conjure, ô mon père, par les ruines fumantes de Troie, souffrez que je préserve Ascagne des périls de la guerre, souffrez qu'il me reste un petit-fils. Énée, j'y consens, doit errer encore à la merci des flots sur des mers inconnues et suivre la route que lui tracera la Fortune ; mais qu'il me soit permis de protéger Ascagne, et de le soustraire aux horreurs des combats. Je possède Amathonte, Paphos, Cythère et Idalie. Que, loin du tumulte des armes, il y coule des jours sans gloire. Ordonnez que Carthage écrase l'Italie : les Troyens n'y mettront plus obstacle. De quoi leur a servi d'échapper au fléau de la guerre, de s'être ouvert un passage à travers les flammes des Grecs, d'avoir essuyé tant de périls et sur terre et sur mer, pour chercher dans le Latium une nouvelle Pergame? N'eût-il pas mieux valu pour eux continuer à fouler les cendres de leur patrie et le sol où fut Troie? O mon père, rendez, je vous en conjure, leur Xanthe et leur Simoïs à ces infortunés, et laissez les Troyens recommencer les destins d'Ilion. »

A ces mots, transportée d'un violent courroux, la reine des dieux s'écrie : « Pourquoi me forcez-vous de rompre un long silence, et de faire éclater le ressentiment que je cache dans mon cœur? Quel homme ou quel dieu a contraint Énée de recourir aux armes et de se déclarer l'ennemi du roi Latinus? Il est venu en Italie sur l'autorité des oracles, ou plutôt sur la foi de Cassandre en délire. Mais lui avons-nous conseillé d'abandonner son camp, d'exposer ses jours à la fureur des tempêtes, de confier à un enfant la conduite de la guerre et la défense de ses remparts, de solliciter l'alliance des Tyrrhéniens et de soulever des nations paisibles? Est-ce un dieu, est-ce mon impitoyable influence qui l'a jeté dans le péril? Quelle place ont ici Junon, Iris et ses messages? C'est un crime aux Latins d'envelopper de feux cette Troie naissante, et à Turnus de défendre sa patrie, lui qui a Pilumnus pour aïeul et la déesse Vénilie pour mère! Est-il moins révoltant de voir les Troyens porter l'incendie dans le Latium, appesantir leur joug sur une terre étrangère et y exercer leurs brigandages? Qu'est-ce donc que de s'imposer comme gendres, d'arracher du sein maternel des épouses fiancées, d'implorer la paix, l'olivier à la main, et d'arborer sur ses vaisseaux l'étendard de la guerre?

On vous laisse le pouvoir de soustraire Énée aux mains des Grecs, de mettre à sa place un nuage, une vapeur légère, de transformer ses navires en autant de nymphes; et moi, si je prête aux Rutules quelques secours, je suis coupable! Énée absent l'ignore. Qu'il l'ignore et qu'il soit absent! Vous possédez, dites-vous, Paphos, Idalie et Cythère. Pourquoi donc défier une cité belliqueuse et des guerriers indomptables? Est-ce moi qui veux anéantir les débris ducs de la puissance phrygienne? Est-ce moi, dis-je, ou celui qui exposa les malheureux Troyens à la vengeance des Grecs? Quel motif a fait courir aux armes l'Europe et l'Asie? qui a rompu la paix par un enlèvement clandestin? Est-ce moi qui ai fait triompher de Sparte le Troyen adultère? Est-ce moi qui lui ai fourni des armes, et qui ai fomenté la guerre en attisant sa flamme? C'est alors qu'il fallait trembler pour vos chers Phrygiens. Maintenant vous venez trop tard vous répandre en injustes plaintes et provoquer d'inutiles querelles. »

Ainsi parlait Junon, et tous les dieux, partagés en sentiments divers, faisaient entendre un murmure confus. Tel, lorsque les vents frémissent dans les bois, se prolonge un bruit sourd qui annonce aux matelots l'approche des tempêtes. Alors le dieu tout-puissant, l'arbitre souverain de l'univers prend la parole. A sa voix, le calme renaît dans l'Olympe, la terre tremble, le silence règne dans les airs, les zéphyrs suspendent leur haleine, et la mer apaise ses flots. « Écoutez, dit-il, et que mes paroles restent gravées dans vos cœurs. Puisque nulle alliance ne peut unir les Ausoniens aux Troyens et que vos discordes n'ont point de terme, quelles que soient désormais la fortune ou les espérances des deux peuples, Troyens et Rutules seront égaux à mes yeux. Soit que les Italiens tiennent Troie assiégée par l'ordre des Destins, soit qu'une erreur funeste égare les Troyens abusés par des oracles trompeurs, je n'affranchis ni les uns ni les autres de la loi commune. Chacun ne devra qu'à soi-même ses revers ou ses succès. Jupiter sera le même pour tous, et les Destins suivront leur cours. » Il dit, et, prenant à témoin le Styx soumis à son frère et ces fleuves où bouillonnent de noirs torrents de bitume, il fait un signe de tête, et ce signe ébranle tout l'Olympe. Jupiter se lève de son trône d'or, et les Immortels, rangés autour de lui, le reconduisent jusqu'au seuil de sa demeure.

Cependant les Rutules attaquant à la fois toutes les portes, s'efforcent d'abattre les assiégés sous une grêle de traits et d'envelopper de flammes les murailles. L'armée troyenne se voit enfermée dans ses retranchements sans aucun espoir de salut. Les malheureux se tiennent debout sur leurs tours, et de leurs rangs éclaircis couronnent à peine les remparts. A leur tête se distinguent Asius, fils d'Imbrasis, Thymétès, fils d'Hicétaon, les deux Assaracus, Castor et le vieux Thymbris, avec les deux frères de Sarpédon, Clarus et Thémon, enfants de la haute Lycie. Un guerrier porte une pierre énorme, vaste débris d'une montagne : c'est Acmon de Lyrnesse, noble émule de son père Clytius et de son frère Mnesthée. Les uns repoussent l'ennemi avec des javelots, les autres avec des pierres; ceux-ci lancent des torches, ceux-là décochent des flèches. Au milieu d'eux le jeune Ascagne, digne objet de la sollicitude de Vénus, montre à découvert sa tête charmante. Telle une perle entourée d'or brille au front ou au cou d'une jeune beauté; tel encore resplendit l'ivoire, artistement enchâssé dans le buis ou dans le térébinthe d'Orique. Sur ses épaules, blanches comme la neige, flottent ses longs cheveux que rattache un léger ruban d'or. Les nations magnanimes te virent aussi lancer des traits et armer tes flèches de poison, Ismare, noble rejeton d'une famille de Lydie, où l'homme cultive un sol fertile et où le Pactole roule des paillettes d'or. On y vit Mnesthée, aujourd'hui tout fier d'avoir glorieusement repoussé Turnus loin des remparts, et Capys, qui donnera son nom à la ville de Capoue.

Tandis que ces guerriers partageaient entre eux les périls d'une lutte sanglante, Énée fendait les ondes au milieu de la nuit. Du palais d'Évandre il arrive au camp des Étrusques. Il aborde leur chef, lui fait connaître son nom, sa naissance, les secours qu'il demande, les forces dont il dispose lui-même, la ligue de Mézence et les emportements de Turnus. Il lui rappelle l'inconstance des choses humaines, et joint les prières à ses discours. Tarchon n'hésite pas : il unit ses forces à celles du héros Troyen, et fait alliance avec lui. Les Lydiens, que les oracles n'arrêtent plus, s'embarquent pour obéir aux dieux, et se confient à un chef étranger. Énée vogue à leur tête. La proue de son navire représente deux lions phrygiens, et, au-dessus, l'Ida, toujours si cher aux exilés de Pergame. C'est là que le grand Énée songe aux vicissitudes des combats. Pallas, assis à sa gauche, lui demande tantôt quels astres les dirigent au milieu des ombres de la nuit, tantôt quelles traverses il a essuyées sur la terre et sur les flots.

Ouvrez maintenant l'Hélicon, ô Muses, et commencez vos chants. Dites-nous quels peuples quittèrent l'Étrurie, et armèrent une flotte pour s'attacher à la fortune d'Énée.

Massicus, monté sur le Tigre, fend le premier les flots de sa proue d'airain. Il commande mille jeunes gens qui ont abandonné les remparts de Clusium et la ville de Cosa. Leurs armes sont des dards, des flèches, un léger carquois et un arc meurtrier. Il est suivi du farouche Abas, dont la troupe est couverte d'une éclatante armure. Sur sa poupe brille un Apollon doré. Populonia, sa patrie, lui avait donné six cents combattants aguerris ; trois cents autres lui étaient venus de l'île d'Ilva, célèbre par ses mines de fer inépuisables. Le troisième est Asylas, digne interprète des hommes et des dieux. Les entrailles des victimes, les corps célestes, le langage des oiseaux et les présages de la foudre n'ont point de secrets pour lui. Il entraîne sur ses pas mille guerriers, rangés en bataillons épais et hérissés de lances. Ce sont les habitants de Pise, ville étrusque, mais originaire des rives de l'Alphée, qui les ont mis sous ses ordres. Après eux vient le bel Astur, Astur confiant dans son coursier et dans ses armes aux diverses couleurs. Trois cents guerriers, tous enflammés du même zèle, ont quitté, pour le suivre, la ville de Céré, les bords du Minion, l'antique Pyrges et l'insalubre Gravisques.

Je ne t'oublierai point, Cynire, vaillant chef des Liguriens, ni toi, Cupavon, qu'accompagne une suite peu nombreuse. Les plumes de cygne attachées à ton casque rappellent et cet amour qui fit le malheur de ton père et l'oiseau dont il prit la forme. On raconte, en effet, que Cycnus, pleurant la mort de Phaéthon, objet de sa tendresse, chantait à l'ombre des peupliers, autrefois sœurs

21

de son ami, et que, tandis qu'il calmait par ses accents les regrets de son cœur, on vit ce vieillard blanchir sous un moelleux plumage, quitter la terre, et s'élever en chantant vers les cieux. Son fils et ses compagnons du même âge font mouvoir avec leurs avirons le vaste Centaure qui s'avance fièrement au-dessus des flots, et sillonne la mer de sa longue carène en menaçant les ondes du roc énorme qu'il tient suspendu dans les airs.

Ocnus amène aussi des troupes de sa patrie. Fils de la prophétesse Manto et du fleuve qui arrose la Toscane, c'est lui, ô Mantoue, qui te donna des remparts et le nom de sa mère, toi, qui te glorifies de tes fondateurs d'origine diverse. Tu commandes à trois peuples, partagés chacun en quatre tribus; mais c'est du sang d'Étrurie que tu tires ta force. De là sont partis encore cinq cents autres soldats armés contre Mézence. Couronné de verts roseaux, le Mincius fils de Bénacus, guide à travers les ondes leur proue menaçante. Enfin s'avance Auleste sur son pesant navire, dont les cent avirons frappent la mer et font bouillonner les flots. Il est porté sur l'énorme Triton de qui la conque effraye la plaine azurée. Depuis la tête jusqu'aux flancs c'est un homme velu qui nage; le ventre se termine en poisson, et la vague écumante murmure sous sa poitrine sauvage. Tels sont les guerriers d'élite qui vont au secours de Troie, montés sur trente vaisseaux dont les proues fendent l'onde amère.

Déjà le jour avait quitté le ciel, et la brillante Phébé, sur son char nocturne, occupait le milieu de l'Olympe. Énée, en proie à des soucis qui ne lui laissent goûter aucun repos, dirige lui-même le gouvernail et manœuvre les voiles. Tout à coup, au milieu de sa course, s'offre à ses yeux l'essaim de ses compagnes fidèles, ces nymphes que l'auguste Cybèle avait mises au rang des divinités de la mer, ces nymphes qu'elle avait substituées aux vaisseaux d'Énée. Elles nageaient de front et fendaient les flots, en nombre égal aux proues d'airain qui avaient bordé le rivage. Elles reconnaissent de loin leur roi, et l'entourent de leur cortege. La plus éloquente de toutes, Cymodocée, qui suit ses traces, tient le navire de la main droite, la tête élevée au-dessus des eaux, et de l'autre main sillonne sans bruit les ondes. Elle instruit Énée du prodige qu'il ignore. « Fils des dieux, lui dit-elle, Énée, veilles-tu? Veille, et déploie toutes tes voiles. Nous sommes ces pins, nés sur la cime sacrée de l'Ida, aujourd'hui nymphes de la mer, naguère tes vaisseaux. Le perfide Rutule, le fer et la flamme à la main, nous menaçait de notre ruine. Nous avons à regret rompu les câbles dont tu nous avais enchaînés, et nous te cherchons à travers les flots. Cybèle touchée de notre sort, a changé notre forme, et nous a permis de passer notre vie sous les ondes en qualité de déesses. Cependant le jeune Ascagne est étroitement assiégé dans ses retranchements, au milieu des traits ennemis et des belliqueux Latins. Déjà la cavalerie arcadienne, unie aux vaillants Étrusques, occupe les postes qui lui ont été assignés. Turnus, avec ses escadrons, est décidé à leur fermer le passage pour s'opposer à la jonction des deux camps. Hâte-toi donc, et dès le retour de l'aurore devance Turnus en appelant tes compagnons aux armes. Prends le bouclier invincible que t'a donné Vulcain et qu'il a entouré d'un cercle d'or. Demain, tu peux m'en croire, le soleil verra des monceaux de Rutules égorgés. »

Elle dit; et en s'éloignant elle donne au navire une vive impulsion. Il fuit sur l'onde, plus prompt que le javelot ou la flèche qui rivalise avec le vent. Les autres suivent son essor. Le fils d'Anchise s'étonne de ce prodige qu'il ne peut comprendre. Toutefois ce présage le rassure, et, les yeux levés vers le ciel, il fait cette courte prière : « Auguste mère des dieux, reine de l'Ida, toi qui chéris le Dindyme et les villes couronnées de tours, toi qui attelles à ton char des lions dociles au frein, c'est toi maintenant qui me guides dans la mêlée. Hâte pour nous l'effet de tes promesses, et sois favorable aux Phrygiens. » A peine il achevait ces mots, que l'Aurore s'élançait brillante de clarté, et avait dissipé les ténèbres. Énée ordonne à ses compagnons d'obéir aux signaux, de préparer leurs armes et de se disposer au combat.

Debout sur la poupe, il aperçoit les Troyens et son camp. De son bras gauche il élève son bouclier flamboyant. Les Troyens, du haut de leurs murs, poussent un cri vers les cieux. Un nouvel espoir ranime leur audace : mille traits partent de leurs mains. Telles, sous les sombres nuées, les grues du Strymon donnent le signal du départ, traversent les airs à grand bruit, et fuient les Autans avec des cris de joie. Cependant le roi des Rutules et les chefs ausoniens, surpris de cette ardeur nouvelle, regardent derrière eux. Ils voient des proues tournées vers le rivage et la flotte qui couvre la mer tout entière. Le casque d'Énée étincelle ; de son panache altier jaillissent des éclairs, et son bouclier vomit des torrents de feu. Ainsi, par une nuit sereine, des comètes sanglantes jettent une lueur sinistre ; ainsi l'ardent Sirius, apportant la sécheresse et les maladies aux malheureux mortels, attriste l'air de son lugubre éclat.

L'intrépide Turnus ne perd pas l'espoir de s'emparer le premier du rivage et d'en repousser les Troyens. Il relève le courage des siens, et les enflamme par ces paroles : « Ce moment longtemps attendu, le voici, compagnons. Vous pouvez écraser vos ennemis. Mars vous les livre lui-même. Maintenant songez à vos femmes et à vos foyers, songez à la gloire de vos ancêtres. Courons au rivage où les Troyens en désordre posent à peine un pied mal affermi. La Fortune seconde l'audace. » Il dit, et examine en lui-même quels seront ceux qui marcheront à l'ennemi, ceux qu'il chargera de cerner les murs des assiégés.

Cependant Énée, du haut des poupes, fait jeter des ponts pour débarquer les siens. Plusieurs épient le moment où l'onde languissante se retire, et ils s'élancent d'un bond sur le sable ; d'autres glissent le long des rames. Tarchon observe un point du rivage où les vagues ne bouillonnent pas, où les flots se brisent sans murmure, et où la mer amène mollement ses eaux. Il y tourne à l'instant les proues, et exhorte ainsi ses compagnons : « Allons, braves amis, appuyez fortement sur vos rames. Enlevez, transportez vos navires. Que leurs éperons fendent cette terre ennemie, et que leurs carènes s'y creusent elles-mêmes un sillon. Peu m'importe que mon vaisseau se brise, pourvu que je touche une fois le bord. » A ces paroles de leur chef, tous se dressent sur leurs avirons, et lancent vers la plage leurs nefs blanchies d'écume. Les éperons s'enfoncent dans le sable, et toutes les carènes s'y reposent sans dommage : il n'y manque que celle de Tarchon. Échoué sur un bas-fond, et suspendu sur des écueils, son navire vacille longtemps et soutient le choc des vagues; puis il s'entr'ouvre, et laisse à la merci des flots ses compagnons qu'embarrassent des débris d'avirons, des bancs de rameurs, en même temps que l'eau s'enfuit et se retire.

Turnus ne perd point de temps. Il court avec ardeur au-devant des Troyens avec toute son armée, qu'il leur oppose sur le rivage. Les clairons sonnent. Énée fond le premier sur ces bandes agrestes. Heureux présage de la victoire! Il abat le courage des Latins en immolant Théron, qui, fier de sa haute taille, avait osé l'attaquer. D'un coup d'épée qui perce la cotte de mailles et la tunique brochée d'or, il lui entr'ouvre le flanc. Il frappe ensuite Lichas, tiré jadis du sein de sa mère expirante, et consacré à Phébus pour avoir, à sa naissance, échappé aux atteintes du fer. Non loin de là Turnus renverse d'un coup mortel le robuste Cissée et l'énorme Gyas qui terrassaient avec leurs massues des bataillons entiers. Rien ne peut les garantir, ni l'arme familière d'Hercule, ni la force de leurs bras, ni Mélampus leur père, ce fidèle compagnon d'Alcide tant que la terre offrit à ce dernier de pénibles travaux. Au moment où Pharus l'insultait par de vaines bravades, Énée lui lance un javelot qui s'enfonce dans sa bouche béante. Toi aussi, malheureux Cydon, tandis que tu suis les pas du nouvel objet de ta tendresse, Clytius, dont un blanc duvet commence à couvrir les joues, tu serais tombé sous les coups du héros troyen, et tu ne songerais plus aux jeunes gens que tu courtises toujours, sans l'arrivée des fils de Phorcus marchant ensemble à la rencontre du vainqueur. Ils sont sept, et lancent sept flèches à la fois ; mais en vain. Les unes rebondissent sur le casque et sur le bouclier d'Énée ; les autres, détournées par Vénus, ne font qu'effleurer son fils.

Énée s'adresse à son fidèle Achate : « Donne-moi, dit-il, de ces traits que j'abreuvai du sang des Grecs dans les champs d'Ilion. Ma main n'en lancera pas un seul qui ne soit fatal aux Rutules. » Il saisit et fait voler une énorme javeline. Dans son vol elle traverse l'airain du bouclier de Méon, et brise à la fois sa cuirasse et sa poitrine. Alcanor vient à son secours, et d'une main soutient son frère dans sa chute. Un second trait lui traverse le bras, et poursuit sa route sanglante sans rien perdre de sa vigueur. Le bras d'Alcanor mourant n'est suspendu à son épaule que par les nerfs qui le retiennent. Aussitôt Numitor, arrachant le javelot de son frère, le lance contre Énée. Mais il ne peut l'atteindre, et le fer effleure la cuisse du noble Achate.

Le chef des Sabins, Clausus, accourt tout fier de sa jeunesse. D'un dard acéré il atteint profondément Dryope au-dessous du menton, lui perce la gorge, et lui enlève à la fois la parole et la vie. Son front heurte la terre, et sa bouche vomit un sang épais. Trois Thraces, issus de l'antique Borée, trois enfants d'Idas, venus d'Ismare, leur patrie, tombent aussi, diversement frappés. Halésus accourt avec ses Auronces ; et le fils de Neptune, Messape s'avance à la tête de son brillant escadron. Des deux côtés on se repousse tour à tour, et le combat se livre aux limites mêmes de l'Ausonie. Tels, dans les vastes champs de l'air, les vents ennemis se heurtent avec une ardeur et des forces égales. Ni les vents, ni les nuages, ni les flots ne le cèdent les uns aux autres. La victoire est longtemps douteuse, et la lutte opiniâtre. Ainsi s'entre-choquent et se pressent les Troyens et les Latins, pied contre pied, poitrine contre poitrine.

Non loin de là, les eaux d'un torrent avaient roulé d'énormes pierres et des arbres déracinés. Les Arcadiens, forcés par l'inégalité du sol de quitter leurs chevaux pour soutenir à pied un combat nouveau pour eux, tournaient le dos et fuyaient devant les Latins. Pallas les a vus. Dans cette extrémité où il n'a point d'autre ressource pour ranimer leur courage, il emploie tour à tour les reproches et les prières. « Compagnons, où fuyez-vous? s'écrie-t-il. Je vous en conjure au nom de vos nobles exploits, au nom d'Évandre votre chef, de ses brillants triomphes, et de l'espérance que j'ai de me montrer l'émule de sa gloire, ne songez pas à recourir à la fuite. C'est avec le fer qu'il faut s'ouvrir un chemin à travers les nuées d'ennemis qui nous pressent; c'est là que notre illustre patrie vous rappelle sur les pas de Pallas. Aucun dieu n'est contre nous. Mortels, nous combattons des mortels, et nous n'avons ni moins de cœur, ni moins de bras qu'eux. D'un côté, la mer nous oppose la vaste étendue de ses flots; de l'autre, la terre ne nous laisse aucun espoir de fuite. Est-ce la mer ou Troie que nous irons chercher? » A ces mots, il s'élance au milieu des rangs épais de l'ennemi.

Le premier qui s'offre à ses coups, conduit par un destin fatal, c'est Lagus. Tandis qu'il s'efforce de soulever une pierre énorme, Pallas lui lance un trait qui le perce à l'endroit où l'épine sépare les côtes. Le vainqueur retirait le fer enfoncé dans la blessure, quand Hisbon vint pour le surprendre. Espoir inutile! tandis qu'il s'élance imprudemment, furieux du cruel trépas de son compagnon, Pallas le prévient, et lui plonge son épée dans ses poumons gonflés de courroux. Il attaque ensuite Sthénélus et le rejeton de l'antique race de Rhétus, Anchémolus qui avait osé souiller d'un inceste le lit de sa marâtre. Vous aussi, vous tombâtes dans les champs des Rutules, fils jumeaux de Daucus, Laride et Thymber, vous dont la parfaite ressemblance embarrassait vos parents même et leur causait d'agréables méprises. Mais aujourd'hui Pallas met entre vous une cruelle différence. Toi, Thymber, le glaive du fils d'Évandre te tranche la tête; et toi, Laride, ta main droite coupée te cherche encore; tes doigts mourants tressaillent et veulent ressaisir le fer.

Les Arcadiens sont enflammés par les discours et les

exploits de leur chef. Le dépit et la honte les ramènent contre l'ennemi. Pallas perce Rhétée qui fuyait devant lui sur son char. Cet instant retarde seul la mort d'Ilus. C'est contre Ilus que la pesante javeline avait été dirigée; mais Rhétée en passant reçut le coup devant toi, vaillant Teuthras, et devant ton frère Tyrès. Renversé de son char, Rhétée expire en frappant de son pied la terre des Rutules. Comme dans un jour d'été, lorsque le vent s'élève à souhait, un berger met le feu aux chaumes, et l'incendie gagne de proche en proche, étendant avec fureur ses ravages dans la plaine, tandis que tranquillement assis, le pasteur contemple d'un œil satisfait les flammes triomphantes, tel Pallas se plaît à voir ses valeureux compagnons fondre tous à la fois sur l'ennemi. Mais l'intrépide Halésus s'avance à leur rencontre, ramassé sous sa puissante armure. Il immole Ladon, Phérès et Démodocus. Il tranche de son glaive étincelant la main droite de Strymonicus, déjà levée pour lui percer la gorge. Il frappe d'une pierre Thoas au visage, et fait jaillir en même temps ses os et sa cervelle sanglante. Le père d'Halésus, qui prédisait l'avenir, avait caché son fils dans les forêts. Quand la mort eut fermé les yeux du vieillard, les Parques mirent la main sur son fils, qu'elles dévouèrent aux traits du fils d'Évandre. Avant de l'attaquer Pallas fait cette prière : « Dieu du Tibre, conduis ce fer que mon bras s'apprête à lancer, et fais qu'il perce le cœur du farouche Halésus. Je suspendrai à l'un de tes chênes l'armure et les dépouilles qu'il porte. » Le dieu l'exauce. Tandis qu'Halésus couvre Imaon, le malheureux présente au trait du prince arcadien sa poitrine désarmée.

Le trépas d'un si grand guerrier jette l'effroi chez les Latins. Mais Lausus, le plus ferme rempart de l'armée, les rassure. Abas se présente à lui le premier, et tombe sous ses coups : Abas dont la valeur arrêtait l'ennemi et retardait la victoire. Il terrasse les Arcadiens et les Étrusques; et vous aussi, Troyens, qu'épargna le fer des Grecs. Les deux armées s'entre-choquent, sous ses chefs égaux, avec des forces égales. Les derniers rangs épaississent les premiers : l'espace manque aux combattants pour mouvoir leurs bras et leurs armes. Pallas et Lausus, chacun de leur côté, échauffent et pressent le carnage. Tous deux à peu près du même âge et d'une éclatante beauté, sont condamnés par le Sort à ne plus revoir leur patrie. Cependant le souverain maître de l'Olympe ne leur permet pas de se mesurer. Leur destin les réserve à périr bientôt sous les coups d'un ennemi plus redoutable.

En ce moment la sœur de Turnus l'avertit de secourir Lausus. Aussitôt, sur son char rapide, il fend les bataillons. Dès qu'il voit les Rutules : « Arrêtez, dit-il. Seul je vais marcher contre Pallas : à moi seul est due cette victime. Que n'ai-je ici son père lui-même pour spectateur de ma victoire ! » Il dit, et les guerriers, dociles à sa voix, lui laissent le champ libre. Surpris de cette obéissance des Rutules et de l'ordre arrogant de leur chef, Pallas contemple Turnus avec étonnement. Il mesure cette taille gigantesque, et l'enveloppe tout entier d'un regard farouche. Puis il répond en ces mots au défi du roi superbe : « Ou tes riches dépouilles me couvriront de gloire, ou un beau trépas va m'illustrer. Mon père accepterait également l'une et l'autre chance. Cesse tes menaces. » A ces mots, il s'avance au milieu de la plaine. Le sang se glace dans le cœur des Arcadiens. Turnus s'élance de son char : c'est à pied et de près qu'il veut attaquer Pallas. Il se précipite comme un lion qui, du haut d'un rocher, a vu de loin un taureau s'exercer au combat dans la plaine. Quand Pallas le croit à la portée du javelot, il le devance, espérant que dans cette lutte inégale la Fortune favorisera son audace, et, les yeux levés au ciel : « Par l'hospitalité de mon père, dit-il, par ce banquet où tu daignas t'asseoir en arrivant parmi nous, je t'en conjure, Hercule, seconde mes généreux efforts. Que Turnus expirant se voie enlever par mes mains ses armes sanglantes, et que ses derniers regards soient forcés de reconnaître son vainqueur. »

Hercule l'entend. Il étouffe dans son sein un long gémissement et verse des pleurs inutiles. Alors Jupiter adresse au dieu des combats ces paroles pleines de douceur : « Chacun a son heure marquée. Pour tous la vie est courte; la perte en est irréparable; mais éterniser sa gloire par de hauts faits, voilà le rôle de la vertu. Combien d'enfants des dieux ont péri au pied des murs d'Ilion! Mon fils lui-même, Sarpédon a succombé comme eux. Le moment fatal arrivera pour Turnus à son tour : il touche au terme de sa carrière. » Jupiter dit, et détourne les yeux des plaines des Rutules.

Cependant Pallas lance son javelot de toute la force de son bras, et tire du fourreau son épée flamboyante. Le trait vole, frappé, à la hauteur de l'épaule, l'extrémité supérieure de l'armure, s'ouvre un chemin à travers les bords du bouclier, et effleure enfin le corps du puissant Turnus. Alors le roi des Rutules, saisissant une javeline armée d'un fer aigu, la brandit longtemps et l'envoie à Pallas : « Vois, dit-il, si ce trait n'est pas plus perçant que le tien. » Il dit, et, malgré tant de lames de fer et d'airain, malgré les cuirs repliés l'un sur l'autre, la pointe frémissante perce le milieu du bouclier, traverse l'épaisseur de la cuirasse, et s'enfonce profondément dans la poitrine de Pallas. En vain le jeune guerrier arrache de sa blessure le trait qui fume; son sang et sa vie s'échappent par la même voie. Il tombe frappé à mort. Ses armes retentissent de sa chute; et de sa bouche ensanglantée il presse en mourant cette terre ennemie.

Debout auprès de sa victime, Turnus s'écrie : « Arcadiens, souvenez-vous de mes paroles, et rapportez-les à Évandre. Je lui renvoie son fils tel qu'il a mérité de le revoir. Tous les honneurs de la tombe, toutes les consolations funèbres, je les lui accorde; mais l'hospitalité donnée au chef des Troyens lui coûtera cher. » A ces mots, il presse du pied gauche le corps inanimé de Pallas, et enlève le pesant baudrier du jeune homme. Un horrible forfait y était retracé : cinquante époux égorgés à la fois dans la nuit nuptiale, et leur couche inondée de sang. Clonus, fils d'Euryte, avait gravé cet attentat dans l'épaisseur de l'or. Maintenant Turnus s'enorgueillit de cette dépouille et se réjouit de la posséder. O mortels ignorants de l'avenir et de leurs destinées! ils ne gardent nulle mesure et se laissent enfler par leurs succès. Un temps viendra où Turnus voudra racheter bien cher la vie de Pallas, où il maudira ce jour et ce trophée.

Cependant les Arcadiens, rassemblés en foule, étendent Pallas sur son bouclier, et l'emportent au milieu des larmes et des gémissements. Quelle douleur et quelle gloire pour ton père, quand il te reverra, jeune héros! Le même jour qui t'a jeté dans les combats t'a ôté la vie; mais du moins tu laisses parmi les Rutules des monceaux de morts.

Ce n'est point la Renommée, c'est un messager fidèle, qui vole instruire Énée d'un si grand malheur. Il lui annonce que ses Troyens sont sur le point de succomber, qu'ils ont pris la fuite, et qu'il est temps de les secourir. Énée, le glaive en main, moissonne tout sur son passage. Dans sa fureur, il s'ouvre avec le fer un large chemin à travers les bataillons. C'est toi, Turnus, qu'il cherche, toi qu'enivre ton dernier triomphe. Il a devant les yeux Pallas, Évandre, la table hospitalière qui l'accueillit à son arrivée, et l'alliance qu'il a conclue. Il entraîne vivants quatre guerriers, fils de Sulmon, et quatre autres dont Ufens est le père, pour les immoler aux mânes de Pallas et arroser du sang de ces captifs les flammes du bûcher.

Énée lance de loin à Magus un javelot redoutable. L'adroit guerrier se baisse, et le trait passe en frémissant au-dessus de sa tête. Puis il embrasse les genoux du héros qu'il implore en ces termes : « Je vous en supplie par les mânes d'Anchise et par les espérances que vous fondez sur votre jeune Iule, conservez un fils à son père, un père à son fils. Je possède un superbe palais où est enfouie, dans le sein de la terre, de l'argenterie ciselée. J'ai des monceaux d'or brut et d'or travaillé. La victoire des Troyens ne dépend point de mon trépas : une seule vie n'est pas d'un si grand poids dans la balance. » Énée lui répond : « Cet amas d'or et d'argent dont tu parles, réserve-le pour tes fils. Tout rachat des captifs vient d'être aboli par Turnus depuis qu'il a tué Pallas. Ainsi le veulent les mânes de mon père Anchise; ainsi le veut Iule. » A ces mots, il saisit de la main gauche le casque de Magus, lui renverse la tête en arrière, et, sourd à ses supplications, lui plonge dans la gorge son épée jusqu'à la garde.

Non loin de là Æmonidès, prêtre d'Apollon et de Diane, le front ceint du bandeau sacré, éblouissait les yeux par l'éclat de ses vêtements et de sa brillante armure. Énée l'attaque, le poursuit dans la plaine, le renverse, l'immole et le précipite dans les ombres éternelles. Séreste enlève sur ses épaules les armes du vaincu, et consacre ce trophée au dieu de la guerre. Céculus, fils de Vulcain, et Umbron, venu des montagnes des Marses, rallient leurs bataillons. Énée se jette sur eux avec fureur. Déjà son glaive a tranché la main gauche d'Anxur, en lui brisant l'orbe de son bouclier. Anxur avait prononcé quelques paroles arrogantes, et croyait au pouvoir de ses vaines bravades. Peut-être rêvait-il l'immortalité, ou, du moins s'était-il promis d'atteindre la plus longue vieillesse. Fier de ses armes éclatantes, Tarquitus, fils du dieu Faune et de la nymphe Dryope, veut arrêter l'élan du héros. D'un coup de lance Énée perce à la fois la cuirasse et le lourd bouclier de son adversaire. C'est en vain que Tarquitus supplie le vainqueur et cherche à l'attendrir. Énée lui tranche la tête, fait rouler le tronc fumant sur la poussière, et exhale sa haine en ces termes: « Reste ici désormais, guerrier terrible. Une tendre mère n'ensevelira point ta dépouille, et n'enfermera point ton corps dans le tombeau de tes pères. Tu seras la proie des oiseaux de carnage, ou bien, englouti dans la mer et jouet de l'onde, tu serviras de pâture aux poissons affamés. »

Ensuite il fond sur Antée et sur Lycas qui combattaient aux premiers rangs de l'armée de Turnus. Il poursuit le vaillant Numa, et le blond Camertès, fils du magnanime Volscens, Camertès, possesseur des plus riches domaines de l'Ausonie et qui régna sur la silencieuse Amyclée. Comme on dit qu'Egéon aux cent bras, aux cent mains, vomissait la flamme par cinquante bouches et cinquante poitrines, lorsque, pour combattre la foudre de Jupiter, il choquait autant de boucliers égaux en nombre et brandissait autant d'épées nues ; tel Énée victorieux déchaîne sa fureur dans toute la plaine, dès qu'une fois son glaive s'est baigné dans le sang. Que dis-je ! il court au-devant des quatre chevaux attelés au char de Niphée. A peine les coursiers ont-ils vu de loin le héros s'avancer en frémissant de rage, que la peur les saisit : ils reculent, ils fuient, se précipitent, renversent leur guide, et emportent le char vers le rivage.

Cependant Lucagus et Liger son frère lancent deux chevaux blancs à travers la mêlée. Liger guide les coursiers, tandis que l'impétueux Lucagus fait tournoyer son glaive nu. Énée s'indigne de cette insolente ardeur. Il leur apparaît, tel qu'un géant, la lance à la main. « Ce ne sont, lui dit Liger, ni les chevaux de Diomède, ni le char d'Achille, ni les champs phrygiens que tu vois ici. Bientôt ces plaines vont mettre un terme à la guerre et à tes jours. » Au lieu de répondre à ces bravades insensées qui se perdent dans l'air, le héros troyen lance un javelot à son ennemi. Tandis que Lucagus, penché sur les rênes, excite ses coursiers avec un dard et que, le pied gauche tendu en avant, il s'apprête au combat, le javelot traverse les bords inférieurs de son bouclier étincelant, et s'enfonce dans son aine gauche. Précipité de son char, Lucagus roule à demi-mort dans la poussière. Énée lui adresse alors ces paroles insultantes : « Lucagus, ce n'est ni la lenteur de tes chevaux, ni un vain fantôme, suscité par l'ennemi, qui m'ont livré ton char. Toi-même, en quittant le timon, tu les as laissés sans guide. » A ces mots, il saisit les deux coursiers. L'infortuné Liger, renversé du même char, tendait au vainqueur ses mains désarmées. « Généreux Troyen, disait-il, je t'en conjure en ton propre nom et au nom de ceux qui ont donné le jour à un si grand héros, laisse-moi vivre, et prends pitié d'un suppliant. » Énée l'interrompt : « Tout à l'heure tu parlais autrement. Meurs : en bon frère, n'abandonne pas ton frère. » Puis il lui arrache la vie en lui perçant le cœur de son glaive. C'est ainsi que le chef des Troyens répandait la mort dans la plaine, pareil à un torrent furieux ou à une noire tempête. Enfin Ascagne et ses guerriers s'élancent des remparts vainement assiégés.

Jupiter adresse alors ces paroles à Junon : « Ma sœur en même temps que mon épouse chérie, vous ne vous trompiez pas : oui, Vénus protége les Troyens. Ils n'ont ni force dans les combats, ni courage dans l'âme, ni constance dans les périls. » Junon lui répond d'un air soumis : « Pourquoi, ô mon gracieux époux, augmenter ma tristesse ? vous savez que je redoute vos paroles amères. Si pour moi votre amour était aussi vif qu'autrefois et tel qu'il devait toujours être, vous ne me refuseriez pas, dieu tout-puissant, la faveur de dérober Turnus aux combats, et de le conserver sain et sauf à son père Daunus. Mais il faut qu'il périsse, et que son sang généreux satisfasse la vengeance des Troyens. Ce héros pourtant, tire de nous son origine. Pilumnus est son trisaïeul, et sa main libérale a souvent chargé vos autels des plus riches offrandes. » Le roi de l'Olympe lui répond en peu de mots : « Si c'est un délai et quelques jours de plus à vivre que vous me demandez pour ce jeune guerrier qu'attend une mort prochaine, si vous comprenez bien les bornes que je mets à cette faveur, enlevez Turnus, et dérobez-le par une prompte fuite au destin qui le menace. Ma complaisance peut aller jusque-là. Mais, si votre prière cache des vœux plus hardis, si vous croyez que je vais changer complétement le sort des combats, vous nourrissez une vaine espérance. » — « Ah ! dit Junon en pleurant, pourquoi votre cœur ne m'accorderait-il pas ce que votre bouche n'ose me promettre ? Pourquoi Turnus ne serait-il pas sûr de vivre ? Mais ou je m'abuse, où une fin cruelle l'attend sans qu'il l'ait méritée. Oh ! puissé-je être le jouet d'une fausse terreur, et que ne daignez-vous, puisque vous le pouvez, adoucir la rigueur de vos décrets ! »

A ces mots, elle s'élance du haut des cieux. Chassant devant elle la tempête et enveloppée d'un nuage, elle se dirige vers l'armée troyenne et le camp des Latins. Alors (ô prodige !) la déesse, au sein de ce nuage, façonne à l'image d'Énée un fantôme vain et sans consistance qu'elle revêt des armes du héros. Elle imite son bouclier, l'aigrette qui pare sa tête divine, lui prête de vaines paroles, des sons sans idées, et lui donne la démarche du fils d'Anchise. Telles apparaissent, dit-on, après le trépas les ombres des morts; tels encore les songes se jouent de nos sens assoupis. Le fantôme se présente d'un air de triomphe devant les premiers rangs : il défie Turnus avec son javelot et le provoque au combat. Le Rutule le presse, et de loin lui décoche un trait qui fend l'air en sifflant. L'ombre tourne le dos et s'enfuit. Persuadé que son rival cède et se reconnaît vaincu, Turnus triomphe, et s'enivre d'un chimérique espoir. « Où fuis-tu, Énée, s'écrie-t-il? Quoi! tu renonces à l'hymen qui t'est promis! Mon bras va te donner cette terre que tu as cherchée à travers les ondes. » Il poursuit le fantôme à grands cris, et brandit son épée nue, sans s'apercevoir que les vents emportent sa joie.

Un vaisseau se trouvait par hasard attaché aux saillies d'une roche élevée, avec ses échelles droites et son pont abattu. C'était le navire qui, des bords de Clusium, avait amené le roi Osinius. L'image tremblante du héros fugitif court y chercher un asile. Turnus s'attache à ses pas avec la même ardeur, renverse les obstacles et franchit les ponts. Mais à peine a-t-il atteint la proue, que Junon brise le câble, et détache le navire qu'entraîne le reflux des vagues. Cependant Énée appelle au combat son rival absent, et sur son passage livre au trépas une foule d'ennemis. L'ombre légère ne cherche plus alors à se cacher : elle s'envole dans les airs et va se perdre dans un sombre nuage, tandis qu'un vent impétueux emporte Turnus au milieu des flots. Ignorant la cause de ce prodige, et maudissant le bienfait qui le sauve, le Rutule porte ses regards en arrière; puis, les mains levées vers le ciel, il s'écrie :

« Puissant maître des dieux, de quel crime si grand m'avez-vous donc cru coupable pour m'avoir infligé un tel châtiment? Où vais-je? D'où suis-je venu? Comment fuir d'ici et comment reparaître? Reverrai-je encore mon camp et les murs de Laurente? Que diront tous ces guerriers qui ont suivi la fortune de mes armes, et que j'ai abandonnés (ô honte!) à un indigne trépas? Maintenant je les vois fuir, et j'entends les plaintes des mourants. Que faire? Quel abîme assez profond s'ouvrira sous mes pas? Ou plutôt, ô vents, ayez pitié de moi. Entraînez ce navire contre les rochers et les écueils; c'est moi qui vous en conjure : brisez-le sur les bancs de sable, sur des syrtes cruelles où ne puissent m'atteindre ni les Rutules ni le bruit de mon déshonneur. » En parlant ainsi, il flotte entre mille projets. Doit-il, pour effacer la honte qui le désespère, tourner son glaive contre lui-même et s'en percer le sein? Doit-il s'élancer dans les flots, regagner la rive à la nage, et affronter encore les armes de l'ennemi? Trois fois il tente l'un et l'autre moyen, trois fois la puissante Junon le retient, et par pitié le sauve de sa propre fureur. Il vogue, il fend la mer, et, secondé par les ondes, il aborde à l'antique cité de son père Daunus.

Cependant, par l'ordre de Jupiter, le fougueux Mézence remplace Turnus, et fond sur les Troyens triomphants. Le corps des Tyrrhéniens accourt : c'est contre lui, contre lui seul qu'ils dirigent à la fois leur haine et leurs traits. Mais, comme un rocher qui s'avance dans la vaste mer, en butte à la fureur des vents et des vagues, et qui brave, immobile, le courroux et les menaces du ciel et des flots, Mézence terrasse Hébrus, fils de Dolichaon, Latagus et Palmus qui fuyait. Latagus marchait à lui. Il lui brise la tête avec un énorme éclat de rocher, coupe le jarret au lâche Palmus, et le laisse rouler sur la poussière; puis il donne l'armure et l'aigrette du vaincu à Lausus qui en couvre aussitôt sa tête et ses épaules. Il immole encore le phrygien Évanthès, et Mimas, compagnon d'enfance de Pâris : Mimas, que Théano, épouse d'Amycus, mit au monde la nuit même où la reine, fille de Cissée, croyant porter une torche dans ses flancs, donnait le jour à Pâris. Mais Pâris a trouvé un tombeau dans sa ville natale, tandis que Mimas gît ignoré dans les champs de Laurente. Tel, poursuivi par une meute furieuse, s'élance du haut des monts un sanglier que protégèrent longtemps les pins du Vésule, ou que les marais de Laurente nourrirent longtemps dans leur forêt de roseaux. Dès qu'il se voit dans les toiles, il s'arrête et se hérisse frémissant de rage. Nul n'ose l'assaillir ni l'approcher : c'est de loin et sans péril que les chasseurs le harcèlent de leurs dards et de leurs cris. L'intrépide animal cherche de quel côté il doit s'élancer, grince des dents, et secoue les traits qui se dressent sur son dos. Ainsi, de tous les guerriers qu'un juste courroux anime contre Mézence aucun n'a le courage de fondre sur lui le fer à la main : il tient à distance ceux qui le provoquent de leurs cris et de leurs javelots.

Venu de l'antique Corythe, Acron, Grec d'origine, avait, pour suivre Énée, laissé son hymen imparfait. Tandis qu'il sème le trouble parmi les Latins, Mézence le distingue de loin à l'éclat de son panache et à l'écharpe de pourpre qu'il tenait de sa fiancée. De même qu'un lion à jeûn, tourmenté par une faim cruelle, après avoir longtemps parcouru les vastes forêts, s'il aperçoit un timide chevreuil ou un cerf à la haute ramure, bondit de joie, ouvre une gueule énorme, hérisse sa crinière, et fond sur sa proie aux flancs de laquelle il s'attache ; un sang noir inonde sa gueule avide : tel l'impétueux Mézence se précipite au milieu de la mêlée. Il renverse le malheureux Acron, qui expire en frappant de ses pieds la terre, et qui ensanglante le trait brisé dans sa blessure. Orode fuyait. Mézence dédaigne de le surprendre par derrière ; il court à sa rencontre, l'attaque de front, corps à corps, et triomphe, non par la ruse, mais par la force des armes. Alors appuyant son pied et sa lance sur son ennemi terrassé : « Amis, dit-il, le voilà gisant, le grand Orode, ce solide champion de la guerre ! » Ses compagnons lui répondent par un chant d'allégresse. « Qui que tu sois, dit Orode expirant, tu ne te réjouiras pas longtemps de ta victoire : je serai vengé. Un pareil sort t'attend, et comme moi tu seras bientôt couché dans ces plaines. » — « En attendant, meurs, lui répond Mézence avec un sourire mêlé de rage, et qu'à son gré le maître des dieux et des hommes dispose de moi. » A ces mots il arrache le fer de la blessure d'Orode. Un cruel repos, un sommeil de fer pèse sur les paupières de sa victime, et la nuit éternelle lui ferme les yeux.

Cédicus immole Alcathoüs; Sacrator, Hydaspe; Rapon, Parthénius et le robuste Orsès; Messape, Clonius et le Lycaonien Éricétès. L'un expire, renversé par la chute de son coursier sans frein, l'autre meurt dans un combat à pied. Le Lycien Agis s'avance. Valérus, digne héritier du courage de ses ancêtres, le terrasse. Thronius tombe sous les coups de Salius; Salius, sous les traits de Néalcès, habile à lancer le javelot et la flèche perfide. Ainsi, de part et d'autre, le terrible Mars semait également le deuil et la mort. Vainqueurs et vaincus frappaient et tombaient pareillement. Nul ne songeait à fuir. Les dieux, dans le palais de Jupiter, déplorent les inutiles fureurs et les cruelles épreuves des mortels. D'un côté Junon, de l'autre Vénus, contemplent cette lutte, et la pâle Tisiphone souffle sa rage parmi les milliers de combattants.

Cependant Mézence, brandissant une énorme javeline, parcourt en fureur le champ de bataille. Tel le géant Orion, traversant à pied les vastes plaines de Neptune, s'ouvre un chemin au milieu des ondes qu'il dépasse de sa tête; ou bien, descendant du haut des monts appuyé sur un vieux frêne, il touche du pied la terre et cache son front dans les nues : tel apparaît Mézence sous sa vaste armure. Énée, qui l'aperçoit de loin dans une longue suite de guerriers, s'apprête à marcher contre lui. Mézence attend sans se troubler, son magnanime adversaire, et lui oppose sa masse inébranlable. Puis, mesurant des yeux l'espace que peut parcourir une javeline : « Que mon bras, qui est mon dieu, dit-il, et ce trait que je balance, me soient maintenant propices! Lausus, je te voue les dépouilles enlevées à ce brigand. Tu t'en revêtiras : tu seras le trophée de ma victoire sur Énée. »

Il dit, et de loin fait voler un javelot qui fend l'air en sifflant. Mais le trait, écarté par le bouclier du héros, perce à quelque distance le flanc et les entrailles du généreux Antor, d'Antor compagnon d'Hercule, et qui, parti d'Argos, s'était attaché à Évandre et avait fixé son séjour dans une ville italienne. Atteint d'un coup qui n'était pas pour lui, le malheureux tombe, regarde le ciel, et songe en mourant à sa chère Argos. A son tour Énée lance son javelot. Le fer pénètre le triple airain du bouclier, le tissu de lin et les trois cuirs entrelacés qui le recouvrent, et s'enfonce dans l'aine de Mézence, où le coup s'amortit. Joyeux de voir couler le sang du chef tyrrhénien, Énée tire son glaive et presse avec fureur son adversaire troublé. A l'aspect du danger qui menace un père chéri, Lausus gémit profondément, et des pleurs couvrent son visage. Intrépide jeune homme, si l'avenir peut croire à un si beau dévouement, je consacrerai dans mes vers ta mémoire, tes nobles exploits et ton trépas déplorable.

Hors de combat, et embarrassé par le dard ennemi qu'il traînait à son bouclier, Mézence reculait. Lausus se jette entre les deux rivaux, et, au moment où le vainqueur, levant le bras, allait frapper Mézence, il se présente au glaive d'Énée qu'il arrête en soutenant son choc, jusqu'à ce que son père qu'il couvre de son bouclier ait pu faire retraite. Les Latins poussent de grands cris, et pour écarter l'ennemi lancent mille traits à la fois. Énée furieux reste à couvert sous ses armes. Ainsi, lorsqu'éclate et tombe un nuage de grêle, laboureurs et bergers, tout fuit de la plaine; le voyageur cherche un refuge sous les arbres qui bordent la rive d'un fleuve ou dans les flancs d'un roc escarpé: tous se tiennent cachés tant que dure l'orage, et attendent que le retour du soleil leur permette de reparaître au jour. Tel, assailli d'une nuée de traits, Énée soutient la tempête et attend que l'orage ait cessé de gronder. Cependant il gourmande, il menace Lausus : « Pourquoi courir à la mort? Tu as moins de force que d'audace. Imprudent! ta piété filiale t'égare. » Mais l'insensé n'écoute que sa valeur. Un terrible courroux s'allume dans le cœur du héros troyen, et déjà les Parques filent les derniers instants de Lausus. Énée lui enfonce sa redoutable épée au milieu du corps, et l'y plonge tout entière. Elle a traversé le bouclier, faible armure de l'adolescent qui le menaçait, et la tunique dont une mère avait tissu l'or flexible. Le sang inonde son sein. Son âme quitte à regret son corps, et s'envole chez les Mânes.

A la vue du guerrier mourant et de ses traits couverts d'une affreuse pâleur, le fils d'Anchise s'attendrit, pousse un profond soupir et lui tend la main. Son âme s'est émue au souvenir d'Iule : « Jeune infortuné, lui dit-il, comment récompenser tes nobles exploits? Que puis-je faire pour honorer dignement ton grand cœur? Ces armes qui te charmaient, je te les laisse; et ta cendre, si cette faveur te touche encore, sera réunie à celle de tes pères. Ce qui peut du moins, dans ton malheur te consoler de ce funeste trépas, c'est que tu tombes sous les coups du grand Énée. » A ces mots gourmandant la lenteur des compagnons de Lausus, il soulève lui-même le jeune guerrier dont le sang souillait la belle chevelure.

Cependant Mézence, appuyé contre le tronc d'un arbre au bord du Tibre, étanchait avec l'eau du fleuve le sang de sa blessure. Son casque d'airain était suspendu à une branche, et sa pesante armure reposait sur le gazon. L'élite de ses guerriers l'environne. Faible et haletant, il laisse tomber sur sa poitrine son menton couvert d'une barbe épaisse. Sans cesse il s'informe de Lausus, sans cesse il lui envoie des messagers nouveaux pour le rappeler et lui porter les ordres d'un père inquiet de son absence.

Les compagnons de Lausus ramènent en pleurant, étendu sur ses armes, le corps inanimé de leur chef, mort en héros. Au bruit lointain de leurs gémissements, Mézence a pressenti son malheur. Il souille de poussière ses cheveux blancs, lève ses mains au ciel, et serre Lausus entre ses bras : « Ai-je donc assez aimé la vie, ô mon fils, dit-il, pour souffrir que celui à qui j'ai donné le jour s'exposât à ma place aux traits de l'ennemi! C'est moi, ton père, qui dois mon salut aux coups qui t'ont frappé, et je vis par ta mort! Ah! je sens maintenant l'amertume de mon exil et toute la profondeur de ma blessure. C'est moi, mon fils, qui ai couvert ton nom d'opprobre en excitant la haine et en me faisant dépouiller du sceptre de mes pères. Je devais une satisfaction à ma patrie et au ressentiment des miens. Que n'ai-je expié par mille morts mon existence criminelle! Pourquoi vivre? Pourquoi ne pas renoncer au monde et à la lumière? Mais j'y renoncerai. » En disant ces mots il se relève sur sa cuisse meurtrie, et, sans se laisser abattre par la blessure profonde qui ralentit ses pas, il se fait amener son cheval. C'était sa gloire et sa consolation ; c'est avec lui qu'il sortait victorieux de toutes les batailles. Il le voit triste, et lui parle en ces termes : « Rhèbe, nous avons longtemps vécu, si quelque chose est de longue durée pour les mortels. Ou, vainqueur aujourd'hui, tu rapporteras les dépouilles sanglantes et la tête d'Énée pour venger avec moi le trépas douloureux de Lausus ; ou, si la Fortune trahit nos efforts, nous périrons ensemble : car tu es trop fier, je le crois, pour subir un joug étranger et souffrir qu'un Troyen soit ton maître. »

A ces mots il remonte sur son coursier, arme ses mains de traits aigus, couvre sa tête de son casque d'airain surmonté d'un panache de crins, et s'élance au milieu des ennemis. Au fond de son cœur bouillonnent la honte, le désespoir, l'amour, la rage et le sentiment de sa valeur. Trois fois il appelle Énée d'une voix terrible. Énée le reconnaît, et s'écrie avec joie : « Fassent le maître des dieux et le grand Apollon que tu me défies au combat! » Aussitôt il marche à sa rencontre, la lance en arrêt. « Barbare, lui dit Mézence, penses-tu m'effrayer après m'avoir ravi mon fils? C'était le seul moyen de m'arracher la vie. Je ne redoute point la mort, et je brave tous les dieux. Cesse de me menacer. Je viens pour mourir. Mais, auparavant, voici les dons que je t'envoie. »

Il dit, et lance à son ennemi un javelot, suivi d'un second, puis d'un troisième, et décrit un vaste cercle autour d'Énée. Mais le bouclier d'or résiste à tous les coups. Trois fois Mézence voltige sur la gauche de son ennemi en le harcelant de ses traits ; trois fois le héros troyen fait parcourir le même cercle à la forêt de dards qui couvre son bouclier. Mais, fatigué des lenteurs de cette lutte inégale, et las d'arracher tant de traits, Énée, après un instant, s'élance et enfonce son javelot entre les deux tempes du belliqueux coursier. L'animal se cabre, bat l'air de ses pieds, renverse son maître qu'il entraine avec lui dans sa chute, et pèse sur lui de tout le poids de son corps.

Les Troyens et les Latins à la fois remplissent l'air de leurs cris. Énée arrive, et tirant son glaive : « Où est maintenant, dit-il, ce terrible Mézence et sa farouche audace? » Mézence reprend ses esprits, et, les yeux levés au ciel : « Cruel ennemi, lui dit-il, pourquoi m'insulter et me menacer de la mort? Tu peux m'ôter la vie sans crime. Ce n'est point pour être épargné que je suis venu te combattre, et mon fils Lausus n'a pas fait avec toi ce pacte honteux. Je ne te demande qu'une grâce, si des ennemis vaincus peuvent en attendre : qu'un peu de terre couvre mon corps. Je sais que mes sujets m'ont voué une implacable haine. Dérobemoi, je t'en supplie, à leur fureur, et fais-moi partager la tombe de mon fils. » A ces mots il reçoit dans la gorge le fer qu'il attendait, et son âme s'échappe avec les flots de sang qui rougissent ses armes.

LIVRE ONZIÈME.

Cependant l'Aurore se lève et abandonne l'Océan. Énée, quelque empressé qu'il soit d'inhumer ses compagnons, et malgré le trouble que lui cause la mort de Pallas, s'acquitte, aux premiers rayons du jour, des promesses qu'il a faites aux dieux avant sa victoire. Il dresse sur une éminence un grand chêne dégarni de tous ses rameaux, le revêt des armes brillantes dont il a dépouillé Mézence, et te consacre ce trophée, dieu puissant des combats. Il y attache l'aigrette du guerrier dégouttante de sang, ses traits brisés et sa cuirasse percée de douze coups. Il place à gauche le bouclier d'airain, et suspend au cou le glaive à poignée d'ivoire.

Puis, au milieu de tous les chefs qui se pressent autour de lui, il excite en ces termes ses compagnons triomphants : « Amis, la plus grande partie de notre tâche est achevée. Soyons sans inquiétude sur le reste. Les voilà, ces prémices de nos victoires, ces dépouilles d'un tyran cruel; lui-même, le voilà gisant par la force de mon bras. Maintenant la route nous est frayée vers le roi, vers les murs des Latins. Préparez vos armes avec ardeur, et attendez-vous à combattre Que rien n'arrête votre élan, dès que les dieux nous permettront de déployer nos étendards et de sortir de notre camp En attendant, confions à la terre les corps de nos compagnons restés sans sépulture, seul honneur qu'ils attendent sur les bords de l'Achéron : Allez, et rendez les derniers devoirs à ces guerriers généreux qui nous ont conquis, au prix de leur sang, une patrie nouvelle. Envoyons d'abord

Pallas à la ville désolée d'Évandre. Son courage n'a point failli en ce jour funèbre qui l'a plongé, si jeune, dans la nuit du tombeau. »

Ainsi parle Énée les yeux en pleurs, et il retourne au lieu où veillait auprès des restes inanimés de Pallas le vénérable Acétès, jadis écuyer d'Évandre, et devenu depuis, sous de moins heureux auspices, le gouverneur de son fils chéri. Autour de lui étaient rassemblés en foule ses serviteurs, des Troyens, et des Troyennes éplorées, les cheveux épars, selon la coutume. Dès que le héros a pénétré sous les hauts portiques, elles se frappent la poitrine, poussent vers le ciel un long gémissement, et font retentir le palais de leurs cris lugubres. En voyant cette tête appuyée sur le lit funèbre, ce visage aussi blanc que la neige, et sur sa poitrine délicate la profonde blessure faite par la lance de Turnus, Énée ne peut retenir ses larmes : « Malheureux enfant, s'écrie-t-il, fallait-il donc que la Fortune, qui s'apprêtait à me sourire, te ravît à mon amitié, sans te permettre de voir mon royaume et de retourner vainqueur au foyer paternel! Ce n'est point là ce que j'avais promis à ton père Évandre en le quittant, lorsque, dans les embrassements qui attendrirent nos adieux, il m'envoyait à la conquête d'un grand empire, et m'avertissait, dans sa sollicitude, que j'allais combattre des ennemis vaillants et une nation redoutable. En ce moment même, abusé par une fausse espérance, peut-être fait-il des vœux, et charge-t-il les autels d'offrandes, tandis que, pleurant ce jeune prince, qui ne doit plus rien désormais à aucun dieu du ciel, nous entourons ses dépouilles de stériles honneurs. Malheureux père, tu verras donc les cruelles funérailles de ton fils! Voilà ce retour annoncé, ce triomphe attendu! Voilà le fruit de mes solennelles promesses! Du moins, Évandre, tu n'auras point à rougir de ses blessures, et le salut du fils n'aura point fait désirer à son père le trépas. Hélas! quel appui perd l'Ausonie! quelle perte pour toi, cher Iule! »

Après avoir ainsi exhalé ses plaintes, Énée fait enlever les déplorables restes de Pallas. Il choisit dans toute son armée mille guerriers pour accompagner la pompe funèbre, et mêler leurs larmes aux larmes paternelles: faible consolation pour une si grande douleur, mais bien due à l'infortune d'un père. Aussitôt on se hâte de former un brancard flexible avec des rameaux d'arbousier et de chêne entrelacés. On dresse un lit ombragé par un dais de verdure, et sur une couche de feuillage on dépose le jeune guerrier, semblable à la tendre violette ou à la pâle hyacinthe que vient de cueillir une main virginale : la fleur conserve encore son éclat et sa beauté, mais la terre maternelle ne nourrit plus sa tige et n'entretient plus sa vigueur.

Ensuite Énée déploie deux tissus d'une pourpre brodée d'or que Didon se plut à travailler pour lui, et dont elle avait embelli la trame d'un filet d'or. De l'un de ces voiles, dernier tribut de douleur, il revêt le corps de Pallas ; de l'autre il couvre cette chevelure que les flammes vont dévorer. En outre il rassemble les nombreuses dépouilles conquises sur les Laurentins, et veut que tout ce butin soit porté par une longue suite de soldats. Il y ajoute les chevaux et les traits enlevés à l'ennemi. Ensuite viennent, les mains liées derrière le dos, les captifs dévoués aux mânes de Pallas et dont le sang doit arroser la flamme du bûcher. Les chefs portent des trophées où se voient les armes et le nom des vaincus. On amène le malheureux Acétès, accablé par le poids des ans. Tantôt il frappe sa poitrine ou déchire son visage, tantôt il se jette par terre et se roule dans la poussière. A la suite des chars, teints du sang des Rutules, marche Éthon, le coursier belliqueux de Pallas, sans parure, l'air morne, et les yeux humectés de grosses larmes. D'autres portent la lance, et le casque du guerrier : car le reste est au pouvoir de Turnus, son vainqueur. Après eux marche tristement, la pique renversée, une escorte de Troyens, de chefs étrusques et d'Arcadiens. Lorsque ce long cortège s'est déployé au loin, Énée arrête la marche, et poussant un profond soupir : « Le destin cruel des combats, dit-il, m'appelle à d'autres sujets de pleurs. Reçois l'éternel adieu, magnanime Pallas, oui, l'adieu éternel. » Après ces mots il reprend le chemin des remparts et regagne son camp.

Cependant des envoyés étaient arrivés de Laurente. L'olivier à la main, ils réclamaient la permission d'enlever les corps de leurs guerriers étendus dans la plaine et de leur donner la sépulture : « On ne fait point la guerre, disaient-ils, aux vaincus et aux morts. Énée doit épargner ceux que naguère il appelait du nom d'hôtes et de beaux-pères. » Le héros généreux accueille leurs vœux légitimes, et il ajoute ces mots : « Quelle affreuse destinée, ô Latins, vous a engagés dans une guerre aussi funeste, et vous a fait repousser mon amitié? Vous demandez la paix pour les morts, pour ceux qu'a frappés le sort des combats. Que ne puis-je l'accorder aussi aux vivants! Je ne serais pas venu en ces lieux, si les Destins n'y avaient fixé ma demeure. Je ne fais point la guerre à votre nation; mais votre roi a dédaigné mon alliance, et a mieux aimé se confier aux armes de Turnus. C'était donc à Turnus de venir affronter ici le trépas. S'il voulait terminer la guerre par le glaive et chasser les Troyens, c'est sur ce champ de bataille qu'il devait se mesurer avec moi. Il vivrait, celui des deux à qui les dieux ou sa valeur auraient assuré la vie. Allez maintenant, et livrez aux flammes vos malheureux concitoyens. »

Après ce discours les envoyés, frappés d'étonnement, se regardaient en silence. Alors le vieux Drancès dont la haine acharnée ne cessait de poursuivre Turnus, prend la parole en ces termes : « Héros troyen, grand par votre renommée et plus grand encore par vos armes, comment pourrai-je vous louer dignement? Que dois-je admirer le plus, votre justice ou vos exploits? Nous rapporterons avec reconnaissance vos paroles dans notre patrie; et, si la Fortune nous en donne le moyen, nous vous unirons au roi Latinus. Que Turnus cherche autre part des alliés. Que dis-je! nous serons heureux d'élever ces superbes remparts promis par les Destins et de porter sur nos épaules les pierres de votre nouvel Ilion. » Il dit, et tous confirment ce discours par un murmure favorable. Durant les douze jours de trêve, Troyens et Latins confondus errent sans aucune crainte mutuelle dans les forêts et sur les montagnes. Les frênes retentissent sous la hache. On abat les pins dont la cime s'élance dans les nues. Les coins ne cessent de fendre les chênes et les cèdres odorants, et les chariots gémissent sous le poids des ornes qu'ils transportent.

Mais l'agile Renommée, qui naguère publiait dans le Latium la victoire de Pallas, avait déjà répandu la fatale nouvelle et consterné Évandre, son palais et la ville tout entière. Les Arcadiens courent aux portes, et selon l'antique usage prennent des torches funèbres. La route brille d'un long cordon de flammes qui éclaire au loin la campagne. De leur côté les Troyens s'avancent, et les deux peuples réunis confondent leurs gémissements. Dès que les femmes ont vu le cortége entrer dans leurs murs, elles remplissent la ville de leurs cris plaintifs. Mais rien ne peut retenir Évandre : il s'élance au milieu de la foule, se jette sur le lit funéraire qu'on venait de déposer, et embrasse le corps de son fils avec des sanglots entrecoupés de larmes. Enfin, quand la douleur laisse à peine un libre passage à sa voix, il s'écrie : « O Pallas ! est-ce là ce que tu avais promis à ton père ! Que n'as-tu affronté avec plus de prudence les fureurs de Mars ! Je savais tout ce que la gloire, tout ce que le succès offre de séduisant dans un premier combat. Déplorable essai d'un jeune héros ! Cruel apprentissage d'une guerre qui menace nos foyers ! Tous les dieux ont donc été sourds à mes vœux et à mes prières ! Et toi vénérable épouse, heureuse par ton trépas, la mort t'a épargné une affreuse douleur. Mais moi, père infortuné, je n'ai dépassé le terme de mes jours que pour survivre à mon fils. Oh ! que n'ai-je accompagné les Troyens. Je serais tombé sous les traits des Rutules ; j'aurais sacrifié ma vie, et ce serait moi, et non Pallas, que cette pompe funèbre eût ramené dans mon palais. Troyens, je n'accuse ni vous, ni notre alliance, ni l'hospitalité dont nos mains ont serré les nœuds : ce coup fatal était réservé à ma vieillesse. Du moins, puisqu'une mort prématurée devait frapper mon fils, il m'est doux de songer qu'il a péri après avoir immolé des milliers de Volsques et en ouvrant aux Troyens l'entrée du Latium. O mon fils, quels honneurs funèbres pourrais-je ajouter à ceux que te rendent aujourd'hui le pieux Énée, les illustres Phrygiens, les chefs étrusques et toute l'armée tyrrhénienne? Les glorieux trophées qu'ils portent sont les dépouilles des ennemis qu'a immolés ton bras. Les insignes de ta défaite, Turnus, figureraient aussi comme un immense trophée d'armes, si Pallas avait eu ton âge et la vigueur que donnent les années. Mais hélas! c'est trop suspendre votre ardeur guerrière. Allez, Troyens, et rapportez fidèlement ces paroles à votre roi : Si, après la mort de Pallas, je prolonge une vie odieuse, c'est que je compte sur ce bras qui doit Turnus au père et au fils : c'est tout ce que j'attends désormais de vous et de la Fortune. Je ne cherche plus les douceurs de la vie; elles n'existent plus pour moi; mais je veux porter cette consolation à mon fils dans le séjour des Mânes. »

Cependant l'Aurore, en ramenant la douce lumière, rendait aux malheureux mortels leurs travaux et leurs peines. Déjà Énée et Tarchon ont élevé des bûchers sur le rivage : chacun, suivant l'usage de ses pères, y porte les corps des siens. Les feux s'allument, et une fumée noire enveloppe le ciel. Trois fois les guerriers, couverts de leurs armes brillantes, ont fait le tour des bûchers embrasés; trois fois les cavaliers tournent autour des flammes funèbres en poussant des clameurs lamentables. La terre et leurs armures sont baignées de pleurs. Les cris des soldats et le bruit des clairons montent au ciel. Les uns jettent dans le bûcher les dépouilles ravies aux Latins qui ont péri : des casques, de riches épées, des freins, des roues brûlantes; les autres, des dons trop connus, leurs propres boucliers et des traits qui ont mal servi leur courage. On immole un grand nombre de taureaux. Des porcs aux longues soies, et des brebis enlevées à toutes les campagnes, arrosent les brasiers de leur sang. Répandus le long du rivage, les Troyens regardent la flamme qui dévore leurs compagnons, et veillent autour des corps à demi consumés. Ils ne peuvent s'arracher à ce spectacle avant que la nuit humide ait parsemé le ciel de brillantes étoiles.

De leur côté, les malheureux Latins dressent aussi d'innombrables bûchers. Une partie de leurs guerriers est inhumée sur le lieu même ; une autre est transportée dans les champs voisins ou envoyée à Laurente. Le reste est jeté pêle-mêle dans les flammes, sans ordre et sans distinction. De toutes parts les vastes campagnes resplendissent de mille feux. Dès que la troisième aurore a chassé du ciel les froides vapeurs de la nuit, la foule attristée vient recueillir, au milieu de cet amas de cendres, les ossements confondus dans le brasier, et les recouvre d'une terre encore tiède.

Mais c'est surtout dans l'opulente cité de Latinus qu'éclatent les cris de douleur et que le deuil est plus général. C'est là que des mères, des veuves désolées, de tendres sœurs plongées dans la tristesse, des enfants privés de leurs pères, maudissent cette guerre funeste et l'hymen de Turnus : « Qu'il aille lui-même, le fer en main, décider sa querelle, puisqu'il aspire au trône d'Italie et aux honneurs du rang suprême. » La haine de Drancès donne du poids à ces discours; il publie qu'Énée n'en veut qu'à Turnus et ne défie au combat que lui seul. Dans le parti contraire une foule de voix s'élèvent en faveur de Turnus, que protége le grand nom de la reine, et que soutient sa haute renommée appuyée sur d'incontestables exploits.

Au milieu de ces mouvements et de ces tumultueux débats arrive, pour surcroît de maux, la réponse que les ambassadeurs consternés apportent de la grande ville de Diomède. Ils n'ont rien recueilli de tant d'efforts : ni les présents, ni l'or, ni les plus vives instances, rien n'a pu réussir. Il faut que les Latins cherchent d'autres alliés, ou demandent la paix au prince troyen. Le roi Latinus lui-même succombe à l'excès de sa douleur. Le courroux des dieux et les tombes récentes qui frappent ses regards l'avertissent qu'Énée est visiblement choisi par les Destins. Il convoque dans son vaste palais le conseil de la nation et les chefs de l'État. Ils accourent en foule, et leurs flots inondent les avenues de la royale demeure. Latinus, le front chargé d'ennuis, prend au milieu d'eux la place que lui assignent son grand âge et son autorité suprême. Il ordonne aux ambassadeurs revenus de la ville étolienne d'expliquer tour à tour le résultat de leur mission, et de communiquer à l'assemblée les réponses qui leur ont été faites. Alors le silence s'établit, et Vénulus, obéissant au roi, s'exprime en ces termes :

« Citoyens, après avoir échappé à tous les périls d'un long voyage nous avons vu Diomède, son camp d'Argiens, et nous avons touché la main de celui qui porta le dernier coup aux murs d'Ilion. Ce héros victorieux fondait, au pied du Gargan, dans les champs de l'Iapygie, une ville qu'il nommait Argyripe du nom de sa patrie. Admis en sa présence et libres de lui parler, nous lui avons offert nos présents; nous lui avons dit notre nom, notre pays, quel peuple nous a déclaré la guerre, et quel motif nous amenait dans Arpi.

« Voici la réponse bienveillante de Diomède : « O nations fortunées sur qui régna Saturne, antiques Ausoniens, quel destin, jaloux de votre repos, vous jette aujourd'hui dans une lutte dont vous ignorez l'issue? Nous tous dont le fer sacrilége a dévasté les plaines d'Ilion (je ne parle pas de ceux que la guerre a moissonnés au pied des murs de Troie, ou que le Simoïs a engloutis dans ses ondes), nous avons expié nos crimes par des supplices inouïs, par des châtiments connus de tout l'univers et dont Priam lui-même aurait eu pitié. Rappellerai-je la tempête soulevée par Minerve, les écueils de l'Eubée et le roc vengeur de Capharée? Depuis cette expédition, poussés sur des rivages divers, l'Atride Ménélas subit son exil au delà des colonnes de Protée, et Ulysse visite les Cyclopes de l'Etna. Vous rappellerai-je le règne de Néoptolème, Idoménée banni de ses États, et les Locriens fixés en Libye? Le roi de Mycènes lui-même, le chef de la Grèce, a péri au seuil même de son palais, sous le poignard de son infâme épouse, et un amant adultère a fait tomber dans ses piéges le vainqueur de l'Asie. Et moi, qui ne demandais qu'à revoir mes foyers, une épouse chérie et la belle Calydon, les dieux m'ont envié ce bonheur ! Maintenant encore des prodiges effrayants me poursuivent : mes compagnons, perdus pour moi, ont pris leur vol dans les airs. Transformés en oiseaux, (ô cruelle vengeance¹) ils errent le long des fleuves, et remplissent les rochers de leurs cris douloureux.

« Du jour où mon glaive insensé attaqua les dieux mêmes et blessa la main de Vénus, je devais m'attendre à ces malheurs. N'espérez pas m'entraîner à de pareils combats. Je ne fais plus la guerre aux Troyens depuis la chute de Pergame. Je ne me réjouis plus, je ne me souviens plus de leurs anciens désastres. Les présents que vous m'apportez de votre patrie, offrez-les à Énée. J'ai affronté ses traits redoutables, je me suis mesuré avec lui. Croyez-en mon expérience : il est terrible sous le bouclier, et son javelot vole comme la foudre. Si la Phrygie eût enfanté deux héros tels que lui, ce seraient les Troyens qui seraient venus les premiers fondre sur les villes d'Inachus, et, par un retour de la Fortune, ce serait aujourd'hui la Grèce qui pleurerait. Tout le temps qu'a duré la lutte au pied des murs de Troie, c'est le bras d'Hector et celui d'Énée qui ont arrêté les progrès des Grecs et retardé dix ans notre victoire. Tous deux étaient également illustres par leur courage et par leurs exploits, mais le héros troyen l'emportait par sa piété. Faites donc alliance avec lui, puisque vous le pouvez, et gardez-vous de mesurer vos armes avec les siennes. » — Vous connaissez maintenant, grand roi, la réponse de Diomède, et son avis sur cette guerre importante. »

A peine Vénulus a-t-il fini, que les Ausoniens troublés font entendre un bruit confus. Ainsi, lorsque des rochers arrêtent un rapide torrent, l'onde murmure contre cet obstacle, et les rives voisines retentissent du frémissement des eaux. Dès que le calme est rétabli et l'agitation apaisée, le monarque invoque les dieux ; puis, du haut de son trône, il parle en ces termes : « Peuples Latins, j'avais désiré, et il eût été mieux sans doute, de délibérer plus tôt sur les dangers qui nous pressent. Ce n'est pas le moment d'assembler un conseil quand l'ennemi assiége nos murs. Citoyens, nous soutenons une guerre sans issue contre les descendants des dieux, contre des guerriers invincibles, que nul combat ne lasse, et qui, vaincus, ne peuvent déposer les armes. Si vous fondiez quelque espérance sur le secours des Étoliens, il faut y renoncer. Nous ne pouvons compter que sur nous-mêmes, et vous voyez à quoi se réduit notre espoir. Les ruines qu'ont accumulées nos désastres sont sous nos mains et sous nos yeux. Je n'accuse personne : tout ce que la valeur a pu accomplir, elle l'a fait. Nous avons déployé dans la lutte toutes les ressources de l'État. Dans cette perplexité un projet se présente à mon esprit. Écoutez-moi : quelques mots vont vous en instruire.

« Près du fleuve de l'Étrurie je possède un antique domaine qui se prolonge à l'occident jusqu'aux frontières des Sicaniens. Les Auronces et les Rutules le cultivent. Ils tourmentent avec le soc ces collines ingrates, dont les âpres sommets servent de pâturages aux troupeaux. Cédons aux Troyens, pour prix de leur alliance, toute cette contrée et cette chaîne de montagnes couronnée de pins. Traitons avec eux à des conditions équitables, et associons-les à notre empire. Si ce pays a pour eux tant de charmes, qu'ils s'y établissent et qu'ils y fondent une cité. S'ils préfèrent un autre climat et un autre peuple, construisons-leur avec les chênes d'Italie vingt vaisseaux, et même davantage, s'ils veulent en armer un plus grand nombre. Les matériaux sont tout prêts sur le rivage. Les Troyens détermineront eux-mêmes le nombre et la forme des navires. Le métal, les bras, les agrès, nous leur fournirons tout. En outre, je suis d'avis que nous choisissions dans les premières familles du Latium cent députés chargés de porter notre message et de préparer cette alliance. L'olivier de la paix à la main, ils offriront en présent aux Troyens de l'or et de l'ivoire, en y joignant la chaise curule et la trabée, insignes de notre royauté. Délibérez en commun, et sauvez l'État sur le penchant de sa ruine. »

Alors se lève Drancès, qu'importune la gloire de Turnus, et que dévorent en secret la haine et l'envie. Riche, éloquent orateur, mais timide guerrier, persuasif dans les conseils et habile à soulever la multitude, il était fier de sa noblesse maternelle, quoique né d'un père inconnu. Il exhale en ces termes le ressentiment qu'il couve dans son cœur:

« O le meilleur des rois, vous nous offrez un parti qui n'est douteux pour personne, et qui n'a pas besoin de nos suffrages. Chacun sait ce qu'exige l'intérêt de l'État, mais nul n'ose le dire. Qu'il nous laisse la liberté de la parole et qu'il rabatte son orgueil, celui dont le fatal génie et la funeste ambition (oui, je le dirai, quoiqu'il me menace de son glaive homicide), ont fait périr tant de chefs glorieux et plongé notre ville entière dans le deuil; celui qui, se confiant à la fuite, attaque le camp troyen, et prétend effrayer le ciel même de ses armes. A ces nombreux présents et à ces offres que vous voulez faire aux Troyens ajoutez encore un don, ô le meilleur des rois. Que nulle violence n'empêche un père de donner sa fille à un gendre illustre, digne d'un tel hyménée, et de cimenter la paix par une alliance éternelle.

« Si la frayeur glace les esprits et les cœurs, implorons Turnus lui-même : conjurons-le de laisser le souverain et la patrie user de leur droit. Quand cesseras-tu de jeter tes malheureux concitoyens dans des périls inévitables, toi, la source et la cause de tous les maux du Latium? Il n'est point de salut dans la guerre. Turnus, nous te demandons la paix et en même temps le seul gage inviolable de la paix. Moi, tout le premier, moi, ton ennemi, dis-tu (et je ne m'en défends pas), je viens te supplier : prends pitié des tiens; dépose ton orgueil. On te repousse : retire-toi. Assez de funérailles attestent nos défaites, assez longtemps la guerre a désolé nos vastes campagnes. Ou bien, si la gloire te touche, si tu présumes tant de ta valeur, si tu prises à ce point un sceptre offert par l'hymen, ose le conquérir en affrontant avec confiance le fer de l'ennemi. Eh quoi! pour assurer à Turnus une royale épouse il faudra que nous tous, vile populace, privés de tombeaux et de larmes, nous couvrions la terre de nos corps? Ah! si tu as du cœur, s'il te reste quelque chose du courage de tes ancêtres, regarde en face le rival qui te provoque! »

Ce discours allume la fureur de Turnus. Il frémit de rage, et son courroux éclate en ces mots : « Drancès, tu abondes toujours en paroles quand la guerre réclame des actions. Assemble-t-on le conseil; tu accours le premier. Mais à

23

quoi bon remplir cette enceinte des pompeux discours que tu débites sans péril tandis que nos murailles te séparent de l'ennemi et que le sang n'inonde point nos fossés? Fais donc tonner ton éloquence, selon ta coutume. Accuse-moi de lâcheté, toi, Drancès, puisque ton bras a entassé tant de Troyens sur le champ de carnage, puisque tes trophées décorent partout nos campagnes! Il ne tient qu'à toi d'éprouver ce que peut un courage intrépide : l'ennemi n'est pas loin; il entoure nos murailles. Marchons à sa rencontre. Qui t'arrête? Ta bravoure résidera-t-elle toujours dans ta langue insolente et dans tes pieds si prompts à fuir? Moi vaincu! Misérable, peut-on me traiter de vaincu, quand on a vu le Tibre grossi du sang des Troyens, toute la famille d'Évandre éteinte dans son fils, et les Arcadiens dépouillés de leurs armes? Tels ne m'ont point connu Bitias, le géant Pandarus, et ces milliers de Troyens qu'en un seul jour mon bras vainqueur précipita dans le Tartare, quoique je fusse enfermé dans leurs murailles et entouré de leurs retranchements!

« Point de salut dans la guerre, dis-tu. Insensé! c'est à Énée et à tes partisans qu'il faut tenir un tel langage. Continue donc de semer partout le trouble et l'alarme, d'exalter les forces d'une nation deux fois vaincue, et de rabaisser les exploits des Latins. A l'entendre, les Phrygiens font trembler maintenant les rois de la Grèce, et Diomède et Achille; maintenant l'Aufide recule devant les flots de l'Adriatique. Ce lâche artisan d'impostures feint de redouter mes menaces, et par sa frayeur simulée il cherche à me rendre odieux. Rassure-toi, Drancès : jamais mon bras ne t'arrachera une âme aussi vile que la tienne. Qu'elle reste dans un corps bien digne d'elle.

« Maintenant, ô digne monarque, je reviens à vous et à vos grands desseins. Si vous n'avez plus d'espoir dans nos armes, si notre détresse est extrême, si une seule défaite nous a complétement anéantis, si la Fortune nous a quittés sans retour demandons la paix, et tendons au vainqueur nos mains désarmées. Et pourtant, s'il nous restait une étincelle de notre ancienne valeur!... Heureux, mille fois heureux le guerrier intrépide qui, pour échapper à cet opprobre, est tombé sur le champ de bataille et a mordu pour toujours la poussière! Mais si nous avons des ressources; s'il nous reste une armée encore intacte, des villes et des peuples d'Italie prêts à nous secourir; si les Troyens ont acheté la gloire par des flots de sang; s'ils ont aussi leurs funérailles; si l'orage a frappé sur tous; pourquoi reculer lâchement dès le premier pas? Pourquoi trembler avant le son de la trompette? Plus d'une fois le temps et ses perpétuelles vicissitudes amènent des changements heureux; plus d'une fois la Fortune, par ses capricieux retours, se joue des mortels, qu'elle abaisse et relève à son gré.

« Nous n'aurons pour alliés ni Diomède ni les Étoliens; mais nous aurons Messape, l'heureux Tolumnius et les chefs que nous ont envoyés tant de peuples. La gloire n'hésitera pas à suivre l'élite des guerriers du Latium et de Laurente. Nous avons aussi la reine des Volsques, l'illustre Camille à la tête de ses escadrons resplendissants d'airain. Si c'est moi seul que les Troyens provoquent au combat, si, d'un commun aveu, je suis le seul obstacle au bien de tous, mon bras n'est pas encore tellement haï de la victoire que je recule devant l'espoir d'un si beau succès. J'affronterai sans crainte mon rival, fût-il plus redoutable que le grand Achille, fût-il, comme lui, revêtu d'une armure forgée par Vulcain. Je me sacrifie pour vous, pour mon beau-père Latinus, moi, Turnus, qui ne le cède en courage à nul de mes aïeux. C'est moi seul qu'Énée défie; eh bien! qu'il me défie; je le souhaite. Je ne veux point, s'il faut une victime à la colère des dieux, que Drancès périsse à ma place, ni qu'il me dérobe ma gloire si c'est la valeur qui doit triompher. »

Tandis que les Latins délibéraient ainsi avec chaleur sur les dangers de l'État, Énée levait son camp et mettait son armée en marche. Soudain un courrier se précipite à grand bruit au milieu du palais, et remplit la ville d'effroi. Il annonce que les Troyens et les Étrusques descendent en ordre de bataille des rives du Tibre et couvrent au loin la campagne. Aussitôt les esprits se troublent, s'agitent et s'enflamment de colère. On court aux armes; la jeunesse frémissante ne respire que les combats; les vieillards pleurent et murmurent. Dans ce conflit de passions diverses, de toutes parts une grande clameur s'élève jusqu'aux cieux. Tel est le bruit d'une multitude d'oiseaux rassemblés au fond d'un bois; ou tels les cygnes font retentir de leurs rauques accents les ondes poissonneuses et les bruyants marais de l'Éridan. Turnus saisit l'occasion, et s'écrie : « Eh bien! délibérez maintenant, citoyens : vantez-nous du haut de vos siéges les douceurs de la paix, quand l'ennemi fond en armes sur ce royaume! » Sans en dire davantage, il s'échappe et s'élance aussitôt hors du palais. « Toi, Volusus, dit-il, fais prendre les armes aux Volsques; et amène aussi les Rutules. Messape, et toi, Coras, avec ton frère, déployez les escadrons dans la plaine. Qu'une partie des troupes défende les abords de Laurente, et occupe les tours. Le reste de l'armée marchera sous mes ordres. »

Aussitôt, de tous les points de la ville, on court aux remparts. Latinus, lui-même, troublé de ce contre-temps funeste, quitte le conseil et ajourne ses grands desseins. Il se reproche mille fois de n'avoir pas accepté le prince troyen pour gendre et pour héritier de son trône. Les uns creusent des fossés devant les portes, d'autres charrient de grosses pierres et des pieux. Les accents du clairon donnent le sanglant signal des combats. Les murs sont couronnés d'une multitude confuse de femmes et d'enfants. Chacun, dans ce moment suprême, veut avoir sa part du péril. La reine, au milieu d'un nombreux cortége de femmes, se rend sur un char vers la hauteur où s'élève le temple de Pallas. Elle est chargée des offrandes destinées à la déesse. La jeune Lavinie, cause innocente de tant de maux, marche à côté d'elle, ses beaux yeux baissés à terre. Elles entrent dans le temple, y font brûler l'encens, et prononcent à l'entrée du sanctuaire ces paroles de désespoir : « Déesse des combats, arbitre de la guerre, chaste Pallas brise de ta main la lance du brigand phrygien; renverse-le dans la poussière, et étale son cadavre aux portes de Laurente. »

De son côté, Turnus furieux s'arme pour le combat. Déjà il a revêtu sa cuirasse hérissée d'écailles d'airain, et chaussé ses brodequins d'or. Sa tête est encore nue; mais il a ceint son épée, et, tout resplendissant d'or, il accourt du haut de la citadelle. Il tressaille, et déjà fond en espoir sur l'ennemi. Tel, brisant ses liens, un coursier fuit l'étable, et, libre enfin, s'empare de la plaine. Tantôt il va rejoindre les cavales dans la prairie; tantôt il se plonge dans le fleuve qu'il aime. Il bondit, il frémit, dresse en folâtrant sa tête superbe, et secoue sa crinière flottante sur son cou et sur ses épaules. Camille, à la tête des Volsques, se présente devant Turnus. Elle descend de cheval aux portes de la ville. Son escadron tout entier suit son exemple, et met pied à terre. « Turnus, dit-elle, si la valeur peut inspirer une juste confiance, j'oserai, je vous le promets, attaquer les cohortes troyennes et affronter seule la cavalerie étrusque. Laissez-moi courir les premiers hasards de la guerre. Vous et vos fantassins, restez au pied des murs et défendez les remparts. »

Turnus, les yeux fixés sur la redoutable amazone, répond : « O vierge, l'honneur de l'Italie, comment vous exprimer, comment vous prouver dignement ma reconnaissance? Mais, puisqu'il n'est rien au-dessus de votre grand cœur, partagez avec moi les périls de cette journée. Si j'en crois la renommée et les rapports de mes éclaireurs, l'audacieux Énée a détaché en avant sa cavalerie légère pour battre la plaine; et lui, franchissant la cime de ces monts solitaires, il marche sur Laurente. Je lui prépare une embuscade dans un chemin creux de la forêt, dont mes soldats occuperont les deux issues. Vous, soutenez en ligne de bataille le choc de la cavalerie étrusque. Vous aurez avec vous le vaillant Messape, les escadrons latins et les guerriers de Tibur. Chargez-vous, comme moi, des soins d'un général. » Il dit, et par de semblables discours il anime au combat Messape et les autres chefs; puis il vole à l'ennemi.

Il est une vallée sinueuse, propre aux surprises et aux

stratagèmes. Une épaisse forêt en recouvre des deux côtés les sombres flancs. On y arrive par une gorge étroite et d'accès difficile. Au-dessus du vallon, sur le sommet de la montagne, s'étend un plateau qui ne se soupçonne pas: lieu sûr et commode, d'où l'on peut fondre sur l'ennemi à droite et à gauche, ou bien faire rouler sur lui d'énormes pierres en restant sur la hauteur. Turnus s'y rend par des routes qui lui sont connues, s'empare du poste, et s'embusque dans cette forêt perfide.

Cependant, au céleste séjour, la fille de Latone s'entretenait avec Opis, une des vierges ses compagnes, la plus agile de la troupe sacrée; et lui exprimant sa douleur : O vierge, lui dit-elle, Camille s'engage dans une guerre funeste, et c'est en vain qu'elle est revêtue de nos armes. Elle m'est chère plus qu'aucune autre. Ma tendresse pour elle n'est pas un sentiment nouveau dont la douceur ait soudain captivé mon âme. Chassé de son royaume par la haine qu'excitait son pouvoir tyrannique, Métabus s'éloignait de l'ancienne cité de Priverne. En fuyant au milieu de la mêlée sanglante, il emporta en exil sa fille encore enfant, qu'il appela Camille, par un léger changement, du nom de Casmille, sa mère. Harcelé de tous côtés par les traits meurtriers des Volsques qui s'acharnaient à sa poursuite, il gagnait ainsi les montagnes et les bois solitaires en la pressant contre son cœur. Dans sa fuite il se trouve soudain devant l'Amasène dont les flots, grossis par les orages, écumaient en battant ses rives. Il veut s'élancer à la nage. L'amour de sa fille le retient : il tremble pour son cher fardeau. Il médite mille projets, et tout à coup s'arrête à celui-ci. Guerrier robuste, il portait par hasard à la main un énorme javelot, chargé de nœuds et durci au feu. Il enveloppe sa fille de l'écorce d'un liége sauvage, l'attache adroitement au milieu de son javelot, et, balançant celui-ci d'un bras vigoureux, il s'écrie, les yeux levés au ciel : Auguste fille de Latone, déesse des forêts, je te consacre mon enfant. C'est la première fois qu'elle touche tes armes. Elle t'implore, et va fendre les airs pour échapper à l'ennemi. Reçois, je t'en conjure, celle qui est à toi, au moment où je la confie au caprice des vents.

« Il dit, et, ramenant son bras en arrière, il brandit son javelot et le lance. Les ondes retentissent, et l'infortunée Camille vole, avec le trait qui siffle, au-dessus du fleuve rapide. Métabus, que serrent déjà de plus près des ennemis nombreux, se jette dans les flots, et, vainqueur, il arrache au vert gazon le javelot et l'enfant désormais consacrée à Diane. Nulle cité ne lui offrit d'asile, ne le reçut dans ses murs. D'ailleurs son humeur farouche ne lui permettait point de demander l'hospitalité. Comme les pâtres, il vivait sur les monts solitaires. Là, au milieu des halliers et dans les sites les plus affreux, il nourrissait sa fille du lait d'une cavale sauvage, dont elle pressait les mamelles sur ses lèvres délicates.

« Dès que l'enfant put former les premiers pas, son père chargea ses mains d'un javelot aigu, et suspendit à ses faibles épaules un arc et des flèches. Au lieu d'une tresse d'or, au lieu d'une robe flottante, la dépouille d'un tigre couvrait sa tête et son dos. Dès lors sa jeune main lançait des traits proportionnés à son âge, et, en faisant tourner autour de sa tête les flexibles courroies de sa fronde, elle abattait la grue du Strymon et le cygne argenté. C'est en vain que, dans les villes de l'Étrurie, plus d'une mère la souhaita pour épouse à son fils. Tout entière à Diane, elle lui a voué sa virginité et son goût pour les armes. J'aurais voulu que, moins éprise de combats, elle se fût abstenue de provoquer les Troyens. Elle m'est chère, elle serait devenue une de mes compagnes. Mais, puisqu'un sort cruel la menace, ô nymphe, descends du ciel, et rends-toi dans les champs du Latium où, sous de malheureux auspices, s'engage une lutte funeste. Prends ce carquois, et tire-s-en un trait vengeur; qu'il perce le guerrier dont le fer aura profané le corps de Camille. Italien ou Troyen, n'importe : il expiera ce crime de son sang. J'enlèverai ensuite dans un nuage l'infortunée avec ses armes, qui ne lui seront pas ravies, et je la déposerai dans la tombe de ses aïeux. » Elle dit; et Opis traverse les airs à grand bruit, enveloppée d'un sombre nuage.

Cependant les Troyens s'approchent des murs de Laurente, et la cavalerie étrusque se déploie tout entière en escadrons égaux sous les ordres de ses chefs. Les coursiers frémissants bondissent dans la plaine, et luttent par de brusques mouvements contre le frein qui les maîtrise. Les champs se hérissent d'une moisson de piques, et l'éclat des armes resplendit au loin. De l'autre côté Messape et les agiles Latins, Coras et son frère, Camille avec son escadron, s'avancent contre les Troyens. Le bras en arrière, ils présentent en arrêt leurs lances, ou brandissent leurs javelots. A mesure qu'ils s'approchent, soldats et chevaux redoublent d'impatience. Les deux armées s'arrêtent à la portée du trait. Soudain un cri part : on s'élance. Chacun anime son coursier frémissant, et tous à la fois font pleuvoir une grêle de dards, aussi pressés que les flocons de neige qui obscurcissent le ciel.

Bientôt Tyrrhène et le bouillant Acontée fondent l'un sur l'autre, la lance en avant. Ils tombent les premiers avec un bruit épouvantable, renversés par leurs chevaux dont les poitrails se heurtent et se brisent. Désarçonné avec la rapidité de la foudre ou d'une pierre que lance une baliste, Acontée roule au loin, et son dernier souffle s'exhale dans les airs. Soudain les rangs sont rompus ; les Latins en déroute rejettent leurs boucliers en arrière, et poussent leurs chevaux vers les remparts. Les Troyens les poursuivent sous la conduite d'Asylas. Déjà ils approchaient des portes, quand les Latins jettent un cri et ramènent au combat leurs dociles coursiers. A leur tour les Troyens fuient et se replient à toute bride. Ainsi la mer, dans son balancement, tantôt s'élance vers la plage, rejaillit en écume au-dessus des rochers, et baigne ses bords de lames sinueuses ; tantôt, dans son brusque reflux, engloutissant les pierres qu'elle avait apportées, elle fuit, et ses vagues aplanies abandonnent le rivage. Deux fois les Étrusques repoussent les Rutules jusqu'aux murs de Laurente, deux fois, repoussés eux-mêmes, ils tournent le dos en se couvrant de leurs boucliers. Mais, lorsqu'un troisième choc a confondu tous les rangs et que chaque guerrier choisit son adversaire, on n'entend plus que les cris plaintifs des mourants. Le sang coule à grands flots; les armes, les cadavres, et les chevaux expirants roulent pêle-mêle avec leurs cavaliers massacrés : le carnage devient affreux.

Orsiloque, n'osant attaquer Rémulus, dirige un javelot contre le cheval du guerrier. Le fer l'atteint et reste enfoncé dans l'oreille de l'animal furieux qui se cabre, et, ne pouvant supporter sa blessure, se dresse et bat l'air de ses pieds. Rémulus est renversé et roule à terre. Catillus abat Iollas, ainsi que le grand Herminius, non moins redoutable par sa valeur que par sa taille et par ses armes. Sa blonde chevelure et ses épaules sont à découvert. Il affronte les blessures, et se présente à découvert aux coups de l'ennemi. Le trait de Catillus pénètre en frémissant à travers ses larges épaules, et le guerrier se courbe de douleur. De noirs ruisseaux de sang coulent de toutes parts. Le fer sème à l'envi les funérailles, et tous cherchent dans la mêlée un trépas glorieux.

Cependant l'intrépide Camille, un sein nu pour le combat, le carquois sur l'épaule, triomphe au milieu du carnage. Tantôt elle fait voler une nuée de traits rapides, tantôt elle arme son bras infatigable d'une hache à deux tranchants. Sur son dos retentissent l'arc d'or et les flèches de Diane. Lors même que l'ennemi la force à la retraite, elle se retourne et lui décoche encore ses traits. Autour d'elle se pressent ses chères compagnes, Larina, Tulla, et Tarpéia qui brandit une hache d'airain : vierges italiennes, dont la divine Camille fait l'ornement de sa cour, son conseil dans la paix, son escorte dans la guerre. Telles les Amazones de la Thrace font retentir du bruit de leur marche les rives du Thermodon, et combattent avec leurs armes peintes. Tantôt réunies autour d'Hippolyte, tantôt suivant le char de la belliqueuse Penthésilée, ces héroïnes poussent de confuses clameurs, et bondissent au bruit de leurs boucliers arrondis en croissant.

Quel fut le premier, quel fut le dernier qui succomba sous tes coups, vierge redoutable? De combien de corps as-tu jonché la terre? Le premier qui périt est Eunée, fils de Clytius. Il s'avançait, la poitrine découverte. Camille le transperce d'une longue javeline. Il tombe en vomissant des flots de sang, se roule sur sa blessure, et mord l'arène ensanglantée. Elle immole ensuite Liris et Pagasus. L'un, renversé par son cheval tué sous lui, s'efforçait de ressaisir les rênes; l'autre volait à son secours et lui tendait une main désarmée. Ils expirent ensemble, précipités l'un sur l'autre. A ces victimes elle joint Amaster, fils d'Hippotas. Elle poursuit, la lance à la main, Térée, Harpalycus, Démophoon et Chromis. Autant son bras fait voler de dards, autant de Phrygiens succombent.

De loin s'avance avec son armure bizarre le chasseur Ornytus, monté sur un coursier d'Apulie. La dépouille d'un taureau couvre ses larges épaules. Il a pour casque la gueule béante d'un loup, dont l'énorme mâchoire est garnie de dents éblouissantes. Un épieu rustique arme sa main. Il s'agite au milieu des escadrons, qu'il dépasse de toute la tête. Camille l'atteint aisément à travers le bataillon qu'elle a mis en désordre, le perce de son javelot, et lui dit d'un ton courroucé : « Tyrrhénien, croyais-tu donc avoir affaire aux bêtes sauvages dans les forêts? Voici le jour où le bras d'une femme doit confondre ton insolence. Ce n'est pas toutefois sans gloire que tu rejoindras les mânes de tes pères : dis-leur que tu es tombé sous le fer de Camille. »

Ensuite elle attaque Orsiloque et Butès, deux Troyens de taille colossale. D'un coup de lance elle perce Butès par derrière, entre la cuirasse et le casque, à l'endroit où le bouclier suspendu au bras gauche laissait à découvert le cou du cavalier. Quant à Orsiloque, elle le fuit d'abord, et tourne autour de lui à une grande distance; puis elle lui échappe dans un cercle plus étroit, et poursuit à son tour l'ennemi qui la poursuivait. Alors, se dressant de toute sa hauteur, elle frappe à coups redoublés avec sa lourde hache l'armure et le crâne du guerrier. Vainement il demande grâce : sa cervelle fumante lui couvre le visage de sang.

Un habitant de l'Apennin, le fils d'Aunus, se trouve soudain en présence de l'amazone. A son aspect, interdit, effrayé, il s'arrête. C'était le plus perfide des Liguriens, tant que les destins lui permirent de tromper. Voyant qu'il ne peut fuir pour éviter le combat et se soustraire à la reine des Volsques qui le presse, il recourt à la ruse et à l'artifice : « Quelle merveille, dit-il, qu'une femme se montre brave avec un bon coursier ! Renoncez à fuir. Descendons à terre tous deux, et de près combattons à pied. Vous saurez bientôt qui doit porter la peine de sa folle audace. » A ces mots Camille, furieuse et enflammée d'un violent dépit, remet son coursier à l'une de ses compagnes, et, d'un air intrépide, s'avance à pied, armée comme lui de son épée nue et de son léger bouclier. Mais, déjà triomphant du succès de sa ruse, le guerrier tourne aussitôt bride, disparaît et s'enfuit en pressant de l'éperon son rapide coursier. « Perfide Ligurien, s'écrie Camille, toi qui étalais ta fausse bravoure, c'est en vain que tu as appelé à ton aide les stratagèmes de ton pays. Ta ruse ne te rendra pas vivant à ton père Aunus, aussi fourbe que toi. » Elle dit, et, prompte comme l'éclair, elle s'élance d'un bond impétueux, devance le coursier, le saisit par le frein, et attaque de front son ennemi qu'elle immole à sa vengeance. Tel l'oiseau consacré à Mars, l'épervier, fond de la cime d'un roc sur la colombe qui fend les nues. Il l'atteint, il lui déchire les entrailles de ses serres tranchantes. Le sang de la victime et ses plumes arrachées tombent du haut des airs.

Cependant le père des hommes et des dieux, assis au sommet de l'Olympe, ne voyait pas avec indifférence cette lutte cruelle. Il réveille l'ardeur de Tarchon pour les sanglants combats et enflamme la fureur du guerrier. Le Tyrrhénien vole à cheval au milieu du carnage et des cohortes ébranlées. Il ranime par ses discours la valeur de ses troupes, appelle chacun par son nom, et ramène les fuyards au combat. « Tyrrhéniens insensibles à tout affront, s'écrie-t-il, quelle frayeur, quelle lâcheté s'est emparée de vous ? Une femme vous met en déroute et disperse vos escadrons ! Pourquoi ces glaives, pourquoi ces traits arment-ils donc vos bras? Ah! vous êtes moins indolents lorsque vous courez, la nuit, aux combats de Vénus; et, quand la flûte recourbée vous invite aux fêtes de Bacchus, vous n'êtes pas les derniers à envahir les tables et à vider les coupes. Voilà vos goûts et vos plaisirs: il ne vous faut qu'un aruspice favorable annonçant un banquet sacré, et qu'une grasse victime qui vous appelle au fond des bois!»

A ces mots il pousse son cheval dans la mêlée, pour y trouver la mort. Il fond avec furie sur Vénulus, l'arrache de son coursier, l'étreint dans ses bras, et d'un puissant effort l'enlève contre sa poitrine. Un cri s'élance dans les airs: tous les Latins tournent sur eux leurs regards. Impétueux comme la foudre, Tarchon vole à travers la plaine, emportant l'homme et son armure. Il prend par un bout le javelot de son ennemi, en brise le fer, et cherche le défaut de la cuirasse pour le frapper d'un coup mortel. Vénulus se débat, repousse la main dirigée contre sa gorge, et oppose la force à la force. Tel un aigle enlève dans les nues le reptile qu'il a saisi, l'enlace de ses serres, et lui enfonce ses ongles dans les flancs. Le serpent blessé replie ses anneaux, hérisse ses écailles, et dresse en sifflant sa tête menaçante. Vains efforts! l'aigle le déchire de son bec recourbé, et bat l'air de ses ailes victorieuses. Ainsi Tarchon emporte en triomphe la proie qu'il a ravie à l'escadron de Tibur. Animés par le glorieux exemple de leur chef, les Tyrrhéniens reviennent au combat.

En ce moment Arruns, dont le jour fatal est venu, voltige, armé d'un javelot, autour de la légère Camille; et sa ruse, pour la frapper, épie l'occasion favorable. L'amazone s'élance-t-elle avec fureur au milieu des rangs ennemis; Arruns la suit et s'attache en silence à ses pas. S'éloigne-t-elle de la mêlée et revient-elle victorieuse; le jeune guerrier tourne aussitôt la bride, et se dirige furtivement de son côté. Il tente mille accès, la surveille dans tous ses détours; et le traître balance le javelot qu'il lui destine.

En ce moment Chlorée, consacré à Cybèle et jadis son

pontife, brillait au loin par l'éclat de son armure phrygienne. Il montait un coursier écumant, couvert d'une housse d'écailles d'airain attachées, comme des plumes, par des mailles d'or. Lui-même était paré d'une pourpre étrangère de couleur sombre, et son arc de Lycie contenait des flèches de Crète. Sur ses épaules résonne un carquois d'or; un casque d'or protége sa tête; une agrafe d'or rassemble les plis frémissants de sa chlamyde de lin, que colore le safran; l'aiguille a brodé sa tunique et ses cuissards phrygiens. L'amazone, soit pour suspendre cette armure troyenne aux voûtes d'un temple, soit pour se parer à la chasse de ces riches dépouilles, s'acharne aveuglément contre le seul Chlorée. Elle se jette sans précaution à travers la mêlée : tant avec l'ardeur de son sexe elle convoite ce magnifique butin. Arruns, placé en embuscade, saisit enfin l'instant favorable, et lance son javelot en adressant au ciel cette prière : « Dieu puissant, Apollon, gardien de la cime sacrée du Soracte, objet de nos premiers hommages, toi pour qui nos pins entassés alimentent un feu immense, et pour qui, transportés d'un saint zèle, nous marchons au milieu de brasiers ardents; Dieu souverain, permets-moi d'effacer notre déshonneur. Je ne demande, pour prix de la victoire, ni la dépouille de l'amazone, ni aucun butin; d'autres exploits pourront illustrer mon nom. Mais que ce cruel fléau de notre pays tombe sous mes coups, et je consens à retourner sans gloire au milieu des miens. »

Apollon l'entendit. Il exauça la moitié de ce vœu, et laissa l'autre se perdre dans les airs. Il lui permit de frapper Camille d'un trépas imprévu; mais il lui refusa la douceur de revoir les murs de sa patrie, et cette dernière partie de sa prière fut emportée par le souffle des vents. Aussitôt que le trait parti de la main d'Arruns eut sifflé dans l'air, l'armée attendit en suspens, et tous les Volsques tournèrent leurs regards vers la reine. Elle seule n'entendit point le bruit, n'aperçut point le vol rapide du dard ; et pourtant déjà le fer, enfoncé au-dessous de son sein découvert, s'abreuvait de son sang virginal. Ses compagnes éplorées accourent et soutiennent leur maîtresse défaillante. Plus effrayé que les autres, Arruns s'enfuit avec une joie mêlée de crainte: il n'ose plus se fier à sa lance, ni affronter les traits de la jeune guerrière. Tel un loup, avant que les traits ennemis le poursuivent, court par des sentiers détournés se cacher sur les montagnes, quand il a égorgé un pâtre ou un superbe taureau. Effrayé de son audace, et repliant sous lui sa queue tremblante, il gagne les forêts. Tel Arruns, troublé, se dérobe à tous les regards; et, trop heureux de fuir, il va se confondre dans la foule.

Camille mourante veut arracher le trait fatal; mais la pointe du fer, engagée entre les côtes, reste enfoncée dans la blessure. Elle s'évanouit; la mort appesantit ses paupières, et ses joues perdent leur éclat vermeil. Près d'expirer, elle appelle une de ses compagnes, Acca, sa plus fidèle amie et la confidente de ses pensées. « O ma sœur, lui dit-elle, jusqu'ici mes forces ont servi mon courage; mais à présent je succombe. Ma blessure est mortelle, et les ténèbres s'épaississent autour de moi. Va porter à Turnus mon dernier message. Qu'il me remplace au combat, et qu'il écarte les Troyens des murailles. Adieu. » A ces mots elle abandonne les rênes, et glisse jusqu'à terre. Son corps se refroidit peu à peu; sa vie s'éteint. Elle penche son cou languissant et sa tête affaissée par la mort. Les armes échappent de ses mains, et son âme indignée s'enfuit en gémissant chez les ombres. Alors s'élève un cri terrible qui monte jusqu'aux cieux. Le trépas de Camille ranime le combat avec plus de fureur. Troyens, chefs étrusques, escadrons arcadiens, tous serrent leurs rangs et s'élancent à la fois.

Cependant la messagère de Diane, Opis, veillait depuis longtemps sur la cime des montagnes, et contemplait le combat d'un regard tranquille. Tout à coup, au milieu des cris que poussent les guerriers furieux, elle aperçoit Camille victime d'un funeste trépas. Elle gémit, et exhale ainsi sa profonde douleur : « O vierge, hélas! trop cruellement, oui, trop cruellement punie d'avoir voulu combattre les

Troyens! Que t'a servi d'avoir été fidèle au culte de Diane dans la solitude des bois, et d'avoir porté comme nous un carquois? Ta protectrice, du moins, a pris soin d'honorer ton trépas. Ton nom ne sera point sans gloire dans l'univers, et une telle mort ne restera pas impunie. L'assassin qui a blessé Camille payera ce forfait de son sang. »

Au pied d'une haute montagne s'élevait le tombeau de Dercennus, ancien roi de Laurente. C'était un tertre couvert de l'épais ombrage d'un chêne. La belle nymphe y vole d'un rapide essor, et de cette éminence ses yeux cherchent Arruns. Dès qu'elle le voit, paré de ses brillantes armes et enflé d'un vain orgueil : « Où vas-tu, lui dit-elle, pourquoi fuir? Viens ici recevoir la mort : salaire bien dû au meurtrier de Camille. Faut-il que tu périsses sous les traits de Diane! » Elle dit, et tirant de son carquois d'or une flèche rapide, la nymphe de Thrace tend son arc vengeur. Elle le courbe avec force jusqu'à ce qu'elle en réunisse les extrémités; et, tandis que de la main gauche elle touche la pointe du fer, elle ramène de la droite la corde contre son sein. Le trait siffle, l'air frémit, et, dans le même instant, le dard pénètre dans le corps d'Arruns. Il pousse un dernier soupir et meurt. Ses compagnons l'abandonnent dans la poussière, où il gît oublié et inconnu. Opis reprend son vol vers l'Olympe.

L'escadron léger de Camille, privé de sa reine, prend le premier la fuite. Les Rutules se dispersent en désordre. Le bouillant Atinas suit leur exemple ; les chefs épars, les cohortes sans guides cherchent un refuge, et tournent leurs coursiers vers Laurente. Poursuivis par les Troyens qui leur portent des coups mortels, aucun d'eux n'ose leur résister de vive force ou les attendre de pied ferme. Ils replacent leurs arcs détendus sur leurs épaules fatiguées, et font retentir la plaine poudreuse du galop rapide de leurs coursiers. Sous leurs pas s'élève jusqu'à la ville un noir tourbillon. Du haut des remparts les femmes se frappent la poitrine, et poussent vers le ciel des cris lamentables. Ceux qui se sont précipités les premiers vers les portes ouvertes, écrasés par la foule de leurs ennemis qui s'élancent avec eux pêle-mêle, sont loin d'éviter une mort déplorable. Ils expirent percés de coups, sur le seuil même de la ville, devant les remparts de leur patrie, sous l'abri de leurs toits domestiques. D'autres fermant les portes, refusent d'ouvrir un passage à leurs compagnons suppliants, et n'osent pas les recevoir dans leurs murs. Alors commence un horrible carnage de ceux qui défendent l'entrée de la ville les armes à la main et de ceux qui se jettent sur ces armes. Repoussés de leur asile, sous les yeux de leurs parents éplorés, les uns roulent, emportés par le torrent, dans des fossés profonds; les autres, aveuglés par la fureur, lancent à toute bride leurs chevaux contre les portes, et heurtent de la tête, comme des béliers, ces barrières impénétrables. Les femmes elles-mêmes, dans cette lutte de désespoir, excitées par un véritable amour de la patrie et par l'exemple de Camille, font pleuvoir du haut des murs une grêle de traits. A défaut de fer, elles saisissent à la hâte des quartiers de chêne et des pieux durcis au feu, et brûlent de mourir les premières sur les remparts.

Cependant Acca apporte à Turnus, dans la forêt où il s'était embusqué, cette sinistre nouvelle, qui jette l'épouvante dans son cœur: « L'armée des Volsques est détruite : Camille a succombé. Les ennemis attaquent avec fureur, et, secondés du dieu Mars, ils sont maîtres de tout. La terreur déjà règne dans Laurente. » Turnus est transporté de rage. Il abandonne, ainsi le veut l'arrêt cruel de Jupiter, la colline et le bois redoutable qu'il occupait. A peine en est-il sorti pour se développer dans la plaine, qu'Énée s'empare du défilé devenu libre, franchit la hauteur, et s'échappe de l'épaisse forêt. Les deux héros marchent à grands pas vers la ville avec toutes leurs forces, et ne sont plus séparés que par un court intervalle. Énée a découvert de loin le nuage de poussière qui couvre la campagne et aperçu les bataillons laurentins. En même temps Turnus a reconnu le terrible Énée sous les armes; il a entendu la marche de l'infanterie et le souffle haletant des chevaux. A l'instant même ils en viendraient aux mains et tenteraient le sort des armes, si le soleil ne plongeait dans les flots d'Ibérie ses coursiers fatigués, et si la chute du jour ne ramenait la nuit. Les deux chefs prennent position devant la ville, et se retranchent dans leur camp.

LIVRE DOUZIÈME.

Lorsque Turnus voit que les Latins, abattus par leurs revers, se laissent aller au découragement, qu'ils réclament l'accomplissement de sa promesse, et que tous les yeux sont fixés sur lui, il s'enflamme d'une implacable colère : sa fierté se ranime. Tel, dans les plaines de la Libye, un lion que des chasseurs ont profondément blessé à la poitrine, se prépare seulement alors au combat : il secoue avec orgueil sa crinière sur son cou nerveux, brise sans effroi le trait dont un perfide ennemi l'a percé, et de sa gueule sanglante fait entendre un rugissement terrible ; tel s'allume et s'accroît l'emportement de Turnus. Dans la fureur qui l'agite, il aborde le monarque : « Je suis prêt, lui dit-il. Les lâches Troyens n'auront point de prétextes pour se rétracter, pour violer leur engagement. Je vais combattre. Préparez le sacrifice, ô mon père, et dictez les termes du traité. Ou mon bras plongera dans le Tartare ce Troyen, déserteur de l'Asie, et mon fer seul, aux yeux des Latins, tranquilles spectateurs de la lutte, repoussera les reproches que l'on m'adresse, ou Énée régnera sur les vaincus et aura Lavinie pour épouse. »

Latinus lui répond avec calme : « Jeune et magnanime guerrier, plus vous brillez par votre courage et votre noble fierté, plus je dois montrer de prudence et de sollicitude en pesant toutes les chances de la guerre. Vous possédez les États de Daunus, votre père, et des villes nombreuses conquises par votre valeur. L'or et le cœur de Latinus vous appartiennent également. Mais le Latium et le territoire de Laurente renferment d'autres beautés, libres encore et d'une naissance illustre. Souffrez que je vous fasse sans détour un pénible aveu, et gravez mes paroles dans votre cœur. D'après les avis des hommes et des dieux, il ne m'était permis d'unir ma fille à aucun de ses anciens prétendants. Vaincu par mon amour pour vous, vaincu par les liens du sang et par les pleurs d'une épouse désolée, j'ai rompu tous mes engagements : j'ai ravi ma fille à son futur époux, et j'ai entrepris une lutte sacrilége. Depuis ce jour, Turnus, vous voyez quels désastres ont suivi cette guerre, dont vous supportez le premier les plus rudes fatigues. Défaits dans deux grandes batailles, c'est à peine si nous abritons dans ces murs l'espoir de l'Italie. Le Tibre fume encore du sang de nos guerriers, et leurs ossements blanchissent au loin la plaine. Pourquoi revenir tant de fois sur mes pas? Pourquoi changer follement de projet? Si je suis prêt à faire alliance avec les Troyens lorsque vous ne serez plus, ne vaut-il pas mieux terminer la guerre de votre vivant? Que diront les Rutules, mes alliés, que dira toute l'Italie, si je vous livre au trépas, (puisse l'événement démentir mes paroles!) pour avoir recherché ma fille et mon alliance? Songez aux hasards de la guerre. Ayez pitié de votre vieux père qui gémit loin de vous dans Ardée, votre patrie. »

Ces paroles, loin de calmer la violence de Turnus, ne font que l'aigrir et l'ulcérer davantage. Dès qu'il peut parler, il répond en ces termes : « O le meilleur des rois, dans mon intérêt même daignez ne pas me témoigner tant d'égards, et laissez-moi acheter la gloire au prix de ma vie. Moi aussi je sais lancer les traits ; un javelot n'est pas sans force dans ma main, et mes coups font jaillir le sang. Ce fils d'une déesse n'aura pas toujours à ses côtés sa mère couvrant d'un nuage la fuite honteuse de son bien-aimé, et se dérobant elle-même au sein d'une ombre vaine. »

Cependant, effrayée du nouveau combat qui s'apprête, la reine fondait en larmes, et, dans son désespoir, elle cherchait à modérer l'ardeur de son gendre. « Turnus, lui dit-elle, par ces larmes que je répands, et par égard pour moi, si je vous suis chère encore ; vous, aujourd'hui l'unique espoir et le seul appui de ma vieillesse malheureuse, vous, le soutien de Latinus, de son empire et de sa gloire ; vous, sur qui repose notre maison chancelante, je ne vous demande qu'une grâce : renoncez à vous mesurer avec les Troyens. Quelle que soit pour vous l'issue de cette lutte, elle sera la même pour moi. En même temps que vous, j'abandonnerai une vie odieuse, sans voir Énée devenir mon gendre, et moi, sa captive. »

A ces paroles d'Amate, des pleurs inondent les joues brûlantes de Lavinie ; une vive rougeur colore son visage et enflamme tous ses traits. Ainsi l'ivoire s'empreint du brillant éclat de la pourpre ; ainsi la blancheur du lis mêlé aux roses rehausse leur incarnat. Turnus, transporté d'amour, attache ses yeux sur la jeune fille. Il sent redoubler son ardeur guerrière, et adresse ce peu de mots à la reine :
« Ah ! de grâce, ma mère, épargnez-moi vos larmes, et qu'un si funeste présage ne m'accompagne point aux combats. D'ailleurs, dussé-je périr, je ne suis point libre d'arrêter le trépas. Idmon va porter de ma part au roi des Phrygiens ce message qui ne saurait lui plaire. Demain, dès que l'Aurore, montée sur son char vermeil, rougira le ciel de ses feux, qu'il ne conduise pas les Troyens contre les Rutules. Que les deux peuples laissent reposer leurs armes. Le sang d'Énée ou celui de Turnus doit terminer la guerre. C'est sur ce champ de bataille qu'il faut conquérir la main de Lavinie. »

Il dit, revole à son palais, demande ses coursiers, et se plaît à les voir frémir d'ardeur. Orithye en avait fait présent à Pilumnus. Ils étaient plus blancs que la neige, plus légers que les vents. Leurs conducteurs s'empressent autour d'eux, caressent leur poitrail, et peignent leur crinière ondoyante. Turnus revêt une cuirasse où brillent des lames d'or et d'airain ; il ajuste son glaive, son bouclier, et son casque surmonté de deux aigrettes rouges. Son épée est celle que Vulcain lui-même avait forgée pour Daunus, père du héros, et plongée toute brûlante dans les eaux du Styx. Il sait ensuite d'un bras vigoureux une lourde lance, appuyée contre une haute colonne, au milieu du palais ; et, brandissant cette arme frémissante, dépouille enlevée à l'Auronce Actor, il s'écrie : « O toi, qui jamais n'as trompé mes vœux, voici le moment de me seconder. Le grand Actor te posséda jadis ; tu m'appartiens maintenant. Fais que j'abatte mon rival ; que ma main puissante arrache et mette en pièces la cuirasse de ce Phrygien efféminé ; que je souille dans la poussière ses cheveux bouclés avec un fer chaud et parfumés de myrrhe. » C'est ainsi que Turnus exhale sa fureur. Son visage étincelle ; ses yeux jettent des flammes. Tel un taureau, prêt à entrer dans la lice, pousse d'affreux mugissements, exerce ses cornes terribles contre le tronc des arbres, frappe l'air de ses coups, et prélude au combat en faisant voler la poussière.

De son côté, non moins redoutable sous l'armure que lui donna sa mère, Énée excite son courage et réveille sa vengeance : heureux de terminer la guerre aux conditions proposées. Il rassure ses compagnons, et calme les craintes d'Iule en leur découvrant les arrêts des Destins. Puis il envoie des messagers au roi Latinus pour lui porter sa réponse décisive et lui dicter le traité d'alliance.

Le lendemain, dès que le jour naissant éclaire la cime des montagnes, dès que les coursiers du Soleil, s'élançant du sein de l'Océan, soufflent de leurs naseaux des torrents de lumière, les Rutules et les Troyens mesurent et disposent, au pied des remparts de la ville, l'espace destiné au combat. Au milieu sont les foyers sacrés et des autels de gazon pour les dieux des deux peuples. Des prêtres, vêtus de lin, et le front ceint de verveine, portent l'eau et le feu. D'un côté, s'avance l'armée des Latins, dont les bataillons, armés de javelots, se répandent à flots pressés ; de l'autre, se précipitent les Troyens et les Étrusques, remarquables par la variété de leurs armes. Tous sont hérissés de fer, comme si Mars les appelait à ses luttes sanglantes. Au milieu de cette foule immense voltigent les chefs, étincelants d'or et de pourpre : Mnesthée, de la race d'Assaracus, le vaillant Asylas, et Messape, dompteur de coursiers, Messape fils de

Neptune. On donne le signal. Les deux armées se retirent dans leurs limites, enfoncent leurs lances dans la terre et déposent leurs boucliers. Les femmes, le peuple sans armes, les vieillards affaiblis par l'âge, accourent en foule à ce spectacle : ils couvrent les tours et les toits des maisons, ou se tiennent debout sur les hautes portes de la ville.

De la cime du mont qu'on appelle aujourd'hui Albain (c'était alors un lieu inconnu, sans honneur et sans gloire), Junon promenant ses regards sur la plaine, contemplait les deux armées et la ville de Latinus. Soudain la déesse s'adresse à la sœur de Turnus. Divinité protectrice des étangs et des fleuves, elle obtint du souverain maître de l'Olympe cet honneur, pour prix de la virginité qu'il lui avait ravie. « O nymphe, lui dit-elle, ornement des fleuves, toi que je chéris tendrement, tu sais que je t'ai préférée à toutes les filles du Latium qui sont entrées dans la couche infidèle du grand Jupiter, et que je me suis plu à te donner une place dans le ciel. Apprends ton malheur, Juturne, et ne m'en accuse pas. Tant que la Fortune a semblé le vouloir et que les Parques ont permis le succès des Latins, j'ai protégé Turnus et tes remparts. Maintenant je vois ce héros affronter une lutte inégale. L'heure des Destins approche, et leur puissance ennemie le menace. Je ne saurais être témoin ni de ce combat, ni de cette alliance. Si tu peux faire quelque chose de plus pour ton frère, hâte-toi. Peut-être, infortunés, un sort meilleur vous attend. » A ces mots Juturne verse un torrent de larmes, et meurtrit mille fois son beau sein. « Ce n'est pas le moment de pleurer, reprend la fille de Saturne. Vole, et, s'il se peut, arrache ton frère à la mort, ou rallume la guerre et romps le traité. Je t'autorise à tout entreprendre. » Ces conseils laissent Juturne incertaine, et en proie aux plus cruelles inquiétudes.

Cependant les rois paraissent. Latinus s'avance, dans un pompeux appareil, sur un char attelé de quatre coursiers. Autour de sa tête brille une couronne de douze rayons d'or, symbole du Soleil, son aïeul. Turnus le suit sur un char traîné par deux chevaux blancs, et brandit dans sa main deux javelots armés d'un large fer. D'autre part on voit Énée sortir de son camp. Le père du peuple romain resplendit de l'éclat que jettent son bouclier et son armure divine. A ses côtés marche Ascagne, cet autre espoir de la superbe Rome. Un prêtre, vêtu d'une robe blanche, amène un jeune porc avec une brebis qui a toute sa toison, et approche ces victimes des autels embrasés. Les regards tournés vers l'Orient, les princes et le pontife répandent la farine et le sel sur le front des victimes, les marquent avec le fer, et arrosent de libations les autels.

Alors Énée, le glaive en main, adresse aux dieux cette prière : « Je vous prends à témoin, Soleil, et toi, terre d'Italie pour qui j'ai pu supporter de si rudes travaux ; toi, puissant Jupiter, et toi, fille de Saturne, devenue pour moi plus propice, je l'espère ; et toi, illustre Mars, arbitre suprême des combats. Je vous invoque aussi, Fleuves et Fontaines, et vous, divinités de l'air et des mers aux flots d'azur. Si la victoire se déclare pour Turnus, les vaincus se retireront dans la ville d'Évandre ; Iule abandonnera la contrée ; les Troyens s'engageront à ne plus prendre les armes, et à ne plus attaquer ce royaume à force ouverte. Mais si la victoire se range du côté de nos armes (comme j'en ai la confiance, et puissent les dieux confirmer mon espoir !) je ne prétends pas que l'Italie obéisse aux Troyens, et je ne réclame point l'empire. Mon vœu, c'est que sous d'égales lois les deux peuples invincibles concluent une éternelle alliance. Je leur donnerai mon culte et mes dieux. Latinus, mon beau-père, conservera le commandement des armées avec le pouvoir souverain. Les Troyens me bâtiront une cité, et Lavinie lui donnera son nom. »

Ainsi parle Énée. Après lui Latinus, les yeux levés et la main droite tendue vers le ciel : « Comme vous, Énée, dit-il, j'atteste la terre, la mer et les astres, les deux enfants de Latone, Janus au double front, les puissances infernales et le sanctuaire du cruel Pluton. Que Jupiter m'entende, lui dont la foudre sanctionne tout traité. La main sur l'autel j'en jure par ces feux sacrés et par les dieux que j'invoque. Jamais, quoi qu'il arrive, les Latins ne rompront cette paix ni cette alliance. Nulle puissance ne changera ma volonté : non, dût la terre s'abîmer sous les eaux d'un déluge, et le ciel se plonger au fond du Tartare. J'en atteste ce sceptre (il tenait son sceptre à la main), qui ne verra jamais renaître ses feuilles légères, ni ses rameaux, ni son ombrage, du jour où, séparé de la tige qui le nourrissait dans les bois, il a perdu sous le tranchant du fer ses branches et sa verte chevelure : arbre jadis, il est aujourd'hui revêtu d'un airain brillant par la main d'un artiste qui l'a remis aux rois de Laurente comme l'insigne de leur pouvoir. »

C'est en ces termes que les deux rois scellaient leur alliance en présence des chefs de l'armée. Puis, selon l'usage, ils arrosent la flamme du sang des victimes consacrées, en arrachent les entrailles palpitantes, et en remplissent des bassins dont ils chargent les autels.

Mais depuis longtemps les Rutules s'inquiétaient des chances du combat, et se partageaient en sentiments divers. Plus le moment approche, plus les forces des deux rivaux leur semblent inégales. Leur crainte redouble à l'aspect de Turnus. Il s'avance d'un pas silencieux, et, les yeux baissés, s'incline d'un air suppliant au pied de l'autel. Ses joues sont livides ; la pâleur couvre son jeune front. Dès que sa sœur Juturne voit les murmures s'accroître et les esprits flotter incertains, elle se glisse au milieu des rangs sous les traits de Camerte, guerrier de noble race, fils renommé d'un père illustre par sa valeur, et redouté lui-même dans les combats. Ainsi mêlée parmi la foule dont elle connaît les sentiments, elle y sème mille rumeurs, et s'écrie : « Quelle honte, ô Rutules ! vous souffrez qu'un seul homme expose sa vie pour vous tous ! Ne sommes-nous pas égaux en nombre et en forces ? Ces Troyens et ces Arcadiens, les voilà devant vos yeux ; les voilà, ces terribles Étrusques dont la haine poursuit Turnus ! Si nous combattions corps à corps, chacun de nous aurait peine à trouver son adversaire. Ah ! sans doute la gloire va élever jusqu'aux cieux ce héros qui se dévoue pour notre salut au pied des autels, et son nom volera de bouche en bouche; mais nous, sans patrie, nous serons forcés d'obéir à des maîtres cruels, nous qui restons ici spectateurs oisifs du combat! » Ces paroles enflamment de plus en plus le cœur des guerriers. Un murmure circule dans tous les rangs. Les Laurentins, les Latins eux-mêmes, tous abandonnent leur premier projet. Naguère ils n'aspiraient qu'au repos et ne voyaient de salut que dans la fin des combats; maintenant ils veulent la guerre, ils demandent la rupture du traité, et plaignent l'injuste sort de Turnus.

A cet artifice Juturne en joint un autre, plus puissant encore. Elle fait éclater dans les airs un prodige dont l'effet merveilleux trouble l'esprit des Latins et les séduit par un présage trompeur. L'aigle de Jupiter, volant sous un ciel enflammé, poursuivait des oiseaux qui faisaient retentir la rive du bruit de leurs ailes, quand tout à coup il s'abat sur l'onde et enlève dans ses serres tranchantes un cygne d'une éclatante beauté. Ce spectacle étonne les Latins. Ils voient (ô surprise!) tous les oiseaux suspendre leur fuite, se rallier à grands cris, obscurcir le ciel de leurs ailes, et fondre comme une nuée sur l'ennemi commun. Enfin, cédant à la force et accablé par son fardeau, l'aigle laisse tomber sa proie dans le fleuve, et va se perdre au sein des nues. Les Rutules saluent ce présage d'un cri de joie, et s'apprêtent à saisir leurs armes. L'augure Tolumnius s'écrie le premier : « Voilà, voilà ce que j'ai demandé tant de fois. J'accepte ce présage, et je reconnais la voix des dieux. C'est moi, oui, moi, qui vous guiderai. Saisissez le glaive, infortunés, vous que cet étranger insolent menace de la guerre comme de faibles oiseaux, vous dont sa violence désole les rivages. Il va fuir et déployer au loin ses voiles sur les mers. Unissez vos efforts, serrez vos bataillons, et combattez tous pour le roi qu'on prétend vous ravir. »

A ces mots il sort des rangs, et lance un javelot contre les ennemis. Le trait siffle, et vole à son but à travers les airs. Aussitôt un grand cri s'élève : tous les bataillons s'ébranlent, et le tumulte enflamme les esprits. En face de Tolumnius étaient rangés par hasard neuf frères d'une rare beauté, tous fils de l'arcadien Gylippe et d'une Tyrrhénienne, son épouse fidèle. Le dard, en volant, atteint un d'eux au milieu du corps, à l'endroit où le baudrier réunit ses deux bouts par une agrafe. Le jeune guerrier, que distinguent ses grâces et l'éclat de son armure, a le flanc percé, et tombe sans vie sur l'arène. Soudain, transportés de douleur, ses frères intrépides saisissent, les uns leurs épées, les autres, leurs javelots, et se jettent tête baissée sur l'ennemi. Les bataillons latins marchent à leur rencontre. D'un autre côté se précipitent à flots pressés Troyens, Étrusques, Arcadiens aux armes peintes. Tous respirent l'ardeur des combats. On pille les autels. Le ciel est obscurci d'une nuée de traits qui retombent en pluie de fer. On enlève et cratères et brasiers. Latinus lui-même s'enfuit, emportant ses dieux outragés par la rupture de l'alliance. Ceux-ci attellent leurs chars, ceux-là s'élancent sur leurs coursiers, et tous se présentent le fer à la main.

Messape, impatient de rompre le traité, pousse son cheval sur Aulestès, roi des Tyrrhéniens, couronné du diadème. Le malheureux recule, et tombe à la renverse sur les autels où s'embarrassent sa tête et ses épaules. L'ardent Messape accourt armé d'un énorme javelot, et, sourd aux prières d'Aulestès, il le frappe d'un trait mortel, « C'est bien, s'écrie-t-il : voilà une victime plus agréable aux dieux. » Les Latins accourent, et dépouillent le corps palpitant d'Aulestès. Corynée enlève de l'autel un tison brûlant, et, devançant Ébuse qui accourait pour le frapper, lui lance la flamme au visage. La longue barbe du Rutule s'embrase, et répand une odeur infecte. Le Troyen, profitant de son trouble, fond sur lui, le saisit de la main gauche par les cheveux, le presse fortement du genou, le tient contre terre, et lui plonge son glaive dans le sein. Tandis que le pasteur Alsus s'élance aux premiers rangs à travers mille traits, Podalire, qui le poursuit, lève sur lui son épée nue. Alsus se retourne, et d'un coup de sa hache lui partage en deux le front et le menton, et inonde son armure de flots de sang. Un repos cruel et un sommeil de fer pèsent sur Podalire; ses yeux se couvrent d'une nuit éternelle.

Cependant Énée, la tête nue, étendait son bras désarmé, et rappelait les siens à grands cris : « Où courez-vous ? D'où vient cette discorde soudaine ? Ah ! calmez vos transports. Le pacte est conclu; toutes les conditions en sont réglées. J'ai seul le droit de combattre. Laissez-m'en le soin, et bannissez vos craintes. Mon bras scellera le traité, et ces autels m'ont garanti d'avance la défaite de Turnus. » Tandis qu'il parlait, une flèche siffle et l'atteint. Qui lança ce trait, et quelle main hardie en dirigea le vol ? quel hasard, ou quel dieu, ménagea aux Rutules ce coup glorieux ? On l'ignore. L'honneur d'un si brillant exploit est resté enseveli dans l'ombre, et personne ne se vanta de la blessure d'Énée.

Dès que Turnus voit son rival quitter le champ de bataille et les chefs troyens se troubler, un espoir soudain ranime sa bouillante ardeur. Il demande ses coursiers et ses armes, et d'un bond il s'élance fièrement sur son char dont il prend en main les rênes. Dans sa course rapide, il livre au trépas une foule de braves guerriers, en renverse un grand nombre à demi morts, écrase sous son char des bataillons entiers, ou perce les fuyards de ses traits. Tel, sur les bords glacés de l'Hèbre, Mars, altéré de sang, fait retentir son bouclier, et, déchaînant la guerre, lâche les rênes à ses coursiers fougueux. Ils volent à travers la plaine, plus prompts que le Notus et le Zéphire. La Thrace gémit au loin sous leurs pas bruyants. La hideuse Terreur, la Colère et les Embûches accompagnent son char. Ainsi l'impétueux Turnus, broyant sans pitié les ennemis qu'il immole, pousse dans la mêlée ses chevaux fumants de sueur. Sous leurs pieds rapides jaillit une rosée sanglante, et l'arène qu'ils foulent est abreuvée de carnage. Il frappe de près Pholus et Thamyris; il atteint de loin Sthénélus, ainsi que Glaucus et Ladès, tous deux fils d'Imbrasus. Leur père les avait élevés en Lycie, et les avait parés d'armes semblables pour combattre à pied, ou pour devancer à cheval le souffle des vents.

D'un autre côté, s'avance au milieu de la mêlée Eumède, fils belliqueux de l'antique Dolon. Héritier du nom de son aïeul, il a le courage et la force de son père, qui, pour pénétrer comme éclaireur dans le camp des Grecs, osa jadis demander en récompense le char du fils de Pélée. Mais Diomède paya d'un autre prix une pareille audace, et Doon cessa de prétendre aux coursiers d'Achille. Dès que Turnus a vu de loin Eumède dans la plaine, il lui lance d'abord un dard léger qui l'atteint à une grande distance; puis il arrête ses coursiers, saute de son char, fond sur son ennemi terrassé et à demi mort, appuie un pied sur son cou, lui arrache l'épée des mains, et lui plonge le fer étincelant dans la gorge, en s'écriant : « Troyen, voilà ces champs que tu es venu conquérir ! Que ton cadavre mesure l'Hespérie. Tel est le prix que je réserve à ceux qui osent m'attaquer. C'est ainsi qu'ils fondent des cités. »

Après Eumède tombent bientôt sous les traits de Turnus Asbutès, Chlorée, Sybaris, Darès, Thersiloque, et Thymétès qui glisse sur le cou de son cheval abattu. Ainsi lorsque, échappé de la Thrace, Borée s'élance avec fracas sur la mer Égée, les flots violemment poussés par les vents viennent battre le rivage, et les nuées fuient du ciel : de même, partout où Turnus se fraye un passage les bataillons plient et les combattants se dispersent. Sa fougue l'emporte, et la rapidité de son char fait flotter son aigrette.

Indigné de tant d'acharnement et de tant de fureur, Phégée se jette au-devant du char, saisit le frein écumant des rapides coursiers, et détourne leur essor. Tandis que, suspendu au joug qui l'entraîne, il reste à découvert, la lance au large fer l'atteint, pénètre sa cuirasse à double maille, et l'effleure d'une blessure légère. Phégée se retourne, se couvre de son bouclier, marche, le glaive en main, contre son ennemi, et appelle les siens à son aide. Soudain la roue du char, emporté par son impétueux élan, le heurte et le renverse à terre. Turnus fond sur lui, et, le frappant entre le bas du casque et le haut de la cuirasse, il lui tranche la tête d'un coup d'épée, et laisse le tronc sur l'arène.

Pendant que Turnus victorieux sème la mort dans la plaine, Mnesthée et le fidèle Achate, accompagnés d'Ascagne, ramènent dans sa tente Énée couvert de sang et appuyant ses pas sur sa longue javeline. Le héros s'indigne, et s'efforce d'arracher le trait brisé dans sa blessure. Il réclame de prompts secours; il ordonne que l'acier ouvre largement la plaie, que l'on fouille la profondeur où le fer est caché, et il ne pense qu'à retourner aux combats. Déjà s'était présenté le plus cher favori d'Apollon, Iasus, fils d'Iapis. Jadis épris pour lui d'une vive tendresse, le dieu s'était plu à lui offrir les attributs de sa divinité : sa science augurale, sa lyre et ses flèches légères. Mais lui, pour prolonger les jours de son père mourant, préféra connaître les vertus des plantes et l'art de guérir. Il aima mieux exercer sans gloire une profession obscure. Énée était debout, frémissant d'impatience, appuyé sur sa longue javeline. Iule en pleurs et une foule de guerriers se pressent autour de lui; mais il est insensible à leurs larmes. Le vieillard, la robe relevée à la manière de Péon, met inutilement tout en œuvre, et l'adresse de sa main et la puissance des herbes d'Apollon. En vain il ébranle le dard avec ses doigts, et cherche à le saisir avec une pince. La Fortune trompe ses efforts; Apollon, son maître, l'abandonne. Et pourtant la terreur s'étend de plus en plus dans la plaine, le péril devient plus pressant. Déjà le ciel est tout obscurci de poussière; les cavaliers s'avancent, et font pleuvoir une grêle de traits au milieu du camp. L'air retentit des cris lugubres de ceux qui combattent et qui tombent victimes des fureurs de l'impitoyable Mars.

En ce moment Vénus, vivement émue des indignes souffrances de son fils, va dans la Crète cueillir sur l'Ida le dictame aux feuilles cotonneuses et aux fleurs purpurines. C'est une plante que recherche la chèvre sauvage, lorsque la flèche rapide du chasseur s'est attachée à ses flancs. Enveloppée d'un nuage obscur, Vénus apporte le dictame, l'infuse dans un brillant bassin, et lui communique une vertu secrète en y mêlant le suc salutaire de l'ambroisie et l'odorante panacée. Le vieil Iapis baigne la plaie avec cette eau, dont il ignore le pouvoir. Soudain la douleur a disparu; le sang s'étanche au fond de la blessure, et, suivant la main sans effort, la flèche se détache d'elle-même. Le héros sent renaître sa première vigueur. « Des armes ! hâtez-vous de lui apporter ses armes, s'écrie Iapis ; qu'attendez-vous ? » Lui-même est le premier à l'animer contre l'ennemi : « Non, ajoute-t-il, votre guérison n'est pas due à des forces humaines ni aux secrets de mon art. Énée, ce n'est pas ma main qui vous sauve. Un dieu puissant a tout fait, et vous réserve pour de plus glorieux exploits. »

Le héros, avide de combats, a déjà chaussé ses brodequins d'or. Il s'indigne des retards, et brandit sa lance. Dès qu'il a saisi son bouclier et endossé sa cuirasse, il serre Ascagne dans ses bras, et, l'effleurant à peine d'un baiser qu'arrête son casque, il lui dit : « Mon enfant, reçois de ton père des leçons de constance et de vertu. D'autres t'enseigneront l'art d'être heureux. Aujourd'hui mon bras va te protéger dans les batailles et t'assurer le noble prix de la victoire. Toi, quand tu seras parvenu à l'âge mûr, garde ce souvenir et rappelle à ton esprit les exemples de tes aïeux. Que ton courage s'enflamme en songeant que tu es le fils d'Énée et le neveu d'Hector. » A ces mots, il franchit fièrement les portes en balançant un énorme javelot. Avec lui s'élancent Anthée et Mnesthée, à la tête de leurs nombreux bataillons. Toute l'armée s'avance en même temps, et laisse le camp désert. Un tourbillon de poussière couvre la plaine, et la terre ébranlée tremble sous leurs pas.

Turnus, du haut d'une éminence, a vu venir les ennemis ; les Latins les ont également aperçus, et leurs cœurs sont glacés d'effroi. Juturne, la première, a entendu la marche des Troyens, les a reconnus, et s'est enfuie épouvantée. Énée vole et entraîne ses noirs bataillons dans la plaine. Tel un orage fend les nues, traverse l'océan et fond sur la terre. Les malheureux laboureurs, prévoyant hélas ! de loin ses ravages, frissonnent d'effroi. La trombe va déraciner les arbres, détruire les moissons, tout abattre sur son passage. L'aquilon la devance, et fait retentir le rivage de ses mugissements. Tel, le chef des Troyens lance ses cohortes contre l'ennemi. Tous les guerriers se groupent en colonnes serrées. Thymbrée perce de son glaive le grave Osiris. Mnesthée égorge Archétius; Achate, Épulon; et Gyas, Ufens. Il tombe aussi, l'augure Tolumnius, qui le premier avait lancé un trait contre les Troyens. Un cri s'élève jusqu'au ciel. Les Rutules, repoussés à leur tour, s'enfuient dans la plaine à travers un nuage de poussière. Énée ne daigne ni immoler les fuyards, ni poursuivre ceux qui l'attendent de pied ferme et lui lancent des traits. Turnus est le seul qu'il cherche des yeux dans cette épaisse obscurité, le seul qu'il appelle au combat.

Effrayée du péril de son frère, Juturne fait tomber du timon et renverse entre les guides Métisque, conducteur du char de Turnus, et le laisse étendu sur la terre. Elle le remplace, et prend en main les rênes flottantes, semblable en tout à Métisque dont elle emprunte la voix, la figure et les armes. Comme on voit la noire hirondelle voltiger dans la vaste demeure d'un maître opulent, et traverser de superbes parvis en cherchant un peu de pâture pour nourrir sa couvée babillarde; ses cris retentissent tantôt sous d'immenses portiques, tantôt autour des humides étangs; ainsi Juturne lance les coursiers de Turnus au milieu des ennemis, fait voler partout le char, montre partout son frère triomphant, et, pour l'empêcher d'en venir aux mains avec son rival, l'entraîne loin du danger.

Énée multiplie les détours afin de rencontrer Turnus. Il s'attache à ses traces, et l'appelle à haute voix au milieu des bataillons dispersés. Chaque fois qu'il aperçoit son ennemi, et qu'il essaye d'atteindre dans leur fuite ses agiles coursiers, Juturne l'évite en détournant le char. Que faire, hélas! Son esprit flotte indécis et se partage entre mille pensées diverses. Soudain arrive le rapide Messape, portant à la main deux javelots garnis de fer. Il brandit l'un avec force, et d'un bras sûr le lance au héros. Énée s'arrête et s'abrite sous son bouclier en fléchissant le genou. Cependant le trait, dans son vol, atteint le cimier du casque et abat le panache. La colère d'Énée est alors à son comble. Outré de se voir le jouet d'une ruse qui alternativement lui présente et lui ravit les coursiers et le char de Turnus, il atteste mille fois Jupiter et les autels, garants de la foi violée. Enfin il se précipite au milieu des ennemis, et, terrible, sous la protection de Mars, il donne un libre essor à toute sa fureur, et fait sans pitié un effroyable carnage.

Quel dieu maintenant me dévoilera tant d'horreurs? Comment retracer dans mes vers tant de scènes sanglantes, et le trépas de tant de chefs, que Turnus et le héros troyen poursuivent tour à tour dans la plaine? O Jupiter, comment as-tu permis cette lutte acharnée entre deux peuples qu'une éternelle paix devait unir un jour?

Énée fond d'abord sur le Rutule Sucron. Cette première rencontre arrête la fougue des Troyens. Il l'atteint dans le flanc, et de son épée lui perce les côtes à l'endroit le plus mortel. Turnus attaque à pied Amycus renversé de cheval, et son frère Diorès. L'un s'avançait sur lui : il le frappe de sa longue javeline, et il immole l'autre avec son glaive. Il les décapite tous deux, suspend les têtes à son char, et promène ces dépouilles sanglantes. Énée, dans la même attaque, envoie chez les morts Talon et Tanaïs, le vaillant Céthégus et le malheureux Onytès, fils d'Échion et de Péridie. Turnus égorge deux frères venus de la Lycie, des champs aimés d'Apollon, et le jeune Arcadien Ménétès que ne put sauver son horreur pour la guerre. Simple pêcheur, né d'une famille pauvre, il habitait les bords du lac de Lerne. Il ne connaissait point les palais des grands, et son père ensemençait une terre qu'il n'avait que louée. Comme on voit s'élancer de deux points différents la flamme pétillante qui dévore une aride forêt de lauriers, ou se précipiter rapidement de la cime des monts deux fleuves écumants qui roulent avec fracas leurs eaux dans la mer, après avoir tout ravagé sur leur passage, Énée et Turnus se jettent avec la même impétuosité au milieu des combattants. Plus

LIVRE DOUZIEME

que jamais la rage bouillonne dans leurs cœurs; rien n'arrête leur fougue; tous leurs coups portent le trépas.

Murranus parlait avec orgueil de ses ancêtres, de l'antiquité de sa race, et de la longue suite de rois dont il était issu. Énée saisit une énorme pierre, la fait tourner avec force, renverse Murranus de son char et l'étend sur le sol. Il roule entre les rênes et le timon, emporté par les roues et foulé à chaque instant sous les pieds de ses coursiers rapides qui ne connaissent plus leur maître. Turnus voit s'élancer sur lui Hyllus, qui frémit de fureur. Il marche à sa rencontre. Le trait qu'il lui lance à la tempe perce le casque d'or du Troyen, et s'arrête dans son cerveau. Ton bras ne peut te soustraire aux coups de Turnus, Créthée, ô le plus vaillant des Grecs. Tes dieux, Cupencus, ne te protégent pas non plus à l'approche d'Énée. En présentant sa poitrine au fer du héros, le malheureux ne trouve qu'un vain rempart dans son bouclier d'airain. Toi aussi, Éole, les plaines de Laurente te voient tomber, et couvrir la terre de ton corps énorme : tu meurs, toi que ne purent abattre ni les phalanges grecques, ni Achille destructeur de l'empire de Priam. Là fut le terme de ta vie. Tu avais deux palais superbes, l'un à Lyrnesse, l'autre au pied de l'Ida, et ta tombe est dans les plaines de Laurente. Les deux armées entières, tous les Latins, tous les Troyens, Mnesthée, le bouillant Séreste, Messape le dompteur de coursiers, le vaillant Asylas, la phalange des Toscans et les escadrons arcadiens d'Évandre, tous enfin déploient leurs forces à l'envi. Point de trêve ni de repos : la lutte se déploie sur un vaste théâtre.

En ce moment la belle Vénus inspire à son fils le projet de marcher contre les murs ennemis, et de diriger au plus vite ses troupes sur Laurente pour effrayer les Latins par un assaut imprévu. Tandis que le héros, cherchant Turnus dans la mêlée, promène de tous côtés ses regards, il voit la ville à l'abri des horreurs de la guerre et impunément tranquille. Aussitôt son ardeur s'enflamme à l'idée d'une attaque plus importante. Il appelle les chefs, Mnesthée, Sergeste et l'intrépide Sereste. Il monte sur un tertre où bientôt les

Troyens accourent et se pressent autour de lui, sans quitter leurs boucliers ni leurs javelots. Là, debout au milieu d'eux, il leur parle en ces termes : « Que mes ordres n'éprouvent aucun retard. Jupiter est pour nous. Mon projet, quoique soudain, n'étonnera pas votre audace. Si cette ville, cause de la guerre et siège de l'empire de Latinus, refuse de subir le joug et d'accepter la loi du vainqueur, je la détruirai aujourd'hui, et je couvrirai le sol de ses ruines fumantes. Quoi ! j'attendrais que Turnus daignât entrer en lice, et qu'il consentît à se mesurer avec moi après sa défaite ! Compagnons, c'est ici l'origine, ce sera la fin de cette guerre sacrilége. Armez-vous de torches, et courez, la flamme à la main, réclamer l'exécution des traités. »

Il dit. Tous, animés d'une égale ardeur, se forment en colonne, et avancent contre les murailles. Soudain les échelles sont dressées, et les feux éclatent. Les uns courent aux portes et massacrent les gardes, les autres décochent des flèches et obscurcissent les airs de leurs traits. Énée, aux premiers rangs, étend le bras vers les remparts, et accuse à haute voix Latinus. Il atteste les dieux qu'on le force à reprendre les armes, que les Latins ont deux fois provoqué la guerre, deux fois rompu les traités. L'alarme et la discorde règnent parmi les habitants. Ceux-ci veulent qu'on ouvre les portes aux Troyens, et entraînent avec eux le roi lui-même sur les remparts ; ceux-là prennent les armes et persistent à se défendre. Ainsi, lorsqu'un pasteur a découvert des abeilles dans le creux d'un rocher et rempli leur retraite d'une fumée amère, les insectes effrayés courent çà et là dans leurs remparts de cire, et s'excitent à la vengeance par de grands bourdonnements. La noire vapeur infeste leur asile où retentit un sourd murmure, et des tourbillons de fumée se répandent dans les airs.

A la détresse des Latins vient se joindre un nouveau malheur, qui bouleverse et plonge dans le deuil la ville tout entière. Dès que la reine voit, du haut de son palais, l'ennemi s'avancer, attaquer les remparts, faire voler la flamme sur les toits, sans que les bataillons rutules ni les guerriers de Turnus se montrent nulle part pour les défendre, l'infortunée croit que ce héros a succombé dans la lutte ; et, l'esprit égaré par la douleur, elle s'écrie qu'elle est la cause criminelle de tous ces maux. Puis, quand elle a exhalé longtemps son désespoir en discours insensés, résolue à mourir, elle déchire de sa propre main sa robe de pourpre, et en forme au haut d'une poutre l'affreux lien qui termine sa vie. Les femmes latines apprennent bientôt cette fin tragique d'Amate. Sa fille, la première, arrache ses blonds cheveux et meurtrit ses joues de rose. La foule qui l'entoure partage sa vive douleur, et fait retentir au loin le palais de ses gémissements. Cette funeste nouvelle se répand aussitôt dans toute la ville et consterne les esprits. Latinus déchire ses vêtements. Accablé du trépas de son épouse et de la ruine qui menace Laurente, il souille ses cheveux blancs d'une immonde poussière, et se reproche mille fois de n'avoir pas accepté tout d'abord le héros troyen pour gendre et pour héritier de son trône.

Cependant Turnus, à l'extrémité de la plaine, poursuit encore quelques fuyards ; mais son ardeur n'est plus la même, et sa confiance diminue avec l'agilité de ses coursiers. Tout à coup le vent apporte jusqu'à lui des cris confus, qui lui inspirent une vague terreur : il frémit au bruit sourd et au murmure sinistre de la ville. « Hélas ! dit-il, quel trouble affreux règne dans les murs ? Quelles clameurs terribles s'en élèvent de toutes parts ? » Il dit, et hors de lui, il ramène les rênes et s'arrête. Sa sœur qui, sous les traits de Métisque, dirigeait les coursiers et le char, le prévient en ces mots : « Turnus, c'est par ici qu'il faut poursuivre les Troyens ; prenons la route que la victoire nous a d'abord ouverte. Nos murs ne manqueront pas de défenseurs intrépides. Énée charge les Latins, et s'abandonne à l'ardeur des combats. Nous aussi, portons la mort parmi les Troyens. Cette lutte ne te promet ni moins de victimes ni moins de gloire. »

Turnus lui répond : « O ma sœur, je t'ai reconnue dès l'instant où tes artifices ont rompu le traité, et t'ont mêlée à ces combats. Déesse, c'est en vain que tu veux encore te cacher à moi. Mais par quel ordre es-tu descendue de l'Olympe pour supporter de si rudes fatigues? Était-ce pour assister au cruel trépas de ton malheureux frère? Car, que puis-je faire? Quel espoir de salut me laisse la Fortune? J'ai vu le plus cher de mes compagnons d'armes, Murranus, expirer en m'appelant à son secours; je l'ai vu succomber sous les coups terribles d'un redoutable guerrier. Il a péri aussi, l'infortuné Ufens, pour n'être pas témoin de notre honte. Ses armes et son corps sont au pouvoir des Troyens. Il ne manque plus à mon déshonneur que de laisser détruire nos foyers. Le souffrirai-je? Mon bras ne confondra-t-il pas les accusations de Drancès? Eh quoi! je tournerais le dos! et cette terre verrait fuir Turnus! La mort est-elle donc un si grand mal? Dieux des enfers, venez à mon aide, puisque les dieux du ciel me retirent leur appui. Je descendrai vers vous, pur d'un tel opprobre et toujours digne de mes nobles aïeux. »

Comme il achevait ces mots, Sacès, blessé d'une flèche au visage, vole à travers les ennemis sur un coursier écumant, se précipite vers Turnus, et implore à haute voix son secours. « Turnus, dit-il, tu es notre dernier espoir. Prends pitié de ton peuple. Énée foudroie nos murs; il menace de renverser les hautes tours de Laurente et de saper la ville jusqu'en ses fondements. Déjà les torches volent sur nos demeures. C'est toi que les Latins appellent, c'est toi que cherchent leurs regards. Le roi lui-même hésite sur le choix d'un gendre et sur l'alliance qu'il doit adopter. Que dis-je? la reine, ton plus fidèle appui, s'est tuée de sa propre main: épouvantée de nos désastres, elle a fui la lumière. Messape et le bouillant Atinas soutiennent seuls, devant les portes, le choc de l'ennemi. Autour d'eux se pressent de toutes parts d'épaisses phalanges dont les épées nues se dressent comme une moisson de fer; et toi, tu promènes ton char dans cette plaine déserte! »

Interdit, accablé de mille pensées diverses, Turnus reste plongé dans un morne silence. Au fond de son cœur bouillonnent à la fois la honte, la fureur, le désespoir, l'amour, et le sentiment de sa valeur. Dès que le nuage s'est dissipé, et que la lumière vient éclairer sa raison, il tourne vers Laurente des regards enflammés de courroux, et du haut de son char il contemple cette grande ville. Tout à coup il aperçoit un tourbillon de flammes s'élançant vers le ciel, et roulant d'étage en étage le long d'une tour qu'il avait lui-même posée sur des roues et garnie de ponts élevés. « C'en est fait, ma sœur : les Destins l'emportent. Cesse de me retenir. Allons où m'appellent les dieux et la Fortune ennemie. Je veux combattre Énée ; je veux braver tout ce que la mort a d'affreux. Non, tu ne me verras pas plus longtemps oublier ma gloire. Mais, avant que je périsse, laisse-moi me livrer à toute ma fureur. »

Il dit, et de son char s'élance à terre, vole à travers les traits des ennemis, et, laissant sa sœur désolée, s'ouvre rapidement un passage au milieu des bataillons. Comme, du sommet d'un mont, tombe et se précipite un roc arraché par les vents, rongé par les pluies d'orage, ou miné par le temps : la masse énorme roule avec impétuosité, rebondit sur le sol et entraîne avec elle forêts, troupeaux, pasteurs ; tel, à travers les phalanges rompues, Turnus fond sur les murs de Laurente, aux lieux où la terre est inondée de sang et où l'air retentit du sifflement des traits. Il fait signe de la main, et s'écrie à haute voix : « Arrêtez, Rutules ; et vous, Latins, suspendez vos coups. Quel que soit l'arrêt du Destin, c'est moi qu'il regarde ; c'est à moi seul d'expier pour vous la rupture du traité, et de vider ma querelle le fer à la main. » Aussitôt les rangs s'écartent et laissent un espace libre.

Au seul nom de Turnus, Énée abandonne les murs et les hautes tours de Laurente. Impatient de tout retard, il suspend les travaux, et, tressaillant de joie, fait retentir son bouclier d'une manière terrible. On croirait entendre l'Athos, l'Éryx ou l'Apennin lui-même, quand il agite ses chênes frémissants et s'enorgueillit de porter jusqu'aux nues sa cime couronnée de frimas. Rutules, Troyens,

Latins, et ceux qui défendaient les remparts, et ceux dont le bélier battait les murailles, tous à l'envi tournent leurs regards vers la lice et déposent leurs armes. Latinus lui-même voit avec étonnement ces deux héros, nés si loin l'un de l'autre, prêts à se mesurer et à combattre le fer à la main.

Dès que la plaine leur offre un libre espace, ils font voler de loin leurs javelots, et d'un élan rapide ils commencent la lutte en frappant leurs boucliers d'airain. La terre en gémit. Alors, armés du glaive, ils s'attaquent à coups redoublés. L'adresse et le courage se réunissent. Tels, dans la vaste forêt de Sila ou sur le mont Taburne, deux taureaux engagent un combat terrible et se heurtent de front. Les pâtres effrayés s'éloignent. Tout le troupeau reste immobile, muet de terreur; les génisses attendent l'issue de la lutte qui doit assurer l'empire à l'un des deux et donner un chef au troupeau. Les deux rivaux se portent des coups furieux, se percent de leurs cornes, et font ruisseler le sang sur leur cou et sur leurs épaules. Le bois entier retentit de leurs mugissements. Tels Énée et Turnus entre-choquent leurs boucliers, et remplissent l'air d'un horrible fracas.

Jupiter tient en équilibre les deux plateaux de sa balance, et y place les destins des deux chefs, pour reconnaître quelle victime le Sort a choisie et de quel côté penche la mort. Turnus, croyant l'instant propice, fond sur Énée, se dresse de toute sa hauteur, et de son épée qu'il lève frappe son adversaire. Les Troyens et les Latins également émus poussent un cri, et les deux armées demeurent attentives. Mais le perfide acier se rompt: il trahit l'ardeur du guerrier au milieu de son effort, et ne lui laisse d'autre ressource que la fuite. Il fuit, plus prompt que l'Eurus, quand il voit cette poignée inconnue rester seule dans sa main désarmée. On assure que, emporté par sa fougue quand il s'élançait sur son char pour voler aux combats, Turnus, au lieu du glaive de son père, avait saisi, dans son impatience, l'épée de Métisque son écuyer. Tant qu'il n'avait eu à poursuivre qu'une armée en déroute, ce fer lui avait suffi. Mais, quand il fut aux prises avec les armes fabriquées par Vulcain, ce glaive, ouvrage d'un mortel, se brisa sous le coup comme un cristal fragile, et l'on en vit briller les éclats épars sur l'arène. Turnus, éperdu, fuit de tous côtés dans la plaine, va, revient et fait mille détours. Mais, d'une part, les Troyens lui opposent une barrière insurmontable, de l'autre un vaste marais et les remparts élevés de Laurente lui ferment le passage.

Énée, quoique ses genoux affaiblis par sa blessure fléchissent parfois, et ralentissent sa course, poursuit son rival avec la même ardeur, et de son pied presse le pied du Rutule tremblant. Ainsi, lorsqu'un limier d'Ombrie surprend un cerf arrêté par un fleuve ou par un épouvantail de plumes d'un rouge éclatant, il dévore la trace et le presse de ses aboiements. Le cerf, effrayé de l'épouvantail et de la hauteur de la rive, s'enfuit de tous côtés. Mais l'ardent limier, la gueule béante, s'acharne à sa proie : à chaque instant il croit la saisir, et, comme s'il la tenait, il fait craquer ses mâchoires qui ne mordent que l'air. Alors un cri s'élève auquel répondent les rives et les lacs d'alentour, et le ciel au loin en retentit. Turnus, dans sa fuite, gourmande tous les Rutules, les appelle chacun par leur nom, et réclame son glaive. Énée, de son côté, menace d'une prompte mort quiconque osera s'approcher. Il les glace tous d'épouvante en leur faisant craindre la destruction de leur ville, et, malgré sa blessure, il fatigue son adversaire. Cinq fois dans leur course ils font le tour de la lice, et autant de fois ils reviennent sur leurs pas; car, dans ce combat, ce n'est point un prix léger et frivole qu'ils se disputent : il s'agit de la vie et du sang de Turnus.

En ce lieu s'élevait naguère un olivier sauvage aux feuilles amères, consacré à Faunus. Cet arbre était révéré des nautoniers qui, sauvés de la fureur des flots, y déposaient leurs offrandes au dieu de Laurente, et acquittaient leurs vœux en suspendant leurs vêtements à ses rameaux. Mais les Troyens, sans respect pour ce tronc sacré, l'avaient abattu afin de laisser le champ libre aux combattants. Là s'était enfoncée la javeline d'Énée; c'est là que son vol rapide l'avait fixée dans la racine de l'arbre. Le héros, en se courbant, vent arracher le fer, et poursuivre avec cette arme celui qu'il ne peut atteindre à la course. Alors Turnus, que la frayeur égare : « Faunus, s'écrie-t-il, je t'en conjure, prends pitié de moi; et toi, terre propice, retiens ce fer, si j'ai toujours honoré ton culte que profanent les armes troyennes. » Il dit, et le dieu exauce sa prière. Énée lutte longtemps contre la racine rebelle; mais toute sa vigueur n'en peut vaincre la résistance. Tandis qu'il s'opiniâtre et redouble d'efforts, Juturne reprend la figure de Métisque, et remet à son frère son épée. Mais Vénus, indignée de l'audace de cette nymphe, s'approche et dégage le javelot enfoncé dans la racine. Ces superbes rivaux recouvrent leur courage avec leurs armes. L'un compte sur son glaive, l'autre tient fièrement sa lance haute, et ils s'avancent l'un contre l'autre, enflammés de toutes les fureurs de Mars.

Cependant le maître tout-puissant de l'Olympe s'adressant à Junon qui, du haut d'un sombre nuage, contemplait le combat : « Quelle sera, dit-il, chère épouse, la fin de cette lutte? et que prétendez-vous encore? Énée, vous le savez et vous en convenez vous-même, doit avoir le ciel pour séjour, et les Destins l'élèveront au rang des Immortels. Que méditez-vous donc? ou quel espoir vous retient sur ce froid nuage? Convenait-il qu'un dieu fût blessé par la main d'un mortel, et que Juturne (car sans vous que pouvait-elle?) rendît à Turnus son glaive, et relevât le courage des vaincus? Éteignez enfin votre haine, et laissez-vous fléchir par mes prières. Dissipez le noir chagrin qui vous dévore : qu'une bouche si chère ne m'entretienne plus si souvent de plaintes qui m'affligent. Le moment suprême est venu. Vous avez pu poursuivre les Troyens sur terre et sur mer, allumer une guerre désastreuse, désoler une famille et mêler le deuil aux joies d'un hyménée. Mais je vous défends d'aller plus loin. »

Ainsi parle Jupiter. La fille de Saturne lui répond d'un air soumis : « Dieu souverain, votre volonté m'était connue. Aussi ai-je, malgré moi, abandonné Turnus et la terre. Autrement me verriez-vous ici, seule, sur un nuage, dévorer tant d'affronts? Non, non : armée de feux vengeurs, je serais sur le champ de bataille, et j'entraînerais les Troyens à de funestes combats. J'ai conseillé à Juturne, je l'avoue, de secourir son malheureux frère ; je l'ai autorisée à oser davantage encore, afin de lui sauver la vie : pourvu qu'elle s'abstînt de tendre un arc et de lancer des flèches. J'en jure par le Styx, ce fleuve inexorable, qui inspire aux divinités célestes une religieuse terreur. C'en est fait : je cède, et je renonce pour toujours à ces odieux combats. Mais, ce qui n'est fixé par aucun arrêt du Destin, je le demande pour le Latium et pour l'honneur de votre sang. Lorsque les deux peuples, puisqu'il le faut, cimenteront la paix par un heureux hymen, lorsque leur alliance les aura réunis sous de communes lois, ne permettez pas que les Latins, enfants de cette terre, deviennent des Troyens et en prennent le nom, ni qu'ils renoncent à leur langage et à leurs vêtements. Que le Latium, qu'Albe et ses rois subsistent à jamais ; que la valeur italienne accroisse la puissance de Rome. Troie a péri : souffrez que son nom périsse avec elle. »

Le souverain maître du monde lui répond en souriant : « Quoi! sœur de Jupiter, née de Saturne comme moi, les transports de la haine bouleversent ainsi votre âme! Calmez cette vaine fureur : je vous accorde ce que vous demandez ; je me rends, et cède volontiers à votre désir. Les Ausoniens conserveront la langue et les coutumes de leurs pères. Ils ne changeront point de nom. Les Troyens mêleront seulement leur sang à celui des Latins. J'établirai pour tous le même culte, les mêmes sacrifices : tous seront Latins avec un seul langage. De ce mélange avec le sang ausonien vous verrez sortir une race qui, par ses vertus, s'élèvera au-dessus des hommes, au-dessus des dieux ; et aucune nation ne vous rendra de plus magnifiques hommages. »

Junon approuve ces paroles, et son courroux fait place à la joie. Elle abandonne le nuage, et remonte dans l'Olympe. Le père des dieux médite alors un projet nouveau : il veut éloigner Juturne de la lice où combat son frère. Il est, dit-on, deux fléaux qu'on nomme Furies. La sombre Nuit les eut d'un même enfantement que l'infernale Mégère, les ceignit également de serpents tortueux, et leur donna des ailes aussi rapides que le vent. Près du trône de Jupiter, au pied de ce roi redoutable, elles attendent ses ordres, et portent l'épouvante chez les infortunés mortels, lorsque le roi des dieux songe à nous envoyer l'horrible trépas et les maladies, ou qu'il menace de mort les coupables cités. C'est un de ces monstres agiles que Jupiter envoie du haut des cieux, et il lui ordonne de se présenter à Juturne comme un présage. La Furie part, et d'un essor impétueux s'élance vers la terre. Ainsi, fendant les airs et passant inaperçue à travers l'ombre, la flèche empoisonnée qu'a dirigée le Parthe ou le Crétois porte avec elle une mort inévitable. Telle la fille de la Nuit se précipite sur la terre. Dès qu'elle voit l'armée troyenne et les bataillons de Turnus, soudain elle se renferme tout entière sous la forme de cet oiseau qui, penché la nuit sur les tombes ou sur les toits déserts, prolonge dans les ténèbres ses chants lugubres. Ainsi déguisé, le monstre passe et repasse avec bruit devant Turnus en frappant le bouclier de ses ailes. Une étrange torpeur glace d'effroi le héros; ses cheveux se dressent d'horreur; la voix expire sur ses lèvres.

Dès que Juturne a reconnu de loin la Furie au sifflement de ses ailes, la malheureuse arrache ses cheveux épars, se déchire le visage et se meurtrit le sein : « Turnus, s'écrie-elle, quel appui maintenant peut te prêter ta sœur? Quel espoir me reste-t-il dans mon infortune? Comment prolonger tes jours? Puis-je résister à un pareil monstre? C'en est fait, j'abandonne le champ de bataille. Ne redoublez pas ma terreur, sinistres oiseaux. Je reconnais le battement de vos ailes et votre cri de mort; je comprends l'arrêt cruel du grand Jupiter. Voilà donc le prix de ma virginité! Pourquoi m'a-t-on rendue immortelle? Pourquoi m'a-t-on fermé les portes du trépas? Du moins, je pourrais aujourd'hui mettre un terme à mes cruelles douleurs, et accompagner mon malheureux frère dans le séjour des ombres. Immortelle! moi! Mais, ô mon frère, quel bien, parmi ceux qui me restent, puis-je goûter sans toi? O quel gouffre assez profond s'ouvrira sous mes pas pour m'engloutir, toute déesse que je suis, et me plonger au fond des enfers! » A ces mots, la nymphe éplorée enveloppe sa tête d'un voile d'azur, et disparaît dans le lit du fleuve.

Cependant Énée presse de plus en plus son rival, brandit son énorme javeline faite d'un arbre entier, et prononce ces mots cruels : « Eh bien! qui t'arrête maintenant? Turnus, pourquoi donc reculer? Ce n'est plus à la course, c'est de près, et avec des armes redoutables qu'il faut combattre. Revêts toutes les formes, épuise toutes les ressources du courage ou de l'adresse; envole-toi, si tu peux, dans les nues, ou bien enfonce-toi dans les entrailles de la terre. » Turnus lui répond en secouant la tête : « Barbare, ce ne sont point tes bravades qui m'effrayent : ce sont les dieux, c'est Jupiter, mon ennemi. » Sans en dire davantage, il jette les yeux sur une grosse pierre, masse antique, énorme, qui se trouvait là pour séparer les terrains et prévenir toute contestation. A peine douze hommes, tels que la terre en produit de nos jours, pourraient-ils la porter sur leurs épaules. Turnus la saisit d'une main frémissante, et, se dressant de toute sa hauteur, il se dispose à fondre sur Énée. Mais quand il veut courir ou marcher, lever et balancer ce poids immense, il ne se reconnaît plus; ses genoux chancellent; son sang se glace dans ses veines. Le bloc est retombé, sans avoir pu franchir tout l'espace ni porter le coup. Ainsi, la nuit, quand un profond sommeil ferme nos yeux, nous essayons en vain de courir. Nous succombons de fatigue au milieu de nos efforts; notre langue reste muette; les forces nous abandonnent; la voix et la parole nous manquent. De même, la cruelle Furie déjoue tous les efforts que tente le courage de Turnus. En proie à mille sentiments divers, il regarde tour à tour les Rutules et la ville. Tremblant, incertain, il sent que le fer le menace. Il ne sait comment échapper, comment attaquer son rival; il ne voit plus ni son char, ni sa sœur qui lui servait de guide.

Tandis que Turnus flotte irrésolu, Énée brandit sa fatale

javeline, épie le moment favorable, et la lance de loin en déployant toutes ses forces. Moins terrible est le bruit des pierres lancées par la baliste, et la foudre éclate avec moins de fracas. Le trait vole, comme un noir tourbillon, portant avec lui l'affreux trépas; il traverse les sept cuirs du bouclier, le bord de la cuirasse, et perce en sifflant le milieu de la cuisse. Turnus tombe terrassé; son jarret plie, et son corps de géant couvre la terre. Les Rutules poussent un cri; les monts d'alentour en frémissent, et les échos des bois y répondent au loin. Humble et soumis, Turnus lève ses yeux et ses mains suppliantes vers Énée : « J'ai mérité mon sort, dit-il; je ne cherche point à me soustraire au trépas : use de ta fortune. Mais si ton cœur est sensible au malheur d'un père, je t'en conjure, en mémoire du vénérable Anchise : prends pitié de la vieillesse de Daunus, et rends-moi aux miens; ou, si tu l'aimes mieux, rends-leur mon corps inanimé. Tu es vainqueur, et les Ausoniens ont vu le vaincu te tendre la main. Lavinie est à toi. Ne porte pas plus loin ta haine. »

Quoique emporté par sa fougue et roulant des yeux étincelants, Énée retient son bras. De plus en plus incertain, il commençait à s'attendrir, quand il voit et reconnaît sur l'épaule de Turnus cette écharpe ornée de bulles, le fatal baudrier du jeune Pallas, que son vainqueur avait terrassé sous ses coups, et dont il portait la dépouille comme un trophée. A la vue de cet insigne, qui lui rappelle un cruel sujet de douleur, Énée, enflammé de colère, donne l'essor à son terrible ressentiment : « Quoi! s'écrie-t-il, revêtu des dépouilles des miens, tu échapperais à ma vengeance! C'est Pallas, oui, Pallas qui t'immole par mon bras, et qui se baigne dans ton sang criminel. » A ces mots, Énée furieux lui plonge sa javeline dans le sein. La mort glace aussitôt les membres de Turnus, et son âme indignée s'enfuit en gémissant chez les ombres.

FIN.

Coulommiers — Imp. Paul BRODARD. — 45-97.

LIBRAIRIE HACHETTE ET Cⁱᵉ

79, BOULEVARD SAINT-GERMAIN, A PARIS.

BIBLIOTHÈQUE VARIÉE

FORMAT IN-16, BROCHÉ

1ʳᵉ SÉRIE, A 3 FR. 50 LE VOLUME

PUBLICATIONS

LITTÉRAIRES, HISTORIQUES, PHILOSOPHIQUES

SCIENTIFIQUES, ARTISTIQUES, ETC.

Albert (Maurice) : *Les médecins grecs à Rome*. 1 vol.

Albert (Paul) : *La poésie*, études sur les chefs-d'œuvre des poètes de tous les temps et de tous les pays ; 9ᵉ édition. 1 vol.
— *La prose*, études sur les chefs-d'œuvre des prosateurs de tous les temps et de tous les pays ; 8ᵉ édition. 1 vol.
— *La littérature française, des origines à la fin du* XVIᵉ *siècle* ; 8ᵉ édition. 1 vol.
— *La littérature française au* XVIIᵉ *siècle* ; 9ᵉ édition. 1 vol.
— *La littérature française au* XVIIIᵉ *siècle* ; 8ᵉ édition. 1 vol.
— *La littérature française au* XIXᵉ *siècle* ; *les origines du romantisme* ; 6ᵉ édition. 2 vol.
— *Variétés morales et littéraires*. 1 vol.
— *Poètes et poésies* ; 3ᵉ édit. 1 vol.

Anthologie grecque, traduite sur le texte publié par F. Jacobs, avec des notices sur les poètes de l'Anthologie. 2 vol.

Ardant du Picq (Le colonel) : *Études sur le combat*. 1 vol.

Aristophane : *Œuvres complètes*, traduction française par M. C. Poyard ; 9ᵉ édition. 1 vol.

Astor (J.-J.) : *Voyage en d'autres mondes*. Roman de l'avenir, traduit de l'anglais par Mme Marie Dronsart. 1 vol. illustré de 10 gravures.

Barine (Arvède) : *Portraits de femmes* (Mme Carlyle. — George Eliot. — Une détraquée. — Un couvent de femmes en Italie au XVIᵉ siècle. — Psychologie d'une sainte) ; 2ᵉ édition. 1 vol.
  Ouvrage couronné par l'Académie française
— *Essais et fantaisies*. 1 vol.
— *Princesses et grandes dames* ; 4ᵉ édition. 1 vol.
— *Bourgeois et gens de peu*. 1 vol.

Barrau (Th.) : *Histoire de la Révolution française* (1789-1799) ; 7ᵉ édition. 1 vol.

Baudrillart, de l'Institut : *Économie politique populaire* ; 3ᵉ édition. 1 vol.

Berger (A.) : *Histoire de l'éloquence latine depuis l'origine de Rome jusqu'à Cicéron*, publiée par M. V. Cucheval ; 4ᵉ édition. 2 vol.
  Ouvrage couronné par l'Académie française.
  Voir *Cucheval*.

Berger (G.) : *L'école française de peinture, depuis ses origines jusqu'à la fin du règne de Louis XIV*. 1 vol.

Bersot : *Mesmer, le magnétisme animal, les tables tournantes et les esprits* ; 5ᵉ édition. 1 vol.
  — *Un moraliste* : Études et pensées, précédées d'une notice biographique par Edmond Scherer et d'une photographie de M. Bersot ; 4ᵉ édition. 1 vol.

Bertin (E.) : *La société du Consulat et de l'Empire*. 1 vol.

Bertrand, de l'Académie française : *Éloges académiques*. 1 vol.

Bigot (Ch.) : *Questions d'enseignement secondaire*. 1 vol.
  — *Peintres français contemporains*. 1 vol.

Binet (Alf.), directeur adjoint du laboratoire de Psychologie des Hautes-Études à la Sorbonne : *Psychologie des grands calculateurs et joueurs d'échecs*. 1 vol.

Boissier, de l'Académie française : *Cicéron et ses amis* ; 10ᵉ édition. 1 vol.
  — *La religion romaine d'Auguste aux Antonins* ; 4ᵉ édition. 2 vol.
  — *Promenades archéologiques : Rome et Pompéi* ; 5ᵉ édit. 1 vol.
  — *Nouvelles Promenades archéologiques : Horace et Virgile* ; 3ᵉ édition. 1 vol.
  — *L'Afrique romaine. Promenades archéologiques en Algérie et en Tunisie*. 1 vol.
  — *L'opposition sous les Césars* ; 3ᵉ édition. 1 vol.
  — *La fin du paganisme* ; 2ᵉ édition. 2 vol.

Boissière, ancien professeur à la Faculté des lettres d'Aix : *L'Algérie romaine* ; 2ᵉ édition. 2 vol.
  Ouvrage couronné par l'Académie française.

Bonet-Maury (G.) : *Le Congrès des religions à Chicago* (1893). 1 vol.

Bossert (A.), inspecteur général de l'instruction publique : *La littérature allemande au moyen âge et les origines de l'épopée germanique* ; 3ᵉ édition. 1 vol.
  — *Gœthe et Schiller* ; 3ᵉ édit. 1 vol.
  — *Gœthe, ses précurseurs et ses contemporains* ; 3ᵉ édition. 1 vol.

Bouillier, de l'Institut : *Du plaisir et de la douleur* ; 4ᵉ édit. 1 vol.
  — *L'Institut et les Académies de province*. 1 vol.
  — *La vraie conscience*. 1 vol.
  — *Études familières de psychologie et de morale*. 1 vol.
  — *Nouvelles Études familières de psychologie et de morale*. 1 vol.
  — *Questions de morale pratique*. 1 vol.

Boulay de la Meurthe (Le comte) : *Le directoire et l'expédition d'Égypte : Étude sur les tentatives du Directoire pour communiquer avec Bonaparte*. 1 vol.
  — *Les dernières années du duc d'Enghien* (1801-1804). 1 vol.

Brachet (A.) : *Morceaux choisis des grands écrivains français du XVIᵉ siècle* ; 8ᵉ édition. 1 vol.

Bréal (M.), de l'Institut : *Quelques mots sur l'instruction publique en France* ; 5ᵉ édition. 1 vol.
  — *Excursions pédagogiques en Allemagne, en Belgique et en France* ; 2ᵉ édition. 1 vol.

Brédif (L.), recteur de l'Académie de Besançon : *L'éloquence politique en Grèce : Démosthène* ; 2ᵉ édition. 1 vol.

Brunet (Louis), député de La Réunion : *La France à Madagascar* (1815-1895) ; 2ᵉ édition. 1 vol.

Brunetière, de l'Académie française :
Études critiques sur l'histoire de la littérature française. 5 vol.
   Ouvrage couronné par l'Académie française.
   1re série : La littérature française au moyen âge. — Pascal. — Mme de Sévigné. — Molière. — Racine. — Montesquieu. — Voltaire. — La littérature française sous le premier Empire ; 4e édition. 1 vol.
   2e série : Les Précieuses. — Bossuet et Fénelon. — Massillon. — Marivaux. — La direction de la librairie sous Malesherbes. — Galiani. — Diderot. — Le théâtre de la Révolution ; 4e édition. 1 vol.
   3e série : Descartes. — Pascal. — Le Sage. — Marivaux. — Prévost. — Voltaire et Rousseau. — Classiques et romantiques : 3e édition. 1 vol.
   4e série : Alexandre Hardy. — Le roman français au XVIIe siècle. — Pascal. — Jansénistes et Cartésiens. — La philosophie de Molière. — Montesquieu. — Voltaire. — Rousseau. — Les romans de Mme de Staël ; 2e édition. 1 vol.
   5e série : La réforme de Malherbe et l'évolution des genres. — La philosophie de Bossuet. — La critique de Bayle. — La formation de l'idée de progrès. — Le caractère essentiel de la littérature française. 1 vol.
— *L'évolution des genres dans l'histoire de la littérature.* Tome Ier : Introduction. Évolution de la critique depuis la Renaissance jusqu'à nos jours ; 2e édition. 1 vol.
— *L'évolution de la poésie lyrique en France au XIXe siècle* ; 2e édition. 2 vol.
— *Les époques du théâtre français (1636-1850).* (Conférences de l'Odéon.) Nouvelle édition, revue et corrigée. 1 vol.

Burdeau (A.) : *L'Algérie en 1891.* 1 vol.

Busquet : *Le poème des heures.* 1 vol.

Byron (Lord) : *Œuvres complètes*, traduites de l'anglais par Benjamin Laroche. 4 volumes, qui se vendent séparément :
   I. *Childe-Harold.* 1 vol. — II. *Poèmes.* 1 vol. — III. *Drames.* 1 vol. — IV. *Don Juan.* 1 vol.

Cabart-Danneville, sénateur : *La défense de nos côtes.* 1 vol.

Calemard de la Fayette (C.) : *Le poème des champs* ; 4e édit. 1 vol.
   Ouvrage couronné par l'Académie française.
— *L'adieu*, poésies diverses. 1 vol.

Caro (E.), de l'Académie française : *Études morales sur le temps présent* ; 5e édition. 1 vol.
— *Nouvelles études morales* ; 3e édition. 1 vol.
— *L'idée de Dieu et ses nouveaux critiques* ; 9e édition. 1 vol.
   Ouvrage couronné par l'Académie française.
— *Le matérialisme et la science* ; 5e édition. 1 vol.
— *Le pessimisme au XIXe siècle* ; 3e édition. 1 vol.
— *Les jours d'épreuve (1870-1871).* 1 vol.
— *La philosophie de Gœthe* ; 2e édition. 1 vol.
   Ouvrage couronné par l'Académie française.
— *La fin du XVIIIe siècle : études et portraits* ; 2e édit. 2 vol.
— *M. Littré et le positivisme.* 1 vol.
— *Problèmes de morale sociale* ; 2e édition. 1 vol.
— *Mélanges et portraits.* 2 vol.
— *Poètes et romanciers.* 1 vol.
— *Philosophie et philosophes.* 1 vol.
— *Variétés littéraires.* 1 vol.

Carrau (L.), ancien maître de conférences à la Faculté des lettres de Paris : *Étude sur la théorie de l'évolution aux points de vue psychologique, religieux et moral.* 1 vol.

Carraud (Mme Z.) : *Le livre des jeunes filles, simple correspondance.* 1 vol.

Cavaglion (E.) : *254 jours autour du monde.* 1 vol.

Cervantes : *Don Quichotte*, traduit de l'espagnol par M. L. Viardot. 2 vol.

Charléty : *Histoire du Saint-Simonisme (1825-1854).* 1 vol.

Charmes (F.), membre de l'Institut : *Études historiques et diplomatiques.* 1 vol.

Chateaubriand : *Le génie du christianisme.* 1 vol.
— *Les martyrs et le dernier des Abencerages.* 1 vol.
— *Atala ; René ; les Natchez.* 1 vol.

Chefs-d'œuvre des littératures étrangères (Traduction des). Voir : *Byron, Cervantes, Dante, Ossian, Shakespeare.*

Chefs-d'œuvre de la littérature grecque (Traduction des). Voir : *Anthologie grecque, Aristophane, Diodore de Sicile, Eschyle, Euripide, Hérodote, Homère, Lucien, Plutarque, Sophocle, Thucydide, Xénophon.*

Chefs-d'œuvre de la littérature latine (Traduction des). Voir : *Horace, Juvénal et Perse, Lucrèce, Plaute, Sénèque, Tacite, Tite Live, Virgile.*

Chevrillon (A.), agrégé de lettres, chargé de cours à la Faculté des lettres de Lille : *Dans l'Inde.* 1 vol.
  Ouvrage couronné par l'Académie française.
— *Sydney-Smith et la renaissance des idées libérales en Angleterre au XIXᵉ siècle.* 1 vol.

Colombey : *L'esprit au théâtre.* 1 vol.

Colson : *Les chemins de fer et le budget.* 1 vol.

Compayré, recteur de l'Académie de Lyon : *Histoire critique des doctrines de l'éducation en France depuis le XVIᵉ siècle* ; 5ᵉ édit. 2 vol.
  Ouvrage couronné par l'Académie française et par l'Académie des sciences morales et politiques.
— *Études sur l'enseignement et sur l'éducation.* 1 vol.

Coubertin : *L'éducation en Angleterre.* 1 vol.
— *L'éducation anglaise en France.* 1 vol.
— *Universités transatlantiques.* 1 vol.

Cruppi (Jean) : *Un avocat journaliste au XVIIIᵉ siècle : Linguet.* 1 vol.

Cucheval (V.), professeur honoraire au lycée Condorcet : *Histoire de l'éloquence latine depuis la mort de Cicéron jusqu'à l'avènement d'Hadrien (43 avant J.-C., 117 après J.-C.),* 2 vol.
  Ouvrage couronné par l'Académie française.
  Voir *Berger.*

Dante : *La divine comédie,* traduction P. A. Fiorentino ; 13ᵉ édition. 1 vol.

Daudet (E.) : *Histoire des conspirations royalistes du Midi sous la Révolution* (1790-1793). 1 vol. avec 2 cartes.

Deltour, inspecteur général honoraire de l'instruction publique : *Les ennemis de Racine au XVIIᵉ siècle*; 5ᵉ édition. 1 vol.
  Ouvrage couronné par l'Académie française.

Deschanel (É.), professeur au Collège de France : *Études sur Aristophane*; 3ᵉ édition. 1 vol.

Despois (E.) : *Le théâtre français sous Louis XIV*; 4ᵉ édition. 1 vol.

Dieulafoy (Marcel), de l'Institut. *Le roi David.* 1 vol.

Diodore de Sicile : *Bibliothèque historique,* traduite et annotée par M. F. Hœfer. 4 vol.

Du Camp (M.), de l'Académie française : *Paris, ses organes, ses fonctions, sa vie*; 8ᵉ édit. 6 vol.
— *Les convulsions de Paris*; 7ᵉ édition. 4 vol.
— *La charité privée à Paris*; 5ᵉ édition. 1 vol.
— *Souvenirs de l'année 1848*; 2ᵉ édit. 1 vol.
— *Le Nil* : Égypte et Nubie; 5ᵉ édition. 1 vol.
— *Histoire et critique.* 1 vol.
— *La Croix rouge de France,* société de secours aux blessés militaires de terre et de mer. 1 vol.
— *Souvenirs littéraires.* 2 vol.
— *Le crépuscule*; 2ᵉ édition. 1 vol.

Dugard : *La Société américaine*; 2ᵉ édition. 1 vol.

Duruy (A.) : *L'instruction publique et la démocratie* (1879-1886). 1 vol.

Duruy (V.), de l'Académie française : *Introduction générale à l'histoire de France*; 4ᵉ édition. 1 vol.

Eschyle : *Les tragédies,* traduction française par M. Ad. Bouillet. 1 vol.

Esquiros : *L'esprit des Anglais.* 1 vol.

Estournelles de Constant (Baron d') : *La vie de province en Grèce.* 1 vol.

Euripide : *Théâtre et fragments,* traduction française par Hinstin. 2 vol.

Expansion (l') de la France et la diplomatie. Hier, aujourd'hui. 1 vol.

Ferneuil : *Les principes de 1789 et la science sociale*. 1 vol.
— *La réforme de l'enseignement secondaire*. 1 vol.

Figuier (L.) : *Histoire du merveilleux dans les temps modernes*; 3ᵉ édition. 4 volumes, qui se vendent séparément.
— *L'alchimie et les alchimistes*, ou Essai sur la philosophie hermétique; 3ᵉ édition. 1 vol.
— *L'année scientifique et industrielle* continuée par Emile Gautier, trente-neuf années (1856-1895). 38 vol.

   Les années 1870-1871 ne forment qu'un volume.
   Les 7ᵉ, 9ᵉ et 21ᵉ années sont épuisées.
   Chaque année se vend séparément.

— *Tables des 20 premiers volumes* (1856-1876). 1 vol.
— *Le lendemain de la mort* ou *La vie future selon la science*; 10ᵉ édition. 1 vol.
— *Vies des savants illustres de l'antiquité*; 2ᵉ édition. 2 vol.

Flammarion (C.) : *Contemplations scientifiques*; 4ᵉ édition. 2 vol.

Fouillée, membre de l'Institut : *L'idée moderne du droit en Allemagne, en Angleterre et en France*; 4ᵉ édition. 1 vol.
— *La science sociale contemporaine*; 3ᵉ édition. 1 vol.
— *La propriété sociale et la démocratie*; 2ᵉ édition. 1 vol.
— *La philosophie de Platon*; 2ᵉ édition. 4 vol.

   Tome I : Théorie des idées et de l'amour.
   Tome II : Esthétique, morale et religion platonicienne.
   Tome III : Histoire du platonisme et de ses rapports avec le christianisme.
   Tome IV : Essais de philosophie platonicienne.

— *L'enseignement au point de vue national*. 1 vol.

Franck (Ad.), de l'institut : *Essais de critique philosophique*. 1 vol.
— *Nouveaux essais de critique philosophique*. 1 vol.

Frey (le général) : *Pirates et rebelles au Tonkin*. 1 vol.

   Ouvrage couronné par l'Académie française.

Fustel de Coulanges, de l'Institut : *La cité antique*; 15ᵉ édition. 1 vol.

   Ouvrage couronné par l'Académie française.

Garnier (Ad.) : *Traité des facultés de l'âme*; 4ᵉ édition. 3 vol.

   Ouvrage couronné par l'Académie française.

Gaufrès (M. J.) : *Horace Mann, son œuvre et ses écrits*; 2ᵉ édition, revue et complétée sur de nouveaux documents. 1 vol.

Gauthiez (P.) : *L'Italie du xvıᵉ siècle*.
— *L'Arétin (1492-1556)*. 1 vol.

Gautier (E.) : *L'année scientifique et industrielle* de L. Figuier, 1895 et 1896. 2 vol.

Gebhart (E.), professeur à la Faculté des lettres de Paris : *Les origines de la Renaissance en Italie*. 1 vol.

   Ouvrage couronné par l'Académie française.

— *L'Italie mystique*, histoire de la Renaissance religieuse au moyen âge; 2ᵉ édition. 1 vol.
— *Moines et papes*. 2ᵉ édition. 1 vol.

Girard (J.), de l'Institut : *Études sur l'éloquence attique*; 2ᵉ édition. 1 vol.
— *Le sentiment religieux en Grèce, d'Homère à Eschyle*; 3ᵉ édition. 1 vol.

   Ouvrage couronné par l'Académie française.

— *Études sur la poésie grecque*. 1 vol.
— *Essai sur Thucydide*. 1 vol.

   Ouvrage couronné par l'Académie française.

Giraud (Ch.) : *La maréchale de Villars et son temps*. 1 vol.

Goumy (E.) : *Les latins* (Plaute et Térence — Cicéron — Lucrèce — Catulle — César — Salluste — Virgile — Horace). 1 vol.

Gramont (Comte de) : *Les gentilshommes riches*. 1 vol.

Grandeau (L.), directeur de la station agronomique de l'Est : *Études agronomiques*. 6 volumes, qui se vendent séparément.

Gréard (O.), de l'Académie française : *De la morale de Plutarque*; 5ᵉ édition. 1 vol.
  Ouvrage couronné par l'Académie française.
— *L'éducation des femmes par les femmes.* Études et portraits; 4ᵉ édit. 1 vol.
— *Éducation et instruction*; 4 vol.
  Enseignement primaire; 3ᵉ édit. 1 vol.
  Enseignement secondaire; 2ᵉ édit. 2 vol.
  Enseignement supérieur; 2ᵉ édit. 1 vol.
  Chaque ouvrage se vend séparément.
— *Edmond Scherer*; 2ᵉ édit. 1 vol.
— *Prévost-Paradol.* Étude suivie d'un choix de lettres; 2ᵉ édit. 1 vol.

Grégorovius (F.) : *Promenades en Italie*, trad. de l'allemand, avec une préface par M. Émile Gebhart. 1 vol.

Guillaume : *Pestalozzi*, étude biographique; 2ᵉ édition. 1 vol.

Guiraud (P.), maître de conférences à l'École normale supérieure. *Fustel de Coulanges.* 1 vol.

Guizot (F.) : *Le duc de Broglie.* 1 vol.
— *Lettres de M. Guizot à sa famille et à ses amis*, recueillies par Mme de Witt, née Guizot; 2ᵉ édit. 1 vol.

Hanotaux (G.) : *Études historiques sur le XVIᵉ et le XVIIᵉ siècle en France.* 1 vol.

Haraszti (J.) : *La poésie d'André Chénier.* 1 vol.

Hauréau (B.), de l'Institut : *Bernard Délicieux et l'inquisition albigeoise (1300-1320).* 1 vol.

Hayem (J.) : *Quelques réformes dans les écoles primaires.* 1 vol.

Heimweh (Jean) : *La question d'Alsace.* 1 vol.

Hérodote : *Histoires*, traduction française avec notes par P. Giguet; 6ᵉ édit. 1 vol.

Hervé (E.) : *La crise irlandaise depuis la fin du XVIIIᵉ siècle jusqu'à nos jours.* 1 vol.

Hinstin (G.) : *Chefs-d'œuvre des orateurs attiques*, traduction nouvelle. 1 vol.

Homère : *Œuvres complètes*, traduction française par P. Giguet; 15ᵉ édition. 1 vol.

Horace : *Les œuvres d'Horace*, traduction française par Jules Janin; 6ᵉ édition. 1 vol.

Houssaye (A.) : *Le violon de Françoise.* 1 vol.

Hübner (Comte de) : *Promenade autour du monde (1871)*; 8ᵉ édition. 2 vol.
— *Sixte-Quint d'après des correspondances diplomatiques inédites*; 2ᵉ édition. 2 vol.

Ideville (H. d') : *Journal d'un diplomate en Allemagne et en Grèce (Dresde, Athènes, 1867-1868)*; 2ᵉ édition. 1 vol.

Jacqmin (F.) : *Les chemins de fer pendant la guerre de 1870-1871*; 2ᵉ édition. 1 vol.

Joly (H.), professeur à la Faculté des lettres de Paris : *Psychologie des grands hommes.* 1 vol.
— *Psychologie comparée : l'homme et l'animal*; 3ᵉ édition. 1 vol.
  Ouvrage couronné par l'Académie des sciences morales et politiques.
— *Le socialisme chrétien.* 1 vol.

Jouffroy (Th.) : *Cours de droit naturel*; 5ᵉ édition. 2 vol.
— *Cours d'esthétique*; 4ᵉ édition. 1 vol.
— *Mélanges philosophiques*; 6ᵉ édition. 1 vol.
— *Nouveaux mélanges philosophiques*; 4ᵉ édition. 1 vol.

Jurien de la Gravière, de l'Académie française : *La marine d'aujourd'hui.* 1 vol.

Jusserand (J.) : *Les Anglais au moyen âge; la vie nomade en Angleterre et les routes d'Angleterre au XIVᵉ siècle.* 1 vol.
  Ouvrage couronné par l'Académie française.
— *L'épopée mystique de William Langland.* 1 vol.

Juvénal et Perse : *Œuvres*, suivies des Fragments de Lucilius, de Turnus et de Sulpicia. Traduction publiée avec les imitations et des notices par E. Despois. 1 vol.

Kergomard (Mme) : *L'éducation maternelle dans l'école*; 2ᵉ édition. 2 vol.

Kovalewsky (Sophie) : *Souvenirs d'enfance*, écrits par elle-même, traduits du suédois, et suivis de sa biographie, par Mme A. Ch. Leffler, duchesse de Cajanello. 1 vol.

La Brière (L. de) : *Madame de Sévigné en Bretagne*; 2ᵉ édition. 1 vol.
> Ouvrage couronné par l'Académie française.

Lacroix (Od.) : *Quelques maîtres étrangers et français*. 1 vol.
> Ouvrage couronné par l'Académie française.

Laffitte (P.) : *Le paradoxe de l'égalité*. 1 vol.
> Ouvrage couronné par l'Académie française.

— *Le suffrage universel et le régime parlementaire*; 2ᵉ édition. 1 vol.
> Ouvrage couronné par l'Académie française.

Lamartine : *Œuvres*, 35 vol.
> *Premières méditations poétiques*. 1 vol.
> *Nouvelles méditations*. 1 vol.
> *Harmonies poétiques*. 1 vol.
> *Recueillements poétiques*. 1 vol.
> *Jocelyn*. 1 vol.
> *La chute d'un ange*. 1 vol.
> *Voyage en Orient*. 2 vol.
> *Histoire des Girondins*. 6 vol.
> *Confidences*. 1 vol.
> *Nouvelles confidences*. 1 vol.
> *Lectures pour tous*. 1 vol.
> *Souvenirs et portraits*. 3 vol.
> *Le manuscrit de ma mère*. 1 vol.
> *Mémoires inédits*. 1 vol.
> *Poésies inédites*. 1 vol.
> *Histoire de la Restauration*. 8 vol.
> *Correspondance* (1807-1852). 4 vol.
> Chaque ouvrage se vend séparément.

Larchey (Lorédan) : *Les cahiers du capitaine Coignet* (1799-1815), publiés d'après le manuscrit original; nouvelle édition. 1 vol.

— *Journal du canonnier Bricard* (1792-1802); 2ᵉ édition. 1 vol.

Larroumet (G.), membre de l'Institut : *La comédie de Molière*; 4ᵉ édition. 1 vol.

— *Études d'histoire et de critique dramatiques*. 1 vol.

— *Études de littérature et d'art*. 1 vol.

Larroumet (G.) (suite) : *Nouvelles études de littérature et d'art*. 1 v.

— *Études de littérature et d'art*. 3ᵉ série. 1 vol.

— *Marivaux, sa vie et ses œuvres*; 2ᵉ édition. 1 vol.

— *L'art et l'état en France*. 1 vol.

— *Petits portraits et notes d'art*. 1 vol.

La Sizeranne (Robert de) : *La peinture anglaise contemporaine; ses origines préraphaélites, ses maîtres actuels, ses caractéristiques*. 1 vol.

Laugel (A.) : *Études scientifiques*. 1 vol.

— *L'Angleterre politique et sociale*. 1 vol.

Laveleye (E. de) : *Études et essais*. 1 vol.

— *La Prusse et l'Autriche depuis Sadowa*. 2 vol.

Lavisse (E.), professeur à la Faculté des lettres de Paris : *Études sur l'histoire de Prusse*; 4ᵉ édition. 1 vol.

— *Essais sur l'Allemagne impériale*; 2ᵉ édition. 1 vol.

Lavollée (Ch.) : *Essais de littérature et d'histoire*. 1 vol.

Le Breton (A.) : *Le roman au XVIIᵉ siècle*. 1 vol.
> Ouvrage couronné par l'Académie française.

Léger (Louis), professeur au collège de France : *Russes et Slaves*, études politiques et littéraires. 2 vol.
> 1ʳᵉ série : Les Slaves et la civilisation.
> — Formation de la nationalité russe.
> — Les débuts de la littérature russe.
> — La femme et la société russe au XVIᵉ siècle, etc. 1 vol.
> 2ᵉ série : Le développement intellectuel de la Russie. — La comédie russe au XVIIIᵉ siècle : Von Vizine.
> — Les premières années de Catherine II. — En Bohême, notes de voyage. 1 vol.

Legrelle : *Le Volga*, notes sur la Russie. 1 vol.

Lehugeur (A.) : *La chanson de Roland*, traduite en vers modernes, avec le texte ancien en regard. 1 vol.

Lemonnier (H.), professeur à l'École des Beaux-arts : *L'art français au temps de Richelieu et de Mazarin*. 1 vol.
> Ouvrage couronné par l'Académie française.

Lenient, professeur à la Faculté des lettres de Paris : *La satire en France au moyen âge* ; 4ᵉ édition. 1 vol.
> Ouvrage couronné par l'Académie française.

— *La satire en France, ou la littérature militante au XVIᵉ siècle* ; 3ᵉ édition. 2 vol.
— *La poésie patriotique en France au moyen âge.* 1 vol.
— *La poésie patriotique en France dans les temps modernes, du XVIᵉ au XIXᵉ siècle.* 2 vol.
— *La comédie en France au XIXᵉ siècle.* 2 vol.

Lenthéric : *La région du Bas-Rhône.* 1 vol.

Leroy-Beaulieu (A.), de l'Institut : *Un homme d'État russe* (Nicolas Milutine), d'après sa correspondance écrite. Étude sur la Russie et la Pologne pendant le règne d'Alexandre II (1855-1872). 1 vol.
— *La libération et le libéralisme.* 1 vol.

Lévy (Raphaël-Georges) : *Mélanges financiers.* 1 vol.

Lévy-Bruhl : *L'Allemagne depuis Leibniz* (Essai sur le développement de la conscience nationale en Allemagne, 1700-1848). 1 vol.

Lichtenberger (E.), professeur à la Faculté des lettres de Paris : *Étude sur les poésies lyriques de Gœthe* ; 2ᵉ édition. 1 vol.
> Ouvrage couronné par l'Académie française.

Liégeard (S.) : *Les grands cœurs*, poésies. 1 vol.
> Ouvrage couronné par l'Académie française.

— *Au caprice de la plume* (Études — Fantaisies — Critique). 1 vol.
— *Rêves et combats.* 1 vol.

Luce (S.), de l'Institut : *La jeunesse de Bertrand du Guesclin* (1320-1364). 3ᵉ édition. 1 vol.
> Ouvrage qui a obtenu de l'Académie des inscriptions et belles-lettres le grand prix Gobert.

— *Jeanne d'Arc à Domrémy* ; 2ᵉ édition. 1 vol.
— *La France pendant la guerre de Cent Ans*, épisodes historiques et vie privée aux XIVᵉ et XVᵉ siècles ; 2ᵉ édition. 2 vol.

Lucien : *Œuvres complètes*, traduction française par M. Talbot. 4ᵉ édition. 2 vol.

Lucrèce : *De la nature*, traduction française par M. Patin ; 2ᵉ édition. 1 vol.

Malherbe : *Œuvres poétiques*, réimprimées pour le texte sur l'édition publiée par M. Lud. Lalanne dans la collection des *Grands Écrivains de la France*. 1 vol.
> Cette édition ne comprend pas les notes.

Martha (C.), de l'Institut : *Les moralistes sous l'empire romain* ; 6ᵉ édition. 1 vol.
> Ouvrage couronné par l'Académie française.

— *Le poème de Lucrèce* ; 4ᵉ édition. 1 vol.
> Ouvrage couronné par l'Académie française.

— *Études morales sur l'antiquité*. 2ᵉ édition. 1 vol.
— *La délicatesse dans l'art*. 2ᵉ édition. 1 vol.
— *Mélanges de littérature ancienne*. 1 vol.

Martin (A.), inspecteur d'Académie : *L'éducation du caractère* ; 2ᵉ édition. 1 vol.
> Ouvrage couronné par l'Académie des sciences morales et politiques.

Maulde-La-Clavière : *Les mille et une nuits d'une ambassadrice de Louis XIV*. 3ᵉ édition. 1 vol.

Metchnikoff (L.) : *La civilisation et les grands fleuves historiques*. 1 vol.

Meugy : *La poésie de la musique*. 1 vol.

Mézières (A.), de l'Académie française : *Shakespeare, ses œuvres et ses critiques* ; 5ᵉ édition. 1 vol.
— *Prédécesseurs et contemporains de Shakespeare* ; 4ᵉ édition. 1 vol.
— *Contemporains et successeurs de Shakespeare* ; 3ᵉ édition. 1 vol.
> Ces trois ouvrages ont été couronnés par l'Académie française.

— *Hors de France* : Italie, Espagne, Angleterre, Grèce moderne ; 2ᵉ édition. 1 vol.
— *En France* : XVIIIᵉ et XIXᵉ siècles ; 2ᵉ édition. 1 vol.
— *Vie de Mirabeau.* 1 vol.
— *Gœthe, les œuvres expliquées par la vie* (1795-1832). 2 vol.

Mézières (A.) (suite) : *Pétrarque. Étude d'après de nouveaux documents.* Nouvelle édition. 1 vol.
Ouvrage couronné par l'Académie française.

Michel (Émile), de l'Institut : *Études sur l'histoire de l'art* (Diego Velazquez; les débuts du paysage dans l'école flamande ; Claude Lorrain ; les arts à la cour de Frédéric II). 1 vol.

Michelet (J.) : *L'insecte*; 11ᵉ édition. 1 vol.
— *L'oiseau*; 17ᵉ édition. 1 vol.

Millet (R.) : *La France provinciale.* Vie sociale. — Mœurs administratives. 1 vol.
— *Souvenirs des Balkans.* 1 vol.
Ouvrage couronné par l'Académie française.

Mismer (Ch.) : *Souvenirs d'un dragon de l'armée de Crimée.* 1 vol.
— *Dix ans soldat*, souvenirs et impressions de la vie militaire. 1 vol.
— *Souvenirs de la Martinique et du Mexique.* 1 vol.
— *Souvenirs du monde musulman.* 1 vol.

Molière : *Œuvres.* 2 vol.

Monnier (M.) : *Les aïeux de Figaro.* 1 vol.

Montégut (E.) : *L'Angleterre et ses colonies australes* ; 2ᵉ édition. 1 vol.
— *Poètes et artistes de l'Italie.* 1 vol.
— *Types littéraires et fantaisies esthétiques.* 1 vol.
— *Essais sur la littérature anglaise.* 1 vol.
— *Nos morts contemporains.* 2 vol.
1ʳᵉ *série* : Béranger. — Charles Nodier. — Alfred de Musset. — Alfred de Vigny. 1 vol.
2ᵉ *série* : Théophile Gautier. — Eugène Fromentin. — Saint-René Taillandier. — Maurice de Guérin. — Eugénie de Guérin. 1 vol.
— *Les écrivains modernes de l'Angleterre.* 3 vol.
1ʳᵉ *série* : George Eliot. — Charlotte Brontë. — Un roman de la vie mondaine. 1 vol.
2ᵉ *série* : Mistress Gaskell. — Mistress Browning. — George Borrow. — Alfred Tennyson. 1 vol.
3ᵉ *série* : Anthony Trollope. — Miss Yonge. — Charles Kingsley. — Les souvenirs d'un écolier anglais. — Conybeare : un plaidoyer anglican contre l'incrédulité. 1 vol.

Montégut (E.) (suite) : *Livres et âmes des pays d'Orient.* 1 vol.
— *Choses du Nord et du Midi.* 1 vol.
— *Mélanges critiques* (Victor Hugo — Edgar Quinet — Michelet — Edmond About). 1 vol.
— *Libres opinions morales et politiques*; 2ᵉ édition. 1 vol.
— *Dramaturges et romanciers.* 1 vol.
— *Heures de lecture d'un critique.* 1 vol.
— *Esquisses littéraires.* 1 vol.
— *Le maréchal Davout, son caractère et son génie.* — *La duchesse et le duc de Newcastle.* 1 vol.
Voir Shakespeare.

Mortemart-Boisse (Baron de) : *La vie élégante à Paris*; 2ᵉ édition. 1 vol.

Moüy (Comte de) : *Discours sur l'histoire de France.* 1 vol.

Nicole : *Œuvres philosophiques.* 1 vol.

Nisard, de l'Académie française : *Études de mœurs et de critique sur les poètes latins de la décadence*; 5ᵉ édition. 2 vol.

Nourrisson (J.), de l'Institut : *Les Pères de l'Église latine, leur vie, leurs écrits, leur temps.* 2 vol.

Ossian : *Poèmes gaéliques*, traduits de l'anglais par P. Christian. 1 vol.

Paris (G.), de l'Institut : *La poésie du moyen âge*, leçons et lectures. 2 vol.
1ʳᵉ *série* : Les origines de la littérature française ; La chanson de Roland ; Le pèlerinage de Charlemagne ; L'ange et l'ermite ; L'art d'aimer ; Paulin Paris et la littérature au moyen âge. 3ᵉ édition. 1 vol.
2ᵉ *série* : La littérature française du XIIᵉ siècle ; L'esprit normand en Angleterre ; Les contes orientaux dans la littérature française au moyen âge ; La légende du mari aux deux femmes ; La parabole des trois anneaux ; Siger de Brabant ; La littérature française au XIVᵉ siècle ; La poésie française au XVᵉ siècle. 1 vol.

Patin : *Études sur les tragiques grecs*; 8ᵉ édition. Trois parties qui se vendent séparément :
Études sur Eschyle. 1 vol.
Études sur Sophocle. 1 vol.
Études sur Euripide. 2 vol.
— *Études sur la poésie latine*; 3ᵉ édition. 2 vol.
— *Discours et mélanges littéraires.* 1 vol.
Voir Lucrèce.

Pécaut (F.), inspecteur général de l'instruction publique : *Études au jour le jour sur l'éducation nationale (1871-1879)* ; 2ᵉ édition. 1 vol.
— *Deux mois de mission en Italie*; 2ᵉ édition. 1 vol.

Pellissier : *Le mouvement littéraire au XIXᵉ siècle*; 4ᵉ édition. 1 vol.
   Ouvrage couronné par l'Académie française.

Pensa (Henri) : *L'Égypte et le Soudan égyptien.* 1 vol. avec 1 carte.
   Ouvrage couronné par l'Académie française.

Perthuis (Cᵗᵉ de) : *Le désert de Syrie, l'Euphrate et la Mésopotamie.* 1 vol.

Pichat (Laurent) : *Gaston.* 1 vol.

Picot (G.), de l'Institut : *La réforme judiciaire en France.* 1 vol.
— *Histoire des États généraux*; 2ᵉ édition. 5 vol.
   Ouvrage qui a obtenu en 1874 le grand prix Gobert.

Plaute : *Les comédies*, traduction française par M. Sommer. 2 vol.

Plutarque : *Les vies des hommes illustres*, traduction française par M. Talbot. 4 vol.
— *Œuvres morales et œuvres diverses*, traduction française par M. Bétolaud. 5 vol.

Pomairols (Ch. de) : *Lamartine. Étude de morale et d'esthétique.* 1 vol.
   Ouvrage couronné par l'Académie française.

Prévost-Paradol : *Études sur les moralistes français*; 8ᵉ édition. 1 vol.
— *Essai sur l'histoire universelle*; 5ᵉ édition. 2 vol.

Quinet (Edgar). *Œuvres complètes.* 30 vol.
   Génie des religions. 6ᵉ édition. 1 vol.
   Les Jésuites. — L'ultramontanisme. 11ᵉ édition. 1 vol.
   Le christianisme et la révolution française. 6ᵉ édition. 1 vol.
   Les révolutions d'Italie. 5ᵉ édition. 2 vol.
   Marnix de Sainte-Aldegonde. — Philosophie de l'histoire de France. 4ᵉ édition. 1 vol.
   Les Roumains. — Allemagne et Italie. 3ᵉ édition. 1 vol.
   Premiers travaux : Introduction à la philosophie de l'histoire. — Essai sur Herder. — Examen de la vie de Jésus. — Origine des dieux. — L'Église de Brou. 3ᵉ édition. 1 vol.
   La Grèce moderne. — Histoire de la poésie. 3ᵉ édition. 1 vol.
   Mes vacances en Espagne. 5ᵉ édition. 1 vol.
   Ahasvérus. — Tablettes du Juif-errant. 5ᵉ édition. 1 vol.
   Prométhée. — Les esclaves. 4ᵉ édition. 1 vol.
   Napoléon (poème). (Épuisé.) 1 vol.
   L'Enseignement du peuple. — Œuvres politiques avant l'exil. 8ᵉ édition. 1 vol.
   Histoire de mes idées (Autobiographie). 4ᵉ édition. 1 vol.
   Merlin l'Enchanteur. 2ᵉ édition. 2 vol.
   La révolution. 10ᵉ édition. 3 vol.
   Campagne de 1815. 7ᵉ édition. 1 vol.
   La Création. 3ᵉ édition. 2 vol.
   Le Livre de l'exilé. — La révolution religieuse au XIXᵉ siècle. — Œuvres politiques pendant l'exil. 2ᵉ édition. 1 vol.
   Le siège de Paris. — Œuvres politiques après l'exil. 2ᵉ édition. 1 vol.
   La République. — Conditions de régénération de la France. 2ᵉ édition. 1 vol.
   L'esprit nouveau. 5ᵉ édition. 1 vol.
   Le génie grec. 1ʳᵉ édition. 1 vol.
   Correspondance. — Lettres à sa mère. 2 vol.
   Chaque ouvrage se vend séparément.

Ralston : *Contes populaires de la Russie.* 1 vol.

Reinach (Joseph) : *Études de littérature et d'histoire.* 1 vol.

Relave (L'abbé) : *La vie et les œuvres de Topffer.* 1 vol.

Reyssié (F.) : *La jeunesse de Lamartine, d'après des documents nouveaux et des lettres inédites.* 1 vol.

Ricardou, docteur ès lettres, professeur au lycée Charlemagne : *La critique littéraire*, étude philosophique. 1 vol.

Richter (J.-P.) : *Œuvres diverses.* Étude et traduction française par M. Émile Rousse. 1 vol.

Rochard (Dʳ Jules) : *L'éducation de nos fils.* 1 vol.
— *L'éducation de nos filles.* 1 vol.
— *Questions d'hygiène sociale.* 1 vol.

Rousse (Émile). *La Roche-Guyon, châtelains, château et bourg.* 1 vol.
   Ouvrage couronné par l'Académie des sciences morales et politiques.
   Voir *Richter*.

Rousset (C.), de l'Académie française : *Histoire de la guerre de Crimée*; 2ᵉ édition. 2 vol.
   Atlas pour cet ouvrage, 1 vol. in-8, cartonné toile, 7 fr. 50

Saint-Simon (Duc de) : *Mémoires*, publiés par MM. Chéruel et Ad. Regnier fils et collationnés de nouveau pour cette édition sur le manuscrit autographe. 22 vol.

> On vend séparément le tome XXI (Supplément), publié par M. de Boislisle, et le tome XXII, qui contient la Table alphabétique des Mémoires, rédigée par M. Paul Guérin.

— *Scènes et portraits*, choisis dans les Mémoires, par M. de Lanneau ; 3ᵉ édition. 2 vol.

Sainte-Beuve : *Port-Royal* ; 5ᵉ édition, revue et augmentée. 7 vol.

Saintine (X.) : *Le chemin des écoliers* ; 4ᵉ édition. 1 vol.
— *Picciola*; 52ᵉ édition. 1 vol.
— *Seul!* 6ᵉ édition. 1 vol.

Salmon : *Conférences sur les devoirs des hommes* ; 2ᵉ édition. 2 vol.

> Ouvrage couronné par l'Académie française.

Sauvage (C.) : *Les guêpes gauloises*, petite encyclopédie satirique, depuis Marot jusqu'aux poètes de nos jours. 1 vol.

Sénèque le Philosophe : *Œuvres complètes*, traduction française par M. J. Baillard. 2 vol.

Shakespeare : *Œuvres complètes*, traduites de l'anglais par M. E. Montégut ; 10 volumes, qui se vendent séparément.

> Ouvrage couronné par l'Académie française.
>
> Les tomes I, II et III comprennent les comédies; les tomes IV, V et VI, les tragédies; les tomes VII, VIII et IX, les drames; le tome X, *Cymbeline*, les poèmes, les petits poèmes et les sonnets.

— *Hamlet*, tragédie traduite en prose et en vers par M. Th. Reinach, avec le texte en regard. 1 vol.

Simon (Jules), de l'Académie française : *La liberté politique* ; 5ᵉ édit. 1 vol.
— *La liberté civile* ; 5ᵉ édition. 1 vol.
— *La liberté de conscience* ; 6ᵉ édition. 1 vol.

Simon (Jules) (suite) : *La religion naturelle* ; 8ᵉ édition. 1 vol.
— *Le devoir* ; 15ᵉ édition. 1 vol.

> Ouvrage couronné par l'Académie française.

— *L'ouvrière* ; 9ᵉ édition. 1 vol.
— *L'école* ; 12ᵉ édition, contenant un résumé de la dernière statistique officielle. 1 vol.
— *La réforme de l'enseignement secondaire* ; 2ᵉ édition. 1 vol.

Simonin (L.) : *Les ports de la Grande-Bretagne*. 1 vol.

Sophocle : *Tragédies*, traduites en français par M. Bellaguet. 1 vol.

Spuller (E.) : *Au ministère de l'instruction publique*. Discours, allocutions, circulaires. 2 vol.
> 1ʳᵉ série (1887). 1 vol.
> 2ᵉ série (1893-1894). 1 vol.

— *Lamennais*. 1 vol.

Stapfer (P.), professeur à la Faculté des lettres de Bordeaux : *Molière et Shakespeare* ; 3ᵉ édition. 1 vol.

> Ouvrage couronné par l'Académie française.

— *Des réputations littéraires*: Essais de morale et d'histoire, 1ʳᵉ série. 1 vol.
— *La famille et les amis de Montaigne*. Causeries autour du sujet. 1 vol.

Tacite : *Œuvres complètes*, traduites en français par J.-L. Burnouf. 1 vol.

Taine (H.), de l'Académie française : *Essai sur Tite Live* ; 6ᵉ édition. 1 vol.

> Ouvrage couronné par l'Académie française.

— *Essais de critique et d'histoire* ; 7ᵉ édition. 1 vol.
— *Nouveaux Essais de critique et d'histoire* ; 6ᵉ édition. 1 vol.
— *Derniers Essais de critique et d'histoire*. 2ᵉ édition. 1 vol.
— *Histoire de la littérature anglaise* ; 9ᵉ édition. 5 vol.
— *La Fontaine et ses fables* ; 13ᵉ édition. 1 vol.

Taine (H.) (suite) : *Les philosophes classiques du XIXᵉ siècle en France*; 7ᵉ édition. 1 vol.
— *Voyage aux Pyrénées*; 13ᵉ édition. 1 vol.
— *Notes sur l'Angleterre*; 10ᵉ édition. 1 vol.
— *Notes sur Paris : vie et opinions de Frédéric-Thomas Graindorge*; 12ᵉ édition. 1 vol.
— *Carnets de voyage*, notes sur la province (1863-1865). 1 vol.
— *Un séjour en France de 1792 à 1795*. Lettres d'un témoin de la Révolution française. Traduit de l'anglais; 4ᵉ édition. 1 vol.
— *Voyage en Italie*; 8ᵉ édition. 2 vol., qui se vendent séparément :
  Tome I. *Naples et Rome*.
  Tome II. *Florence et Venise*.
— *De l'intelligence*; 7ᵉ édition. 2 vol.
— *Philosophie de l'art*; 7ᵉ édition. 2 vol.

Texte (Joseph), docteur ès lettres professeur à la Faculté des lettres de Lyon : *Jean-Jacques Rousseau et les origines du cosmopolitisme littéraire*. Étude sur les relations littéraires de la France et de l'Angleterre au XVIIIᵉ siècle. 1 vol.
  Ouvrage couronné par l'Académie française.

Thamin (R.), professeur au lycée Condorcet : *Un problème moral dans l'antiquité*; étude de casuistique stoïcienne. 1 vol.
  Ouvrage couronné par l'Académie des sciences morales et politiques.

Théry : *Conseils aux mères sur les moyens de diriger et d'instruire leurs filles*. 2 vol.
  Ouvrage couronné par l'Académie française.

Thomas (Émile), professeur à l'Université de Lille : *Rome et l'empire aux deux premiers siècles de notre ère*. 1 vol.

Thucydide : *Histoire de la guerre du Péloponèse*, traduction française par M. Bétant. 1 vol.

Tite Live : *Histoire romaine*, traduction française par M. Gaucher, professeur au lycée Condorcet. 4 vol.

Tréverret (De), professeur à la Faculté des lettres de Bordeaux : *L'Italie au XVIᵉ siècle*, études littéraires, morales et politiques. 2 vol.
  1ʳᵉ série (Machiavel — Castiglione — Sannazar). 1 vol.
  2ᵉ série (L'Arioste — Guichardin). 1 vol.

Valbert : *Hommes et choses d'Allemagne*. 1 vol.
— *Hommes et choses du temps présent*. 1 vol.

Varigny (De) : *L'Océan Pacifique*. 1 vol.
— *Les grandes fortunes aux États-Unis et en Angleterre*. 1 vol.

Ville-Hardouin : *Histoire de la conquête de Constantinople*. Texte rapproché du français moderne et mis à la portée de tous par M. Natalis de Wailly. 1 vol.

Virgile : *Œuvres complètes*, traduction française par M. Cabaret-Dupaty. 1 vol.

Wallon, de l'Institut : *Vie de N.-S. Jésus-Christ, selon la concordance des quatre évangélistes*; 3ᵉ édition. 1 vol.
— *La sainte Bible*, résumée dans son histoire et dans ses enseignements (Ancien et Nouveau Testament); 2ᵉ édition. 2 vol.
— *La Terreur*, études critiques sur l'histoire de la Révolution française; 2ᵉ édition. 2 vol.
— *Jeanne d'Arc*; 7ᵉ édition. 2 vol.
  Ouvrage qui a obtenu de l'Académie française le grand prix Gobert.
— *Éloges académiques*. 2 vol.

Witt (Mme de), née Guizot : *Monsieur Guizot dans sa famille et avec ses amis (1787-1874)*; 5ᵉ édition. 1 vol.
  Voir Guizot.

Worms (R.) : *La morale de Spinoza*. Examen de ses principes et de l'influence qu'elle a exercée dans les temps modernes. 1 vol.
  Ouvrage couronné par l'Institut.

Xénophon : *Œuvres complètes*, traduction française par M. Talbot; 5ᵉ édition. 2 vol.

Librairie HACHETTE et Cie, boulevard Saint-Germain, 79, à Paris.

BIBLIOTHÈQUE VARIÉE, A 3 FR. 50 LE VOLUME, FORMAT IN-16

Chefs-d'œuvre des littératures anciennes

ANTHOLOGIE GRECQUE, traduction sur le texte publié par F. Jacobs, avec des notices sur les poètes de l'Anthologie. 2 vol.

ARISTOPHANE : Œuvres complètes, traduction française par M. C. Poyard; 9e édit. 1 vol.

DIODORE DE SICILE : Bibliothèque historique, trad. et annotée par M. F. Hœfer. 4 vol.

ESCHYLE : Les tragédies, traduction française par M. Ad. Bouillet. 1 vol.

EURIPIDE : Théâtre et fragments, traduction française par Hinstin. 2 vol.

HÉRODOTE : Histoires, traduction française avec notes par P. Giguet; 6e édit. 1 vol.

HINSTIN : Chefs-d'œuvre des orateurs attiques. 1 vol.

HOMÈRE : Œuvres complètes, traduction française par P. Giguet; 15e édit. 1 vol.

HORACE : Les œuvres d'Horace, traduction française par Jules Janin; 6e édition. 1 vol.

JUVÉNAL et PERSE : Œuvres, suivies des Fragments de Lucilius, de Turnus et de Sulpicia. Traduction publiée avec des imitations et des notices par E. Despois. 1 vol.

LUCIEN : Œuvres complètes, trad. française par M. Talbot; 4e édition. 2 vol.

LUCRÈCE : De la nature, traduction française par M. Patin. 2e édit. 1 vol.

PLAUTE : Les comédies, traduction française par M. Sommer. 2 vol.

PLUTARQUE : Les vies des hommes illustres, traduction française par M. Talbot. 4 vol.
— Œuvres morales et œuvres diverses, traduction française par M. Bétolaud. 5 vol.

SÉNÈQUE LE PHILOSOPHE : Œuvres complètes, traduction française par M. J. Baillard. 2 vol.

SOPHOCLE : Tragédies, traduites en français par M. Bellaguet. 1 vol.

TACITE : Œuvres complètes, traduites en français par J.-L. Burnouf. 1 vol.

THUCYDIDE : Histoire de la guerre du Péloponèse, traduction française par M. Bétant. 1 vol.

TITE-LIVE : Histoire romaine, traduction française par M. Gaucher, professeur au lycée Condorcet. 4 vol.

VIRGILE : Œuvres complètes, traduction française par M. Cabaret-Dupaty. 1 vol.

XÉNOPHON : Œuvres complètes, traduction française par M. Talbot, 2e édit. 2 vol.

Chefs-d'œuvre des littératures étrangères

BYRON (Lord) : Œuvres complètes, traduites de l'anglais par Benjamin Laroche. 4 vol., qui se vendent séparément :
I. Childe-Harold. 1 vol. — II. Poèmes. 1 vol. — III. Drames. 1 vol. — IV. Don Juan. 1 vol.

CERVANTES : Don Quichotte, traduit de l'espagnol par M. L. Viardot. 2 vol.

DANTE : La divine comédie, traduction par P. A. Fiorentino; 13e édition. 1 vol.

OSSIAN : Poèmes gaéliques, traduits de l'anglais par P. Christian. 1 vol.

SHAKESPEARE : Œuvres complètes, traduites de l'anglais par M. E. Montégut. 10 volumes, qui se vendent séparément.

Traduction couronnée par l'Académie française.

Les tomes I, II et III comprennent les comédies; les tomes IV, V et VI, les tragédies; les tomes VII, VIII et IX, les drames; le tome X, Cymbeline, les poèmes, les poèmes et les sonnets.

— Hamlet, tragédie traduite en prose en vers par M. Th. Reinach, avec le texte en regard. 1 vol.

Coulommiers. — Imp. P. Brodard. — 2-97.

www.ingramcontent.com/pod-product-compliance
Lightning Source LLC
Chambersburg PA
CBHW071942220426
43662CB00009B/964